Karl Schlögel DAS WUNDER VON NISHNIJ

DIE ANDERE BIBLIOTHEK
Herausgegeben
von Hans Magnus Enzensberger

# Karl Schlögel
# Das Wunder von Nishnij oder Die Rückkehr der Städte

Berichte und Essays

Eichborn Verlag
Frankfurt am Main 1991

# GO EAST, GO WEST

Deutschland ist von den Erschütterungen im östlichen Europa eingeholt worden. Die Entlassung in seine Souveränität verdankt es der Umwälzung in seinen östlichen Nachbarländern und einer Vormacht, die sich der neuen Situation fügt. Polen, die Tschechoslowakei, Ungarn, die baltischen Staaten, Rußland, die den Anschluß an Europa wieder finden wollen, können keine Barriere gebrauchen. Sie sind aus dem toten Winkel, in den sie verbannt waren, herausgetreten. Sie haben Nachbarschaftsverhältnisse hergestellt aus eigenem Interesse. Sie haben die Deutschen wieder zu ihren Nachbarn gemacht, und die Deutschen haben neue Nachbarn bekommen. Das ist kein bloß politisches oder geopolitisches Revirement auf strategischen Landkarten, sondern die Transformation des Raums, in dem Gesellschaften leben. Damit ändert sich alles. Die Eindrücke der ersten Kindheit und der Lebensweg; die Wahrnehmung der anderen und die Wahrnehmung von sich selbst; die Entwicklungslinien von Regionen und das Schicksal von Menschen; die Perspektive von Städten, die vom Ende der Welt plötzlich zu einem vielfrequentierten Transitpunkt werden. Aus Stippvisiten werden Arbeitsbesuche, aus der Einzelbegegnung der wenigen wird die massenweise Grenzüberschreitung, das Diffuswerden der Grenze selbst. Es entstehen neue Verkehrsnetze und neue Wirtschaftsräume. Überall kann sich das neu wachsende Netz auf lange verschüttete und heruntergekommene Linien und Stützpunkte beziehen. Die schon einmal erreichte Universalität der Universitäten bekommt noch einmal eine

Chance, und mit dem alltäglich werdenden Gedankenaustausch werden auch neue Schwerpunkte, Paradigmen und Themen transportiert. Der Druckabfall und der Druckausgleich, deren faszinierte und verängstigte Zeugen wir sind, gehen mitten durch Deutschland. Die Spannungen, die dabei bewältigt werden müssen, sind groß, vielleicht größer als zuvor, denn die zivilisatorische Spaltung, die durch Europa am Ende der Weltkriegsepoche geht, ist nicht geringer als zu deren Beginn — eher größer.

Wir haben es nicht mehr mit dem »Ostblock« zu tun, sondern mit den Völkern, Staaten und Gesellschaften, die aus seinem Zerfall hervorgegangen sind. Ost und West sind jetzt nur noch Himmelsrichtungen, geographische Gegebenheiten, nicht Systeme. Es müssen nun keine Beziehungen zwischen den Blöcken mehr verwaltet werden, sondern alltägliche Probleme der Wirtschafts-, Kultur- und Verkehrsverbindungen sind zu lösen. Der neue Zusammenhalt hängt nicht länger an den Ansprachen in der Finlandia Hall, sondern an der Selbstorganisation des europäischen Lebenszusammenhangs. Die Jahrzehnte der Gipfeldiplomatie sind vorbei, das Jahrzehnt der Bürgermeister hat begonnen. Die Nachfrage nach Diplomaten sinkt in dem Maße, wie die Nachfrage nach Spezialisten für Bahn- und Brükkenbau steigt. Es bedarf keiner Pioniere des guten Willens mehr, sondern der Pioniere, die etwas von moderner Infrastruktur verstehen. Das Aktivitätszentrum verlagert sich aus den Palästen des Ost-West-Konflikt-Managements in die neuen Bank- und Firmensitze, in die Verlags- und Zeitungsredaktionen. Nicht rote Telephone werden gebraucht, sondern möglichst viele Telephonanschlüsse. Man muß sich jetzt nicht länger mit den absurden Problemen herumschlagen, die sich aus der Teilung ergeben haben, sondern mit den Problemen, die entstehen, wenn die Teilung

Europas zu Ende geht. Und für die gibt es keine — einfachen — ideologischen, sondern nur noch — komplizierte — praktische Antworten. Die Stabilität und Sicherheit hängt nun nicht mehr an der durch Abschreckung gesicherten Grenze, sondern an der Überwindung der Grenze, die ohne neue Dynamiken und Destabilisierungen nicht zu haben ist.

Die oft zitierte Rückkehr nach Europa hat die Züge einer Flucht nach Europa angenommen. Alle sind überrascht von dem, was sie immer ersehnt hatten. Die elementare Wucht, in der es geschieht, verrät, daß weit mehr als nur der Zusammenbruch eines politischen Systems stattgefunden hat. Das prekäre und lebensgefährliche Gleichgewicht des Schreckens hat sich aufgelöst in ein riskantes Ungleichgewicht eines unterschiedlich entwickelten Kontinents. Länder, die aus der Zeit herausgefallen waren, treten wieder in die Gegenwart ein. Länder, die ihre eigene Zeitrechnung, ihre eigene wirtschaftliche und geistige Ökonomie durch künstliche Abschottung entwickelt hatten, werden schonungslos in die neue Zeitrechnung hineingerissen. Man merkt die Differenz allenthalben: an der Qualität des Zeitungspapiers, am Sortiment der Waren, am Zustand der Häuser, an der Verödung der Städte, am Design der Autos, an der Verrohung der Sitten des öffentlichen Lebens, an der Überschärfe, mit der auf das Nationale gesetzt wird. Was aber bedeutet es, daß Europa wieder einen gemeinsamen zeitlichen Rhythmus, eine Zeitrechnung, einen gemeinsamen Erfahrungs- und Lebenshorizont gewinnt?

Man muß, um das Ausmaß dieses Prozesses absehen zu können, sich die Zäsuren vor Augen halten, die aus dem einen Europa der europäischen Vorkriegszeit das geteilte der Nachkriegszeit gemacht haben. Wenn man sich den Ausgangspunkt der europäischen Zeit, kurz bevor sie zerfiel, in Erinnerung ruft, wird deutlicher, was verschwunden und woran wieder anzuknüpfen ist. Es hat vor den Schüssen von Sarajewo, mit denen alles begann, eine europäische Zivilisation gegeben — trotz der drei schwarzen Adler. Die zivilisatorischen Standards, die Berlin und Petersburg, Dresden und Prag, Budapest und Wien, Riga und Stockholm, Helsinki und Reval, Bratislava und Hermannstadt, Krakau und Czernowitz zusammenhielten und Europa zu einem spannungsreichen, aber doch in einem Horizont liegenden Gebilde gemacht hatten, sind Stück um Stück in einer dreißigjährigen Welt- und Bürgerkriegsepoche ruiniert worden, und was davon blieb, konservierte sich oder — je nachdem — wurde ein weiteres Mal dezimiert unter dem Schild der vierzigjährigen Abschottung, die dem Krieg folgte. Im Augenblick, da die Weltkriegsepoche zu Ende geht, zeigen sich erst die wahren Ausmaße der Verwüstung: ökonomisch, ethnisch, kulturell. Die Wucht des gegenwärtigen Augenblicks hat zu tun mit den Gewalten, die über Jahrzehnte hinweg Europa zu einem Land des Ausnahmezustandes gemacht haben, der nun vorüber ist. Was jetzt in Sekundenschnelle abläuft, hat diese Vorgeschichte. Wir sollten uns nicht zu sehr wundern. Wir sind nicht Zeugen eines politischen oder Machtwechsels, sondern des Herauswachsens aus einem Zustand, in dem die Kräfte des Nachkriegs sich eine Weile die Balance gehalten haben. Was vor sich geht, ist keine politische Reform, sondern ein Epochenende. Was sich abspielt, ist eine Art gesellschaftliches Naturereignis — von der Politik allein nicht gemacht und auch gar nicht machbar.

Der Fall der Mauer hat Europa nicht geeint, sondern nur gezeigt, was es ohne Mauer ist. Nicht der Grenzgraben erschreckt, sondern die zivilisatorische Differenz, die den Osten vom Westen trennt. Der Eiserne Vorhang hat den Blick verstellt. Er hat den Blick auf die Bühne, nicht hinter die Kulissen gelenkt. Uns entging daher, was sich vorbereitete. Wir haben auf die politischen Apparate geblickt und übersehen, daß es eine Gesellschaft gibt. Wir wußten zwar immer, daß *sie* rückständig sind und daß man uns potjomkinsche Dörfer vorführt, aber daß es sich um die Erschöpfung eines ganzen Systems, um das Ende einer historischen Formation handelt, darauf waren die wenigsten gefaßt. Man kann die Turbulenzen, die jetzt entstehen, nicht vermeiden, sondern lediglich den Grad, das mehr oder weniger humane Maß bestimmen, in dem sich der Übergang vollzieht.

Wir brauchen uns nur umzusehen, was geschieht, wenn die Schleuse, die das Gefälle gemindert hat, wegfällt, wenn die Barriere, die die Gesellschaften gegeneinander abgeschlossen hat, weggezogen wird, wenn der Vorhang, der die Bewegung von Menschen, Gütern und Gedanken verhindert hat, plötzlich nicht mehr da ist.

Der Verkehr, der in Gang gekommen ist, führt zum Zusammenbruch des Systems, das bisher genügt hat. Fahrkarten von Moskau nach Berlin sind nur noch ein halbes Jahr vor Reiseantritt zu haben. Eine Reise im Zug von Berlin nach Warschau war einmal eine Sache der wenigen, bei der man nur auf langsamen Zügen vorwärtskam, heute ist es fast unmöglich, einen Platz zu bekommen. Die Strecke von Helmstedt nach Berlin war einmal eine der einsamsten Autobahnstrecken der Welt. Helmstedt/Marienborn — das war einmal eine Welt für sich, heute ist es nur noch ein Parkplatz. Heute gerät man nicht mehr in den Stau vor der Grenze, sondern in die Konvois der west-östlichen LKW-Karawane. Reisen ist kein Privileg mehr, sondern eine Sache des Lebenssinns und des Überlebens geworden. Man kommt aus Riga, aus Wilna, aus Lemberg nach Berlin, aus Prag und Pilsen nach Wien und Nürnberg. In den Straßen zeigen sich neue Autos, neue

Menschen, neue Sprachen. Die im Abseits endenden Straßen von Berlin-Mitte sind zu Durchgangsstraßen geworden, die man im nur wenige Stunden entfernten Posen oder Breslau genau kennt. Man klettert nicht mehr über den Botschaftszaun, sondern steht Schlange vor dem Konsulat und besteigt dann einen Zug. Der Einzugsbereich des Berliner KaDeWe hat sich bis Białystok und Lublin geweitet. In der Kantstraße in Berlin und in der Mariahilfer Straße von Wien bilden sich neue Handelszentren mit Verkaufspersonal, das seine Ausbildung an der Patrice-Lumumba-Universität in Moskau oder in Prag bekommen hat. Die Züge, die Berlin verlassen, sind mehr Frachtzüge als Personenzüge: Berlin-Zoo ist zum Umschlagplatz für High-Tech in die ganze östliche Hemisphäre geworden. Für die mächtige Bewegung der Hunderttausende sind die engen Bahnen von Staatshandel und staatlicher Kultur- und Austauschpolitik zu eng geworden. Man braucht sie auch nicht mehr, sofern es sie überhaupt noch gibt.

Die Reise geht vorerst fast nur nach Westen. Der Tourismus ist nur die Vorausabteilung der großen Völkerwanderung. Man reist, als ginge es darum, ein verlorenes Leben einzuholen oder aus einem unsicheren wenigstens die Kinder in Sicherheit zu bringen. Man nimmt die Beschaffung der Güter selber in die Hand, und so wächst ein kapillares Netz der Distribution, das längst von Paris bis Norilsk reicht. Man arbeitet im Ausland und wirkt so bei der Herstellung eines wirklich europäischen Arbeitskräftemarktes mit — von Odessa bis Stockholm. Es sind wie immer die Aktivsten, Beweglichsten und Ungeduldigsten, die ihren Ländern verlorengehen. Was bedeutet das aber in einem Reich, in dem potentiell jede nationale Minderheit, die sogenannte herrschende, die russische, eingeschlossen, Diaspora ist und zum Objekt des Vertreibungsdrucks werden kann? Eine vom Zusammenbruch eines Imperiums und einer ganzen Gesellschaftsordnung ausgelöste Migration läßt sich nicht disziplinieren, sie bahnt sich ihren Weg, denn es steht für viele nicht nur eine Bildungsreise oder ein besser bezahlter Job, sondern das Überleben auf dem Spiel. Die westlichen Europäer, die davor die Augen schließen, ahnen nicht, daß es letztlich nicht nur um die Migranten und Emigranten geht, sondern um sie selbst. In dieser Verwerfung formt sich die europäische Menschenlandschaft neu, und die Städte darin werden zum Laboratorium der neuen Vermischung.

So, wie sich die Deutschen im Zentrum des geteilten Kontinents befanden, so befinden sie sich jetzt im Zentrum des Kontinents, der an seiner Einheit arbeitet. Auf deutschem Boden treffen aufeinander: zwei verschiedene Generationserfahrungen, zwei verschiedene Sozialisationen, zwei Kulturen und zwei verschiedene Lebenswelten. Ob daraus eine glückliche und gelungene Souveränität wird oder eine Mißgeburt, in der sich Minderwertigkeitskomplexe der Armen und Arroganz der Reichen, verletzter Stolz und Staatsgläubigkeit zu einer alt-neuen gefährlichen Mischung verbinden, ist ganz offen. Das gilt für das Verhältnis zum östlichen und mittleren Europa noch viel mehr.

Die Frage ist, wie die Deutschen sich dazu verhalten, ob sie den Spannungen, die aus dieser Lage erwachsen, standhalten und einen Beitrag zur Lösung dieses Knotens aus Zusammenbruch, Aufbruch, Verzweiflung und Resignation leisten können. Sie haben schon einmal eine zivilisatorische Leistung von europäischem Rang vollbracht — das liegt Jahrhunderte zurück und hat die Kraft von Generationen von Pionieren, Abenteurern und Kolonisten aufgezehrt. Und sie haben gezeigt, daß sie eine gewaltige Potenz entfalten können — in ein, zwei Jahren zu ruinieren, woran Generationen vorher gearbeitet hatten. Aufbau braucht ganze Menschenleben, Destruktion ist die Sache einer Sekunde. Was wäre, wenn das deutsche Potential — diesmal produktiv und sozusagen als letzte Chance — in die europäische Waagschale geworfen würde? Statt der Organisation eines europäischen Eisenbahnnetzes für die Deportationen eines für das Ingangkommen der europäischen Zirkulation; statt der Autobahn auf die Krim, die für militärischen Nachschub sorgen sollte, die Autobahn ans Schwarze Meer, damit es den Europäern naherückt; statt der Blockade Leningrads eine neue industrielle Infrastruktur; statt des Blitzkriegs gegen Polen eine Expreßlinie nach Warschau; statt der Taktik der verbrannten Erde die Strategie der Melioration; statt der Ostarbeiter in den Lagern Arbeiter aus dem Osten zur Qualifizierung; statt der Okkupation durch Militärs die Niederlassung von Unternehmern; statt der Ausrottung der Intelligenz Hilfestellung bei der Errichtung von ein, zwei Eliteuniversitäten.

Osteuropa hat genug vom deutschen Drang nach Osten, aber es hat wahrscheinlich wenig einzuwenden gegen ein *Go East,* das auf nichts vertraut als auf Unternehmergeist, Risikobereitschaft, Anteilnahme und Respekt. Es ist eine Zeit der Pioniere. Aber sie finden sich vorerst sowenig wie eine Politik, die ihnen den Weg ebnen würde. Mit den Mitteln der Nachkriegspolitik lassen sich die Erschütterungen und die Erneuerung im östlichen Europa nicht evolutionär und zivil meistern. Was ansteht, liegt jenseits von »Hungerhilfe« und alt gewordener Ostpolitik und jenseits einer Wiedergutmachung, an die man auch dann noch denken sollte, wenn sie nicht mehr möglich ist. Die spontane Hilfsbereitschaft, die so beeindruckend war, zeigt, daß man in Deutschland wohl verstanden hat: Es darf in Europa nach dieser glücklichen Fügung keine Opfer, keine Verlierer geben, wenn man selber so gut davongekommen ist, es darf keine Situation eintreten, wo alles wieder verspielt wird. Aber die Deutschen können viel mehr, als nur etwas abgeben von dem, was sie haben. Mehr wäre geholfen, wenn sie etwas von dem abgeben, was sie können. Die Frage ist, ob sie sich zutrauen, nach Osten zu gehen, ohne daß daraus ein neuer Drang nach Osten wird, ob sie die Herausforderung annehmen, ohne sich selbst zu überfordern, ob sie Siedler in Europa sein können, ohne Kolonialisten zu werden. Aber warum sollte man die Insel der Seligen verlassen, wenn man nicht muß? Sicher ist nur: Es ist schwieriger geworden, sich im Archipel Europa, den die auseinanderdriftenden Blöcke hinterlassen haben, zurechtzufinden. Es wird schwerer, den Normalstandards von Toleranz und Offenheit, die man für sich selbst in Anspruch nimmt, Geltung zu verschaffen, wenn es um andere geht. Wir werden sehen, ob wir diesmal wenigstens auf der Höhe der Zeit sind.

*Frühjahr 1991*

# BLOCKIERTE ZEIT, GESCHLOSSENER RAUM

Revolutionen löschen ganze Bildwelten und bauen neue auf. Bilder aus dem ehemaligen Ostblock sind heute schon Bilder aus einer Vorzeit. Wir sind von ihr nur durch eine historische Sekunde getrennt. Vielleicht sind solche Bilder aber doch mehr als Archivalien. Sie stammen aus Orten, die wir vergessen hatten. Es sind Versuche, mit einer untergegangenen Landschaft wieder in Verbindung zu treten. Aber die Erkundung in dem vielfach verwüsteten östlichen Gelände führte nicht nur in die mörderische Geschichte, sondern in die Gegenwart zurück. Der Ausbruch aus der blockierten Zeit und aus dem geschlossenen Raum war im Gange, lange bevor er auch politisch beschlossene Sache war. Nun sind die versunkenen Städte zurück auf der Landkarte und in unseren Köpfen. Man braucht jetzt keine historische Imagination mehr, um sich eine verödete Stadt wieder voller Leben zu denken. Die dramatischen Bilder — das Chaos, mancherorts die Barrikaden, die Panzer vor den Parlamenten — zeigen, daß die Rückkehr der Städte nicht kampflos und nicht schmerzlos erfolgt. Die ruhigen Bilder aus der Spätzeit des Nachkriegs werden überdeckt von den Bildern des Sturms und Drangs eines verzweifelten Neuanfangs.

Der Ostblock war eine Welt der langsamen Bilder, der überschaubaren Abfolge. Die umständliche Fahrt dorthin ließ einem Zeit. Man war zur Langsamkeit verurteilt und hatte auch seinen Gewinn davon. Das wirkte sich aus auf Blickeinstellungen, auf das Training des Instinkts, in Städten, die sich dem fremden Blick verschlossen hatten, doch die richtige Spur zu finden. Der Ertrag solcher Fahrten sind Bilder aus Atlantis, das nicht länger der versunkene Erdteil ist: Es ist wieder aufgetaucht.

# KREUZBERG — PORTA ORIENTIS

Jede Stadt hat ihren Osten; ohne ihn kann auch West-Berlin nicht leben. Dabei hat die Stadt doch erst das Gegenteil bewiesen: Sie hat eine Operation überstanden, wie sie noch kein Organismus je über sich hat ergehen lassen und wie sie in aller Welt für unmöglich gehalten wird, obwohl sie längst vollzogen ist. Würde uns je ein Franzose glauben, wenn wir ihm — sozusagen die Bedingungen eines Experiments erläuternd — sagen würden, Paris ließe sich durchtrennen von der Porte de la Villette bis zur Porte d'Orléans? Und stellen wir uns einen Russen vor, dem wir vorschlagen, sich einmal Moskau in zwei Hälften zu denken — quer durch, von Sokolniki bis zu den Leninbergen. Sie hielten uns schlicht für verrückt. Freilich ist die Situation nicht ganz vergleichbar: Der Ausnahmezustand nach 1945, erst recht seit 1961, hat vielleicht nur handgreiflich werden lassen, was Berlin immer schon war: die Teilstadt West und die Teilstadt Ost. Doch ist dies heutzutage schon wieder die Übertreibung von Städteplanern, die sich in die Macht des Schicksals gefügt haben und nun den Teil als Ganzes zu denken versuchen, damit endlich Ruhe und Normalität einkehre und die klaffenden Lücken im Stadtbild endlich, endlich geschlossen werden können.

Die Teilstadt West ist unter Bedingungen, wie sie allein im Ernstfall, nicht im Experiment herstellbar sind, zur Stadt an sich geworden — ohne Um- und Hinterland, aber mit Verbindungen durch die Luft und mit Stadttoren, an denen keiner vorbeikommt, der in die Stadt hinein oder aus ihr heraus will. Kein

Ausufern und Sichverlaufen der Stadt im Land, nicht jener Übergang, der den Ankommenden fühlen läßt, daß er in den Sog des Zentrums eines Landes gerät; allenfalls das nicht genau definierbare Verlangen, möglichst rasch die weiße Fläche des Transits hinter sich zu bringen. Auch dies hat es wohl noch nicht gegeben. Höchstens die Bewohner des alten Petersburgs oder Hongkongs könnten sich ausmalen, daß eine Stadt nichts als Stadt sein kann. Seltsame Zeitgenossenschaft.

Einer Stadt, die ihren Osten verloren hat, bleibt nichts anderes übrig, als ihn auf vermindertem, eigenem Territorium zu regenerieren. In diesem Prozeß gab und gibt es kein Subjekt, keine Planung und keine Strategie, es passiert einfach. Osten — das ist ja nicht in erster Linie eine Himmelsrichtung oder ein bestimmtes Planquadrat. Der Osten der großen Städte ist eher ein traumatisierendes Gelände. Jede Stadt, die wachsen will, braucht für die Neuankömmlinge eine erste Anlegestelle; jede Stadt, die nicht für alle Raum und Arbeit hat, braucht einen Abschiebeplatz; und jede Stadt, die ihr Gesicht wahren will, braucht die Halde, auf der sie sich des Störenden, Dysfunktionalen, Unangepaßten entledigt. Eine Stadt wie West-Berlin, unnormal wie kaum eine andere, hat an einem solchen Gelände gesteigerten Bedarf. Sie hat dafür sogar eines ihrer schönsten Areale abgetreten: Kreuzberg oder, um im Bilde zu bleiben, SO 36, was wenigstens die Richtung bezeichnet.

Der Osten ist nach Westen vorgerückt. Die Grenzlinie verläuft heute in der Gegend der alten Mitte, dort, wo sich das Massiv der weißen Stadt aufzulösen beginnt, jenseits des Streifens, der von Mies van der Rohes Stahl- und Glaskubus und Scharouns hoch aufragender Staatsbibliothek abgeschirmt wird, wo Verlegenheitsbauten wie das *Saskatchewan* oder ein *Bellevue*

*Tower* im Gelände stehen, beziehungslos zu den wohl aus Verlegenheit noch nicht abgerissenen Überresten und Ruinen der alten Mitte. Ein Plateau der Nicht-Stadt. Leere Fläche, wäre da nicht die Provokation der abgeräumten Stadt, ein fühlbares Vakuum, erzeugt von nicht mehr existenten Bahnhöfen, Plätzen, Hotels und Ministerien.

Ein Stück dieses Plateaus zwischen Landwehrkanal und Mauer gehört an den Wochenenden zumindest den Menschen oder — aus der Perspektive des Autofahrers und des Hochbahnpassagiers —: einem wimmelnden Ameisenhaufen, dem Trödelmarkt am Reichpietschufer.

Auf diesem Markt gibt es keine Hallen, sondern im besten Fall improvisierte Buden; hier entscheiden nicht Preisschilder, sondern Schätzung zum wechselseitigen Vorteil; nicht das Reguläre wird geboten, sondern das Außergewöhnliche; nicht das zu Erwartende, sondern das Verblüffende; nicht das Exquisite, sondern das Banale — Badezimmer-Armaturen zum Beispiel; kaum Marktgeschrei, sondern die Zuversicht dessen, der weiß, daß immer einer unterwegs ist, der auch zu ihm findet; niemand wird da durch Hinweise dirigiert, zum Unverzichtbaren hingezwungen, der zielstrebige Gang wird außer Kraft gesetzt, man schlendert von der einen Aufregung zur anderen, sofern es sie gibt, und diese ist für jeden höchst verschieden: Es kann eine schöne Palme, ein Set von Schraubenschlüsseln, eine Ansichtspostkarte oder sogar ein echter Kaftan sein. Niemand ist hier Profi in Sachen Umsatzsteigerung, fast alle aber Profis im Aufspüren des Verlorenen und Verlorengeglaubten. Sprüche der Reklame gibt es schon deswegen nicht, weil die Leute eben kein Polnisch, Türkisch, Tamil verstehen. Die Sache zählt, vielleicht noch eine Gebärde. Alles ist ungewiß, und doch kommen seltsamerweise alle auf ihre Kosten.

Hier wird erworben und nicht gekauft, hier ist kein Supermarkt, aber jeder hofft so oder so auf ein Supergeschäft. Gewiß ist der Trödelmarkt kein »ökonomischer Faktor« in der Gesamtbilanz, gewiß läßt sich da keine Stadt versorgen. Doch der Mensch lebt nicht dem Zweck allein; außer dem Kalkulierbaren gibt es einen Bedarf an Unkontrolliertem, die Phantasie reicht weiter als die DIN, Schätze sind etwas anderes als Bankguthaben.

Auf dieser staubigen und manchmal von Pfützen durchsetzten Fläche treffen sich eben die Schatzsucher aus dem Westen der Stadt und die Schatzgräber aus den Trödelläden im Osten. Die freie Fläche macht alle für einen Augenblick gleich. Für einen Augenblick gewinnt ein jeder, für einen Augenblick gibt es keine Geschichte und keine leere Fläche mehr, sondern nur den *grand bazar*. Wer von dieser Stelle aus weiterfährt in südöstlicher Richtung, kann diesen Augenblick anhalten, verlängern; dort ist er sogar das Maß einer anderen Zeit. Ob an der Mauer entlang, auf einer vielfach gebrochenen Straße, oder auf der Ost-West-Achse am Landwehrkanal und der Hochbahn — auf beiden Wegen zum Schlesischen Tor und zur abgeriegelten Oberbaumbrücke wird nach der Durchquerung des wüsten Geländes eine eigentümliche Verdichtung des Raumes spürbar. Das ist nicht Berlin-West im Jahre 1985, sondern eine Photographie früherer Tage. Zwar gibt es Autos, aber noch mehr Fußgänger; zwar gibt es Obst- und Gemüsestände in allen Farben vor den türkischen Läden, auch die eine oder andere grell bemalte Fassade, aber der allgemeine Farbton ist Schwarzweiß.

Der Fremde, der hierher geraten ist, macht sich ein Bild, sein Bild: die weiße City dort — Kreuzberg hier. Dort sieht er immer nur Autos, hier Menschen; dort sieht er allenfalls zwei Bewegungsweisen — die der Arbeit und die der Freizeit; hier haben sich mit dem Verschwinden der Grenze und dem Erlahmen der urbanen Zirkulation ganz neue, ganz verschiedene Rhythmen ergeben. Dort sieht er nur ordentliche Geschäfte mit ordentlichen Auslagen, hier sieht er auch ordentliche Geschäfte, aber noch mehr Läden. Dort sieht er ausländische Touristen, hier Ausländer. Dort eine immer jugendliche Mode, hier eine Jugend, die nach ihrer Mode lebt.

Dort leben Senioren, hier alte Leute. Dort gibt es Straßen mit teuren, gegen Einbruch gesicherten Antiquitätengeschäften, hier sind die Sachen auf dem Bürgersteig zu besichtigen oder ganz nebenher im Souterrain. Dort annoncieren die Reisebüros Flüge in die Ferne, hier Flüge in die Heimat im Hochland von Ankara oder an der Küste von Trabzon. Dort sind die Kinder von der Straße weg, hier sind sie auf der Straße. Dort gibt es viele Kinos, aber hier noch mehr Kinos, die zu Supermärkten umgewandelt sind. Dort gibt es keine Jahreszeiten, hier ist der Winter fast ein Fluch, der die Bewegungen der Menschen verlangsamt, und der Anbruch des Frühlings ein Fest, das die Straßen füllt. Dort gibt es viele neue Häuser, hier gibt es viele schöne alte Häuser. Dort ist die Post bloß ein Dienstleistungsbetrieb, hier ist sie ein Vorposten der zivilen Gesellschaft und der Kultur. Dort ist das Neonlicht das Lichtspiel von *new-wave*-Leuten, hier ist es die zweckmäßige Elektrifizierung der türkischen Küchen und Wohnzimmer. Dort gibt es noch Arbeiter, hier gibt es immer noch und immer mehr Arbeitslose. Dort weiß man, daß es um die Weststadt herum eine Mauer gibt, hier ist sie in Sicht- und Rufweite. Dort gibt es immer kleiner werdende Kleinfamilien in immer größer werdenden Wohnungen, hier immer größer werdende Großfamilien — agrarische oder postindustrielle — in immer kleiner werdenden Wohnungen.

Dort treten die grün-weißen Wagen der Polizei zu gegebenem Anlaß in Aktion, hier sind sie im Schritttempo allzeit unterwegs und immer bereit. Dort gibt es viele Galerien, hier viele Künstler. Dort sind die Geräusche domestiziert, hier wird das Holz auf dem Trottoir mit der Axt gespalten.

Kreuzberg gibt es offensichtlich nicht als Ganzes, sondern als Neben- und Gegeneinander der Kieze, Szenen, Kneipen, von ganz und gar von Menschen bestimmten Zusammenhängen. Wer es darauf anlegt, könnte jeden Tag oder jeden Abend in einem anderen Kiezfürstentum verbringen, von den Hochburgen der Punks in die Hochburgen deutscher Bäckerkunst, von der Eckkneipe Kreuzberger Alteingesessener in die Cafés der Szenen oder Landsmannschaften, von der Galerie zum Erwachsenentreff der Kirche wechseln. All dies mag es auch anderswo geben, doch ist der Ton, der Habitus, der Kontext ein anderer. In allem ist ein Zuviel. Torten in der Bäckerei in der Oppelner Straße sind eben nicht bloß Süßigkeiten, der Pomp aus Sahne und Creme ist hier ein Monument der Selbstbehauptung und Vorwärtsverteidigung gegen den Vormarsch der Imbißbuden. Und so scheint es mit allem zu sein: Expressive Selbstdarstellung ist die Devise. Deutsche Kneipen in der Muskauer oder Eisenbahnstraße sind noch deutscher als anderswo, die berühmten »öffentlichen Wohnzimmer« sind fast schon wieder zu Vereinszimmern der in manchen Straßen in die Minderheit Geratenen geworden. Bürgerliche Küche und Bockwurst haben es mit Kebab und Gyros aufzunehmen; nicht ganz einfach, wo selbst die Stammkundschaft sich ans fremdländische Buffet gewöhnt hat. Wo so viele Unterschiede auf engstem Raum zusammengedrängt sind, muß gerade der Unterschied betont werden, um kenntlich zu bleiben. Das *styling* ist an die Stelle der alten Förmlichkeiten und Verbindlichkeiten getreten in einem Gelände, wo man den Eindruck gewinnen kann, die eingespielten Formen des Umgangs trügen ansonsten nicht mehr. Selbst in die Gesichter geht eine Spur dieses Zuviels ein. Zu denken ist nicht bloß an den sattsam bekannten Ring durch den Nasenflügel oder den grüngefärbten Irokesenkamm auf poliertem Schädel — dieser hat auch sein Pendant: Make-up und Parfum der Verkäuferin im Supermarkt sind nicht bloß Pflege, sondern auch Zeichen dafür, daß es noch eine andere Kultur gibt. Der Druck des Formlosen, Unförmlichen und Unförmigen ist groß. »Ein Zeichen setzen« — dieser Gestus ist nur die natürliche Reaktion nach all den Jahren des Gewähren- und Zerfallenlassens, er ist ein Gegenzeichen zu denen der Zerstörung.

Nach alldem, was zerstört worden ist an Stadtsubstanz und Menschensubstanz, ist das Wundern darüber, daß die Stadt auszuhalten vermochte, obgleich sie abgeschrieben war, größer als der Schrecken. Wie robust muß ein Viertel doch sein, das zwei ganz verschiedene Zeitmaße und Kulturen aus weit voneinander entfernt liegenden Ursprüngen koexistieren lassen kann!

Nicht zufällig gehen die Assoziationen beim Anblick der Oranienstraße in die Richtung zum alten Scheunenviertel nördlich des Alexanderplatzes, die durch Photographien gewiesen wird. Doch die Einwanderer von heute kommen nicht aus dem Schtetl, nicht aus Lemberg, auch nicht aus Schlesien oder der Niederlausitz, von wo sie früher über die Bahnhöfe im Südosten Berlin erreichten. Sie wollten bleiben oder weiter — ins bürgerliche Leben oder nach Amerika. Heute ist die Flugverbindung Ankara/Istanbul nach Berlin-Schönefeld auch die Verbindung zurück in die Heimat. Eine solche Permanenz des Provisorischen prägt auch die Stadt. Die vielen Restaurants mit den Gerüchen, an die sich inzwischen ein jeder gewöhnt hat, erzeugen nur ein Kolorit, das sich anregend einfügt. Etwas ganz anderes ist, daß es ein wirklich eigenes Leben mit eigener Schwerkraft in der fremden Stadt geben kann. Ein Lebensrhythmus, der sich in den großen Familien und deren Verbund über das Viertel hin erhält, eine Lebensweise, die sich behauptet gegen die Gleichschaltung durch die Fabrikarbeit. Was gehört zu diesem Rhythmus? Eine fast züchtige Gangart der jungen Mädchen, das feste Auftreten der Familienväter, ein Schlendern, bei dem sich die Menschen einander zuwenden und ihren Gang immer wieder unterbrechen, so, als gebe es keine Zeit und als sei die Straße nur der Weg durchs Dorf. Dazu gehören eine Abgeschiedenheit des Privaten, das sich hinter dicht gebauschten Vorhängen verbirgt gegen die sonstige Art, die die Räume neuerdings offenhält, aber auch Hallen, in denen auf fast organisierte Weise das Spiel gepflegt wird. Die Gemächlichkeit und die krassen Farben, mit denen sich die Familien an freien Sommertagen auf dem Rasen ausbreiten, machen uns staunen. Auf dem breiten Bürgersteig einer der aus Berlin-Mitte herausführenden Hauptstraßen von einst wird nun Holz für den nächsten Winter gemacht, nicht verbissen, sondern auch mit Freude an der Kraftdemonstration. Ein Wirt erzählte, daß in der einen oder anderen Wohnung ein Huhn oder sonst ein Haustier gehalten werde — unüberprüfbar wie viele Gerüchte, doch mit einem rationalen Kern: daß nämlich mitten im steinernen Berlin das Dorf sich ausbreitet. Die Stadt, die alle Stadien der Stadtwerdung schon hinter sich gebracht hat, ist — in bestimmten Straßen jedenfalls — Dorf geworden. Man wird an die Gewaltsamkeit dieses Sprungs durch die Zeit immer wieder erinnert: im Schlechten durch die Wiederholung von Gebärden, die in der Stadtwelt ihren Sinn verloren haben — indem etwa Abfall aus dem Fenster geworfen wird, so als befände sich der Dunghaufen gleich vor der Tür —, im guten Sinne dadurch, daß die schönsten Früchte, wo jede noch für sich etwas gilt, eben nur beim türkischen Händler zu bekommen sind. Es gibt einen Orient im Westen, es gibt im Westen eine östliche Provinz.

Vielleicht fällt das alles nur stärker auf, weil auf diese Elemente des Präurbanen allenthalben die Symptome des Postindustrialismus treffen. Der bürgerliche Anzug des Immigranten trifft auf die gestylte Lässigkeit, manchmal auch Nachlässigkeit derer, die ihren Überdruß an den Geboten der Persil-Kultur nach außen gekehrt haben. Die immer noch im Straßenbild fast abwesende verschleierte Frau bewegt sich in einem Raum, in dem die emanzipierten Frauen den Ton angeben. Der Unangepaßtheit der einen an Tempo und inneres Gesetz des Zusammenlebens in der westlichen Stadt steht die Aufkündigung des Gehorsams und der guten Sitten von seiten der anderen gegenüber. Die Immigranten stoßen hier plötzlich auf Leute, die sie im reichen Land nicht vermutet haben: die wirklichen und die gespielten Bettler an den U-Bahn-Stationen. Mit ihrer Gottesfürchtigkeit sind sie ganz allein.

Kreuzberg ist eine *porta orientis* im ganz buchstäblichen Sinne, auch wenn dieser Osten nicht mehr in Mähren oder Galizien oder Schlesien liegt. Doch hatte schon Hugo von Hofmannsthal, der das Wien Freuds so bezeichnet hatte, nicht bloß einen geographisch-kulturellen Raum in östlicher Richtung im Sinne. Für ihn war es die Metapher dafür, daß an diesem Ort all jenes wieder hervorbrach, was die moderne städtische Zivilisation in den Untergrund gedrängt hatte. Der Orient ist die Wiederkehr des Verdrängten, Unverarbeiteten und Vielgestaltigen. In SO 36 kehrt all das wieder, womit die westliche Stadt in ihrem angestrengten Fortschrittsgestus nicht fertig geworden ist. Solange für die Elite der Weststadt das Treiben in diesem Viertel nur ein Faszinosum oder ein Gefahrenherd ist, bleibt nichts als die Zuversicht dieses wundersamen Ameisenhaufens in die eigene Kraft. Hier wird probiert, ob sich ein Mittleres zwischen Intimität, die nicht Familiarität ist, und Öffentlichkeit, die nicht leerer Betrieb sein muß, findet; hier beweist sich in der Härte des Umgangs mit dem Fremden, wie weit der Vorsatz zur Toleranz wirklich trägt; hier, wo die Attitüde des äußeren Status wertlos geworden ist, könnte sich zeigen, was in einem entspannten und doch verbindlichen Leben und Lebenlassen zuwege zu bringen ist. Kurzum: Hier könnte sich zeigen, was eine Stadt ohne geborgte Identität und zwanghafte Identifizierung wirklich ist. Die *porta orientis* ist dann nicht mehr nur das Tor, durch das die Trümmerhalden der verdrängten und ungelösten Probleme der Weststadt betreten werden, sondern auch das Tor zur Wiedergewinnung einer neuen Souveränität. Dafür, daß das nicht auf eine Normalisierung à la Westdeutschland hinausläuft, sprechen schon die Umstände ringsum. Kreuzberg liegt mehr in der Mitte als die Reststadt, die so ganz nach Westen hin lebt; die Phantomschmerzen, die die Stadt insgesamt plagen, sind dort, wo die abgetrennten Glieder in Sichtweite liegen, fast physischer Natur. Es käme also kaum ein Gefühl der Beruhigung auf, eher umgekehrt: Hier erst läßt sich erahnen, welchen Preis die Stadt der Mitte für ihre diesseitig reduzierte Fortexistenz zu entrichten hatte. Von jenseits der Mauer, wo der Nachthimmel sich über dem ganz nahen Ostbahnhof in hellem Weiß wölbt, schallen bei günstigem Wind die Ansagen der Lautsprecher herüber: Dresden, Warschau, Prag, Wien, Bukarest, Moskau ... Die ein- und ausfahrenden Züge und rangierenden Loks erzeugen nachts einen gedämpften Ton, so fein wie früher der Wind, der sich in den Drähten der Telephonmasten verfing. Das ist eine Musik, die nur noch hier zu hören ist.

*1985*

## WILNA —
## HORROR EINER SCHÖNEN STADT

Von Moskau aus sind alle Fahrten in die baltischen Republiken Fahrten gen Westen. Dabei ist es selbst im rein geographischen Sinne gar nicht so eindeutig: Estland liegt im Norden, Lettland fast auf der Linie Moskau — Stockholm; und auch nach Wilna fährt man meist in einem Zug, der weitergeht bis Riga. Doch ist mit Westen ja nicht bloß die Himmelsrichtung gemeint. Westen — das bedeutet Europa. Für die Moskauer Freunde, die mir lebhaft zuraten, nach Litauen, Lettland und Estland zu fahren, verbindet sich mit den Namen dieser Republiken und ihrer Hauptstädte ein ganzer Kranz von Assoziationen: die strengen gotischen Kirchen, das Backsteinbauwerk, der Geist des Protestantismus, der an der baltischen Küste noch zu atmen sei; auch das üppige Barock der litauischen Hauptstadt. Es meint ein Stück Geschichte, an dem Rußland nicht teilhatte; es meint Städte, wo man eines Zipfels dessen habhaft werden zu können glaubt, was europäisches Mittelalter, Reformation, höfische Kultur bedeuten. Dieses Europa zeigt sich jedoch nicht nur in Bauwerken oder Museen. Die Moskauer Freunde schwärmen von den Cafés und Wirtshäusern in Wilna und Riga, von der freundlicheren Bedienung in den Geschäften, kurz: von dem allgemein höheren Lebensstandard.

Es ist vielleicht nicht ganz zufällig, wenn eine Reise nach Wilna in Moskau beginnt. Das Baltikum-Programm wird von der staatlichen Reiseorganisation Intourist en bloc verkauft, es gehört dazu, wenn man etwas von der Vielschichtigkeit und Mannigfaltigkeit des Vielvölkerimperiums Sowjetunion zu sehen bekommen will. Und so reisen selbst Touristen aus dem Westen fast immer über die Hauptstadt an, auf einem großen Umweg sozusagen. Dabei gäbe es direkte Verbindungen, von Berlin aus über Warschau, oder von Kiel und Hamburg aus, oder genauer: Es hat sie einmal gegeben; heute sind diese Direktverbindungen umständlich und saisonabhängig geworden.

Vor einigen Jahrzehnten noch hätte es näher gelegen, direkt in die litauische Hauptstadt zu fahren. So kann man etwa dem Baedeker des Jahres 1904 folgende Angaben und Empfehlungen entnehmen:

»Route 7. Von Berlin nach St. Petersburg.

Nord-Express, 2–3mal wöchentlich. Von Berlin (Stadtbahn) nach Wirballen, über Dirschau-Königsberg, 744 km, Schnellzug in 12½ St. für 67.50, 50.10, 35.10 M. Von Wirballen nach Wilna, 179 Werst, Schnellzug in 3¾ St. für 8, 5.20 R. und 1½ R. für die Platzkarte; Pers.-Zug in 5½ St. für 6.15, 3.70 R. Russisches Geld wechselt man am besten in Berlin ein, sonst in den Wechselbuden in Eydtkuhnen oder in Wirballen. Gegen die mitteleuropäische Zeit geht die Petersburger 1 St. 1 Min. vor.«

Der Fahrzeit nach ist es von Berlin nach Wilna kaum mehr als von Wilna nach Petersburg. Doch seither hat sich fast alles geändert, und wir können mit dem Reiseführer von einst kaum noch etwas anfangen — oder nur dann, wenn wir mit ihm umzugehen wissen. Rubel braucht man in der litauischen Hauptstadt nach wie vor oder wieder, wenngleich wir sie nicht mehr in Berlin besorgen können — das ist ein Vergehen gegen die sowjetischen Devisenvorschriften. Die Zeitdifferenz beträgt heute sogar noch mehr — zwei Stunden. Und selbst die Landschaft, jenes hartnäckig sich behauptende Relief, ist nicht unverändert geblieben. Im Baedeker von 1904 heißt es noch:

»Während der Fahrt befinden wir uns bis Kowno noch im Generalgouvernement Warschau (Polen), und zwar in dem ebenen Gouvernement Ssuwalki, im nördlichen Teile von Litauern, im südlichen von Polen bewohnt, gemischt mit Russen, Deutschen und Juden (besonders in den Städten). Nördlich und südlich vom Niemen wird die Landschaft strichweise hügelig und ist mit kleinen Seen durchsetzt; es ist die Fortsetzung des ostpreußischen Endmoränenzuges, der von der Bahn in seinem Verlauf durch Litauen schräg durchquert wird.«

Und noch bevor der Reisende des Jahres 1904 in Wilna angekommen ist, weiß er aus dem klugen Buch bereits:

»Wilna, Wilno, Vil'no. — Bahnrestaurant, gut. — Gasthäuser: *Georgijewskaja,* Georgijewskij-Prospekt; *Jewropa,* Ecke Njemezkaja u. Blagowjeschtschenskaja; *Kontinent,* gegenüber dem Theater, viel Kaufleute. — Vergnügungsorte: *Stadtgarten,* hübsch gelegen, im Sommer Militärmusik; *Schweizarija,* Operetten.

Droschken: vom Bahnhof in die Stadt 35 Kop. Pferdebahnen: vom Bahnhof durch die Stadt zur Seljony-Brücke und zur Pretschistenskij-Kathedrale; von der Stanislaus-Kathedrale in die Vorstadt Antokol; ferner in die Vorstädte Saretschje und Lukischki.

Bei beschränkter Zeit: Osstra-Brama-Kapelle, St. Stanislaus-Kathedrale und Schloßberg.

Wilna (160 m), Hauptstadt des gleichn. Generalgouvernements, früher Hauptstadt von Litauen, wichtiger Bahnknotenpunkt und lebhafte Handelsstadt, liegt mit seinen Vorstädten *Antokol, Saretschje, Poguljanka* und *Lukischki* anmutig an und auf 250 m hohen Hügeln, an der Einmündung der *Wileika* in die Wilija und hat c. 163000 Einw. (Litauer, Polen, Juden). Die Stadt, Sitz eines Generalgouverneurs und des Generalkommandos des III. Armeekorps, eines griech.-

kath. Erzbischofs und eines kath. Bischofs, ist eng gebaut und schmutzig, mit schlechtem Pflaster, hat jedoch mehrere Paläste vornehmer polnischer Familien und zahlreiche altertümliche Gebäude und Kirchen.«

Für die Redakteure des Reiseführers von einst ist es eine Fahrt in den Osten. Nebenbei gesagt ist es gar nicht einfach, einen Reiseführer zu finden, der der Stadt wirklich gerecht würde. Wie sollte dies auch möglich sein, wo doch so viele ihre Ansprüche auf die Stadt geltend gemacht haben! In einer Stadt, die in diesem Jahrhundert nicht nur einmal ihre Staatszugehörigkeit geändert hat und deren Einwohnerschaft eine ganz eigene Sicht von der Stadt haben muß. Wir müßten uns nicht nur einem Reiseführer anvertrauen, und wir müßten mehr als eine Sprache verstehen: die des Litauers, die des Polen, die des Juden und die des Russen. Jemand, der aus der Ferne kommt und keine Wurzeln in der Stadt hat, ist zunächst ganz verloren; er hat vor sich mehrere Stadtpläne in verschiedenen Sprachen, auf denen die Hauptstraße das eine Mal Georgijewski-Prospekt, ein anderes Mal Gediminas- oder Mickiewicz-Straße und zuletzt Lenin-Prospekt heißt. Es bleibt ihm nichts anderes übrig, als sich zunächst ganz auf sein eigenes Auge und Ohr zu verlassen.

### *Stadt im Grenzland*

Der an einem kalten Novembermorgen Ankommende sieht nicht sehr viel. Er atmet, sobald er die Halle des wohl in den frühen fünfziger Jahren erbauten, etwas zu pompös geratenen Bahnhofs durchschritten hat und auf den Bahnhofsvorplatz hinausgetreten ist, nach Bussen oder einem Taxi Umschau haltend, Luft, die es in modernen Großstädten nicht mehr gibt: Sie riecht nach Rauch, nach Hausbrand, der irgendwo aus Kaminen in die kalte Luft aufsteigt. So riecht es in Städten oder Vierteln, die die Errungenschaften zentralisierter Wärmeversorgung noch nicht oder nur im Ansatz kennen. Der Ankommende, der inzwischen den Bus, der ihn zu seinem Hotel mit dem Namen *Turistas* bringen wird, ausfindig gemacht hat, sieht kaum etwas von der Stadt, denn es ist eine Stadt, die nicht für öffentliche Verkehrsmittel gebaut ist, vielleicht noch für eine kleine und schmale Tram, nicht aber für einen modernen Bus der Marke Ikarus. Der Bus zwängt sich durch die Straßen, die viel zu schmal sind, der Passagier scheint fast in der Höhe der ersten Etage zu sitzen, und bei jeder Straßenbiegung befällt ihn die Angst, etwas von den Fassaden — ein Erker oder Balkon — könnte abgebrochen werden. Freie Fahrt gibt es erst auf der Brücke über die Wilija, auf der Eisschollen treiben, und einen freien Blick erst von der obersten Etage des Hotels, das jenseits der Stadt im — wie es scheint — freien Gelände errichtet worden ist: Glas, Beton, hell, rücksichtslos auf einem Plateau von Beton, unter dem das sanfte Ufer verschwunden ist. Doch das Hotel ist für die Zukunft gebaut, für den Tourismus, und deshalb gehört der Blick auf die alte Stadt zu seinen Sonderleistungen, die im Preis inbegriffen sind. Wir bekommen für diesen Preis einen Blick auf einen alten Stich, auf eine der Stadtansichten von Merian.

Wilna ist, so kleinstädtisch es aus der Vogelperspektive anmutet, in die Höhe gebaut. Seine Enge ist schon von weitem sichtbar. Es ist eine Stadt der Türme; diese liegen nicht nur zwischen Hügeln, sondern markieren eine in Jahrhunderten gewachsene Stadtlandschaft. Der Festungsring, hinter dem die Stadt sich verschanzt hatte und groß geworden ist, ist längst abgetragen, das eine oder andere Tor steht noch. Es ist die Stadt, von der der in Litauen geborene polnische Dichter Czesław Miłosz in seiner Autobiographie sagt:

»Ausländer reisten selten zu diesen fernen Grenzen des Westens. Einer der wenigen war G. K. Chesterton, feierlich von unserer Stadt empfangen. Augenscheinlich hat ihn dieses Wunder kontinentaler Exotik begeistert, und der immerwährend in der Luft hängende Glockenton von ein paar hundert Kirchen war ihm als Katholiken vertraut. Enge Straßen, mit Katzenköpfen gepflastert, Rausch des Barock; beinahe wie eine Jesuitenstadt irgendwo im Herzen Lateinamerikas. Der Vergleich ist nicht unbegründet, denn die Jesuiten hatten in diesem Teil Europas eines ihrer mächtigsten Zentren.«

Es gibt heute keinen Glockenton. Die Türme der Kirchen ragen an diesem Tag im November in eine bläuliche Winterluft, um so nachdrücklicher. Auf dem Schloßberg, fast hinter Bäumen verschwindend, der Stumpf einer mächtigen Burg; die Flagge der litauischen Sowjetrepublik weht darauf. Zu seinen Füßen die weiß glänzende Stanislaus-Kathedrale mit dem klassizistischen Portikus und davor, wie ein Überrest und ganz für sich stehend, der Glockenturm, dessen Fundamente noch aus dem 14. Jahrhundert stammen. Im Zentrum der Stadt: Türme von Kirchen und Klöstern, sich gegenseitig übertrumpfend. Im Herzen des Zentrums das Universitätsviertel, eine Stadt in der Stadt, mit dem Glockenturm des ehemaligen Johannes-Klosters, an dem die Gotik, die Renaissance und das Barock ihre Spuren hinterlassen haben. Die Doppeltürme der Katharinenkirche, die Türme des Bernhardiner- und Sankt-Anna-Klosters und weiter, auf den Hügeln im Dunst noch zu sehen, die Mariä-Auferstehungskirche, das Heilig-Geist-Kloster und die Herz-Jesu-Kirche. Natürlich entgeht dem Fremden nicht, daß auch Neues dazugekommen ist; es fällt ins Auge wiederum durch seine Unmaßstäblichkeit: so der Kasten des erst vor einigen Jahren fertiggestellten neuen

Opernhauses am Platz, wo die Brücke über die Wilija führt, oder die aus den fünfziger Jahren stammende monumentale Bebauung der Uferpromenade. Aber all dies ändert nichts an dem überwältigenden Eindruck, der von einer Stadt der sich überbietenden Türme ausgeht. Es ist die Gestalt der Stadt. Wilna ist allem Anschein nach eine gemauerte, von Platten und Ziegeln und Pflaster bedeckte Stadt. Wo so viele Türme sich erheben, kann dies nicht nur zur Ehre Gottes geschehen sein. So etwas kommt nur zustande, wo Menschen sich auf engstem Raume zusammengedrängt haben, wo die Vielzahl und das Gewirr von Häusern und Gebäuden zu einem einzigen Gehäuse verwachsen, in einem jahrhundertelangen Wachstum, Stein für Stein, Treppe für Treppe, Bogen für Bogen. Hier mußte nicht immer wieder von vorne angefangen werden, Generationen haben auf dem Werk vorangegangener aufgebaut. Wilna ist keine Stadt, die ins Land hineingesetzt ist, voraussetzungslos und irgendwo endend. Jedes Stück Erde ist bedeckt und mehrmals um und um gewendet. Wilna ist Vierzehnheiligen und Banz, Tepl und Il Gèsu. Wilna ist eine dicht gebaute Stadt. Es handelt sich offensichtlich um eine Metropole. Aus der Ferne ist vor allem diese Silhouette zu sehen. Von solchen Anblicken wird man leicht erschöpft. Auch anmutige Städte können einen erschlagen: durch ihre Kompaktheit, ihre schöne Unversehrtheit, die doch nicht wahr ist. Wir spüren die Unangemessenheit des Blicks auf die schöne Silhouette, denn wir wissen mehr als nur die Jahreszahl, den Baumeister und die Stilrichtung.

Wilna, du reifer Holunder!
Mit grünen Augen
ist deine Wolfzeit versunken.
Ur und Bär und der Eber,
da sie erschreckte der Hornschrei

Giedimins, sie hielten
erst am Njemen atmend,
im Eichwald über dem Ufer,
äugten hinab. Es hat
Mickiewicz besungen der wilder
leuchtenden Tage Glanz
und das Düster. Doch leicht
einherflog die zärtliche Wilia.

Ach, der Himmel, ein weißes,
wehendes Tuch, geschwungen
schön von den Liedern der Dörfer.
Die Birkentänze
hell in die Felder davon —

Doch es singt Lizdejko
nicht mehr, der Bärtige schläft,
heißt es, im endlos zerspülten
Ufersand, wo aus dem See
Trakai sich hob, die dunkele
Burg, aus Schimmer der Vorwelt.

Seine Gesänge, den schweren
Ufern gleich, waldigen, alten,
die der Wilia entgegen
wandern, ihrem hüpfenden
Gang, und den Winden von Wilna;
rauchigen, die um das Haupt
der herrlichen Tochter gegangen.

Stadt der Könige, immer
singen die Ebenen alle,
alle die weißen, vom Blut
bitter der Söhne,
dir mit des Weißbarts hallender
Stimme, wie Eisgang, mit schmerzlichem

Festgetön deiner Juden,
rotem Sausen der Kiefern zu.

*Wilna* hat Johannes Bobrowski, der 1917 in Tilsit geborene und im deutsch-litauischen Grenzgebiet aufgewachsene Dichter, dieses Gedicht genannt. Seine Schwermut rührt nicht von der zärtlichen Wilia, dem anmutigen Fluß, nicht vom Himmel, dem weiß wehenden Tuch, und dem Eisgang her, sondern von dem, was sich dort ereignet hat.

Es gibt Städte, die zerstört sind, obgleich sie unversehrt erscheinen; es gibt Stadträume, über denen sich die Kuppeln von Kirchen, Klöstern, Synagogen, Moscheen zu einer gleichsam schützenden und bergenden Höhle auftürmen, und doch sind sie machtlos; es gibt Städte, deren enge Gassen verraten, daß sie einst Herberge für eine dichtgedrängte Menschenmasse waren. Es gibt Städte, denen auf dem Weg der Orts- und Reisebeschreibung nicht beizukommen ist. Das Wissen über sie steht nicht in Reiseführern, sondern in Prozeßdokumenten, Aufzeichnungen verbrannter Menschen, nie abgeschickten Briefen. Wilna ist eine solche Stadt. Wenn wir wissen wollen, weshalb die Stadt sich geändert hat, auch wenn ihre Fassaden noch stehen; wenn wir dahinterkommen wollen, warum uns die so dicht gebaute, Quadratmeter für Quadratmeter genutzte Altstadt heute so menschenleer vorkommt, dann müssen wir nicht in irgendwelchen Führern nachsehen, sondern zum Beispiel in den Akten des Nürnberger Prozesses gegen die Hauptkriegsverbrecher. Am 27. Februar 1946 wurde da einer der Überlebenden des Wilnaer Ghettos, Abram Gerzewitsch Suzkewer, vernommen.

»Als die Deutschen meine Stadt Wilna besetzten, waren dort ungefähr 80000 Juden. Sofort wurde auf der Wilnaer Straße Nr. 12 ein sogenanntes Sonderkommando eingerichtet, dessen Chefs Schweichenberg und Martin Weiß waren. Die Häscher dieses Sonderkommandos, *Chapun,* wie die Juden sie nannten, drangen bei Tag und bei Nacht in jüdische Wohnungen ein und schleppten Männer heraus, befahlen ihnen, ein Stück Seife und ein Handtuch mitzunehmen und trieben sie in die Richtung des Städtchens Ponary, acht Kilometer von Wilna entfernt, von wo aus fast keiner mehr zurückkehrte. Als die Juden merkten, daß ihre Verwandten nicht zurückkehrten, versteckte sich ein großer Teil der Bevölkerung. Die Deutschen kamen aber mit Polizeihunden an und stöberten sie auf. Viele wurden gefunden, und wer nicht mitkommen wollte, wurde auf der Stelle erschossen. Ich muß hinzufügen, daß die Deutschen behaupteten, die Vernichtung der Juden sei gesetzlich ...

Am 17. Juli 1941 war ich Augenzeuge eines großen Pogroms in Wilna, und zwar in der Nowgorodstraße. Die Anführer dieses Pogroms waren Schweichenberg und Martin Weiß, ein gewisser Herring und ein deutscher Chef der Gestapo, Schönhaber. Sie umzingelten den Bezirk durch Sonderkommandos, trieben alle Männer auf die Straße hinaus und befahlen ihnen, ihre Gürtel abzunehmen und die Hände auf den Kopf zu legen. Als das ausgeführt war, trieb man sie in das Lukischki-Gefängnis. Als sich die Juden jedoch auf den Marsch begaben, fingen die Hosen an zu rutschen, und sie konnten nicht weitergehen. Wer die Hose mit der Hand hochziehen wollte, wurde auf der Stelle erschossen. Ich habe selbst gesehen, als sich meine Kolonne in Bewegung setzte, daß auf der Straße ungefähr 100–150 Erschossene lagen, und die Blutströme liefen die Straße entlang, als wäre ein roter Regen herabgekommen.

Aber ich muß sagen, daß die Massenvernichtung der jüdischen Bevölkerung in Wilna dann begann, als der

Bezirkskommissar Hans Fincks sowie der Referent für jüdische Fragen, Muhrer, nach Wilna kamen.

Unter Anführung des Bezirkskommissars Fincks und Muhrers wurde vom Sonderkommando das alte jüdische Viertel in Wilna umzingelt, und zwar die Rudnizkaja-Straße, die Judenstraße, die Gaongasse, die Schabelski- und Straschuna-Straße, wo ungefähr 8000 bis 10000 Juden wohnten. Ich war damals krank und schlief. Aber plötzlich fühlte ich einen Peitschenhieb. Als ich aus dem Bett sprang, sah ich, daß Schweichenberg vor mir stand und neben ihm ein großer Hund. Er schlug alle und trieb uns auf den Hof. Als ich in den Hof kam, sah ich viele Frauen, Kinder und Greise, alle Juden, die dort wohnten. Schweichenberg ließ vom Sonderkommando alle umzingeln und sagte, daß er uns zum Ghetto führe. Aber natürlich war das, was der Deutsche sagte, wie immer, eine Lüge.

In Kolonnen nachts durch die Stadt wurden wir zum Lukischki-Gefängnis geführt, und wir wußten alle, daß das nicht das Ghetto bedeutete, sondern den Tod. Als wir im Lukischki-Gefängnis ankamen, sahen wir dort ein Spalier von Deutschen mit weißen Stöcken, die bereits dastanden, um uns zu empfangen.

Vor dem Gefängnis lief ich weg. Ich schwamm durch den Fluß Wilija und versteckte mich im Haus meiner Mutter. Meine Frau, die damals im Gefängnis war und die später entfloh, erzählte mir, daß sie dort den bekannten jüdischen Professor Moloch Prilutzky gesehen hat, der im Sterben lag, auch den Präsidenten der jüdischen Gemeinde in Wilna, Dr. Jakob Wigotzky, den jungen jüdischen Historiker Pinkus Kohn sowie die bekannten Künstler Hasch und Kadisch, die bereits tot waren.

Am 6. September, um 6 Uhr morgens, haben Tausende von Deutschen unter Anführung des Bezirkskommissars Fincks, Muhrers, Schweichenbergs, Martin Weiß' und anderer die ganze Stadt umzingelt, sind in die jüdischen Häuser eingebrochen und gaben den jüdischen Einwohnern Befehl, nur das mitzunehmen, was sie tragen konnten. Sie mußten auf die Straße hinausgehen. Dann wurden sie ins Ghetto geführt. Als wir die Wilkomirskaja-Straße entlanggingen, sah ich, daß die Deutschen kranke Juden aus dem Krankenhaus in ihren blauen Krankenkitteln herausgebracht hatten. Sie wurden vor die Kolonne gestellt, und ein deutscher Filmoperateur filmte die Szene.

Aber ich muß sagen, daß nicht alle Juden in dieses Ghetto getrieben wurden. Fincks tat dies mit Vorbedacht. Die jüdischen Einwohner einer Straße wurden in ein Ghetto und die einer anderen nach Ponary getrieben. Vorher hatten die Deutschen in Wilna zwei Ghettos eingerichtet. Im ersten Ghetto waren 29000 Juden und im zweiten 15000 Juden. Ungefähr die Hälfte der jüdischen Bevölkerung von Wilna ist nicht bis zum Ghetto gekommen, sondern wurde auf dem Weg erschossen.

Die Häscher schleppten die Juden aus den Kellern und versuchten, sie nach Ponary zu treiben. Aber die Juden wußten bereits, daß keiner von ihnen zurückkommen würde, und wollten nicht mitgehen.

Ende Dezember gebar meine Frau im Ghetto einen Jungen. Ich war damals nicht im Ghetto, ich befand mich auf der Flucht vor einer dieser sogenannten Vernichtungsaktionen, und als ich später ins Ghetto zurückkam, erfuhr ich, daß meine Frau zwei Tage vorher ein Kind geboren hatte. Ich bin sofort in das Spital gegangen, aber ich sah, daß das Krankenhaus von Deutschen umzingelt war. Ein schwarzer Wagen stand vor dem Tor. Daneben stand Schweichenberg, und die Häscher des Sonderkommandos schleppten aus dem Spital Greise und Kranke heraus und warfen sie wie Holz in den Wagen. Unter diesen erkannte ich den bekannten jüdischen Schriftsteller und Verleger Grodninsky. Als die Deutschen am Abend fortgingen, ging ich in das Spital hinein und sah, daß meine Frau vollständig verweint aussah. Es hatte sich herausgestellt, daß, als sie das Kind gebar, die jüdischen Ärzte bereits den Befehl erhalten hatten, daß keine jüdischen Kinder mehr geboren werden durften. Sie haben dann das Kind mit anderen in einem Zimmer versteckt. Aber als die Kommission kam, haben sie wahrscheinlich das neugeborene Kind schreien hören. Jedenfalls haben sie die Tür aufgebrochen und sind in das Zimmer hineingegangen. Als meine Frau hörte, daß man die Türe aufgebrochen hatte, ist sie sofort aufgesprungen, um zu sehen, was mit dem Kind geschah. Sie sah, wie ein Deutscher das Kind hielt und ihm etwas unter die Nase schmierte. Sodann warf er das Kind auf das Bett und lachte. Als meine Frau das Kind vom Bett aufnahm, hatte es bereits schwarze Lippen. Als ich ins Zimmer kam, habe ich selbst gesehen, daß das Kind tot war. Es war noch warm.

Am nächsten Tag besuchte ich meine Mutter im Ghetto und sah, daß ihr Zimmer leer war. Auf dem Tisch war noch ein offenes Gebetbuch und ein Glas Tee, das sie nicht berührt hatte. Ich erfuhr, daß in derselben Nacht die Deutschen das Haus umzingelt hatten und alle Einwohner herausgeschleppt und nach Ponary getrieben hatten.«

Von den 80000 Juden, die in Wilna vor der deutschen Besetzung gelebt hatten, waren nach dem Krieg noch ungefähr 600 übrig. Abram Suzkewer, Zeuge im Nürnberger Prozeß, war einer von ihnen. Wilnas Geschichte ist nicht auf diesen Punkt des Holocaust zugelaufen — der noch vor Auschwitz lag —, Wilnas Geschichte ist damit nicht zu Ende, aber sie wird von diesem Punkt her transparent, durchsichtig. Obwohl es nicht einfach ist, in wenigen Worten das wechselvolle Schicksal der litauischen Metropole zu skizzieren.

Schon mit dem Namen der Stadt fängt es an. Vilnius heißt die litauische Metropole im strengen Sinn, doch trug sie wohl länger den Namen, den ihr ihre Herren gegeben hatten: Wilno, wie die Polen und Russen sagen, oder Wilna, wie die Deutschen sie nennen. Fast ein dutzendmal im Laufe ihrer sechshundertjährigen Geschichte wechselten diese Herren. Die ältesten Urkunden bezeugen die Gründung der Stadt am Schnittpunkt der Handelswege vom Baltischen zum Schwarzen Meer im Jahre 1323. Unter Großfürst Gediminas, der das litauische Großreich schuf, kommen Mönche ins Land. 1387 nimmt Litauen das Christentum an, Wilna wird im selben Jahr das Magdeburger Stadtrecht verliehen, was den Grundstein für Wachstum und Eigenständigkeit der Stadt legt. Unter Vytautas dem Großen kommen Handwerker aus allen westeuropäischen Ländern nach Wilna, unter Großfürst Kasimir wird Wilna im 15. Jahrhundert sogar zweimal im Jahr Schauplatz einer internationalen Messe. Durch Heirat des Großfürsten Jagiello mit der polnischen Königin Jadwiga errang der litauische Großfürst auch die polnische Königskrone, und Wilna wurde neben Krakau und Warschau zu dem Zentrum polnischer Kulturentwicklung überhaupt. Der Zusammenschluß beider Reichshälften in der Union von Lublin im Jahre 1569 beließ dem Großfürstentum Litauen zwar seine Autonomie, die Polonisierung des litauischen Großadels aber — so der Radziwiłłs, Czartoryskis und Sapiehas — schritt voran. Litauisch — eine Sprache, der nahe Verwandtschaft zum Sanskrit nachgesagt wird — wird zur Sprache der Bauern; Sprache und Kultur der Adelsschicht stammen aus Polen. Mit der Gründung der Akademie durch die Jesuiten 1579 erhält das Lateinertum seinen vorgeschobensten Posten im Osten Europas.

Nach der dritten polnischen Teilung fällt der größte Teil und 1815 auch der Rest Litauens an das zaristische Rußland. Im Ersten Weltkrieg wird Litauen von deutschen Truppen besetzt. Nach der Russischen Revolution und dem Rückzug der Deutschen wird Litauen bürgerliche Republik, Wilna indes wird von Polen annektiert und kehrt zu Litauen erst 1939 nach dem Einmarsch der Roten Armee in Ostpolen zurück. Ein Jahr später wird aus der Republik eine Sowjetrepublik und wiederum ein Jahr später wird es von den Deutschen, die die Sowjetunion angegriffen haben, besetzt. Jede dieser Zeiten hat ihre Spur hinterlassen. An der Stelle, wo die heidnischen Litauer ihrem Donnergott Perkūnas opferten, ist der Mythos nur angedeutet: durch eine Plastik unserer Tage. An den Spitzbogenfenstern, die sich an der Johanneskirche erhalten haben, oder an den Kreuzgewölben und am Maßwerk der Fenster von Sankt Anna und der Bernhardinerkirche zeigt sich die Handschrift der niederdeutschen Baumeister der Backsteingotik. Doch die Dominante ist durch die Bauwerke der Gegenreformation gesetzt, die schon bald nach der stürmischen Ausbreitung des Kalvinismus einsetzte. Wilna wird eine »italienische« Stadt: Alte Kirchen werden um- und überbaut. Wilna: eine Stadt von Fratres und Nonnen, Studiosi und Doktoren, Scholaren und Novizen. Auch das Russische ist präsent: in Gestalt von Kasernenbauten entlang der Wilija, in den orthodoxen Gotteshäusern, die mit viel Zuschüssen und in kürzester Zeit errichtet wurden, in dem Palast des Generalgouverneurs und in Denkmälern, die heute geschleift sind — wie jenes für den russischen Gouverneur Murawjow, der den polnischen Aufstand des Jahres 1863 im Blut ersticken ließ. Unleugbar ist der frische Wind, der mit der litauischen nationalen Renaissance einhergegangen ist, die — den Jahreszahlen, die auf den Giebeln angebracht sind, zufolge — in den Jahren kurz vor dem Ersten Weltkrieg und in den dreißiger Jahren dieses Jahrhunderts gelegen hat. Es finden sich sogar Wohnsiedlungen im Stile des Bauhauses und ein modernes Kaufhaus aus jener Zeit.

Doch ist in Wahrheit alles viel verschlungener. Miłosz, der polnische Dichter aus Litauen, weist uns darauf hin:

»Die Stadtbürger sprachen entweder Polnisch oder Jiddisch; Litauisch, Weißrussisch und Russisch wurde nur von wenigen gesprochen. Wenn man aber die Muttersprache zur Basis des Territoriums bestimmen würde, so könnte nicht mehr als der Kanton Genf herausgeschnitten werden. Nichtsdestoweniger geht es hier nicht allein um die Sprache, sondern um die Zugehörigkeit zu einer Zivilisation. Auch die Religionsfrage ist oft damit verknüpft.

Im Kreis Wilna herrschte der römische Katholizismus vor, den zweiten Platz nahm die jüdische Religion ein. Andere, weniger zahlreiche Gruppen gaben dem Leben dort den malerischen Einschlag. In der Schule hatte ich Karaim zu Kameraden. Sie entstammen, wie sie selbst behaupten, der Sekte der Essener, deren zweitausendjährige Manuskripte man am Toten Meer gefunden hat. Aus der früher mächtigen Kalvinistischen Kirche war eine gewisse Anzahl evangelischer Christen erhalten geblieben. Unter meinen Schulkameraden gab es auch Mohammedaner. Das waren die Nachkommen der hier stets gut behandelten tatarischen Gefangenen oder der Tataren, die sich für den Fürstendienst anheuern ließen. Die langjährige russische Herrschaft hatte auch ihre Spuren hinterlassen: schlechte Pflaster, ungeheure Schwierigkeiten, die Bürger zum Einhalten der Hygienevorschriften zu zwingen, und zwei riesige russische Kirchen mit Zwiebelkuppeln — ein Zeichen dafür, wie die zaristische

Regierung um das seelische Wohl der nach Westen geschickten Beamten besorgt war. In Wilna interessierten sich nur wenige für die weißrussischen Angelegenheiten. Die Bauern in den langen Schafpelzen, die ihre Landprodukte auf den Markt brachten, redeten eine Sprache, die man meist nicht ohne weiteres dem Polnischen oder Weißrussischen hätte zuordnen können. Zur Verzweiflung ihrer bewußteren Brüder verstanden sie nicht, was Nationalität heißt.«

Metropole in einem Grenzgebiet und Zentrum eines Übergangsgeländes zu sein muß auf eine Stadt abfärben, besonders dann, wenn es mächtige Ansprüche von außen gibt. Hier begannen viele Karrieren, und nur wenige werden zusammengedacht mit ihrem Ausgangspunkt. Jozef Piłsudski, der Wiederbegründer des polnischen Nationalstaates von 1918, kommt aus Wilna, und von da hat er auch sicher die Idee des großpolnischen und föderativen Staates mitgebracht. Hier begann er — noch als Sozialist — seine revolutionären Aktivitäten. Später, als er in der Festung Magdeburg schon als wichtige Figur eines künftigen Nachkriegspolens von den Deutschen festgehalten wurde, fühlte er sich immer wieder an Wilna erinnert. Nur zehn Jahre später als Piłsudski drückte ein anderer die Bänke des Ersten Wilnaer Gymnasiums: Feliks Edmundowitsch Dzierżyński, berühmt-berüchtigt geworden als »Engel der Revolution«, als Chef der Tscheka. Das Häuschen, in dem er mit seiner Familie wohnte, ist heute als Museum wiederhergestellt. Hier also, in diesem bürgerlichen Haus mit dem gebohnerten Parkett, dem Gründerzeitschrank und den geblümten Tapeten, draußen in der Paupio-Straße 26, umgeben von Fabrikbauten aus der Zeit der Jahrhundertwende, soll der »Eiserne Feliks« der Russischen Revolution groß geworden sein. Dzierżyńskis Weg ähnelt in vielem dem Piłsudskis: bürgerliches Elternhaus, Gymnasium, Untergrundarbeit im polnisch-litauischen Gebiet des russischen Imperiums, Studium an russischen Universitäten und Verbannung nach Sibirien. Doch der eine wird Herr in Warschau, der andere macht Karriere in Moskau. Wilna war Ort der Gärung und zugleich mit den Hauptstädten der großen Reiche verbunden. Hier hatten der Bund, die Organisation jüdischer Sozialisten und Proletarier, und die Sozialdemokratie des Königreichs Litauen und Polen einen herausragenden Stützpunkt. Von hier gehen Wege nach Petrograd, aber auch nach Berlin. Leo Jogiches, Rosa Luxemburgs Geliebter und Kampfgefährte, kommt aus Wilna; erschlagen wird er in Berlin.

Der Ausgangspunkt läßt sich noch genauer definieren: die Wilnaer Universität, vorher Akademie und in der Zeit der russischen Reaktion zum Ersten Gymnasium zurückgestuft. Die Dichter der polnischen Nation — Adam Mickiewicz und Juliusz Słowacki — haben an der Alma mater Vilnensis studiert; der Schöpfer der polnischen Nationaloper, Stanisław Moniuszko, war zeitweise Organist an der Kirche, die auf den Universitätshof hinausgeht. In jener Zeit gab es sogar Professoren aus Erlangen, die an der Wilnaer Universität lehrten. Auch der Architekt des Observatoriums, dessen klassizistischer Anbau an den Renaissancebau der Universität so seltsam berührt, kam aus Deutschland. Doch heißt er hier nicht Knackfuß, sondern Knackfusas. Und an der Wand eines Gebäudes in der Gorki-Straße im Zentrum der Stadt entdecken wir eine Plakette, die uns sagt, daß einer der bedeutendsten Vertreter des Petersburger Symbolismus, Mikalojus Konstantinas Čiurlionis, Freund und Inspirator Sergej Djagilews, Dichter, Komponist und Maler düsterer Bilder, hier gewohnt hat. Nicht allen, die in den fernen Metropolen berühmt geworden sind, ist ein

Denkmal gesetzt. Doch die Stadt selbst ist das sprechendste Denkmal.

### *Die unsichtbare Stadt*

Vilnius ist ganz Gegenwart, und sein Schweigen irritiert, denn es ist ja keine Provinzstadt. Es ist Regierungssitz der Litauischen Sozialistischen Sowjetrepublik, zahlloser Verwaltungen und Organisationen. Es gibt eine Akademie der Wissenschaften, sechs Hochschulen und eine Universität, fünf Theater und sechs Museen. Am Ende des Lenin-Prospektes liegt ein neues Regierungsviertel. Durch die Gassen im Universitätsviertel wandern Studenten mit Büchern unterm Arm. Es gibt Cafés und Restaurants, und Schlangen vor den Eingängen sind kaum zu sehen. Überraschend die Vielzahl der Buchhandlungen, und überraschend auch die Vielsprachigkeit: In der deutschsprachigen Buchhandlung am Lenin-Prospekt kann man sich die DDR-Ausgabe von Albert Guts *Berliner Wohnhaus* kaufen — und sogar eine Ausgabe mit Gedichten von Johannes Bobrowski. In einer anderen gibt es polnische Literatur, und in allen natürlich russische Bücher. Doch auf der Straße wird Litauisch gesprochen, und ins Russische wechselt man nur, wenn es naheliegt. Wir sind nicht in Rußland, sondern in Litauen — aber in einem Land mit selbstverständlicher Zweisprachigkeit. Vilnius ist eine Großstadt mit großer Industrie und fast einer halben Million Einwohnern — und doch wirkt die Stadt leer, besonders in der Altstadt mit ihren Gassen, Treppen, Torbögen und Durchgängen. Dies mag auch daran liegen, daß die Masse der Bevölkerung in den Neubauvierteln wie Lasdinai, deren weißer Kranz fern am Horizont zu sehen ist, lebt und daß das Zentrum der alten Stadt nur noch etwas für Liebhaber von Sehenswürdigkeiten zu sein scheint.

Wilna ist eine ruhige Stadt, und in Anbetracht der Dichte und des Gewirrs von Gassen, die nicht einmal auf den heutigen Stadtplänen eingezeichnet sind, zu ruhig. Es muß so sein: Die Menschen, die im Herzen der Stadt gelebt haben, sind verschwunden. Als Alfred Döblin 1924 nach Wilno kam, pochte in der Altstadt das Herz, pulsierte das Leben. Er war von Berlin über Warschau ins »Jerusalem des Ostens« gekommen.

»Die Dominikanerstraße wandere ich entlang, an Studenten mit weißen Stürmern vorbei. Und wie ich an die Ecke komme, wo der Schutzmann und die Droschken stehen, ist die Deutsche Straße da, die Judenstraße. Hier verstehe ich die Sprache. Geschäft bei Geschäft, zahlreiche Menschen, Juden, schleppend, tragend, stehend in Gruppen. Selten ein Kaftan, europäische provinzliche Tracht. Sehr enge Nebenstraßen, Gassenhandel bis in die Höfe hinein. Die Läden offen, oft ohne Scheiben, Fleisch- und Geflügelläden in Reihen beieinander. Über einige Gassen ziehen sich Torbogen. Das war die Umgrenzung des alten Ghetto. Hier ist ein kräftiges Leben, hier und am Schloßberg, am Wasser, wo die Soldaten üben. Ich trete in den ›Judenhof‹. Im Torweg verteilen Jungen jiddische Zettel, Reklame und Einladung zu einer Versammlung. Ein mäßig geräumiger Hof mit kleinen unscheinbaren Häusern. Stufen führen zu einigen hinauf. Betstube an Betstube. Einmal führen Stufen abwärts; ich bin zu meinem Erstaunen in einem großen, stark verwohnten Tempel. Drin laufen Galerien für die Frauen, mit Fenstern verschlossen. Der Tempelraum selbst ist von betenden, hin und her gehenden, plaudernden Menschen erfüllt. Ein Mann singt. Große Unruhe im Raum. Hinten zwei Baldachine; eine Gruppe von Uhren an der Wand.

Ein höchst gebildeter Herr orientiert mich, und siehe da und nicht wunderbar: er ist in Deutschland geboren, war in Deutschland Privatdozent. Es gibt hier, berichtet er, ein hebräisches klassisches Gymnasium und ein hebräisches Realgymnasium; an fünfhundert Schüler hat das eine, das andere zweihundert. Dann zwei hebräische Volksschulen, ein Kindergarten; eine Volksuniversität entsprechend der Humboldtakademie wird vorbereitet. Hebräische Volksschulen im Wilnoer Rayon und einige Mittelschulen. Die Gymnasien, im übrigen nach westlicher Art eingerichtet, haben die hebräische Unterrichtssprache und lehren zu den westlichen Fächern noch Hebraika und Judaika. Ich gehe in das hebräische Lehrerseminar. Es ist ein merkwürdiges Gebäude; das beherbergt auch noch die ›Jüdische Gemeinde‹ und das jiddische Lehrerseminar. Man erwartet einen zionistischen Abgeordneten. Ich werde einem jungen Herrn mit banalem Gesicht vorgestellt, der mich hebräisch anspricht und, als er feststellt, daß ich ihn nicht verstehe, mich ignoriert. Er steht dann, ein Lehrer, ein Dummkopf, vergnügt schwatzend und Zigaretten rauchend, mit einer Gruppe junger Männer und Mädchen, alle zwischen siebzehn und zwanzig. Frische junge Geschöpfe, reden hebräisch.

Die jiddische Schule, das jiddische Seminar sieht aus wie die hebräische Schule, das hebräische Seminar. Das Plus, hebräische Literatur und Talmud da, Realien dort, ändert nichts. Sind beides westliche Institute mit nationalen Abzeichen. Ein Blick auf ihre Lehrräume, Lehrpläne würde ihnen zeigen, daß sie jiddisch und hebräisch sprechen, aber westlich sind. Moderne, nationale Westler beide. Zivilisatoren.

Nachmittags Kindervorstellung in einem jiddischen Theater. Ein schöner großer Raum am Theaterplatz, war ehemals Kino ...

Sonntag begleiten mich zwei junge Leute nach dem alten jüdischen Friedhof, an der Peripherie der

Stadt ... Diese Wilnoer Judenheit, scheint mir, ist stolz, aber nur teilweise und auf eine sehr östliche Art. Hoch wuchert das Gras. Immer wieder auf den Hügeln tritt man zerschmetterte Grabsteine. Oft sind darauf die schönen schwanzschlagenden Löwen, das alte Symbol der Stärke. Das Grab des Wilnoer Gaon. Ein niedriges Steinhaus, eisenvergittert, jetzt verschlossen.«

Alfred Döblin geht wie verzaubert durch die Stadt. Wilna wird ihm zum Ort einer Selbstbefragung des westlichen Juden.

»Ich kann mich nicht enthalten zu denken, wie ich hinausgehe: Welch imposantes Volk, das jüdische. Ich habe es nicht gekannt, glaubte, das, was ich in Deutschland sah, die betriebsamen Leute wären die Juden, die Händler, die in Familiensinn schmoren und langsam verfetten, die flinken Intellektuellen, die zahllosen unsicheren unglücklichen feinen Menschen. Ich sehe jetzt: das sind abgerissene Exemplare, degenerierende, weit weg vom Kern des Volkes, das hier lebt und sich erhält. Und was ist das für ein Kern, der solche Menschen produziert wie den hinflutenden reichen Baalschem, die finstere Flamme des Gaon von Wilno. Was ging in diesen scheinbar kulturarmen Ostlandschaften vor. Wie fließt alles um das Geistige. Welche ungeheure Wichtigkeit mißt man dem Geistigen, Religiösen zu. Nicht eine kleine Volksschicht, eine ganze Masse geistig gebunden. In diesem Religiös-Geistigen ist das Volk so zentriert wie kaum ein anderes in seinem ... Lautlos hat der Verzicht auf Land und Staatlichkeit das Volk durchdrungen. Und sie haben sich selbst zum Tempelvolk gemacht. Zum Volk, das den Tempel in sich trägt. Ein beispielloser Vorgang. Nur unter so künstlichen, langwirkenden Bedingungen war es möglich.«

Zwanzig Jahre später gibt es die Wilnoer Judenheit nicht mehr. Wie hilflos bewegt sich ein Fremder in einer unversehrten Stadt, die dennoch ausgelöscht wurde! Kaum einer vermag ihm Auskunft zu geben, wo er eine Spur finden könnte. Wilnas Bevölkerung scheint ausgewechselt nach dem Krieg. Und es bleibt ihm nur, sich an seinen Stadtplänen aus verschiedenen Epochen und mit verschiedenen Straßenbezeichnungen zu orientieren. Den einzigen Hinweis, wo die alte Hauptsynagoge gestanden hat, erhält er von einem alten Juden, der Deutsch spricht und das Lager von Schiaulen überlebt hat.

Am 24. Juni 1941 hatten die Deutschen die Hakenkreuzfahne auf dem Schloßberg gehißt, wenige Tage danach wurden Juden von der Straße weg für Zwangsarbeit gefangen oder erschlagen. Am 31. August umzingelten Deutsche, unterstützt von Litauern, das Viertel, das heute zwischen Komjaunimo-Straße und Musejaus-Straße liegt, wo im 16. und 17. Jahrhundert das Ghetto war. Am 6. September 1941 wurde das zweite Ghetto eingerichtet, zwischen heutiger Musejaus-Straße und Gorki-Straße. Dort stand die alte Synagoge aus dem 17. Jahrhundert, die größte in Polen. Die Musejaus-Straße hieß früher Deutsche Straße, noch heute steht die lutherische Kirche dort, nicht weit von der Stelle, wo die ehemalige Judenstraße in die Altstadt einbiegt. Es gibt weder einen Hinweis auf die zahlreichen Synagogen noch auf die Talmud- und die Thora-Schule, noch auf die Wilnaer Rabbiner-Akademie. Auf dem Hof, wo die Synagoge war, ist heute ein Kindergarten aus Fertigbauteilen errichtet, mit Weiden im Garten und Klettergerüsten. Einzig der Umstand, daß der Hof für Wilnaer Altstadtverhältnisse allzu geräumig wirkt, deutet darauf hin, daß hier etwas Größeres gestanden haben muß. Wo in den schlimmsten Zeiten des Mittelalters zwischen drei- und fünftausend Menschen untergebracht waren, waren nun elftausend eingepfercht. Man muß zu den Gassen, die die Namen von Handwerken und Zünften tragen — Fleischer-, Glasergasse —, die Bilder hinzudenken, die Roman Vishniac noch kurz vor der Vernichtung der ostjüdischen Welt mit versteckter Kamera gemacht hat. Es sind dieselben Torbögen, Gewölbe, Rinnsteine, Kopfsteinpflaster, Holzbalkons in den Innenhöfen wie heute in der Antokolski-Gasse — und doch liegt ein Abgrund zwischen der lebenden Stadt von einst und dem Viertel, das derzeit mit allergrößtem Aufwand saniert wird.

Ohne große Mühe lassen sich zwei andere Punkte bestimmen: das Lukischki-Gefängnis und der Bahnhof. Das Gefängnis war in dem russischen Reiseführer von 1909 bereits ausführlich gewürdigt worden — ein Musterbau moderner Einschließungstechniken: errichtet nach dem Panoptikumsprinzip, mit Werkstätten, zwei Kirchen, zentraler Beheizung und Ventilation, zudem aus erstklassigem Material. Der Bau aus gelbem Klinker, umgeben von einer stacheldrahtgesäumten Mauer, ist bis heute intakt und liegt mitten im zivilen Zentrum der Stadt mit wunderschönen Jugendstilhäusern. Wer im Lukischki-Gefängnis nicht umgebracht wurde, wurde durch die Stadt zum Bahnhof getrieben. Von dort fuhren die Züge in das nur wenige Kilometer entfernt liegende, von Föhrenwäldern bewachsene Sandgelände von Ponary. Ende 1941 war eines der Ghettos bereits aufgelöst, über 50000 jüdische Einwohner Wilnas waren vernichtet worden.

Die menschenleere Stadt gewinnt für den Fremden nun ein anderes Aussehen: Das planierte weite Gelände, in dem sein Hotel errichtet ist, deckt eine unsichtbar gewordene Straße zu: die Wilkomirskaja. Es ist die Straße, an der deutsche Kameraleute den Pogrom vom 6. September 1941 filmten. Das Hotel steht an der Stelle einer alten Synagoge. In einem der prächtigen Gründerzeitbauten auf dem Lenin-Prospekt, früher Gediminas-Straße, müssen die deutschen Verwaltungsstellen einschließlich Gestapo und SS untergebracht gewesen sein. An den Häuserwänden der Altstadt sieht er unschwer die Befehle des Kommissars für jüdische Fragen, Muhrer: »Juden dürfen keine Uhren haben.« — »Juden dürfen im Ghetto nicht beten.« — »Juden müssen vor Deutschen den Hut abnehmen und zur Erde blicken.« Irgendwo muß die Stelle sein, wo der Deutsche Schweichenberg einen bösartigen Hund erschoß und den Juden befahl, ihn zu bestatten und an seinem Grab zu weinen. Im Gebäude der Philharmonie, keine Minute vom Ghetto entfernt, hört der Fremde ein Konzert zu Ehren des 90. Geburtstages von Paul Hindemith — doch ist es auch der Raum, wo für die Henker in der Etappe Revuen geboten wurden. Der Bahnhof, auf dem er angekommen ist, ist die Eingangssituation in die Schrecken unseres Jahrhunderts. Auch die Mauern des erzbischöflichen Palais, der Priesterseminare, die Türme von Kirchen und Klöstern verlieren von nun an all ihre Unschuld als kunsthistorische Objekte. Sie haben alles gesehen: Das Ghetto war nicht nur umstellt von den Stahlhelmen und Maschinengewehren, sondern von jahrhundertealten Augen- und Ohrenzeugen. Allerheiligenkloster, Dominikanerkloster, Kloster der Heiligen Dreifaltigkeit, Nikolaikirche oder lutherische Kirche in der Deutschen Straße — alle Konfessionen sind vertreten. Nur in ganz wenigen Städten gibt es eine solche Aufgipfelung der Frömmigkeit, eine solche Massierung von Orten inbrünstiger Versenkung. Und doch geschah es hier: inmitten der Bet- und Gotteshäuser im Kern von Wilna. Eine ganze Altstadt als Schlachthaus, eine nur wenige Kilometer entfernte Bahnstation als das erste Vernichtungslager. Wilna, die Stadt am östlichen Rand des europäischen Horizonts, gibt das Vorbild ab für Massendeportationen und Todeslager. Die Zerstörung des Jerusalems des Ostens lag in Händen von Leuten wie Martin Weiß, einem »gepflegten Mann mit scharfen Gesichtszügen«, dem manche Sinn für alles Gute und Schöne attestierten und der an traulichen Abenden der Familie aus Adalbert Stifters *Nachsommer* vorlas — so wissen wir jedenfalls aus dem Prozeß, der ihn — den Massenmörder von Wilna und späteren Krankenhausdiener in Ochsenfurt am Main — 1950 ereilt hat.

Die von außen, aus dem Westen über Wilna hereingebrochene Katastrophe ist noch nicht vollständig. Vom Führer des Wilnaer Judenrates und Leiter der jüdischen Ghettopolizei Jakob Gens — nach Aussagen des amerikanischen Historikers Reuben Ainsztein der einzige Judenratschef in den Ghettos, der seine Polizei dazu benutzt hat, andere Juden zu töten — stammen die furchtbaren Worte:

»Ich, Gens, führe euch in den Tod; und ich, Gens, möchte die Juden vor dem Tod retten. Ich, Gens, verfüge, daß Schlupfwinkel gesprengt werden; und ich, Gens, tue alles in meiner Macht Stehende, um Arbeitsbescheinigungen, Beschäftigung und alles, was sonst dem Ghetto zugute kommt, zu beschaffen. Ich rechne mit dem Betrag jüdischen Blutes und nicht mit dem Preis jüdischer Ehre. Wenn man mich um tausend Juden bittet, dann liefere ich sie aus. Denn wenn wir Juden sie nicht ausliefern, dann werden die Deutschen kommen und sie sich mit Gewalt nehmen, und dann wird es nicht nur um tausend, sondern um Abertausende gehen, und das ganze Ghetto wird zugrunde gehen. Indem ich einige hundert ausliefere, rette ich Tausende, und indem ich tausend ausliefere, rette ich das Ghetto.

Sie, zu denen ich spreche, arbeiten mit dem Verstand und der Feder. Sie haben nichts zu tun mit dem Schmutz des Ghettos. Sie werden sauber aus dem Ghetto herauskommen. Und wenn Sie es überleben, dann werden Sie sagen: ›Wir sind davongekommen, ohne unser Gewissen beschmutzt zu haben.‹ Aber wenn ich, Jakob Gens, überlebe, dann werde ich über und über von Blut beschmiert sein. Und doch will ich mich dem Urteil und Gericht stellen. Um mich vor dem Gericht der Juden zu rechtfertigen, werde ich folgendes sagen: ›Ich habe alles in meiner Macht Stehende getan, um so viele Juden als möglich vor dem Ghetto zu retten und sie in die Freiheit zu schaffen. Damit auch nur ein Jude überlebe, habe ich persönlich Juden in den Tod geführt; und damit einige das Ghetto mit gutem Gewissen verlassen können, hatte ich in einem Meer von Schmutz zu waten und gewissenlos zu handeln.‹«

Als am 16. Juli 1943 die Gestapo vom Wilnaer Judenrat die Auslieferung des Führers der Partisanenbewegung Isaak Witenberg verlangt und mit der Zerstörung des Ghettos und der Vernichtung der noch verbliebenen 20000 Insassen droht, setzt Gens die Auslieferung Witenbergs bei lebendigem Leibe durch. Witenbergs Leiche, mit verbrannter Haut, ausgestochenen Augen und zerbrochenen Gliedmaßen, wurde am folgenden Tag aufgefunden.

Wilna ist aber nicht nur der Ort der Vernichtung und Demütigung, sondern auch des Widerstandes. Es waren die Wilnaer Juden, die zum ersten Mal die ganze Konsequenz der Nazipolitik kennengelernt hatten. Wilna war auch ein Ort mit einer langen Widerstandstradition: Hier war der jüdische Bund gegründet worden, in den Wäldern um Wilna fanden sich Vertreter des katholischen Klerus, sowjetische Kriegsgefangene, weißrussische und litauische Partisanen zu einer der ersten Partisanenorganisationen zusammen. Es wurden Waffen beschafft, Sabotageakte an den Eisenbahnlinien durchgeführt und die Versuche der Deutschen, angesichts der näherrückenden Front die Spuren von Ponary zu verwischen, behindert. Der Aufstand mißlang, und die Aktionen vom 1. September 1943, wo Partisanengruppen in der Spitalnaja- und der Straschuna-Straße das Feuer auf die Deutschen eröffneten, waren von Anfang an zum Mißerfolg verurteilt; nur wenige der Partisanen entkamen durch die Kanalisation in die Wälder. Doch es war ihr Appell, der früh — am 1. Januar 1942 — das Judentum Europas aufrief:

»Laßt uns nicht wie Schafe zur Schlachtbank gehen! Jüdische Jugend, glaub nicht den Betrügern. Von den 80000 Juden des Jerusalems von Litauen sind nur noch 20000 übrig. Mit unseren eigenen Augen haben wir gesehen, wie unsere Eltern, Brüder und Schwestern für immer abgeführt wurden. Wo sind die Hunderte von Männern, die die Polizei verhaftet hat, damit sie irgendeine Arbeit machen? Wo sind die nackten Frauen und Kinder, die in der schrecklichen Nacht der großen Provokation fortgeführt wurden? Wo sind die Juden, die am Jom Kippur gefangen worden sind? Und wo sind unsere Brüder, die man ins zweite Ghetto gesperrt hat? Wer aus dem Ghetto fortgeführt worden ist, wird niemals zurückkommen, denn alle Wege führen von der Gestapo nach Ponary. Und Ponary heißt Tod!

Weg mit allen Illusionen bei Menschen, die blind geworden sind aus Verzweiflung! Eure Kinder, eure Frauen, eure Männer gibt es nicht mehr! Ponary ist kein Lager. Man hat sie alle erschossen. Hitler hat ein System gefunden, um die Juden in ganz Europa zu vernichten. Es war unser Schicksal, die ersten dabei zu sein.

Laßt uns nicht wie Schafe zur Schlachtbank gehen! Ja, wir sind schwach und haben niemanden, der uns hilft. Aber unsere einzig würdige Antwort an den Feind kann nur Widerstand heißen!

Brüder, es ist besser, im Kampf, aber frei zu sterben, als ein Leben von der Henker Gnaden zu fristen. Widerstand bis zum letzten Atemzug!«

Die Zerstörung der Stadt war mit der Vertreibung der Deutschen nicht zu Ende. Die städtische Synagoge fiel den Sprengkommandos der Erbauer der neuen Hauptstadt zum Opfer, der jüdische Friedhof in Saretschje den Planern des modernen Vilnius. An der Stelle, wo einmal das Gebäude des YIVO stand, in der Vivulska-Straße 18, wird eine Fabrik errichtet, und das Jüdische Museum, das die Überlebenden und Zurückgekehrten schon 1944 in der Straschuna-Straße 6 eingerichtet hatten, wird 1949 geschlossen. Das Denkmal, das die überlebenden Juden Wilnas in Ponary 1945 errichteten, wird 1952 beseitigt, und das neue Mahnmal erinnert an die Opfer des Faschismus nur noch in russischer und litauischer Sprache. Und in den Archiven findet sich ein Plakat von 1962, auf dem eine Fabrik, die auf dem Gelände von Ponary errichtet wurde, mit dem Spruch für sich wirbt: »Ponary — das industrielle Herz von Vilnius«. Die einzige jüdische Zeitung, die man in Vilnius kaufen kann, ist das Zentralorgan der israelischen KP — dies in einer Hochburg jüdischen Zeitungs- und Verlagswesens von einst. An einer Hauswand findet sich ein Plakat, das auf einen Abend mit jiddischer Musik im *Haus der Kulturarbeiter,* im ehemaligen Gouverneurspalast, hinweist.

Litauen und seine Hauptstadt beginnen wieder von sich zu sprechen, von dem Unglück, das ihnen widerfahren ist; das muß nicht bedeuten, daß sie auch vom Unglück anderer sprechen. Kann es für die gegenwärtige Erinnerung überhaupt einen Weg zurück geben, wo die Spuren so vollkommen vernichtet und verwischt sind? Nach dem Kriege ist die Bevölkerung in der Stadt wie ausgewechselt, die meisten Straßen tragen andere Namen, und viele der Überlebenden, denen man auch die Erinnerung noch nehmen wollte, sind emigriert.

Doch das Vilnius der Gegenwart wird kein angemessenes Bild von sich selber haben können, wenn es von der Größe und der Tragödie der Wilnoer Judenheit und dem Geist des Gaon nichts wissen will. Was Wilna war und was es für Jahrhunderte zu einer europäischen Metropole gemacht hat, wird wenigstens in der Erinnerung wiederkehren, wenn die Stadt mehr sein will als ein Tourismuszentrum in Sachen Mittelalter und Barock. Wie soll die Stadt überhaupt ihre Sprache wiederfinden, wenn sie nicht von allen und von allem, was geschah, spricht? Von den katholischen Priestern, die ermordet, und von den litauischen Faschisten, die zu ihren Mördern wurden? Von den Kommandos des NKWD, die ihre Landsleute nach Sibirien verschleppt, und von den Tausenden von sowjetischen Kriegsgefangenen, die in und um Wilna von den Deutschen zu Tode gebracht wurden? Sie wird von den Kollaborateuren und von den Partisanen sprechen, und vor allem von der Katastrophe in ihren Mauern, der nicht nur das Jerusalem des Ostens, sondern das Herz der Hauptstadt selbst zum Opfer fiel.

*1986*

# LEMBERG — HAUPTSTADT DER EUROPÄISCHEN PROVINZ

Lwow liegt am Ende der Welt. Man ist erschöpft, wenn man ankommt. Denn man hat eine lange Reise und meist auch zeit- und kraftraubende Grenzen hinter sich. Wer von Wien, Budapest oder Prag aus anreist, ist einen Tag unterwegs. Von Berlin aus über Krakau muß man mit zwei Tagen rechnen, ebensoviel wie von Bukarest aus. Von Moskau aus erreicht man es in einer Nachtfahrt. Lwow ist eine Endstation für Beamte und Offiziere auf Dienstreise, Lwow ist für viele nur ein etwas längerer Aufenthalt auf einer Transitstrecke oder ein Umsteigebahnhof für Leute, die zur Kur und Erholung in die Karpaten weiterreisen. Lwow liegt im Schnittpunkt der Linien, die die großen Städte verbinden, vor allem aber im Schatten der Grenzen. Die Reise dorthin ist eine Reise ins Abseits, obwohl sie in die Mitte Europas führt.

Die Schwierigkeit einer solchen Reise ist kaum technischer oder organisatorischer Art. Die Frage »Wo liegt Lwow?« läßt sich mit Landkarten und Kursbüchern beantworten. Auch ahnungslose Reisebüros lernen schnell. Die Schwierigkeit ergibt sich daraus, daß es sich um eine Stadt handelt, die eine doppelte Existenz führt: eine in unserem Kopf und eine wirkliche. Die Reise führt in einen Bezirk, der sich kaum angemessen beschreiben läßt — er ist europäisches Zentrum und Peripherie zugleich. Es handelt sich um eine Stadt der Gegenwart, die von Fremden aber meist nur aufgesucht wird, weil sie eine große Vergangenheit hat. Lwow ist Lemberg. Aber sofort muß man hinzufügen, daß das eine Illusion ist. Wer nach Lwow fährt,

fährt in eine sowjetische Großstadt und nicht in eine habsburgische Fata Morgana. Lemberg ist der bevorzugte Ort imaginärer Reisen, aber wer sich wirklich dorthin bewegt, gelangt in die Gegenwart. Reisende sind neugierig darauf, was vom Glanz des *fin de siècle* herüberreicht in unsere Gegenwart, und sie wollen wissen, was von einer Stadt bleiben konnte, die zwischen die Fronten des europäischen Bürgerkrieges geraten war. Wir können genau sagen, wo die Stadt auf der Karte liegt, aber wir werden unsicher, wenn wir angeben sollen, welchen Platz sie einnimmt im europäischen Gegenwartsbewußtsein. Sie muß irgendwo in der grauen Zone zwischen Nostalgie und Ignoranz, zwischen einer längst vergangenen Geschichte und einer geschichtslosen Gegenwart liegen. Die Reise geht an einen Pol des Zweifels, ob sich Europa in seiner Mitte noch denken läßt.

*Metropole im Übergangsgebiet*

Man hält sich an das, was man sieht. Wenn der Zug nach Lwow auf einer großen Schleife fast um die Stadt herumfährt, die unten in einem nach Norden hin geöffneten Talkessel liegt, dann weiß der Reisende: Nach Stunden der Fahrt durch flaches oder hügeliges Land ist er in einer Stadt angekommen. Das Land war weit, fast von Ansiedlungen entblößt. Und nun die Stadt, die da unten inmitten der grünen Parks auf den Anhöhen liegt. Wir sind in dem anscheinend menschenarmen Landstrich nicht darauf gefaßt, auf eine so dichte Ansammlung menschlicher Behausungen zu stoßen. Lwow ist wie ein Überfall, eine Stadtsilhouette aus unzähligen Türmen, Kuppeln, Spitzen, großen Gebäudekomplexen, die alle ineinander übergehen. Nach soviel freiem Raum nun plötzlich Raummangel, Dichte, Verdichtung.

Wir sind angekommen in der Stadt, wenn wir den Lwower Bahnhof betreten haben. Das ist die Verabschiedung vom flachen Land und der Eingang in eine andere Welt. Hier strömt die Umgebung zusammen, das Menschengedränge ist doppelt groß, weil fast ein jeder Rucksäcke, Taschen und Tüten mit sich schleppt. Lwow ist das Zentrum seiner Umgebung. Die Bahnhofshalle ist so groß wie der Innenraum einer Kathedrale, Licht fällt auf das Gedränge und den Stuck, der ebenso wie die weit ausladende, cremefarbene Fassade des Bahnhofs zeigt, daß das Gebäude am Anfang des Jahrhunderts errichtet worden ist. Das war die Schleuse, die die Reisenden aus Wien passierten, wenn sie ihren Fuß auf galizische Erde setzten, und durch die so viele hinausgingen in die Neue Welt; ein Bau, der großzügig, komfortabel sein und der schnellen Abfertigung dienen sollte, eine Bastion gegen eine Welt, in der die Langsamkeit von Pferdefuhrwerken regierte. Auch ein pompöser Bahnhof kann ein Stück Herrschaftsarchitektur sein. Für Lwow markiert der Bahnhof — der im übrigen nur einer von insgesamt fünfen ist — eine Epoche: das späte Habsburgerreich.

Überall in der Stadt sind die Zeugen dieser zivilisatorischen Mission Habsburgs zu sehen. Es sind meist Gebäudekomplexe, die schon von ihrem Umfang her das mittelalterliche, fein ziselierte, fein gearbeitete Lwow mit seinen schmalen Giebeln und Gäßchen sprengen. Wien ist hier am Werk gewesen und das Zeitalter, dessen Hauptstadt Wien einmal gewesen ist. Das große Wien hat sich zu einem kleinen Wien verdoppelt. Anfang des Jahrhunderts wurden die Stadtmauern, die das alte Lwow umgaben, zum großen Teil niedergelegt, und der Fluß wurde in die Kanalisation verbannt. So entstand eine große Promenade, der heutige Lenin-Prospekt, der indes eher ein geräumiger, langgestreckter Platz ist — das Zentrum auch des gegenwärtigen Lwows. Alle Wege führen über diesen Prospekt. An der Stirnseite wird der Platz abgeschlossen von einem Opernhaus, wie es selbst in dem an Opernhäusern nicht armen Österreich-Ungarn nur wenige gab. Zygmunt Gorgolewski hat es in den neunziger Jahren des letzten Jahrhunderts entworfen. Es ist ein Prachtbau der vielen Stile, eine fein modellierte Plastik aus Pilastern, Balustraden, korinthischen Säulen, Statuen und Girlanden. Wenn abends aus dem glänzenden Foyer dieses *Staatlichen Akademischen Opern- und Balletttheaters Iwan Franko* Licht auf den Platz fällt, dann ist Lwow für einen Augenblick ein Ort am Opernring. Auch wenn *Spartakus* gegeben wird, kann man sich vorstellen, daß Enrico Caruso hier einen Auftritt hatte. Eine der Längsseiten des Prospektes ist von nicht minder pompösen, ehrfurchtgebietenden Gebäuden besetzt — den ehemaligen Polizei-, Finanz- und Landgerichtsdirektionen. Heute ist in einem der Gebäude das Lenin-Museum, ohne das auch Lwow nicht auskommt, untergebracht. Die andere Längsseite gehört den Geschäften, dem Handel, den Banken, den Cafés und Hotels. Hier gibt es Fassaden vom Klassizismus über das Neobarock bis zum Art deco. Lemberg war die Stadt, in der die Geldströme ganz Galiziens zusammenflossen, und entsprechend finden sich dort die Hypothekenbanken und Sparkassen. Lemberg war die Hauptstadt der Provinz eines Reiches, in dem man sich gegen eine irgendwie dunkle Zukunft mit Versicherungen schützen zu können meinte. Entsprechend präsent sind die Bauten der Versicherungsgesellschaften. Und da der Platz mitten im Zentrum liegt, müssen auch die Hotels dort konzentriert sein. Sie hießen wie überall — *Hotel de France, Hotel de l'Europe* —, sie heißen heute wie überall in der Sowjetunion. Aus dem Hotel Georges ist das *Intourist* geworden. Die allegorische Darstellung der vier Kontinente an der Stirnseite des *Georges* zeigt, daß Lemberg ebenso wie das Wiener Architekturbüro Fellner & Helmer, das die ganze mitteleuropäische Welt mit seinen Kreationen versorgte, wußte, wo Lemberg liegt. Auf den Platz hinaus gehen auch Fenster, wie sie nur Cafés haben können, von denen aus man auf den Platz, auf das Innenleben der Stadt, das sich dort entfaltet, blicken kann. Hier müssen die Cafés gewesen sein, in denen mehr als hundert Zeitungen ausgelegen haben. Dort, wo heute Bücher aus den sozialistischen Ländern verkauft werden, müssen einmal die Buchhandlungen und Antiquariate gewesen sein, die Lemberg zu einer Hauptstadt des Buches und der Buchkenner hatten werden lassen.

Bis heute gilt, daß die repräsentativen Bauten aus der k.u.k. Zeit das Gesicht Lwows bestimmen: das mächtige Post- und Telegraphenamt, das Gebäude des galizischen Sejms gegenüber dem etwas verwilderten Stadtpark, in dem noch die Umrisse des Rondells zu sehen sind, auf dem die Musikkapelle nachmittags spielte; das Invalidenhaus am Rande der Stadt, das ebensogut in Triest stehen könnte; das Polytechnikum, das Ossolineum mit seinen für Polen so wichtigen Bibliotheken und Archiven, die Spitäler, Kasernen und Kasinos. Es ist die Stadt eines Reiches, das noch am Ende die Kraft besaß, ein Abbild seiner selbst zustande zu bringen: großzügig, imposant, nicht frei von kolonialem Aufklärungsgestus.

Aber dieses Lemberg aus Hauptbahnhof, Zitadelle, Banken, Hotels und Versicherungsgebäuden wäre nichts ohne das alte Lwow, das fertig war, bevor die Habsburger kamen. Von hier aus ragen die Türme auf, die den Himmel von Lwow bilden. Diese Stadt ist wie aus Stein geschnitten, mit harten Konturen, dicht wie ein Kristall. Für den Besucher der Altstadt gibt es keinen *prospekt,* keine Prachtstraße zum Paradieren oder Flanieren. Hier muß man sich in engen Gassen zurechtfinden, die, obwohl im Schachbrettmuster angelegt, doch etwas Irreguläres haben. Hier wird es sinnlos, nach Sehenswürdigkeiten Ausschau zu halten, denn der ganze Ort ist eine Sehenswürdigkeit. Das habsburgische Lemberg ist ockerfarben, gelb, das vorhabsburgische ist schwarz wie die Steinquader der Renaissance- und Patrizierhäuser oder taubengrau wie der Glanz des Katzenkopfpflasters. Wer sich im Stadtkern von Lwow verloren hat, ist auf dem richtigen Weg: Er ist unterwegs in der Urzelle aller europäischen Städte. Er wechselt mit jedem Schritt die Perspektive. Bald sieht er einen Turm, ein Portal, einen Brunnen; bald blickt er in einen Hof, steigt eine Freitreppe hinauf oder in ein Bogengewölbe hinab, verläuft sich in einer schnurgeraden Straße, die in einer Sackgasse endet. Er muß sich um Ecken herumbewegen und auf dem Randstein des Trottoirs balancieren, er muß einer Statue aus dem Weg gehen oder den Kopf unter einer Arkade einziehen.

Er wechselt zwischen den Jahrhunderten hin und her. Auf dem Marktplatz des alten Lwows ist er eingezwängt zwischen den Kaufmannshäusern des 16. Jahrhunderts, und in den Vorstädten findet er Villen mit den Ornamenten der Wiener Secession. Er kann in die Lateinische Kathedrale eintauchen, in diesen Überrest des gotischen, von Bränden immer wieder heimgesuchten Lwows, oder eine barocke Himmelstreppe zur Kathedrale des heiligen Jura hinaufsteigen. Er kann zu der inzwischen tief unter dem Straßenniveau liegenden armenischen Kathedrale und zu den Grabsteinen des armenischen Friedhofs aus dem 14. Jahrhundert hinuntersteigen oder zum Kloster der Bernhardiner hinübergehen. Man steigt in die Jahrhunderte hinein.

Die Türme und Kuppeln scheinen über dem Kopf des Besuchers zusammenzuwachsen. Man bewegt sich im Kern der alten Stadt im harten Kern des patrizischen Lwows, das sich freizukaufen wußte, wenn Tataren, Türken oder Wallachen vor den Toren standen. Man bewegt sich in einer Umgebung, die selbst für einen König Karl XII. von Schweden oder die Sobieskis ein Inbegriff städtischer Zivilisation war. Man bewegt sich in einem Gehäuse, dem man die Arbeit von Handwerkerdynastien ansieht, deren Goldschmiedearbeiten bis nach Konstantinopel und Nürnberg gelangten. Und bei alledem ist auf engstem Raum eine Lässigkeit, die dort entsteht, wo keine der nachfolgenden Generationen unter dem Druck steht, partout besser sein zu müssen als die vergangenen. Bauten werden wie selbstverständlich weiter- und umgebaut, wachsen, wuchern und finden dabei eine neue Form. So ist es bei den Kapellen der Campianis und Boims oder dem Korniakt-Turm, die an bestehende Kirchen angebaut sind. Lwow hat sich seine Baumeister von überallher geholt. Sie heißen Peter der Römer, Peter Barbon, Jan de Wit, Nicola Gonzaga, Peter Stecher, oder sie sind namenlos. An ein und demselben Gebäude haben polnische, italienische, ukrainische Baumeister gearbeitet. Lwows Geldmittel stammen aus vielen Quellen und aus vielen Himmelsrichtungen: von polnischen Königen und ukrainischen Hetmanen, von moldauischen Hospodaren und armenischen Kaufleuten, von jüdischem und deutschem Bürgertum. Wo alles fast zur Ununterscheidbarkeit zusammenläuft und die Nuance den Reiz ausmacht, hört alles Zurechnen auf. In Lwow verbindet sich die byzantinische Kreuzkuppelkirche mit der Gotik, und die Ikonostase verwandelt sich unter dem Einfluß der Italiener zum ukrainischen Barockkunstwerk. Die Anmut der Stadt kommt von den vielen Kulturen und Völkern, die die Stadt bewohnt haben. Ein leerer Platz in dieser dichten Stadt besagt, daß etwas Ungeheures geschehen sein muß. So ist es auf dem Alten Markt, in dessen Mitte eine Insel von oktogonalem Umriß liegt. Alte Leute füttern dort, auf Parkbänken sitzend, Tauben. So ist es auf der Rückseite des Arsenals, wo an der Brandmauer eines angrenzenden Gebäudes deutlich zu sehen ist, daß sich hier ein anderes Gebäude angelehnt hatte. So ist es auf der weiten, nichtssagenden Fläche, die heute von einem lokalen Kolchosmarkt eingenommen wird. Es sind die Brachflächen des jüdischen Lembergs, seiner gesprengten Synagogen — darunter der *Goldenen Rose* — und eines seiner Friedhöfe. Lediglich die blau glasierten Kuppeln eines Gebäudes im maurischen Stil, in dem ein Krankenhaus untergebracht ist, erinnern daran, daß Lemberg eines der größten jüdischen Zentren Mitteleuropas war.

### *Schnittpunkt vieler Welten*

»Hat hier Europa aufgehört?« fragt Joseph Roth in seinen Reisebildern aus Galizien, die 1924 in der *Frankfurter Zeitung* erschienen. »Nein, es hat nicht aufgehört. Die Beziehung zwischen Europa und diesem gleichsam verbannten Land ist beständig und lebhaft. In Buchhandlungen sah ich die letzten literarischen Neuerscheinungen Englands und Frankreichs. Ein Kulturwind trägt Samen in die polnische Erde. Der Kontakt mit Frankreich ist der stärkste. Über *Deutschland*, das im toten Raum zu liegen scheint, sprühen Funken herüber und zurück. Galizien liegt in weltverlorener Einsamkeit und ist dennoch nicht isoliert; es ist verbannt, aber nicht abgeschnitten; es hat mehr Kultur, als seine mangelhafte Kanalisation vermuten läßt; viel Unordnung und noch mehr Seltsamkeit.«

Lwow liegt auf dem Weg von Konstantinopel nach Nürnberg und von Bologna nach Wilna. Wenn ein Feind vor Lwow stand, gab es Alarm für das übrige

Europa. Lwow war ukrainisch, ungarisch, moldauisch, polnisch, österreichisch, russisch, deutsch, sowjetisch. Jeder, der die Stadt als seine Stadt betrachtete, hat ihr etwas hinzugefügt, manche haben ihr alles genommen. Provinz ist nicht gleich Provinz. Galizien war eine Provinz der Überschneidungen und Lemberg eine Stadt der »verwischten Grenzen« (Joseph Roth). Lwiw, Lwów, Lwow, Leopolis, Lamburg, Lemberg ist eine Gründung des Fürsten Daniil Romanowitsch von Halitsch-Wolhynien und benannt nach dessen Sohn Lew. Urkundlich wird es zum ersten Mal im Jahre 1256 erwähnt. 1340 wird die Stadt vom polnischen König Kasimir dem Großen erobert. 1356 wird der Stadt das Magdeburger Stadtrecht verliehen. Die Stadt verteidigt sich gegen Tataren und Türken, sie wird zur Fluchtburg für Stadtbürger und Handwerker anderer, überrannter und gebrandschatzter Städte. Lwow ist bis 1772 polnische Stadt, die dann unter österreichische Herrschaft kommt. Bis 1918 bleibt sie Sitz des k.u.k. Statthalters für das Königreich Galizien und Lodomerien. Dazwischen gab es auch Vorstöße von Ungarn, Siebenbürgern, ukrainischen Hetmanen, Wallachen und Schweden. Im Ersten Weltkrieg wird Galizien zum Schlachtfeld und Lemberg zur Etappe.

Um die Jahrhundertwende zählt die Stadt an die 160000 Einwohner. Die Hälfte besteht aus Polen, rund 45000 waren Juden, etwa 30000 Ukrainer und etwa 7000 Deutsche. Außerdem gibt es zahlreiche kleinere Bevölkerungsgruppen — Griechen, Ungarn, Bulgaren, Rumänen, Italiener, vor allem aber Armenier, die in der Stadt mit der größten armenischen Gemeinde auf slawischem Territorium schon seit dem 13. Jahrhundert ansässig waren. Die Stadt ist multikonfessionell: Etwa die Hälfte bekennt sich zum römisch-katholischen Glauben, ein Drittel gehört dem mosaischen Glauben an, fast 20 Prozent gehören zur griechisch-katholischen Richtung und ein Prozent zur armenisch-katholischen Kirche. Lemberg war der Sitz dreier Erzbischöfe. Die Stadt verständigt sich in vielen Sprachen, vor allem in Polnisch, Jiddisch, Ukrainisch und Deutsch. Die Kultur ist an einem solchen Ort vielsprachig und kosmopolitisch. Der große ukrainische Schriftsteller Iwan Franko bewegt sich gleichzeitig in der deutschen und in der polnischen Sprache. Hier wird ein reflexiver Umgang mit der Muttersprache nahegelegt und die Sprache als solche zum Problem. Über Lemberg kommt einer der bedeutendsten Schauspieler des deutschsprachigen Theaters, Alexander Granach, nach Berlin. Der junge Martin Buber verbringt dort, in der Stadt der jüdischen Aufklärung und des Chassidismus, Jahre seiner Jugend. Lemberg war wichtig genug für Konzertauftritte Niccolò Paganinis, Franz Liszts und Maurice Ravels. Das polnische Lwów ist fast eine Schwesterstadt Krakaus. Karl Emil Franzos rückt, über die Provinz mit der Bitterkeit eines Gallapfels schreibend, die Stadt ins Bewußtsein seiner Leser in Wien und Berlin. In Lemberg kreuzen sich die Linien der nationalen und sozialen Konflikte, und einer ihrer beredtesten Sprecher, der aus Lemberg stammende Karl Radek, ist in der polnischen, deutschen, litauischen und russischen Arbeiterbewegung gleichermaßen zu Hause. Lemberg ist die Stadt, über die Hunderttausende aus Galizien, das trotz seines Öls nicht zum neuen Pennsylvanien wird, ins wirkliche Pennsylvanien auswandern. Für viele wird Lemberg/Lwow zum Namen für Europa, das man verlassen muß, wenn man überleben will. Um Galizien und seine Hauptstadt kreist Joseph Roth, nicht nur, weil er aus der Gegend stammt, sondern weil hier seine mitteleuropäische Welt zusammenläuft. Hier ist der Nationalismus schon eine tödliche Gefahr, während er anderswo gerade modern wird. Hier leuchtet ein, daß es »gewiß nicht der Sinn der Welt ist, aus ›Nationen‹ zu bestehen und aus Vaterländern, die, selbst, wenn sie wirklich nur ihre kulturelle Eigenart bewahren wollten, noch immer nicht das Recht hätten, auch nur ein einziges Menschenleben zu opfern.« Hier wird schon vor der großen Katastrophe deutlich, was Joseph Roth im Sinn hatte: »Wir sind alle Bruchstücke, weil wir die Heimat verloren haben.«

*Die Auflösungssequenz*

Der dreißigjährige Krieg, der 1914 begann und 1945 zu Ende ging, hat Galizien zum Schlachtfeld und Lemberg zu einer entvölkerten Stadt gemacht. Die Stadt gerät in einen sich beschleunigenden Strudel wechselnder Herrschaften und Fronten. Nach dem Zusammenbruch Österreich-Ungarns wird Lemberg für einige Monate Stadt einer westukrainischen Volksrepublik. Im Sommer 1919 wird Lemberg polnisch und bleibt bis zum September 1939 Sitz einer polnischen Wojewodschaft. Drei Wochen nach Beginn des deutschen Überfalls auf Polen rückt die sowjetische Armee ihrerseits in Lemberg ein. In der Westukraine wird die Sowjetmacht errichtet, und am 1. November 1939 wird das ehemals polnische Territorium der UdSSR einverleibt. Am 22. Juni 1941 beginnt der deutsche Angriff auf die Sowjetunion, und schon am 30. Juni wird Lemberg von deutschen Truppen besetzt. Lemberg ist nun Hauptstadt eines besonderen »Distriktes Galizien«. Am 27. Juli 1944 wird die Stadt von den Armeen General Konews zurückerobert und ist von nun an die zweitbedeutendste Stadt der westlichen Ukraine.

Das eigentümliche Gleichgewicht, in dem die Stadt so lange gelebt hatte und das auch noch den Spannungen der Zwischenkriegszeit standgehalten hatte, stürzt durch Druck von außen zusammen. Der Ort der »verwischten Grenzen« wird zu einem Ort der Polarisierung, die Stadt eines zivilen Nebeneinanders zum Ort der Ausrottungspolitik. Es gibt hier nicht jenen legendären Dritten, der lacht, wenn zwei sich streiten. Die Gewalt, die entfesselt wird, reicht aus, um eine Stadt, die sich kristallisiert hatte, aufzulösen. Der Sprengstoff liegt bereit. Mehr als ein Drittel der Stadtbevölkerung ist auf dem Höhepunkt der Weltwirtschaftskrise ohne Arbeit und Auskommen. Die Kluft zwischen Reich und Arm verbindet sich mit nationalistischen Ansprüchen. Die Befreiung Lwows, das 1918 nach fast 150 Jahren wieder zum polnischen Staat zurückkehrt, ist begleitet von einem Pogrom gegen das jüdische Lemberg. 1936 wird auf die Demonstration von Arbeitslosen geschossen. Die Ukrainer, die Anspruch auf ihre Stadt erheben, sind so antipolnisch wie die Polen antiukrainisch. Das antibourgeoise Ressentiment in der Stadt vermischt sich mit Antisemitismus. Kein Zufall vielleicht, daß ein Mann wie Roman Rosdolsky hier die Themen für seine Studien über Kapitalismus, Nationalismus und Antisemitismus gefunden hat. Aber die Entscheidung über Lemberg fällt nicht in Lemberg, sondern weit weg — in Berlin und in Moskau. Lemberg ist die Stadt, die zwischen den Fronten zerrieben wird.

Lemberg, das nach dem Molotow-Ribbentrop-Pakt sowjetisch geworden war, wird eine der ersten Städte sein, die nach dem deutschen Angriff auf die Sowjetunion in die Hand der Deutschen fallen. In der Stadt finden sich genügend Leute, die sich der nationalistischen Illusion hingeben, in der Woche, in der der NKWD die Stadt verläßt und die SS noch nicht da ist, werde die Stunde einer unabhängigen Ukraine schlagen. Die Stadt ist voll von Flüchtlingen, die sich aus dem besetzten Polen hierher gerettet haben. Die Stadt ist voll von Menschen, die sowohl in den Augen

Hitlers wie Stalins verdächtig und unzuverlässig sind und die im Augenblick des Abzugs wie im Augenblick des Angriffs die prädestinierten Opfer eines Blutbades sein werden. Die Opfer sind einmal Polen und Ukrainer, die man als «Nationalisten« verhaftet hat, und Juden, die als »bürgerliche Elemente« im Verdacht stehen, als Hitlers fünfte Kolonne agieren zu können. Die Opfer sind im anderen Falle vor allem Juden, die nun beschuldigt werden, »bolschewistische Agenten« zu sein. Tausende werden in letzter Minute vom NKWD liquidiert, mehr als 7000 Lemburger Juden werden Opfer eines von ukrainischen Nationalisten und SS inszenierten Pogroms. Innerhalb von zwei Jahren werden Zehntausende umgebracht. Im August 1941 waren beim Lemberger Judenrat rund 119000 Juden registriert. Im Frühjahr 1942 werden sie im neu geschaffenen Ghetto konzentriert und zu Zwangsarbeit verpflichtet, während die Deportationen nach Treblinka, Sobibòr, Bełżec und Auschwitz beginnen. Im Juni 1943 wird das Lemberger Ghetto »geräumt«.

Das »deutsche Element« Lembergs verschwindet bereits im Winter 1939/1940, als den Absprachen Ribbentrops und Molotows entsprechend die Galizien-Deutschen ins Reich aus- und umgesiedelt werden. 7000 Lemberg-Deutsche verlassen die Stadt, die evangelische Kirche der Deutschen wird zum Registrierungs- und Repatriierungsbüro — so geht ein Kapitel zu Ende, das mit Maria Theresia begonnen hatte.

Noch einmal gibt es einen furchtbaren Aderlaß, als die Stadt von der Sowjetarmee zurückerobert wird. Der größte Teil der polnischen Bevölkerung wird nach Polen ausgesiedelt. Zehntausende des Nationalismus Verdächtiger werden nach Osten deportiert, vornehmlich Polen und Ukrainer. Noch bis in die frühen fünfziger Jahre hinein dauern die Scharmützel mit den Untergrundkämpfern der Ukrainischen Nationalarmee an. In das im Krieg entvölkerte Lwow ziehen andere, fremde Menschen ein. Lwow ist heute eine fast rein ukrainische Stadt.

All dies geschah binnen weniger Jahre, in einer geschichtlichen Sekunde. Seither sind alle Führer und Baedeker für Lemberg entwertet. Wer sich an sie hält, geht in die Irre. Das unterlegene Lemberg, das einmal so etwas wie ein Piemont des zivilen Mitteleuropas gewesen war, findet man bestenfalls auf den Friedhöfen der Stadt. In den Inschriften ist in vielen Sprachen von einem Leben nach dem Tod die Rede. Man muß die zum Fragment gewordene Stadt überall zusammensuchen. In der Autobiographie von Stanisław Lem und in den Gedichten von Zbigniew Herbert. Man findet einiges über den Geselligkeitsverein *Frohsinn,* den Mittelpunkt des deutschen Lembergs, in den Erinnerungen der umgesiedelten und dann noch einmal vertriebenen Lemberg-Deutschen. Über das Verschwinden der deutschen Sprache geben Auskunft die im Lwower Stadtmuseum ausgestellten Ausweispapiere der Deutschen Reichsbahn und die Kennkarten für die Zwangsarbeiter des Lagers in der Janowska-Straße. Man muß nach Deutschland gehen und jene, die an den Massakern am jüdischen Volk und an der polnischen und ukrainischen Intelligenz teilgenommen haben, zur Rede stellen. Man muß die Blätter der ukrainischen Emigration lesen und die Überlebenden der Deportationen nach Auschwitz befragen, wenn sie mit uns noch sprechen können oder wollen. Lwow ist eine Stadt, in der man die Sprache, die alles auf einen Nenner bringen könnte, verliert.

### *Das junge Lwow*

Das heutige Lwow ist das Lwow nach der Katastrophe. Das Leben der Stadt ist das Leben derer, die *danach* gekommen oder hier aufgewachsen sind. Lwow wird in zehn Jahren eine Millionenstadt sein. Es gibt hier große Fabriken, die Busse und Fernseher herstellen, eine Rundfunk- und Fernsehstation, Dutzende von Theatern, Museen, Instituten, Festivals und Zeitungen. Lwow führt das normale Leben einer normalen sowjetischen Großstadt, deren Neubausiedlungen von der alten Stadt aus allerdings kaum zu sehen sind. Lwow ist in gewissem Sinn eine Doppelstadt, eine gespaltene Stadt. Die alte Stadt ist da, wird benutzt, aber ist nicht von Stadtbürgern in Besitz genommen. Den Häusern ist anzusehen, daß sie niemandem, sondern allen gehören. Den Buchläden, daß die Produktion von Büchern Sache des Staates geworden ist. Den Museen ist anzusehen, daß sie Einrichtungen der Erziehung, nicht der Ausbreitung des geschichtlichen Materials sind. Die Kirchen sind »architektonische Ensembles«. Cafés sind trotz der großen Scheiben, durch die man auf das Treiben draußen sehen kann, nicht Orte des Verweilens, sondern Versorgungspunkte mit möglichst hoher Frequenz. Den Kaufhäusern steht auf der Stirn geschrieben, daß die Wünsche größer sind als das immer defizitäre Angebot. Die Sprache, die man auf der Straße hört, ist eine, die allen gemeinsam ist. Die Straßennamen kennt man schon aus anderen sowjetischen Städten: Lenin-Prospekt, Straße des Friedens, Frunse-Straße. Man könnte mit Blick auf die Kleidung oder den Habitus der Passanten nicht mehr sagen, welcher Schicht oder Profession sie angehören. Aus Lwow ist eine Großstadt geworden, aber man weiß von ihr im übrigen Europa weniger als vom kleineren Vorkriegs-Lwow. In Lwow gibt es keine Bettler, und doch ist die Stadt ärmer geworden, als sie es in der Zeit war, da man sich kaum seinen Weg bahnen konnte, ohne angesprochen zu werden. In Lwow gibt es viel mehr Schulen und Bildungsstätten als je zuvor, aber die Gesichtspunkte, nach denen gelehrt wird, haben sich eher reduziert. Niemand muß hungern, aber aus den mannigfaltigen Küchen, zwischen denen man früher wählen konnte, ist eine geworden. Das alte Lwow ist, auch wenn es erfüllt ist von hektisch dahineilenden Passanten, einer stillgelegten Stadt nicht unähnlich. Die alte Bürgerstadt Lwow ist eine Stadt ohne Bürgertum. Lwow ist nicht eine Stadt, in der die Zeit stehengeblieben ist, sondern eine Stadt, die von einer anderen Zeit überholt worden ist, ein Stück Moderne, das von der Modernisierung überrollt worden ist. Das junge Lwow der Neubauviertel ist eine Stadt, aus dem Stand heraus gebaut; für das alte Lwow hat es Jahrhunderte gebraucht. Das junge Lwow erweist dem alten Respekt, doch es kann die Distanz zwischen den Epochen nicht überwinden.

Aber vielleicht ist das alles falsch, weil es die Beobachtungen eines Fremden sind, der am Eigenleben einer solchen Stadt nicht teilhat. Der Verdacht ist berechtigt, denn es geschieht etwas Unerhörtes: Lwow beginnt von sich und seiner Provinzialisierung in der Zeit des Fortschritts zu sprechen. Im Stadtmuseum werden Photoaufnahmen vom Lwow der Jahrhundertwende gezeigt. Die Ladenschilder und Reklameflächen sind die von polnischen, österreichischen oder jüdischen Geschäften. Ausgestellt sind Zeitungen aus der Vorkriegszeit — in allen damals in der Stadt vertretenen Sprachen. Gezeigt wird auch ein polnischer Stadtplan. Draußen wird von einem Straßenhändler ein Bildband über das historische Lwow angeboten — er ist in wenigen Minuten ausverkauft. Auf einer Versammlung wird ein maschinengeschriebenes Manuskript herumgereicht; es handelt sich um einen Entwurf für ein Programm der Demokratischen Front der Ukraine, die sich an den baltischen Initiativen orientiert. Es wird mit Spannung gelesen und weitergereicht. Vor einigen Monaten wurde zum ersten Mal von Privatpersonen eine Ausstellung *Jüdische Kunst in Lwow* organisiert; sie wurde von Tausenden besucht. Mittlerweile hat sich eine Gesellschaft für jüdische Kultur gebildet, und auf ihren Versammlungen wird über die Einrichtung von Kursen zum Studium des Hebräischen und Jiddischen, von Tanz- und Schauspielensembles diskutiert — und über die Errichtung eines Denkmals für die Opfer des Lemberger Ghettos. Der Entwurf ist schon fertig und ein Spendenkonto öffentlich bekanntgemacht. Die unversehrt gebliebene Synagoge, die heute als Sportsaal von der Fakultät für Körperkultur benutzt wird, soll an die Gemeinde zurückgegeben werden. An der Stelle, wo die *Goldene Rose* gestanden hat, sind Jugendliche, Freiwillige unter der Leitung eines Architekten mit der Freilegung der Grundmauern beschäftigt. All dies geschieht mit Einverständnis und Unterstützung der Stadtverwaltung. Die öffentlichen Plätze, von denen Lwow einen der schönsten in Europa hat, sind dabei, wieder zu Plätzen eines öffentlichen Lebens zu werden — für junge Leute, die der Einfachheit halber als Hippies bezeichnet werden, oder für Denkmalschützer. Der Iwan-Franko-Park vor der Universität — der alte Stadtpark vor dem galizischen Landtag also — nimmt seine öffentliche Funktion wieder wahr, indem er zum bevorzugten Platz für Kundgebungen eines zum öffentlichen Leben erwachenden Lwows wird. Lwow rückt aus dem Schatten der Grenze heraus. Tausende von Polen kommen herüber, nicht nur der Verwandten wegen oder um die Gräber pflegen zu können, sondern des Geschäfts wegen. Der elementare Kampf um den kleinsten Vorteil bringt beide Seiten zusammen, wenn auch noch nicht einander näher.

Eine Stadt, die fähig wird, über sich zu sprechen, wird auch eine Sprache dafür finden, was mit ihr geschehen ist. Sie wird vielleicht die Vielstimmigkeit zurückgewinnen, in der allein sich das Schicksal dieser mitteleuropäischen Stadt erzählen läßt — und nicht nur Lwows. Es wäre eine Geschichte, die aus Transitstationen Endbahnhöfe hat werden lassen. Ein solches Lwow hätte die Kompetenz, zu beschreiben, was die Stadt heute sein könnte: vermutlich etwas Neues, nicht bloß ein Stück Habsburg auf sowjetischem Territorium, etwas, was am Ende dieses Jahrhunderts vielleicht über das *fin de siècle* hinaus ist.

Europa findet am Ende einer langen Nachkriegszeit seine Stimme wieder. Dieses Europa hat Bedarf an Städten, die aus dem Schatten der Grenze und der verödeten west-östlichen Provinz heraustreten. Europa braucht neue Grenzstädte, Städte der »verwischten Grenzen«.

*1988*

# CERNOWITZ —
# CITY UPON THE HILL

Czernowitz gibt es wirklich, nicht bloß als Topos der literarischen Welt. Czernowitz ist eine Stadt der Gegenwart und mit rund 260 000 Einwohnern nicht einmal so unbedeutend und klein. Die Stadt führt eine sozusagen literarische Existenz in den Interpretationen und Biographien Paul Celans, des Dichters, der dort geboren und aufgewachsen ist; sie kommt vor in Gedichten der Rose Ausländer, und wer sich mit Georg Büchner beschäftigt hat, der weiß, daß der erste Herausgeber seiner sämtlichen Werke Karl Emil Franzos war, der in Czernowitz aufgewachsen ist. Von Czernowitz existieren Bilder und Bildbände, meist herausgegeben von den Landsmannschaften der Bukowina-Deutschen, die sie als »deutsche Stadt« zu apostrophieren lieben. Aber Czernowitz gibt es wirklich, nicht nur als Erinnerung, als Hintergrund, als Urbild des Verlorenen. Man kann nach Czernowitz fahren.

Es ist nicht ganz einfach, denn die Schwierigkeit beginnt schon mit der Überlegung, wie dort hingelangen. Auf der Eisenbahnkarte des Baedekers für Österreich-Ungarn aus der Zeit vor dem Ersten Weltkrieg hat Czernowitz seinen wie selbstverständlich festen Platz, zwar am östlichen Rand des Habsburger-Reiches, aber fest integriert im Netzwerk der Linien, das sich im österreichischen und böhmischen Landesteil schon so dicht gestaltet, daß man Mühe hat, die Linien auseinanderzuhalten, während in der galizischen Provinz und in der ungarischen Ebene noch viel Raum für Erschließung ist. Czernowitz damals, das war ein Fixpunkt, und man erreichte es von Krakau aus über

Lemberg. Czernowitz war selber ein Schnittpunkt für Reisende, die von Lemberg nach Odessa oder von Bukarest nach Warschau wollten. Heute hat es einige Mühe, auch nur eine Karte zu finden, auf der man sich ein Bild von der Lage der Stadt machen kann. Czernowitz liegt da, wo die Karten der Gegenwart enden. Man kann sich keine Vorstellung von den Anschlüssen mehr machen.

Czernowitz, das einmal österreichisch war, liegt weit vom geschrumpften Österreich entfernt — jenseits der Grenzen. Eine rumänische Karte — und Czernowitz war in der Zeit zwischen den Kriegen rumänisch — endet an der Grenze, hinter der — nach 37 Kilometern — das einstige Cernăuţi liegt. Auf der Karte der Sowjetunion, auch noch der der ukrainischen Republik, ist es eine winzige Grenzstadt, kaum sichtbar im Geflecht der größeren Orte und bedeutsameren Linien. Czernowitz ist eine an den Rand der Karten gedrängte, fast ausgeschlossene Stadt. Eine Vorstellung, wo es liegt, bekommt man nur, wenn man sich eine Karte von Mitteleuropa besorgt, die in vielem zwar ungenau, aber in dem einen, dem Ort der Stadt, genau ist. Man muß auf Distanz zu den neuen Grenzziehungen gehen, man muß sich der Perspektive der neuen Hauptstädte entziehen, um zu ermitteln, wo es liegt. Und ich meine damit nicht den Schnittpunkt von 26. Längen- und 48. Breitengrad.

Die Reiseunternehmen unserer Tage, selbst die auf solche Regionen spezialisierten, erweisen sich als hoffnungslos überfordert, wenn sie einem die Vorbereitung der Reise dorthin abnehmen sollen. Dem Reisenden nach Czernowitz, das heute Tschernowzy heißt, wird empfohlen, mit dem Zug von Berlin nach Brest zu fahren, um dann einen Zug nach dem Süden zu nehmen. Dabei gibt es eine Bahnlinie, soweit stimmt das Netz der alten Baedeker noch, die von Berlin über

Krakau — Lemberg — Czernowitz nach Bukarest führt. Die Hotelreservierungen müssen in Moskau von der Intourist-Zentrale bestätigt werden — in Moskau, das fast eineinhalbtausend Kilometer von Czernowitz entfernt liegt. Das Reisebüro kann keine Direktkarte ausstellen, weil für die Strecke bis Krakau die polnischen Eisenbahnen und von der polnisch-sowjetischen Grenze an die sowjetischen Staatsbahnen zuständig sind. Was geschieht aber, wenn der sowjetische Zug nach Lemberg/Czernowitz ausgebucht ist, wie das die Regel ist, der Reisende aber weiter muß, weil er nur im Transit Polen durchqueren will? Eine solche Reise beginnt mit Unwägbarkeiten, als Annäherung von Stadt zu Stadt. Der Reisende arbeitet sich vor. Er hat die Karte vor Augen, er weiß, wie kleinräumig Europa ist, wie nahe die Stadt ist, selbst wenn die Intervalle so unendlich gestreckt, die Zeit so unendlich verlangsamt ist. Eine Reise dorthin verlangt die Umstellung der inneren Uhr, sonst verliert man die Nerven.

Und so ist es gut, daß die Reise auf dem Bahnhof Lichtenberg in Ost-Berlin beginnt. Die Schlangen vor den Schaltern am Grenzübergang Friedrichstraße, die die Ureinwohner Berlin-West von den Ureinwohnern Berlin-Ost und die Bürger der BRD von den Leuten aus anderen Staaten sortieren, bewegen sich so langsam, daß man selbst bei rechtzeitigem Aufbruch von zu Hause befürchten muß, den Zug zu verpassen, der ja nur in Sichtweite der Weststadt abfährt. Es ist gut, die Grenze in der Friedrichstraße zu passieren, weil man dann im Schockverfahren hinter sich hat, was einem in den nächsten Tagen widerfährt: das millimeterweise Vorrücken von Menschen, die ihre Koffer schleppen, der Blick in den Paß und der Blick in die Suchliste, das umständlich-langsame Hantieren mit Stempel und Stempelkissen, das bedeutsam-imponierende Prüfen von Daten und Valuten, die innere Anspannung, die auftritt, wenn die Zeit so schmerzhaft in die Länge gestreckt wird — Grenzüberschreitung und Transit als Prokrustesverfahren, sich in andere Zeitrhythmen einzupassen.

Es wird Variationen ein und desselben Spiels in den nächsten Tagen geben: veränderte Zusammensetzung der Reisenden — auf der Strecke von Berlin nach Krakau sind es heimreisende Polen mit ihren Kindern und Rucksäcken; auf der Strecke von Krakau nach Lemberg sind es sowjetische Touristen, die die Abteile mit Fernsehern und Jeans von den Schwarzmärkten Polens vollgepackt haben; auf der Strecke von Czernowitz nach Bukarest sind es fast ausschließlich sowjetische Juden, die zum Besuch oder für immer nach Bukarest reisen, um von dort mit El Al weiterzufliegen. Es wird Variationen ein und desselben Spiels in den Mienen der Grenzbeamten geben: durchweg mißtrauisch, wie es der Beruf erfordert, aber verschieden im nationalen Kolorit: Die Polen lassen die Russen spüren, daß man Polen nicht leerkaufen kann, ohne auch Zoll in astronomischer Höhe bezahlen zu müssen — ein grausames Spiel mit arglosen Ausflüglern; an der sowjetisch-rumänischen Grenze zeigen die sowjetischen Grenzer, daß sie der Waggon voller Emigranten schon nicht mehr nervt, denn er kommt jeden Tag am späten Abend dort an; und die rumänischen Grenzer zeigen gleich, daß sie am vorteilhaften Umtausch von Devisen interessiert sind und daß sie in diesem Falle zu Ausländern freundlicher sind als zu ihren Landsleuten.

Die Reise von Berlin nach Czernowitz: das ist eine Nacht lang im überheizten Zug über Breslau nach Krakau, eine Reise durch die Dunkelheit, die Abteile voll von jungen Leuten und Arbeitern, so als wäre Polen ein Land der Nachtarbeit, die Perrons kalt und leer im Neonlicht, das nicht ausreicht, die gewaltigen

Bögen des Breslauer Bahnhofs auszuleuchten. Das ist eine Nacht auf einem Schienen-Nervenstrang, der ununterbrochenen Bewegung endloser Güterzüge vom Kattowitzer Industrierevier zur Küste, eine Strecke der Güterzüge, die bald im Zeitlupentempo vorbeigleiten, so daß die Inschriften auf den Waggons lesbar sind, bald mit einer Druckwelle, die sie vor sich herschieben, als Knall ins Abteil der vorbeirasenden Züge einbrechen.

Krakau im Transit: Es ist in diesem späten Herbst so neblig von der Weichsel her, daß man die Türme der Kirchen und der Burg, selbst wenn man nahe herangeht, nicht mehr sehen kann — Wolkenkratzer des Mittelalters. Es ist die Stadt der Herbstfeuer in den Parks auf dem Ring, wo das zusammengescharrte Laub angesteckt wird und die Luft mit seinem Geruch erfüllt.

Lemberg, diese anmutige und großzügige Stadt, fiebert von Menschen, und man glaubt, daß hier eine Million Menschen wohnt. Auch hier Herbstfeuer vor den pompösen Fassaden des Hotels Georges und des alten Landtages, herbstlich gelichtet der Stadtpark.

Und dann wieder eine Nacht im Zug — fast zwölf Stunden für eine Strecke, für die die Züge im k.u.k. Reich nur fünfeinviertel Stunden gebraucht hatten. Der Zug fährt zu langsam, um gemütlich zu sein, er hält allenthalben, und durch den regnerischen Herbstmorgen sieht man Bahnstationen, die hier schon nicht mehr ockergelb, habsburgfarben sind, sondern rotweiß leuchten. Doch wir sind nicht außer der Zeit: Über den Zuglautsprecher, der unerträglich laut eingestellt ist, kommen die neuesten Meldungen über Absetzungen von dem und dem Funktionär in Kasachstan, von Rücktritten »aus Altersgründen«, von einer neuen Inszenierung am Moskauer Majakowski-Theater. Die jungen Leute im Nebenabteil mucken auf und lassen sich aus über die Schaffnerin, die überall ist, nur nicht da, wo sie sein soll: bei der Bedienung der Fahrgäste. In unserem Abteil bringt eine rüstige Blondine ihren Mann, der schon eine Flasche Wodka ausgetrunken hat, zu Bett, tröstet ihn, denn der Einkaufstag in Lemberg sei erfolgreich gewesen. Ich bekomme eine der zehn dort eingekauften Flaschen Bier ab. Als ich die Photos vom Czernowitzer Rathaus und dem alten Judentempel zeige, gibt es Ah und Oh. Kein Wunder, denn, wie sich später zeigen sollte: In Czernowitz selbst ist kein Bild, keine Ansichtskarte aufzutreiben von diesen einmal für Czernowitz repräsentativsten Bauten. Ich komme in eine Stadt, die kein Bild von sich selbst besitzt.

*Kolonialstadt*

Das ist leicht gesagt: ein Bild zu gewinnen von einer Stadt, von der in vielen Sprachen gesprochen wurde und noch immer gesprochen wird. Aber warum soll man nicht mit dem, was die Augen sehen, anfangen? Czernowitz ist eine schlanke Stadt, das sehe ich schon auf der Fahrt vom Bahnhof zum Hotel, das wider Erwarten nicht im Zentrum liegt, sondern weit draußen in einem Neubauviertel, gerade erst fertiggestellt, fünfzehn Stockwerke hoch, mit allem, was dazugehört — Bars, Restaurants, Sauna, Valutageschäft —, so hoch, daß es nachts fast den Mond berührt, und man kann nur froh darüber sein, daß die Planer und die Ungarn, die es errichtet haben, weit vor die eigentliche Stadt gezogen sind.

Vom Bahnhof, der wie ein großer Ozeandampfer an den hier zusammenlaufenden Schienensträngen angelegt hat, weiß, pompös, mit einer mächtigen Kuppel, zieht das Taxi an, um die steil ansteigende Bahnhofstraße hinauf zum Zentrum und am alten Ringplatz vorbei in die Vorstadt zu fahren. Czernowitz liegt auf einer Anhöhe, auf einem schmalen Bergrücken, diese Lage über dem Pruthtal gibt der Stadt etwas Leichtes und Anmutiges: kein Kessel, kein Gedränge, keine Dichte wie bei so vielen mittelalterlichen Städten, sondern leicht, großzügig, ausgebreitet wie ein Teppich. Nur in der Gegend des Ringplatzes wächst die drei bis fünf Etagen hohe Stadt, und da ist sie ganz Stadt des 19. und frühen 20. Jahrhunderts, jeder Meter genutzt, dicht und die Fassaden in heftiger Konkurrenz gegeneinander.

Es ist die Stadt auf der Anhöhe, man muß aufsteigen zur *city upon the hill.* Doch ist die Anhöhe selber nur ein Faltenwurf der hier auslaufenden Karpaten, und man kann von verschiedenen Punkten in der Stadt die gegenüberliegenden Hügel und Anhöhen sehen. In Rose Ausländers Gedichten lebt diese Landschaft:

Grüne Mutter
Bukowina
Schmetterlinge im Haar

Trink
sagt die Sonne
rote Melonenmilch
weiße Kukuruzmilch
ich machte sie süß

Violette Föhrenzapfen
Luftflügel Vögel und Laub

Der Karpatenrücken
väterlich
lädt dich ein
dich zu tragen

Vier Sprachen
Viersprachenlieder

Menschen
die sich verstehn

Die Stadt läßt sich selbst für den Fußgänger rasch durchschreiten, und schnell zeigt sich, daß die Leichtigkeit und Großzügigkeit dieser Stadt nicht bloß etwas mit der Lage auf der Anhöhe zu tun hat. Viel ist Plan, es ist die Großzügigkeit der Kolonialstadt, deren Planer an die Zukunft gedacht und Plätze und Parks sehr bewußt angelegt haben. Hier ist keine Stadt, die sich aus der Enge der überfüllten mittelalterlichen Stadt heraus entwickelt hat, sondern sie begann mit dem Augenblick, wo sie vorgeschobenster Posten der österreichischen Monarchie im Osten wurde. Der Ringplatz, diese für den Kontinent der österreichisch-ungarischen Monarchie unverzichtbare Signatur der Stadtgestalt — von ihm geht alles aus, und auf ihn läuft alles zu. Der alte Mehlplatz, der Getreideplatz und Holzplatz haben etwas mit der Versorgung der wachsenden Stadt zu tun, und der alte Sturmplatz zeigt, daß die Stadt vor allem auch Garnison war. Die Namen der Plätze haben sich seither mehrmals geändert, und ihre quadratische, abgezirkelte Gestalt ist etwas abgeschliffen worden — aber das Relief der Stadt war damit doch festgelegt. Was kam, waren Verdichtungen, Aufeinanderzurücken der Häuser, Massivwerden der Stadt. All dies geschah aber innerhalb eines knappen Jahrhunderts. Die Stadt, wie wir sie heute sehen, war um 1930 fertig. Das Czernowitz, wie es die Habsburger Monarchie hinterlassen hatte, das sind Gebäude einer Kolonialstadt im Osten der Monarchie: Rathaus, Zentralpost, Universität, Börse, Zoll, Polizei und Gefängnis, Finanzverwaltungen, Kasernen, Spitäler, Lyzeen, Handels- und

Industriekammer. Und dann die Gebäude einer Stadt, die zu sich selbst gekommen ist, nicht mehr bloß ein administratives, sondern ein kulturelles und wirtschaftliches Zentrum. Bürgerhäuser, Mietshäuser, Villen, Kaufhäuser, Hotels, Restaurants, Zeitungshäuser, Schulen. Vor allem aber ist es eine Stadt der vielen Bekenntnisse und Nationen, mit einem ungeheuren Palast des griechisch-orientalischen Metropoliten, einer Kathedrale, die sich an der Isaakskathedrale in Petersburg orientiert haben soll, einer russisch-orthodoxen Kirche, einer griechisch-katholischen Parochialkirche, einer Kirche der Armenier und einer der Protestanten, einem polnischen Kloster und dem prächtigen Judentempel und der alten Synagoge.

Die Stadt ist überschaubar, und im Frühling und Herbst vielleicht noch mehr als zu den anderen Jahreszeiten. Selbst die Fassaden in den engen Straßen des Stadtzentrums beginnen rot zu leuchten von den sie überrankenden Weinreben. Die Stadt ist durchsichtig wie die herbstlichen Parks. Es ist genug Raum für die eingeschossigen Villen, die in Gärten liegen, die fast wie Wiesen aussehen und von Apfelbäumen bestanden sind. Es ist genug Raum für großzügige Höfe, in die man von der Straße aus blicken kann. Es sind Höfe unter offenem Himmel, von Loggien und Veranden umgeben, südlich und von Wein über und über bedeckt. Es muß eine Stadt sein, die ihre Bewohner nur durch den allergrößten Luxus der neuerrichteten Mietshäuser davon hat überzeugen können, die Residenz im Garten aufzugeben. In einer Stadt, die so sehr im Einzelhaus lebt, in der man Distanz haben kann, mußte es von Individualisten mehr als genug geben. Und Menschen, die dort aufwachsen, sind Städter, die noch die Nachtigall schlagen gehört haben. In dieser Stadt kann man noch den aus den Karpaten herunterkommenden, kalten und rauschenden Fluß hören:

Da zirpten die Kiesel im Pruth
ritzten flüchtige Muster in
unsre Sohlen

Narzisse wir lagen im Wasserspiegel
hielten uns selbst im Arm

Nachts vom Wind bedeckt
Bett mit Fischen gefüllt
Goldfisch der Mond

Schläfenlockengeflüster
der Rabbi in Kaftan und Stramel
von glückäugigen Chassidim umringt

Vögel — wir kennen nicht
ihre Namen ihr Schrei
lockt und erschreckt
Auch unser Gefieder ist fertig
wir folgen euch
über Kukuruzfelder
schaukelnde Synagogen

*Klein-Österreich*

Die Stadt auf der Höhe über dem Pruth ist die Hauptstadt der Bukowina, zu deutsch Buchenland. Was ich über diese Stadt und die Region weiß, habe ich zusammengetragen aus den Informationen der Intourist-Führerin, aus den Büchern, die die im Westen Deutschlands lebenden ehemaligen Bukowina-Deutschen veröffentlicht haben, aus einer Geschichte der Juden der Bukowina, die in Tel Aviv erschien, und aus der schwer entzifferbaren Geheimsprache der dort geborenen Dichter. Das ist nicht vollständig, denn ich müßte Rumänisch und Ukrainisch und vielleicht sogar Armenisch können, um das Bild vollständig zu machen.

1408 wird Czernowitz zum ersten Mal urkundlich erwähnt, doch es gibt schon eine Geschichte davor. Die hügelreiche Gegend zwischen Pruth und Sereth war Durchgangsland für Skythen und Daker, Hunnen und Ungarn, die wilden Reiterstämme der Petschenegen und Kumanen. Der Name der Stadt zeigt an, daß es sich um eine slawische Ansiedlung handelt — bevor es der Name einer habsburgischen Provinzmetropole werden konnte. Hier liefen die Handelswege zusammen, weil der Pruth hier eine Furt bietet — Handelswege von Konstantinopel nach Nürnberg, von den Städten Siebenbürgens nach Krakau und zum Baltikum. Czernowitz ist lange moldauisch, eine Zeitlang polnisch, es ist häufig Kriegsgebiet zwischen Türken und Polen. Der bei Poltawa von Peter dem Großen geschlagene Schwedenkönig Karl XII. macht hier auf seiner Flucht im Jahre 1709 kurze Station. Bevor die Österreicher kamen, gab es also schon eine Geschichte — eine slawische, eine moldauische, eine türkische, eine polnische und infolge der Zuwanderung der jüdischen Flüchtlinge aus dem Westen Europas auch eine jüdische. Doch die Stadt, so wie wir sie heute vor uns haben, beginnt mit dem Tag, an dem der österreichische General Gabriel Freiherr von Spleny in Czernowitz einrückt — dem 31. August 1774 —, und mit dem ersten Chef der habsburgischen Militärverwaltung in dem zum selbständigen Kronland der Monarchie erklärten Buchenland — Karl Freiherr von Enzenberg. Die Bukowina ist von 1775 bis 1918 Teil des Habsburger-Reiches. Danach fällt sie und mit ihr Czernowitz an Rumänien, das 1918 die nördliche Bukowina besetzt. Nach einem sowjetischen Ultimatum im Juni 1940 rücken sowjetische Truppen in der Nordbukowina sowie in Bessarabien ein. Doch schon im

Juni 1941 — ein Jahr später — marschieren rumänische Truppen mit Unterstützung deutscher Kommandoeinheiten wieder in Czernowitz ein: Der Krieg gegen die Sowjetunion hat begonnen.

Am 29. März 1944 — der Krieg hat sich gewendet — kehren die sowjetischen Truppen zurück, und Czernowitz wird Hauptstadt der nun zur ukrainischen Sowjetrepublik gehörigen Nordbukowina, während die südliche Bukowina bei Rumänien verbleibt — die Grenze verläuft heute 37 Kilometer von der Stadt entfernt, und wer in die südwärts gelegenen ehemaligen Zentren des Chassidismus fahren will, braucht die für Grenzzonen fälligen Sondergenehmigungen. Mit diesen dürren Daten ist schon angedeutet, was sich in dieser Stadt vor allem im 20. Jahrhundert abgespielt hat.

Der Aufstieg von Czernowitz zu einer Hauptstadt mit eigenem Gesicht beginnt, als es Sitz der habsburgischen Verwaltung wird. Um 1800 gab es lediglich 6000 Seelen in diesem Ort — »Deutsche, Moldauer, Juden, Armenier, Rusniaken«. Um 1900 sind es schon 47000 und um 1930 bereits 120000 Einwohner. Es ist eine Stadt, die nur aus großen Minderheiten besteht, und das wird sie prägen. Von den 120000 um 1930 sind etwa 45000 Juden, 30000 Rumänen, etwa 14000 Ruthenen, an die 12000 Polen und rund 18000 Deutsche, die vorwiegend in dem von Schwaben besiedelten und seinen dörflichen Charakter wahrenden Stadtteil Rosch wohnen. Hinzu kommen mehrere Dutzend kleinerer Nationalitäten, die in diesem Landstreifen eine Bleibe gefunden haben: Armenier, Georgier, Zigeuner, Huzulen, Türken, Ungarn.

Die Stadt heute ist immer noch gemischt, die Schriftsteller des örtlichen Schriftstellerverbandes verhandeln noch immer in vier Sprachen, das Fernsehprogramm ist ukrainisch, moldauisch und russisch, und wer will, findet genug Menschen, die Rumänisch und Deutsch sprechen. Doch die Stadt ist heute, wie die Führerin von Intourist angibt, eine ukrainische Stadt: Ukrainer stellen fast siebzig Prozent, die moldauische Volksgruppe neun, die rumänische zehn Prozent; an die 10000 Juden leben in der auf 260000 Einwohner angewachsenen Stadt.

Die Stadt mag, gemessen an den einförmig gewordenen Städten Nachkriegs-Europas, vielfarbig und gemischt erscheinen, doch im Vergleich zu dem, was sie einmal war — ein Abbild des Vielvölkerstaates im Kleinen, ein »Klein-Österreich« —, ist sie vermutlich nicht wiederzuerkennen. Es scheint fast unglaublich, daß, solange im fernen, doch erreichbaren Wien der grau gewordene Monarch über seine Untertanen im Kronland wachte, die Völker und Bekenntnisse miteinander auskommen konnten.

Der Karpatenrücken
väterlich
lädt dich ein
dich zu tragen

Vier Sprachen
Viersprachenlieder

Menschen
die sich verstehn

Aber wie können wir, die wir keinen Zugang zu diesem Ort jenseits des Bruchs mehr haben, uns diesen Ort vorstellen:

Wo
in der österreichlosen Zeit
wächst mein Wort
in die Wurzeln

Ans Buchenland
denk ich
entwurzeltes Wort
verschollene Vögel

Man braucht ein wenig Wissen und historische Imagination, um hinter den immer noch schönen Fassaden sich die Differenzen eines in sich gegliederten, vielgestaltigen und multikulturellen städtischen Gemeinwesens vorstellen zu können. Doch die Phantasie hat Anhaltspunkte: Berichte, Autobiographien, Protokolle eines abgelaufenen Lebens der Stadt. Zum Beispiel die Universität. Sie ist heute in der ehemaligen Residenz des Metropoliten untergebracht, einer prächtigen Anlage, über der der Duft von Zypressen liegt, mit einem wunderschönen Park, 1864–1875 errichtet von dem Prager Architekten Hlavka, Konzession an das Kolorit der griechischen Orthodoxie, mit Elementen aus Byzanz und dem maurischen Spanien, prachtvollen Treppenaufgängen und unendlichen Fluren, einem Rohziegelkomplex mit glasierten Ziegeln, einer Kirche mit einem goldglänzenden Ikonostas.

Doch die Residenz, die beim Abzug der Deutschen und Rumänen in Flammen aufging und wiederhergestellt worden ist, ist erst seit dem Kriege Universität, und in der Kirche werden Vorträge gehalten und Konzerte gegeben. Die Alma mater Francisco-Josephina Cernautiensis, die früher einmal in den eher bescheidenen klassizistischen Gebäuden in der Universitätsstraße untergebracht war, brauchte keinen äußerlichen Prunk, um bestehen zu können. Sie hatte eine »Mission«, und sie hat sie erfüllt. Für mehrere Studentengenerationen gelang dort das Unwahrscheinliche: das Nebeneinander der vielen Kulturen dieses Raumes. Als am 100. Jahrestag der Vereinigung der Bukowina mit Österreich — am 4. Oktober 1875 — die Inauguration der östlichsten deutschen Universität Europas — anfangs mit drei Fakultäten: der griechisch-orientalischen theologischen, der rechts- und staatswissenschaftlichen und der philosophischen — stattfand, da nahm ihr erster Rektor, Dr. Tomasczuk, die Universität bereits gegen »das vielgelästerte Wort von Österreichs Kulturmission« in Schutz. Ihre Lehr- und Prüfungssprache war Deutsch, an der theologischen Fakultät Rumänisch, Ukrainisch, Kirchenslawisch. Ein Teil der Professoren stammte aus der Bukowina, der andere aus Wien, Graz, Heidelberg, Paris, Lemberg, Riga, Hermannstadt. Von den zwischen 1875 und 1919 gewählten 44 Rektoren waren 22 Deutsche, elf Rumänen, neun Juden, zwei Ukrainer. Wenn die Lehrsprache Deutsch war, so war sie doch mehr als ein Instrument der Germanisierung. Nach Czernowitz kamen Studenten aus Galizien, Rumänien, Polen, Serbien, Ungarn, Kroatien, dem Banat, aus Dalmatien, Bosnien, Bulgarien, Griechenland, nicht zuletzt aus Deutschland und Österreich selbst. Im letzten Friedensjahr vor dem Ersten Weltkrieg gaben von den etwas mehr als 1000 Hörern der Universität 458 ihre Muttersprache als deutsch, 310 als rumänisch, 303 als ukrainisch, 86 als polnisch und 41 mit einer anderen Sprache an. Doch von den 458 deutschsprachigen Studenten waren 431 jüdische Studenten, und zwei Drittel der eingeschriebenen Studenten bekannten sich zum mosaischen Glauben. Entsprechend vielfältig waren die Verbindungen und vielsprachig die Kommerslieder. Austria, Alemannia, Gothia hießen die deutschen Verbindungen, Hasmonäa, Zephira, Hebronia die jüdischen, Junimea die rumänische und Sojus, Saporoshje, Mazeppa die ukrainischen.

Nicht anders war es auf den Sportplätzen, wo die Vereine Jahn und Makkabi, Polonia und Dowbusch miteinander kämpften. Die Plätze der Stadt, vor allem der Volksgarten mit dem Kurhaus, und die Märkte sind ein Spiegel der sozialen und kulturellen Zusammensetzung der Stadt. Verkauft werden Eis und Mazze, Brezeln und Sonnenblumenkerne. Auf den Märkten treffen die schwäbischen Bäuerinnen aus Rosch, die Huzulen aus den Bergen, die jüdischen Kleinwarenhändler aufeinander; man kann sie an ihren Trachten erkennen und an ihrer Sprache. Die Stadt hat ihre »Nationalhäuser«. Da ist das Deutsche Haus im Stil der Jahrhundertwende, ein romantisch-deutscher Fachwerkbau mit vielen Geschossen, großen Sälen. Und nicht weit davon entfernt das Ukrainische Volkshaus und das Polnische Haus. Doch im Deutschen Haus ist heute ein Kinderkino untergebracht, und allein ein versilberter Hirschkopf mit ausladendem Geweih sowie die Bierhallenarchitektur eines der Kinos erinnern daran, daß das Haus einmal eine andere Funktion gehabt hat. Aus dem Ukrainischen Volkshaus ist ebenfalls ein Kino geworden. Im Haus der jüdischen Kultur, am Theaterplatz — an seiner ausladenden, pompösen neobarocken Fassade, die blauweiß getüncht ist, ist die Jahreszahl 1908 eingraviert —, ist heute ein Kulturklub der Leichtindustrie untergebracht. Aus den Davidsternen im Treppengeländer sind zwei Zacken abgeschnitten, im Spiegelsaal im Erdgeschoß finden Disco-Veranstaltungen und Wettbewerbe um den Mister und die Miss Czernowitz statt, für die in der ganzen Stadt plakatiert ist, und nachts, bevor das Haus schließt, rasen Jugendliche auf aufgemotzten Motorrädern in ohrenbetäubendem Lärm wie in einem mittelalterlichen Turnier aneinander vorbei, gefährlich und zum Schrecken der Leute, die gerade aus dem Theater kommen. Es gab eine Zeit, da Dr. Repta, der Metropolit, die bei der russischen Eroberung im Ersten Weltkrieg gefährdeten Thorarollen in Sicherheit brachte und da die Leitung des Deutschen

Hauses seine Räume zur Verfügung stellte, weil die Zuhörer, die zur Rede Theodor Herzls ins Jüdische Haus kamen, keinen Platz mehr fanden. Vielleicht darf man sich erlauben, Erinnerungen eines nach Tel Aviv entkommenen Czernowitzers über die Gegend um den alten Springbrunnenplatz, den Berührungspunkt zwischen der Unter- und der Oberstadt, zu zitieren.

»Im Volksmunde hieß der Platz, in den alle von Juden bewohnten Gassen einmündeten, der ›Ham‹. Er bildete eine Welt für sich. Schon in den ersten Morgenstunden wimmelte es dort von Menschen. Männer eilten in die Bethäuser oder gingen ihren Geschäften nach, Hausfrauen besorgten Einkäufe. Da gab es den Laden von Juda Feuer, in dem Bedarfsartikel aller Art zu finden waren. Gegenüber drängten sich vor der ›Propination‹, der von Juden geführten Branntweinschenke, ruthenische Bauern, die aus den umliegenden Dörfern gekommen waren, um hier Gelegenheitsarbeit zu finden. Es gab unter ihnen viel Gezänke, oftmals auch Schlägereien. Dort hatte ein städtischer Polizeimann ständig seinen Posten. Er lächelte niemals, weil er sich seiner amtlichen Würde bewußt war. An Sonntagen trug er eine Paradeuniform, an seinem schwarzen Hute flatterte eine Hahnenfeder. Trotzdem verspotteten ihn die Rangen der umliegenden Gassen, riefen ihm Spitznamen zu und machten von ihren flinken Beinen Gebrauch, wenn er zugreifen wollte. Die Polizisten, meist ruthenischer Nationalität, radebrechten deutsch (›Abu gengen Sie, abu stehen Sie zur Seite‹, bekam man oft von den Ordnungshütern zu hören).

Unweit befand sich die Großbäckerei von Mordechai Weissmanns Erben. In den Souterrains der Parterrehäuser verkauften Frauen an Passanten Brote, Brezeln, anderes Gebäck und Süßigkeiten an lärmende Kinder, in deren ausgestreckten Händchen ein kupferroter Kreuzer dem Begehren Nachdruck verlieh. An der Ostseite des Platzes führte ein schmaler Durchgang zum ›Jüdischen Spital‹ und zum späteren ›Altersversorgungsheim‹. Läden aller Art umsäumten die Springbrunnengasse. Eine Altkleiderverkaufsstelle reihte sich an die zweite. Daneben entströmten scharfe Gerüche den Fleischereien und Fischläden. Der Handel und das Feilschen vollzogen sich unter großem Aufwand von Stimmitteln. Der Lärm dauerte bis in die Abendstunden an. An der Straße, die am Altmarkt vorbeiführte, standen die Verkaufstische für geschlachtetes Geflügel. Auf dem kleinen Abhang, dem nachmaligen Theodor-Herzl-Platz, boten Hökerinnen ihre Waren feil. Den Gemüse-, Eier- und Hühnerbedarf deckten Bäuerinnen aus der Umgebung, deren weiße Kopftücher weithin sichtbar waren, und die ›Schwäbinnen‹ aus der Vorstadt Rosch, wo sich ihre Vorfahren seit Kaiser Joseph II. angesiedelt hatten. In den umliegenden Häusern hatten sich Handwerker aller Art etabliert. Es fehlte auch nicht an ›Einkehrhäusern‹, Schenken und ›Traktierbetrieben‹, in denen die Stammgäste neben einem guten Tropfen auch nach herkömmlicher Art zubereitete Fische vorfanden.«

In der Oberstadt mit ihren Geschäften, Einkaufsstraßen, Restaurants und Parks spielte sich der angenehmere Teil des Lebens ab — jedenfalls in der Erinnerung:

»Wer mit Wehmut an die entschwundene Jugendzeit zurückdenkt, kann die kleinen Freuden, welche die Stadt bot, niemals vergessen. Ein Erinnerungsbild verdrängt das andere, und an allen haftet der Zauber glückhaften Erlebens. Unvergeßlich sind der Sonntagsbummel längs des Bürgersteigs auf der Ostseite des Ringplatzes, der ›Pardinihöhe‹, die gar keine Höhe war und ihren Namen der an dieser Stelle befindlichen Universitätsbuchhandlung Heinrich Pardini (später

Engel & Suchanka) verdankte. Dort standen sonntags in Gruppen junge Garnisonsoffiziere in ihren schmucken Paradeuniformen, dort lustwandelten die Söhne der Alma mater Francisco-Josephina, deren Kappen ein buntfarbenes Bild boten. Kokette Mädchen nahmen lächelnd und plaudernd die herausfordernden und bewundernden Blicke der Männerwelt wie eine ihnen gebührende Huldigung entgegen und schienen die Bemerkungen, die an ihre Adresse gerichtet waren, zu überhören. Im Stadtpark, dem ›Volksgarten‹ mit der schönen Hauptallee, unweit vom Tomasczukdenkmal und gegenüber dem Gartenrestaurant, genannt ›Kursalon‹, konzertierte jeden Mittwoch nachmittags die Kapelle des k.u.k Infanterieregiments Erzherzog Eugen Nr. 41 unter Leitung des Kapellmeisters Kosteletzky. Die Menschenschlange wälzte sich von einem Ende zum anderen, und es bestand wenig Aussicht, einen Sitzplatz auf einer der vielen Gartenbänke zu ergattern. Die Stadt hatte auch andere öffentliche Gärten. Auf der ›Göbelshöhe‹, dem bepflanzten Abhang zwischen der Franzosgasse und der Steinerschen Bierbrauerei, wurden zu wiederholten Malen im Sommer Gartenfeste aller Art mit Konfettischlachten und Koriandoliwerfen veranstaltet; Frohsinn und Heiterkeit herrschten hier vor, und mancher Gymnasiast, der seine Schüchternheit überwand und die bewunderte Schöne mit dem Inhalt einer vollen Konfettitüte überschüttete, war schon von einem ihm geschenkten Anflug eines Lächelns beglückt. Erholungsbedürftige Spaziergänger suchten die schattige, hinter dem erzbischöflichen Palast gelegene Habsburghöhe (einmal Bischofsberg genannt) auf, deren Serpentinenwege einen weiten Ausblick auf das Pruthtal gestatteten. Die kühle, würzige Luft in diesem Tannenparadies war in den heißen Sommermonaten wohltuend und erfrischend. Der zentral gelegene

Franz-Josephs-Park mit dem prächtigen Denkmal der Kaiserin Elisabeth und dem Landesregierungsgebäude im Hintergrunde glich in den Sommermonaten einer viereckigen grünen Insel, eingebettet zwischen verkehrsreichen Straßen. Die Jugend tummelte sich unbeschwert und johlend im Schillerpark, dessen junge Anlagen die zur Vorstadt Rosch führende abschüssige Straße säumten.

An Sommerabenden besuchten um die Jahrhundertwende viele Familien gerne den Katzschen Garten in der Russischen Gasse (später Milchhalle und vegetarisches Restaurant Friedmann). Dort konzertierten der flotte Musikant Schlomele Hirsch und sein Bruder Leib, die bei allen Hochzeiten aufspielten. Andere ›Gastgärten‹ waren ein Garten in der Siebenbürger Straße, später Klavierverkaufsgeschäft und Eislaufplatz Gruder, und der ›Bierpalast‹ in der Rottgasse, nach Niederreißung des Gebäudes, das einem Palast wenig ähnlich sah, gleichfalls ein beliebter Eislaufplatz. In einem dieser Gärten pflegte während der heißen Sommermonate ein jiddisches Theater zu spielen. Die Aufführungen, zumeist Satiren auf das Leben der Kleinstadtjuden, konnten hohe Ansprüche keineswegs befriedigen.«

Es muß ein intaktes Gemeinwesen gewesen sein, trotz Konflikten und Spannungen, die immer dann eintraten, wenn eine der Minderheiten sich der anderen gegenüber als Herr aufzuspielen versuchte. Und es gab eine von allen in der Stadt verstandene Sprache — Deutsch —, ohne daß die Stadt deshalb eine deutsche Stadt genannt werden könnte. Dort, wo die Deutschen lebten, im Stadtteil Rosch, sprach man Schwäbisch. Hochdeutsch war die Sprache des jüdischen Czernowitz, aus seinen Spenden stammte auch das Schillerdenkmal, das vor dem Stadttheater aufgestellt wurde, bevor die Rumänen es dann in den Hof des Deutschen

Hauses verbannten. Deutsch war nicht bloß die Amtssprache der österreichischen Behörden, sondern auch die Sprache des Vorankommens, des Fortschritts, des Kontakts zur Welt draußen. Es ist im nachhinein kaum vorstellbar, daß Hunderte von Kilometern vom deutschen Sprachraum entfernt das entfaltetste Zeitungs- und Zeitschriftenwesen existiert hat. Freilich gab es auch rumänische, ukrainische, polnische Presse, doch die führenden Blätter erschienen in deutscher Sprache, herausgegeben von jüdischen Verlegern und redigiert von jüdischen Redakteuren. Kann man sich denken, daß eine Stadt von der Größenordnung Czernowitz' fünf deutsche Tageszeitungen besaß, nicht gerechnet die Abendausgaben? Und kann man sich vorstellen, daß in den besseren Cafés der Stadt über 100 Zeitungen und Zeitschriften auslagen? Nur dort, wo sich eine individualistische Gesellschaft ausgebildet hat, besteht ein solcher Bedarf an konkurrierenden Meinungsäußerungen, nur dort, wo eine vitale Beziehung zur Außenwelt besteht, wird der Ruch der Provinzpresse abgestreift, nur dort, wo Leute sind, die Kommunikation zum Leben brauchen, findet sich diese heutzutage fast hypertroph anmutende Öffentlichkeit. Und Zeitungen wie die *Bukowiner Rundschau,* die *Bukowiner Nachrichten,* das *Czernowitzer Tagblatt* oder die *Czernowitzer Allgemeine Zeitung* wurden nicht nur am Ort gelesen, sondern auch in Wien und Bukarest. In einer solchen Landschaft wächst eine eigene Sprache.

»Die verschiedenen Spracheinflüsse färbten natürlich auf das Bukowiner Deutsch ab, zum Teil recht ungünstig. Aber es erfuhr auch eine Bereicherung durch neue Worte und Redewendungen. Es hatte eine besondere Physiognomie, sein eigenes Kolorit. Unter der Oberfläche des Sprechbaren lagen die tiefen, weitverzweigten Wurzeln der verschiedenartigen Kulturen, die vielfach ineinandergriffen und dem Wortlaut, dem

Laut- und Bildgefühl Saft und Kraft zuführten. Mehr als ein Drittel der Bevölkerung war jüdisch, und das gab der Stadt eine besondere Färbung. Altjüdisches Volksgut, chassidische Legenden ›lagen in der Luft‹, man atmete sie ein. Aus diesem barocken Sprachmilieu, aus dieser mythisch-mystischen Sphäre sind deutsche und jüdische Dichter und Schriftsteller hervorgegangen: Paul Celan, Alfred Margul-Sperber, Immanuel Weißglas, Rose Ausländer, Alfred Kittner, Georg Drozdowski, David Goldfeld, Alfred Gong, Moses Rosenkranz, Gregor von Rezzori, der bedeutendste Lyriker Itzing Manger und andere.«

In einer solchen Stadt hat die Sprache an sich und von vornherein mehr als nur die Bedeutung eines Verständigungsmittels, zu ihr, die nicht einfach die herrschende ist, die man bewußtlos von Kindesbeinen an übernimmt, in die man nicht einfach hineinwächst, gibt es ein bewußtes Verhältnis.

Und in einer Stadt, die wie eine Insel aus dem Umland herausragt, Flaschenposten absendet und auf Flaschenposten wartet, bildet sich auch ein anderes Verhältnis zur Umwelt, die weit entfernt ist, die aber gerade das Ferne nah macht. Über die Distanz ergibt sich da ein nachbarschaftliches Verhältnis zu dem, was in Bukarest, Wien und Berlin gedacht und geschrieben wird. Ohne Reibungsverlust und mit großer Unmittelbarkeit kommt auf diesem Hügel über dem Pruth an, was ganz fern entstanden ist, aber doch näher und verwandter ist als die unmittelbare Umgebung, die eine der bäuerlichen Landbevölkerung ist. Es ist die Abgehobenheit dieser insularen städtischen Kultur, die sie so reich und zur Geburtsstätte einer ganzen Plejade von deutschen Dichtern gemacht hat.

»Czernowitz war eine Stadt von Schwärmern und Anhängern. Es ging ihnen, mit Schopenhauers Worten, ›um das Interesse des Denkens, nicht um das Denken des Interesses‹. Die orthodoxen Juden waren Anhänger, ›Chassidim‹, des einen oder anderen ›heiligen‹ Rabbi. Die Dinge der praktischen Lebensfürsorge waren ihnen unwichtig. Viele von ihnen hatten keinen Beruf, sie wurden von ihren Frauen erhalten, die stolz darauf waren, einen ›Gelehrten‹ zum Mann zu haben, sie ›lernten‹ ein Leben lang aus den ›heiligen Büchern‹ und lauschten beseligt den weisen Worten ihres Rabbi. Die assimilierten Juden und die gebildeten Deutschen, Ukrainer, Rumänen waren ebenfalls Anhänger: von Philosophen, politischen Denkern, Dichtern, Künstlern, Komponisten oder Mystikern. Karl Kraus hatte in Czernowitz eine große Gemeinde von Bewunderern; man begegnete ihnen, die *Fackel* in der Hand, in den Straßen und Parks, Wäldern und an den Ufern des Pruths ... Eine große Schar bekannte sich zur ›Lehre‹ des bedeutenden Berliner Philosophen Constantin Brunner, der erst jetzt durch Übersetzungen ins Englische und Französische bekannt zu werden beginnt. In keiner anderen Stadt, auch nicht in seinem Berlin, hatte Brunner so viele ergebene Anhänger wie in Czernowitz ... Hier gab es: Schopenhauerianer, Nietzscheanbeter ,Spinozisten, Kantianer, Marxisten, Freudianer, man schwärmte für Hölderlin, Rilke, Stefan George, Trakl, Else Lasker-Schüler, Thomas Mann, Hesse, Gottfried Benn, Bertolt Brecht. Man verschlang die klassischen und modernen Werke der fremdsprachigen, insbesondere der französischen, russischen, englischen und amerikanischen Literatur. Jeder Jünger war von der Mission seines Meisters durchdrungen. Man huldigte selbstlos und mit vehementer Begeisterung: ein Wort, das die moderne Kritik als ›Pathos‹ oder Sentimentalität ablehnt. In dieser Atmosphäre war ein geistig interessierter Mensch geradezu ›gezwungen‹, sich mit philosophischen, politischen, literarischen oder Kunstproblemen auseinanderzusetzen oder sich auf einem dieser Gebiete selbst zu betätigen. — Eine versunkene Stadt. Eine versunkene Welt«.

*Zangenbewegung*

Der Geist einer Stadt mag in Gedichten aufbewahrt sein, ihr Grundriß aber in Kartenwerken. Wer es auf eine Stadt abgesehen hat, fertigt genaue Karten an. Der Aggressor hat scharfe, vielleicht die schärfsten Augen. Er weiß, worauf es ankommt, er kreist die strategischen Ziele ein, er markiert die Linien, auf denen er vorrücken wird, er entscheidet, was in Besitz genommen und was vernichtet werden soll. Die Stadtpläne der Aggressoren sind exakt, ohne Sentimentalität. Die Nazis hatten solche Karten, und wer aus Berlin nach Czernowitz reist, kann sie sich besorgen in der Staatsbibliothek: »Stadtplan von Czernowitz. Anlage zur Militärgeographischen Übersicht über das Europäische Rußland, Mappe F II, Ukraine, mit Moldau-Republik und Krim, Ausgabe IX, 1941. Sonderausgabe! III. 41. Nur für den Dienstgebrauch«. Er ist gefertigt nach der Vorlage des jüdischen Czernowitzer Verlages Leon König. Wer mit einer solchen Karte nach Czernowitz reist, weiß mehr als jeder Intourist-Führer, auch mehr als so mancher Einheimische, der erst nach dem Krieg in die Stadt gekommen ist. Es ist darin alles verzeichnet: von den Bahnhöfen bis zur Funkstation und zum Lufthafen; die zivilen Behörden vom Justizpalast bis zu statistischen Ämtern und Schulrevisoren; vom Gendarmerie-Kommando bis zum Gefängnis. Der Aggressor hat eine Übersicht über die Konfessionen und hat die Kirchen und Synagogen eingekreist. Er kennt die Schulen, die Spitäler, die Hotels: Palast- und Zentralhotel, Hotel Zum Schwarzen Adler, Hotel Gottlieb, Hotel Bristol und die Pension City, in denen er seine Stäbe einquartieren wird.

So geht der Tourist mit der Karte des Aggressors durch die Stadt, und er weiß, daß er im Grunde noch eine zweite Karte bräuchte: die der sowjetischen Stäbe, die in dem Augenblick, wo die Deutschen die Sowjetunion angriffen und sie die Stadt räumen mußten, schlagartig in einer einzigen Nacht Tausende von Czernowitzern nach Rußland deportierten — für einige die Rettung vor den Deportationen in die dann von Rumänen errichteten Lager Transnistriens. Beide Karten zeigen eine solche Stadt als Falle, aus der es kein Entkommen gab.

Beide Eroberer hatten es auf die jüdische Bevölkerung abgesehen, nur die Phraseologie unterschied sich. Während die Einsatzgruppe D des SS-Brigadeführers Otto die Juden als Juden verfolgte, zielten die sowjetischen Verhaftungen auf die Juden als die Bourgeoisie und — man glaubt es nicht — die potentiellen Komplizen der Nazis. Nirgendwo ist eine Menschengruppe unter so absurden Vorzeichen gejagt und eliminiert worden. Als Juden bekamen sie die Gewalt des Nationalismus und Rassismus zu spüren, als bürgerliche Schicht des Gemeinwesens die Gewalt der Zukurzgekommenen, der »Massen«. Zwischen zwei Wogen der Gewalt geht das, was Czernowitz war, unter.

Nicht, daß die Bauten verschwunden wären: Bis auf eine Brachfläche am Ringplatz scheint es keine größeren Verluste durch Kriegshandlungen gegeben zu haben. Der israelitische Tempel, von den Deutschen angesteckt, war zu mächtig, und selbst Sprengversuche nach dem Krieg vermochten den mächtigen Bau nicht zu erschüttern. So steht heute an dieser prominenten Stelle ein Kino, weißgetüncht, ohne Kuppel und Erker, aber mit noch sichtbaren Rundbogenfenstern. Als Kino Oktober ist es durchaus ungeeignet, denn die mächtigen Pfeiler, die die Tempelhalle tragen, versperren den Blick auf die Leinwand. Aber wer von denen, die in der Kartenhalle stehen oder das Foyer betreten, weiß davon oder interessiert sich dafür, daß dies einmal einer der prächtigsten Tempel im ganzen Osten war?

»Er bot schon äußerlich einen überwältigenden Anblick. Er hatte ein monumentales Haupteingangstor und zwei Seiteneingänge (für Frauen). Man gelangte in ein geräumiges Vestibül, in welchem an der Wand Marmortafeln mit den Namen der 100 Stifter, darunter der ältesten und vornehmsten Familien, angebracht waren. Aus dem Vestibül, in welchem sich auch eine Votivtafel für Heinrich Wagner befand, kam man durch drei Türen in das Innere des Tempels, welches durch reiche Malereien und Stukkaturen auffiel. Durch die zu beiden Seiten angebrachten farbigen Fenster fiel reichliches Licht. Es gab zu beiden Seiten des Mittelganges sowie an den Seiten des Tempels Sitze für Männer, die Frauen saßen auf den beiden Stockwerken. Die Etagen, sowie alle Sitze, waren aus Eichenholz, reich geschnitzt. Die Wände hatten hellblaue Farbe, mit Malereien von ersten Künstlern hergestellt. Die Kuppel wies einen blauen Hintergrund mit goldenen Sternen auf. Der Altar und der Thoraschrein waren Sehenswürdigkeiten. Zu beiden Seiten des Aufganges zum Altar befanden sich zwei erhöhte Plätze für den Oberrabbiner und für den Oberkantor. In der Mitte der Empore war ein Rednerpult für den Prediger. Oberhalb der mit einer roten goldgestickten Samtdecke versehenen Thoralade brannte eine ewige Silberlampe. Der Tempel hatte einen Fassungsraum von 1000 Personen.«

Heute leuchtet nachts eine rote Kinoreklame an dem wuchtigen Gebäude, und es scheint, als brenne es. Nur in einer einzigen der einmal 88 Synagogen der Vorkriegszeit wird heute noch Gottesdienst abgehalten.

Andere, vor allem in der ehemaligen Synagogengasse, heute Henri-Barbusse-Straße, sind umfunktioniert in Lagerräume, die mächtige Synagoge der Orthodoxen dient Goskino als Werkstatt. Einzig das Jüdische Spital ist noch Krankenhaus.

Die Karte zeigt auch die alte Vasilkogasse, und mit Hilfe einer Archivarin aus dem in der alten Jesuitenkirche untergebrachten Staatsarchiv läßt sich schnell identifizieren, wie sie heute heißt: Saksaganski-Straße. Dort, in dem rötlichbraun getünchten Haus Nummer 5, mit einem Jugendstiladler an der Fassadenseite, muß Paul Celan aufgewachsen sein. Die Karte zeigt auch das vornehme Viertel hinter dem Volksgarten, die Frunse- und Fedkowitsch-Straße, in deren manchmal schloßähnlichen Villen, an denen alle Stile der Jahrhundertwende ausprobiert worden sind, der Sitz des jüdischen Bürgertums war. Und vis-à-vis des Tempels ist leicht das Gebäude der Einrichtung »Morgenroit« zu erkennen, in dem einmal der Bund und andere Arbeiterorganisationen Volksaufklärung, Vorträge und Bibliotheken organisiert hatten. Manche Gebäude haben ihre Funktion behalten: so das Gefängnis, das allerdings hinter einer mehrere Meter hohen und die ganze Platzseite verschließenden Lenin-Plakatwand verschwunden ist, oder das alte Gebäude der Gendarmerie, in der heute der KGB untergebracht ist.

Jeder Straßenzug und jedes Gebäude bekommt ein anderes Aussehen. Im *Schwarzen Adler,* der heute zum Hotel Werchowina geworden ist, hatte sich die Gestapo einquartiert. Der Lift funktioniert im Augenblick nicht, wie der Portier freundlich mitteilt. Es ist die Stelle, die Dr. Nathan Getzler, nach dem Krieg in Montreal lebend, in seinem Tagebuch beschrieben hat: »Mittwoch, den 9. Juli 1941. Nachbarn, die in unser Versteck kommen, erzählen, daß 150 Juden von der deutschen Gestapo durch die Stadt zur Schießstätte geführt und dort erschossen wurden, unter ihnen war auch der Oberrabbiner Dr. Abraham Mark. Dr. Mark war im Liftschacht des Hotels Zum Schwarzen Adler zusammen mit dem Oberkantor Gurman, Jakob Galperin, Frühling, Josef Reininger und vielen anderen vorher eingesperrt gewesen. Der Lift lief hinauf und herunter und drohte jedesmal die dort Eingeschlossenen zu zerschmettern. Nachdem diese Unglücklichen derart tagelang gequält worden waren, wurden sie dem Trupp der Todgeweihten angeschlossen, zum Pruth nach Bila geführt und erschossen.«

Aus den Czernowitzer Zeitungen suchen sich nun die Angestellten der rumänischen Siguranza und der deutschen Gestapo die Verdächtigen heraus. Auf dem jüdischen Friedhof herrscht Hochbetrieb. Spitäler werden geräumt, die unglücklichen Insassen der Irrenanstalt auf die Straße gejagt. Ukrainische und rumänische Jungen, mit Kokarden in den Knopflöchern, führen die Patrouillen in die Wohnungen von Juden. Der Mob räumt die verlassenen Wohnungen und Läden aus. Rumänische Beamte machen Geschäfte mit Passierscheinen, mit der Todesangst. Zehn Selbstmorde werden täglich gemeldet, als die Deportierungen in die transnistrischen Lager beginnen. Als die Bewohner des nun eingerichteten Ghettos — in der Moldau und Bukowina hatte es nie zuvor geschlossene Ghettos gegeben — nun zum Bahnhof getrieben werden, warten schon Bauern mit ihren Wägelchen und kassieren ab für den Transport. Ein besonders erschütterndes Bild bietet sich den Blicken an der Ecke der Dreifaltigkeits- und Albertinengasse. Aus ihrem Hause ziehen die letzten Angehörigen der Bojaner Rabbinerdynastie in den Tod, hochaufgerichtet in ihren besten Kleidern, mit den Thorarollen in der Hand. Ergriffen sehen die umstehenden Juden und Christen diesem Schauspiel zu.

Zehntausende kamen bei den Gewaltmärschen aus der Bukowina in die Lager, die Steinbrüche, zu den Straßen- und Eisenbahnarbeiten um. Nur wenigen gelingt es, in Czernowitz selbst zu bleiben — entweder, weil sie sich unentbehrlich machen können, um das Leben der Stadt aufrechtzuerhalten, oder weil die rumänischen Beamten Geld brauchen.

Eislaken auf Transnistriens Feldern
wo der weiße Mäher
Menschen mähte

Kein Raum kein Hauch
atmete
kein Feuer
wärmte die Leichen

Im Schneefeld schlief das Getreide
schlief die Zeit
auf Schläfen

Die Zunge der Himmelswaage
ein funkelnder Eiszapfen
bei 30 Grad Celsius unter Null

Nur 6000 bleiben von der einst 45000köpfigen jüdischen Bevölkerung von Czernowitz.

In jenen Jahren
war die Zeit gefroren:
Eis so weit die Seele reichte

Von den Dächern
hingen Dolche
Die Stadt war aus
gefrorenem Glas

Menschen schleppten
Säcke voll Schnee
zu frostigen Scheiterhaufen

Einmal fiel ein Lied
aus goldenen Flocken
aufs Schneefeld:

»Kennst du das Land
wo die Zitronen blühn?«

Ein Land wo Zitronen blühn?
Wo blüht das Land?
Die Schneemänner
wußten nicht Bescheid

Das Eis wucherte
und trieb
weiße Wurzeln
ins Mark unsrer Jahre

Es geschah in weniger als drei Jahren, daß aus Czernowitz eine andere Stadt wurde, auch wenn die Straßenzüge und die Fassaden, die Plätze und Häuser noch dieselben sind. Es gibt eine Zeit davor und eine Zeit danach.

Wir erkennen uns nicht
zu weit zwischen uns
die Jahre

Feuer
brannte ein Loch
in die Zeit

Die Sterne
zu weit zwischen uns

Der Fixstern
kennt nur
sich selber

*»Vor dem Abgrund des Himmels«*

Man möchte in das Czernowitz jenseits der Weltkriegszeit dieses Jahrhunderts zurück, Kontakt aufnehmen mit dem Gemeinwesen, dessen Bauten ja noch dastehen. Doch das wäre nur ein ausgedachter Anlaufpunkt, der Halt verspricht, wo es keinen mehr gibt: »Feuer / brannte ein Loch / in die Zeit«. Von daher hat alles Suchen in dieser schönen Stadt etwas Touristisches, selbst dann, wenn man sich nicht als Tourist empfindet. Es gibt keinen Halt, keinen Punkt, von dem sich ordnen ließe, was sich abgespielt hat. Czernowitz — und sein Schicksal haben so viele Zentren Mitteleuropas geteilt — ist ein Ort, um den historischen Verstand zu verlieren. Daher ist aller Blick auf die schöne Stadt resigniert, nimmt bloß zur Kenntnis, was einmal war und was darin eingelagert ist an heutigem Leben. Die Häuser am Ringplatz sind schön — zum Beispiel das Sparkassengebäude mit dem Majolikafries an der Fassade; der Wiener Architekt Hubert Gessner hat es 1900 gebaut, es ist ein Bau aus kosmopolitischem Geist, der in allen Städten der Monarchie seine Spuren hinterlassen hat. Heute ist darin die örtliche Parteiorganisation untergebracht. Eine solche Stadt — man sehe nur die Versicherungsgebäude, die Hotels, die Geschäfte am Ringplatz und in der alten Herrengasse an — wuchs aus dem Geist der Tatkraft, des Unternehmertums, des Risikos und des unbedingten Willens zum Erfolg. Jede Fassade trägt die Züge ihres Erbauers. Wer darin gewohnt hat, hat sich auch darum gesorgt: um den Glanz der polierten Messingleisten, um die Vitrinen, um die Würde der Eingangssituation und die Annehmlichkeit des Ambientes. Heute sind solche Häuser nur Niederlassungen, die genausogut woanders sein könnten.

Die Menschen, die Sachen, die Behausungen waren Orte der Differenz. Es gab, um nur ein Beispiel zu nennen: Seiler, Tischler, Binder, Kürschner, Uhrmacher, Fleischer, Schuster, Klempner, Bäcker, Barbiere, Kupferschmiede, Schlosser, Kesselflicker, Glaser, Schneider, Messinggießer, Gold- und Silberschmiede, Deckenmacher, Tapezierer, Schildermaler, Ofensetzer, Riemer, Wagner, Hufschmiede, Kaminfeger, Wasenmeister, Maurer, Schächter, Schulsinger, Advokaten, Zeitungsleute. Dies färbte selbst auf die Namensgebung der Straßen ab. Heute weiß jeder vorab, daß es in Czernowitz wie in jeder anderen Stadt eine Lenin-Straße, einen Kalinin-Park gibt, obwohl diese Namenspatrone doch wahrhaftig mit der Stadt nichts zu tun haben. Die Fassaden sind individualistisch, exzessiv geradezu — aber der Gang der Dinge ist überall der gleiche: die verlangsamte Bewegung, die entsteht, wenn Mangel herrscht. Die resignierte Bewegung, die überall entsteht, wo es nichts Besonderes zu entdecken gibt, sondern das, was es überall sonst auch gibt: dieselben Fischkonserven, dieselben Plastikbadewannen, dieselben Bücher, die man auch in Murmansk oder Kiew kaufen kann.

In einer Stadt, die von der Individuation und der Differenz bis heute gezeichnet ist, fällt solche Uniformität fast schmerzlich auf. Man sieht an den Schaufenstern und Eingängen noch die Arabesken des Werbens und der Geschäftigkeit, doch es gibt nichts mehr, wofür geworben und womit Geschäfte gemacht werden können. Kleine Einsprengsel des Besonderen dieses Landstriches haben sich erhalten im Stadtbild: In den einst mondänen Flanierstraßen tauchen die bunten Gewänder von Zigeunern auf, auch hier die Engel der

Unangepaßtheit. Oder von den Bergen draußen kommen Huzulen, die über ihren Gummistiefeln *made in USSR* tragen, was sie seit jeher auf dem Leibe haben, und das nicht als folkloristische Tracht. Ein Einsprengsel sind auch die Märkte. Frauen verkaufen im Schatten des alten *Bristol,* in dem heute ein Studentenwohnheim untergebracht ist, vor der flachen Philharmonie und neben Bergen von Zuckermelonen, die auf dem Trottoir aufgeschüttet sind, lebende, an den Füßen zusammengebundene Hühner. Es gibt in ganz Czernowitz kein Buch über die Stadt, allenfalls einen Führer durch das Museum der ukrainischen Schriftstellerin Olga Kobyljanskaja, die auch in Deutsch und Polnisch geschrieben hatte und somit eine echte Czernowitzerin war. Auch ein Buch über das vom Wiener Architekturbüro Fellner & Helmer gebaute Stadttheater kann man finden, doch auch dies in Ukrainisch. Es ist vermutlich nicht so, daß die Tourismus-Organisationen die östlichste Hauptstadt Habsburgs verstecken wollen, es ist viel einfacher: Es ist für sie bloß eine kleine ukrainische Provinzstadt, zurückgeblieben, am Rande der Welt, wo die Zeitungen aus Moskau nur in kleiner Zahl und mit Verspätung eintreffen. Ihr Traum ist nicht die Habsburger-Stadt, sondern der Wohnblock draußen im Feld. Das neue Intourist-Hotel — das ist der Inbegriff des Fortschritts.

Reste oder Pseudoformen der Geschäftigkeit eines Grenzortes finden sich in der Umgebung des Hotels: dort, wo Amerikaner abgestiegen sind, deren Eltern von hier stammen; Deutsche, die im Privatwagen aus Moers angekommen sind, weil sie aus der Bukowina stammen; polnische Touristen, die ganz ungeniert Westwaren verkaufen, rumänische Touristen, die über die nahe Grenze gekommen sind, um sich mit Lebensmitteln einzudecken, DDR-Touristen, von denen ich nicht weiß, was sie in Czernowitz sehen. Es gibt hier mehr Internationalität als in einem vergleichsweise großen Ort in der ukrainischen Provinz. Und wo kann man schon einen alten amerikanischen Plymouth, der heute als Hochzeitskarosse fungiert, finden, außer in Czernowitz. Zehntausende sind von hier in den letzten vierzig Jahren emigriert — nach Israel, in die Vereinigten Staaten, nach West-Berlin. Der Sog nach draußen ist noch nicht kleiner geworden. Besucher in der alten Heimat kann man treffen — auf dem jüdischen Friedhof zum Beispiel.

Von der Woge, die gleichgemacht hat, ist nicht nur das jüdische Czernowitz getroffen worden, dessen Synagogen in Werkstätten und Lagerhäuser umfunktioniert worden sind. Es traf die armenische Kirche, die zu einem Orgelkonzertsaal umgebaut worden ist. Aus der Herz-Jesu-Kirche im Stadtzentrum mußte partout ein Museum für Bukowina-Folklore gemacht werden und aus der griechischen Parochialkirche unbedingt ein Schachklub. Nirgendwo in der Welt gibt es so viele profane Einrichtungen — Kinos, Schachklubs, Bäder, Museen —, über denen jahrhundertealte Fresken und Mosaiken zu sehen sind. Aber man hat damit der Stadt nicht bloß ein nützliches und schönes Gebäude gegeben — man hat ihr damit den Geist geraubt. Was das alles zuwege gebracht hat? Keine böse Absicht, keine Intrige, nicht einmal eine Gottlosen-Strategie und militanter Atheismus — es war die Wucht der Versprechungen einer Moderne, die vielleicht das Wannenbad und die Zentralheizung mit sich gebracht, aber die Welt häßlich und grau gemacht hat.

Wie hilflos sind die Bemühungen, nun der Stadt etwas von ihrem Glanz und ihrem Gesicht zurückzugeben. Abends am Ringplatz etwa wird eine orangerote Illumination eingeschaltet, ein Surrogat für das Lichtermeer der westlichen Großstadt. Doch es ist bloß Garnierung, Dekoration von Fassaden, die von innen her nicht mehr leuchten können. Das Drama solcher Städte wie Czernowitz kulminiert in den wenigen Jahren des Zweiten Weltkrieges, doch es ist viel länger und mehr in die Tiefe gehend. Es beginnt mit dem ersten Krieg, der die Barrieren eingerissen hat, die den stürmischen Prozeß einer Akkumulation der Stadtkultur geschützt hatten. Es gab dann keinen Wall mehr gegen die Inbesitznahme und Zerstörung der städtischen Zivilisation durch die Kommandos von oben und die Ansprüche all derer unten, die auf Kosten der anderen besser leben wollten.

Czernowitz, eine so abgelegene, vom starken Karpatenrücken getragene Stadt, ist ein Ort der Schutzlosigkeit, es gibt dort keine Seite, auf die man sich hätte flüchten können. Die schutzlosen Städte Mitteleuropas sind die Punkte, wo in absoluter Hoffnungslosigkeit das Nachdenken über das, was aus Europa geworden ist, beginnen kann.

Man möchte nicht aus dieser schönen Stadt fortfahren, ohne zu erwähnen, daß es etwas gibt, das einen aushalten läßt »vor dem Abgrund des Himmels«. Man kann auf dem Czernowitzer Theaterplatz ältere, gutgepflegte Herren treffen, mit denen man im besten Deutsch sprechen kann. Man erfährt von der Wärterin des künftigen Folkloremuseums, daß die Pläne vielleicht revidiert werden und die Kirche wieder Kirche wird. Die Arbeiter in der Werkstätte von Goskino erzählen einem, daß sie vermutlich schon bald ausziehen werden und daß dann die Synagoge der Orthodoxen zu einem Museum für jüdische Geschichte umgewandelt werden wird. Man sieht einen Maueranschlag, der die Aufführung des *Golems* durch das Kiewer Jüdische Theater ankündigt. Man trifft einen Schriftsteller, Jossif Burg, der demnächst zu einer Lesung seiner in Jiddisch geschriebenen Geschichten nach Berlin kommen wird, wo auch der Verlag sitzt.

Es gibt also eine Beziehung Czernowitz — Berlin-Ost. Man kann aus dem Gespräch mit Burg sogar heraushören, daß es noch literarische Beziehungen nach Bukarest gibt, zu der deutschsprachigen Zeitschrift *Neue Literatur,* deren hochangesehener Redakteur einmal Margul-Sperber, der Entdecker Rose Ausländers und Pauls Celans, war. Und man kann in der einzigen nicht geschlossenen, 1925 errichteten und von den Nazis und der Eisernen Garde nicht berührten Synagoge ein Gespräch führen mit dem Vorsteher der Gemeinde, der gerade aus Brooklyn zurück ist und einem die dort erworbenen Gebetsriemen zeigt. Und vor der Abreise nimmt der Besucher noch an einer Gedenkversammlung auf dem jüdischen Friedhof mit der eingefallenen, aber wuchtig dastehenden Synagoge teil — es ist der Jahrestag des Oktoberpogroms von 1941. Die meisten, die gekommen sind und, wie es schon Tradition ist, vor dem Grab des Fabeldichters Elieser Steinbarg und vor den Gräbern der Erschossenen Blumen niederlegen, sind alte Menschen. Doch es sind auch junge darunter, und sie sprechen über Dinge, an die zu glauben sie fast schon aufgegeben hatten.

*1988*

# KASAN — RUSSLANDS FENSTER NACH ASIEN

Das Flugzeug ist der große Gleichmacher unserer Zeit. Das Relief der Landschaften, die der Eisenbahnreisende durchfährt, verflüchtigt sich aus der Vogelperspektive fast zu einer Karte aus dem Schulatlas. Kaum merkliche Nuancen, Übergänge und Umschlagspunkte werden eliminiert. Es gibt nur noch Abreise und Ankunft; die Wahrnehmung für Grenzen und Grenzüberschreitung ist so außer Kraft gesetzt.

So war es auch dieses Mal, als ich, aus Moskau kommend, nach einer Stunde Flugzeit die Wolga überquerte, die hier breit wie ein Meer ist, um auf Kasan II zu landen. Der Flugplatz von Kasan ist nagelneu, neonhell erleuchtet — nichts von den fremden Lauten, dem Jahrmarkttreiben und den fremden Gerüchen, die früher den Reisenden in Kasan überfielen. Kasan, an der Einmündung des Flüßchens Kasanka in die Wolga gelegen, war für alle jene, die um die Jahrhundertwende auf den legendären Raddampfern, von Nishnij Nowgorod kommend, an den Anlegestellen eintrafen, der Beginn einer anderen Welt. Kasan war, wie man sagte, Rußlands Fenster nach Asien. Hier war Europa zu Ende, hier begann der Orient.

## *Hotel Kasan*

Unser Hotel liegt im Zentrum der Stadt. In den Straßen ist es so still am späten Abend, daß das Stampfen der Schiffe von der Wolga her hörbar ist. Nur ab und zu poltern Lastwagen, die wie immer zu schnell fahren, durch die Straßen. Auf dem Dach des Hotels mit der

Gründerzeit-Fassade leuchtet weithin sichtbar die rote Leuchtreklame des Hotels Kasan. Das Hotel ist ein Palast mit gewiß zweihundert Zimmern; die Fassaden sind in Russischgrün getüncht, der Stuck an den Fenstersimsen leuchtet weiß. Das Treppenhaus ist in gnadenlosem Lila gehalten, die Stukkaturen, armdicken Lianen gleich, sind gerade neu vergoldet worden. Die Flure, so unendlich lang, erinnerten an preußische Kasernen, wäre da nicht zum Beispiel eine Halle mit Balkon, spiegelndem Parkett und der in der Sowjetunion unvermeidlichen Palme in der Mitte. Die Zimmer sind zwar nicht im neuesten Geschmack eingerichtet, dafür vermitteln sie einen Eindruck, wie die Kaufleute, die zu Zeiten der Kasaner Messe hier logiert hatten, zu leben gewohnt waren. Der abgetrennte Schlafraum mit Vorhängen hat etwas von einem Nest, und unschwer läßt sich vorstellen, daß Kasan neben Geschäften auch anderes bot. Das Schmuckstück sind indes die Speisesäle, der rote, der blaue und der grüne. Die Fenster sind mit schweren Samt- und Brokatgardinen fast zugehängt, viel Gold glänzt im Halbdunkel. Decken und Wände sind von phantastischen Ölmalereien bedeckt. Doch man hat nicht restauriert, sondern das Märchen vom einst märchenhaften Kasan erzählt. Da gibt es viele schöne, rätselhaft blickende Frauen mit dunklem Teint, aber auch Botticellis *Venus in der Muschel,* Breughels Ungeheuer und Kubricks *2001.* Hier hat sich ein Künstler ausgetobt. Bis elf Uhr abends ist Tanz; und es wird exzessiv getanzt trotz der dreißig Grad Hitze. Punkt elf ist Schluß. Dann breitet sich eine Stimmung von Jugendherberge oder Pension über das altehrwürdige Haus. Man geht früh schlafen. Das Hotel als Lebensform, als anonymer Treffpunkt rastlos in Bewegung befindlicher Individuen hat da, wo das organisierte Reisen dominiert, längst seinen Grund verloren — erst recht in der sowjetischen Provinz. Am nächsten Morgen, der Hotelpalast will aus seiner Schläfrigkeit nicht erwachen, mutet er vollends an wie eine Karawanserei.

Noch um Mitternacht hatte die Etagenfrau, die sich die Nacht mit der Lektüre von Alexander Blok vertreibt, verraten, daß das Hotel 1897 errichtet wurde, also inmitten des Booms des russischen Kapitalismus, in dem Kasan neben Nishnij Nowgorod und Astrachan wichtigster Messe- und Handelsplatz an der Wolga war. Kasan — der Name ist übrigens das tatarische Wort für *Kessel* — stand um die Jahrhundertwende in voller Blüte; davon ist heute noch einiges zu sehen: andere Hotelbauten — besonders das heutige Hotel Sowjetskaja —; die Passagen auf der ehemaligen Hauptgeschäftsstraße, der Woskressenskaja, die heute Lenin-Straße heißt; der Bahnhof, in dessen Fassade sich neorussische mit neogotischen Elementen mischen; einzelne Villen am Stadtrand. Sogar die Tram und das Elektrizitätsnetz wurden damals eingerichtet. Die belgische Aktiengesellschaft *Gas und Elektrizität der Stadt Kasan* mit Sitz in Brüssel konnte 1896, als sie die Konzessionen erwarb, freilich nicht ahnen, daß ihre Zeit längst vor Vertragsende abgelaufen sein würde — ausgemacht waren 44 Jahre, also bis 1940! An all diesen Gebäuden ist ablesbar, daß die Städte an der Wolga, verspätet in den Modernisierungssog, der das russische Imperium erfaßt hatte, einbezogen, einen besonders fruchtbaren Boden abgaben für die farbigsten Stilmischungen und die protzerische Selbstdarstellung des neu gewonnenen Reichtums.

Dabei fügt sich das Kasan der Jahrhundertwende nur ein in ein Stadtgesicht, das weit früher definiert worden ist. Auf dem Erdhügel an der Einmündung der Kasanka erhebt sich der weißgetünchte Kreml, das Symbol der Inbesitznahme des tatarischen Kasans durch Iwan den Schrecklichen. Umringt von

Kuppeln und einer Miniaturausgabe des Moskauer Kremlpalastes — der Architekt ist derselbe: Konstantin Thon —, triumphiert dennoch der ebenso mächtige wie elegante Turm der Sjujumbeka, benannt nach einer tatarischen Prinzessin. Der Turm gab das Modell für den Kasaner Bahnhof in Moskau ab. Über die Stadt verstreut liegen zahlreiche Klöster und Kirchen. Prägend bis heute ist jedoch das begradigte und geometrisierte Kasan, das Katharina II. nach der Brandschatzung durch den rebellischen Kosaken Jemeljan Pugatschow nach dem Vorbild Sankt Petersburgs hatte errichten lassen. An diesem klassizistischen Stadtbild hat auch die sowjetische Zeit kaum etwas ändern können: Abgesehen von dem Hochhaus der Kasaner Universität haben die Planer klugerweise am Rand des Zentrums gebaut, in den Niederungen, die früher zu Zeiten der Schneeschmelze regelmäßig überflutet waren. Dort stehen der neue Zirkus, der Sportkomplex. Das neue Kasan ist wesentlich das Kasan der Neubauwohnungen außerhalb des Zentrums.

Übrigens hat auch der Konstruktivismus einen Tupfer hinterlassen. Unweit unseres Hotels ist die Fassade des *Hauses der Presse* zu besichtigen, eingeschwärzt, aber doch in ihren Proportionen sich dem klassizistischen Rhythmus des Straßenzuges fügend. Während des Krieges lasen hier antifaschistische Emigranten, etwa Johannes R. Becher aus Deutschland oder Jean-Richard Bloch aus Frankreich. Fast hätte ich eines übersehen: Kasan ist tatarische Stadt, Hauptstadt der Tatarischen Autonomen Sozialistischen Sowjetrepublik. Im Zentrum wird dies eigentlich nur sichtbar an der Zweisprachigkeit der Bezeichnungen von Ministerien, Institutionen, Geschäften, Kinos. Das Tatarische als Stil, als Anflug von orientalischer Lebensweise hat sich längst vor 1917 in die Vorstädte jenseits des Kaban, des langgestreckten Sees, zurückgezogen. Dort stehen auch Moscheen und alte Holzhäuser inmitten von viel Grün, das in der Sommerhitze das Leben in dieser Stadt erst erträglich macht.

*Peschkows Universitäten*

Nachts ereignete sich — den schreckerfüllten Augen des frühmorgens an die Tür pochenden Hotelpersonals zufolge — eine kleine Katastrophe: Ein Wasserrohr war geplatzt; das Büro des Direktors, das unter unserem Zimmer lag, war überflutet worden. Für einen Augenblick kam das Gefühl auf, daß in dieser Stadt doch allerhand möglich ist.

Alexej Peschkow, später berühmt unter dem Namen Maxim Gorki, hatte von sich gesagt, er sei geistig in Kasan geboren worden. Er kam aus Nishnij, um in Kasan die Universität zu besuchen und Dorfschullehrer zu werden — »nicht mehr und nicht weniger«. Doch nicht die Universität gab ihm, was aus Peschkow Gorki machte, sondern die Stadt selbst. In seiner autobiographischen Schrift *Meine Universitäten* sind all seine Bildungsanstalten verzeichnet: die Nachtasyle in der Marussowka, die konspirative Bibliothek seines Freundes Derenkow, die Feinbäckerei des Wassili Semjonow, die Anlegestelle am Strom, die Teestuben und Freudenhäuser. Auch seine Professoren sind dankbar und bitter zugleich genannt: der berufsmäßige Dieb Baschkin, der so großartig erzählen konnte; die hungrigen Studenten und Gymnasiasten, die halbirren Schauspieler und die Freudenmädchen, der alte Weber Nikolai Rubzow und der schwindsüchtige Jakow, der Gitarrenspieler und Bibelkenner.

Gorkis Spur ist an mehreren Stellen in der Stadt aufzufinden. Zum einen war er fast unser Zimmernachbar im Hotel Kasan — 1928 logierte er hier als schon gefeierter Schriftsteller der Sowjetmacht —, in seiner Jugend aber wohnte er im Haus Derenkows in der Kasaner Oberstadt. In diesem Museum ist gut nachgestellt: das Kellergewölbe mit der Backstube und den Mehlsäcken in der Ecke, der Nudelwalze, den dekorativen Brotlaiben und dem Samowar. Von hier aus zog Gorki jeden Morgen los, um die Studenten der Geistlichen Akademie und diverser Institute mit Brötchen zu versorgen — oft auch mit Nachrichten und verbotenen Büchern, die unter den Brötchen versteckt lagen; war das Haus Derenkows doch zugleich Stützpunkt der unruhigen und revolutionären Kasaner Studenten. Von dieser Art geistiger Nahrung jener Zeit bekommt einen Eindruck, wer das Erdgeschoß besichtigt: Dort sind die Schriften ausgestellt, die eine ganze Generation der russischen Intelligenz prägten — Spencer, Mill, Darwin, Pissarew, Hobbes, Marx. Gorki schätzte aber auch die Lehren der Praktiker: »Ohne meine Lehrmeister kränken zu wollen, möchte ich doch sagen, daß mir der Polizist die Eigenheiten des Staatsmechanismus treffender und anschaulicher klargemacht hatte als sie.« Gorki ist fasziniert von den Leidenschaften, der Energie und Geschäftigkeit Kasans. Den alten Rubzow läßt er sagen: »Eines Tages werden die Menschen in Wut geraten und alles ringsum zertrümmern, all ihre Nichtigkeiten! Sie werden die Geduld verlieren!« Gorki verließ Kasan, um weiter durch das russische Reich zu wandern — nach Samara, Astrachan, Tiflis. Im Kasan der Schauerleute, Barfüßler und Spitzbuben hatte er keine Zeit, sich einen »hohen Begriff vom Volk« zu machen; aber sie gefielen ihm und weckten in ihm den Wunsch, »in ihre zersetzende Umwelt einzugehen«. Kasan war einer der Herde der Revolution.

## *Fjodor Schaljapin — der Weltstar aus Kasan*

Im Flugzeug schräg gegenüber hatte ein junger Mann gesessen, der in Profil und Statur auf verblüffende Weise an einen berühmten Kasaner erinnerte. Ich sprach ihn darauf an; er freute sich, als ich ihm ein Porträt Fjodor Schaljapins zeigte, doch er schien ihn nicht zu kennen. Ist es Vergessen und Vergeßlichkeit allein, wenn Jewgeni Jewtuschenko, der sowjetische Lyriker, in seinem Poem *Kasaner Universität* ausgerechnet ihn, den von der ganzen Welt gefeierten Baß, mit keinem Wort erwähnt? Lebt Schaljapin, die Verkörperung russischer Gesangs- und Schauspielkunst, im Westen etwa kräftiger fort als in seiner Heimat? Jewtuschenko hat allen anderen Absolventen der Kasaner Universität ein Denkmal gesetzt: dem Mathematiker Lobatschewski, dem russischen Euklid, der Rektor war; Lew Tolstoi, der in Kasan Jahre seiner Jugend verbrachte und nach erfolglosem Anlauf an der vielgerühmten Fakultät für Orientalistik auf die juristische überwechselte, mit nicht größerem Erfolg; Vera Figner, der »Königin von Schlüsselburg«, wie ihre Mithäftlinge die große Revolutionärin nannten; Fedossejew, dem Pionier des Marxismus im fernen Kasan, und natürlich Wolodja Uljanow, bekannter unter dem Namen Lenin. Schaljapin hat den Ruhm Rußlands an der Met, in Paris, an der Scala gemehrt — vielleicht war er der erste Weltstar, den Rußland hervorbrachte.

An seinem Geburtshaus in der Rybnorjadskaja-Straße — heute Kuibyschew-Straße — ist eine Gedenkplakette angebracht. 1873 wurde er hier als Sohn eines aus Wjatka zugezogenen Bauernsohns, der Schreiber bei der Kasaner Landschaftsverwaltung geworden war, geboren. Wohl mehr aus Not denn aus historischer Korrektheit ist oben im Gorki-Museum die erste

Etage einem Schaljapin-Museum reserviert mit Photos von einer stürmischen Karriere und Schallplatten, die gelegentlich zu Gehör gebracht werden. Eine Beziehung zwischen Gorki und Schaljapin kam erst viel später und außerhalb Kasans zustande. Freilich gleichen sich die Lebenswege: Oft wohnten sie in denselben Straßen. Auch Schaljapin hat die Kasaner Universität nie von innen gesehen — Lesen und Schreiben lernt er bei einem Gymnasiasten. Er ist hingerissen von dem Hanswurst Jakow Mamonow auf dem Kasaner Jahrmarkt. Schon die Tatsache, daß die prägenden Erfahrungen des jungen Schaljapin sich nicht exakt datieren lassen, deutet auf einen Lebenskosmos, der eher chaotisch als ordentlich war. Jedenfalls wird berichtet, Schaljapin sei fasziniert gewesen von den Opern *Medea* und *Ein Leben für den Zaren,* bis er dann endlich selbst als Statist in Meyerbeers *Afrikanerin* im städtischen Theater mitwirken durfte. Vor seinem ersten Engagement 1890 — 20 Rubel pro Monat — hatte er das Schuhmacher-, Tischler- und Buchbinderhandwerk erlernt, war auch Schreiber wie sein Vater — alles vielfältige Fähigkeiten, die in dem Allround-Genie Schaljapin später wieder zum Tragen kommen sollten. Die Anekdote, die auf einem Zeitungsausschnitt im Museum berichtet wird, ist so glaubhaft und wahrhaftig wie alle Anekdoten: 1888 meldeten sich Gorki und Schaljapin — so die Mitteilung — zum Vorsingen im Opernchor des Impresarios Orlow-Sokolowski. Die Anekdote will es, daß Gorki aufgenommen, Schaljapin abgewiesen wurde — wegen »Mangels an Stimme«. Vielleicht haben dies die Redakteure des *Wolga-Boten* auch nur erfunden, um eine Verbindung herzustellen zwischen diesen beiden, für die russische Kultur des 20. Jahrhunderts so charakteristischen Typen. Schaljapin verließ Kasan in derselben Richtung wie Gorki — nach Süden. Kennen- und schätzengelernt haben sich beide erst in den Hauptstädten; und zwar — fast zwangsläufig — in der Umgebung eines anderen, für jene Zeit typischen russischen *self-made man,* in den künstlerischen Zirkeln des Moskauer Multimillionärs und Mäzens Sawwa Mamontow.

### *Wolodja Uljanow oder Der Schauplatz der Relegation*

Wer auf den Platz vor der 1804 gegründeten Kasaner Universität tritt, könnte den Eindruck gewinnen, Wissenschaft sei nicht nur eine ernste, sondern auch eine heitere Sache; so vollkommen und strahlend umschließen die weißen klassizistischen Portiken den kleinen Vorplatz. Uns interessiert an der Kasaner Universität nicht die so gerühmte Handschriftenabteilung oder die Fakultät für Orientalistik. Uns interessiert der Schauplatz jenes studentischen Meetings vom 4. Dezember 1887, in dessen Gefolge der junge Uljanow von der Universität verwiesen wurde. »Wolodja«, wie Lenin hier in einem Prospekt vorgestellt wird, hatte, wie schon zuvor sein Vater, »Seine Exzellenz, der Wirkliche Staatsrat Ilja Nikolajewitsch Uljanow«, die Kasaner Universität bezogen. Der Raum im weitläufigen Hauptgebäude ist heute für Besucher museumsgerecht präpariert: Wir betreten einen Hörsaal mit Schulbänken, Bücherschränken an den Wänden, einem in der Wand versenkten großen Kachelofen und fünf Paaren Gaslampen. Soeben wird das bernsteinfarbene Parkett gescheuert, die Wände sind in grellem Violett. Wir ziehen uns Filzpantoffeln über. Unter den Exponaten fällt auf das von einem gewissen Kerenski, dem Vater des später gestürzten Alexander Kerenski, unterzeichnete Gutachten, das Uljanow »großes Talent« bescheinigt und ihn damit der Entrichtung von Hörgeldern enthebt. Zu besichtigen sind ferner: Spitzelberichte, Vorlesungs- und Seminarpläne des unruhigen Semesters 1887/1888 an der juristischen Fakultät, eine Liste der an dem Meeting teilnehmenden Studenten — Wladimir Uljanow firmiert hier als Nr. 224 von insgesamt 248. Bekannter war zu jenem Zeitpunkt der ältere Bruder, Alexander, Student der biologischen Wissenschaften, der am 20. Mai des Jahres 1887 als Zarenattentäter gehenkt worden war. An ihn erinnert eine Plakette.

Das Meeting selbst fand indes im Theatersaal statt, der erst nach einigem Drängen für uns geöffnet wird. Es ist alles ganz wie in einer älteren deutschen Universität, die obszönen Kritzeleien der gelangweilten Studenten auf den Stuhllehnen eingeschlossen. Überhaupt könnte es sich hier um eine deutsche Universität handeln, wenn man die Flure, die Fliesenböden, die Tafeln und den Duft von Bohnerwachs in Rechnung stellt. Nur hier ist es noch so wie früher, eben ordentlich und fast pedantisch.

Der Theatersaal und das Museum sind nicht die einzigen Leniniana in Kasan. Wladimir Uljanow mußte, wenn er sein Studium abschließen wollte, weg aus Kasan. Er ging nach Petersburg. Diese Erfahrung, dieser Bruch in der Berufsausbildung ist kein Einzelfall — für viele wurde er zum Beginn der Ausbildung zum Berufsrevolutionär. Auch Vera Figner, ebenfalls Tochter aus gutem Hause, später in ganz Europa gefeierte Kämpferin gegen den Zarismus, hatte an der Kasaner Universität ihr Schlüsselerlebnis. Nachdem der liberale Professor der Anatomie, Peter Franzewitsch Leshaft, von Kollegen denunziert und mit Berufsverbot belegt worden war, verließ sie die Universität. 1872 ging sie nach Zürich — »Neue, weite, freie Horizonte eröffneten sich«, schreibt sie in ihren Memoiren —, um als Berufsrevolutionärin nach Rußland zurückzukehren. Übrigens fand ich in einem Antiquariat auf der Kirow-Straße ein Exemplar der

Romane des zu Vera Figners Zeiten viel gelesenen deutschen sozialkritischen Schriftstellers Friedrich Spielhagen zum Kauf angeboten — jenes Spielhagen, der der jungen Vera die Unvereinbarkeit von »Kämpfen und Leiden — und Selbstzufriedenheit und Leere und Flittergold« plastisch vor Augen geführt hatte.

*Kasan-Connection oder Der heiße Boden der Provinz*

In Kasan geht die Zeit anders als in Moskau, und an einem Sonntag noch langsamer als sonst. In dem Buffet auf unserer Etage im Hotel dröhnt eine Kühlvitrine, deren Motor die Luft wohl mehr erhitzt, als daß er die Speisen unter dem Glas kühlt. Die Frau an der Theke erwehrt sich mit Mühe der Fliegen. Vor einem Ministerium auf dem sonntäglich ausgestorbenen Kremlgelände sitzt der Portier im Schatten. Die Leute aus dem Hotel machen sich auf den Weg zum Strand an der Wolga, die hier so breit ist, daß das andere Ufer kaum zu sehen ist. Sicher war auch das Kasan der Jahrhundertwende Provinz, doch in einem anderen Sinn als die heutige Hauptstadt der autonomen Republik. Damals residierten die Fremden mitten in der Stadt: Deutsche, Griechen, Armenier, Juden. Hier hatten sie ihre Fabriken, Banken, Versicherungsanstalten, Kontore. Heute kommen Ausländer vereinzelt oder gruppenweise per Intourist hierher. In den neunziger Jahren war die Stadt ans Eisenbahnnetz angeschlossen worden und damit an die kosmopolitische Szenerie der Hauptstädte. Ganz unvorstellbar ist heute wohl jener Augenblick, da Sergej Kussewizki — der spätere Leiter des Bostoner Symphonieorchesters — auf einem Wolgadampfer aus Nishnij Nowgorod kommend in Kasan anlegte, um eines seiner berühmt gewordenen »Konzerte in der russischen

Provinz« zu geben. An Bord befanden sich bei derartigen Reisen zwischen 1912 und 1914 nicht nur Interpreten wie Alexander Skrjabin, sondern ein ganzer Troß aus provinzsüchtigen Hauptstadtmenschen und Korrespondenten deutscher, englischer und amerikanischer Musikzeitschriften. Was in Kasan oder Samara gespielt wurde, interessierte in Berlin und Leipzig. Gegenüber dem alten Kasan ist das sowjetische mächtig expandiert, industriell und bevölkerungsmäßig. Doch Provinz zu sein ist keine Frage der Größe oder geographischen Lage. Indes haben sich schon damals jene geirrt, die nach Kasan als in die vermeintliche Provinz aufgebrochen waren.

Die Kasan-Connection dementiert den landläufigen Sinn von Provinz: Wenn die formativen Jahre eines Gorki, Schaljapin und Lenin zusammenfallen mit der Zersetzung der russisch-tatarischen Idylle an der Wolga, scheint dies kein Zufall zu sein. Die Ausbildung geschichtlich wirksamer Energien hat einen feststellbaren Ort im Raum. Kasan, die Gouvernementshauptstadt an der Wolga, mußte nicht nur Verzweiflung und Haß der immer wieder von Mißernten und Epidemien geplagten Bauern bündeln, reagierte nicht bloß auf den hier besonders heftig vollzogenen Einbruch der Moderne. Kasan war auch Treibhaus, Schmiede, Schule, wo die heftigen Energien des Umlandes zur Kristallisation gelangen konnten. Hinzu kommt noch etwas anderes: Vielleicht waren Rußlands soziale Triebkräfte und Explosivstoffe überhaupt schärfer, realistischer, härter von der östlichen Peripherie aus zu erkennen, dort, wo Europa in Asien übergeht, schärfer als von den westlichen und sich verwestlichenden Hauptstädten und Grenzländern her. Vielleicht schulte sich in dieser östlichen Grenzzone, in dieser Zone der extremen Ungleichzeitigkeit, der Blick für das, was in der Lebensspanne der Gorkis, Schaljapins und Lenins dann auch freigesetzt wurde. Kasan war mehr als nur Sprungbrett oder Durchgangspunkt nach Sankt Petersburg, Zürich, Paris oder zur New Yorker Metropolitan Opera. Kasan war so etwas wie ein Brutofen, in dem die Provinz jene Talente zur Reife brachte, die Rußland aus der Position der Weltprovinz herausführen sollten. Solche Provinzen gibt es überall, Rußland hatte und hat einige davon.

Wieder auf dem Flugplatz. Flugplätze sind in der Sowjetunion wie die Bahnhöfe die Gradmesser der Beweglichkeit der Menschen. Der Ausländer gewinnt den Eindruck, zu jeder Zeit befinde sich das ganze Land im Aufbruch. Solche Bewegung zeigt, daß Ruhe und Gemächlichkeit der Stadt täuschen. Selbst die Abfertigungshalle, die bei der Ankunft so modern und tot dalag, strotzt nun von Lärm, Hast, Ungeduld. In einer Ecke ist eine ganze Batterie von Spielautomaten aufgestellt. Jugendliche üben sich im elektronischen Versenken von Schiffen. Im Lautsprecher werden die Namen von Flughäfen im ganzen Reich aufgerufen. Entsprechend buntscheckig sind die Gesichter der Reisenden: Koreaner, die nach ihrem Diplom an der Landwirtschaftsfakultät über Moskau nach Hause zurückfliegen; Moskauer Touristen; eine junge Frau aus Sachalin mit ganz heller Haut, Sommersprossen und rotblondem Haar, die in Kasan nur Zwischenstation gemacht hatte und selbstbewußt ihre beiden Kinder an der Hand zur Gangway führt; Manager mit den obligatorischen Diplomatenköfferchen. Das ist es! Da ist Kasan, nur die Anlegestelle hat sich geändert.

*1984*

# NEWSKI-PROSPEKT — DIE LENINGRADER ZIRKULATION

Leningrad könnte ohne den Newski-Prospekt nicht leben. Um den Newski-Prospekt kommt keiner herum, der einmal die Stadt betreten hat oder aus ihr heraus will. Er ist unumgehbar. Er ist nur einer von drei Prospekten, die strahlenförmig von der Admiralität am Newa-Ufer ausgehen, doch er läuft über fast fünf Kilometer, am alten Kaufmannshof fast sechzig Meter breit, auf den Moskauer Bahnhof und dann auf das Kloster des heiligen Alexander Newski zu; man könnte sogar den Prospekt, der jenseits der Newa in die Neubauviertel der Malaja Ochta hineinführt, als seine Verlängerung ansehen. Der Newski-Prospekt durchschneidet die Stadt und verbindet sie.

Der Newski-Prospekt ist die Gerade, an der sich die verschiedenen Bewegungsformen und unterschiedlichen Zeitmaße ablesen lassen: Lastwagen, die oft qualmend über den Prospekt donnern; Touristenbusse, die nur die kurze Distanz zwischen Flughafen und Hotel interessiert; Personenkraftwagen, die sich manchmal Rennen auf der breiten Strecke zu liefern scheinen. Ganz anders die Trolleybusse, die, in der Hauptverkehrszeit ewig überfüllt, schwerfällig anfahren und vorausschauend halten und in ihrer paternostergleichen Bewegung fast einem Förderband ähneln, auf das der Passant jederzeit aufspringen kann. Blitzschnell geht der Verkehr unter der Erde, wo der Newski von den Metrolinien gekreuzt wird; von dort ergießt sich die Menschenfracht in fünf Stationen auf den Prospekt.

Die breiten Trottoirs sind nie breit genug, um den Menschenstrom aufzunehmen. Hier muß man jederzeit auf seine Mitpassanten achten, wenn man nicht zum Hindernis werden und wenn man selber vorankommen will. Hier treffen, vom Schloßplatz kommend, die vom Staunen müde gewordenen Touristen, die Petersburg gesehen haben, auf den Passanten mit der Einkaufstasche, der sich die Müdigkeit noch nicht leisten kann. Hier stoßen die Somnambulen, die die Fassaden und ihre Inschriften studieren, mit den Leuten zusammen, die vor Feierabend noch dringend etwas erledigen müssen. Der Newski nimmt alle auf: die Zuschauermassen, die aus dem Kino Barrikada strömen, und die Reiseentschlossenen, die vor dem Renaissancepalast der Bank Wawelberg, die heute das Intourist-Büro ist, sich ihr Ticket erstehen wollen; die aus der Provinz Anreisenden, die in den Gewölben des alten Kaufmannshofes suchen, was sie zu Hause nicht bekommen können, und die nie aussterbenden Jäger des seltenen Buches, die im Antiquariat vorbeischauen, wenn auch nur zur Kontrolle. Er ist das große Foyer für die am späten Abend aus dem Theater auf den Prospekt Hinaustretenden, und der große Platz unter einem großen Himmel, auf dem man noch weiterdiskutieren kann. Für jene, die nach einem langen Arbeitstag in den Lesesälen der Öffentlichen Bibliothek auf den Prospekt hinausgehen, ist der Newski der Punkt, wo sie wieder in die Realität eintauchen. An seinen großen Plätzen — etwa vor der Kasaner Kathedrale oder vor dem Puschkin-Theater — weitet sich der Prospekt und hält Bänke bereit, auf denen man sich erholen und unterhalten kann, da es ja keine oder doch zu wenige Cafés gibt. Und mit seinen Denkmälern und Skulpturen markiert er die nicht zu verfehlenden Punkte für Verabredungen, wenn man sich anderswo nicht treffen kann oder mag.

Mit dem Newski nimmt es keiner der anderen Prospekte auf. Nicht der Kamennoostrowski-Prospekt, der heute den Namen Kirows trägt und der mit seinen prächtigen Mietwohnhäusern die bürgerliche Petrograder Seite eröffnet; fast düster, schluchtartig wirkt er im Vergleich zum Newski. Der Große Prospekt der Wassiljewski-Insel ist vornehm, schön, manchmal sogar provozierend und aufregend durch seine Gebäude im Stil der Petersburger Moderne, wie hier der Jugendstil genannt wird. Doch eine Wohnstraße macht noch keinen Stadtraum. Auch der Prospekt der Streiks ist großartig, vielleicht die beste stadträumliche Komposition des späten Konstruktivismus. Ein Prospekt, begrenzt vom alten Narvaer Triumphtor, dem Universalkaufhaus im Bauhausstil, zwei in runden Fassaden vorspringenden Kulturpalästen und den modernen Arbeitersiedlungen an den Längsseiten, im Zentrum der schlanke Turmbau des Sowjets des Kirow-Stadtbezirks. Dieser Platz ist zu weit oder das Leben, das ihn füllen könnte, an dieser Stelle zu sporadisch. Erst recht geht an der Stelle, wo nach dem Generalplan von 1935 das Zentrum des »Neuen Petersburgs« liegen sollte — am Moskauer Prospekt —, der Vergleich zugunsten des Newski aus: Ein Prospekt, der sich nicht mehr durchschreiten, sondern nur noch im Bus durchqueren läßt, mit Gebäuden, die Palästen gleichen, obwohl sie Wohnungen beherbergen, mit Triumphbogen und einem Hochhaus, die die Menschen klein machen — ein solcher Prospekt ist eher ein Raum, in dem die Menschen verschwinden.

Anders der Newski: Er ist ein Raum, der dem gestiegenen Verkehrsaufkommen des 20. Jahrhunderts gewachsen ist und zugleich intime Plätze hat, an denen die sensible Natur, gleichsam neben sich tretend, den Lauf der Welt betrachten kann. Er ist erfüllt von Hast und doch eine Zone der Reflexion, mehr als irgendeiner der schönen, an Skulpturen und stillen Teichen reichen Parks der alten Hauptstadt. Der Newski-

Prospekt ist eine Art Kontakthof, in dem die Zeiten aufeinandertreffen, die Enzyklopädie einer bedeutenden Stadt. Wer ihn passiert, passiert eine Zeitschleuse. Die Achse, die er beschreibt, ist nicht bloß die zwischen zwei exponierten Punkten, sondern die zwischen zwei Kulturen. Der Newski-Prospekt verbindet, möchte man sagen, zwei Städte: die imperiale Residenz Sankt Petersburg und das Leningrad der Nachkriegszeit, das an den Rändern der Stadt emporgewachsen ist. Ohne diesen Raum wäre Leningrad nur Museum oder gigantische Neubausiedlung. Der Newski-Prospekt erst macht es zur Stadt.

### *Von der »Großen Perspektive« zum Stadtraum*

Stadträume lassen sich nicht machen, sie wachsen. Dies gilt selbst für den Newski-Prospekt, der in seiner Anlage alle Zeichen der gewollten, geplanten und durchdachten Stadt Peters des Großen trägt. Noch bevor er Prospekt heißt, taucht er in den Plänen als »Große Perspektive« auf, als Verbindungsstrecke zwischen den Zentren weltlicher und geistlicher Macht. Seine Geschichte beginnt 1712, wenige Jahre nach der Gründung der Stadt. Doch mit ihm wächst die Stadt, die ganz entgegen der ursprünglichen Vorstellung ihr natürliches Zentrum hier und nicht auf der Wassiljewski-Insel oder um die Peter-und-Pauls-Festung gefunden hat. Aus dem Pilgerweg zum Alexander-Newski-Kloster wird eine repräsentative Anlage. Einige der bedeutendsten Palais der ersten hundert Jahre — die Palais der Schuwalows, Stroganows, Rasumowskis setzen die Maßstäbe. Birken säumen den Weg, Ruhebänke werden aufgestellt, am Abend wird der Prospekt beleuchtet. Auf das petrinische und katharineische Petersburg folgt das alexandrinische, und der Newski-Prospekt gewinnt mit dem Neubau der Admiralität, dem ungeheuren Bau des Generalstabs, der Kaiserlichen Öffentlichen Bibliothek, dem Alexandra-Theater, vor allem aber der Kasaner Kathedrale die endgültige klassizistische Gestalt. Der befestigte, Kultur gewordene Stadtraum erstreckt sich nun bis zur Anitschkow-Brücke. Dies ist der Raum, in dem Nikolai Gogol die Geburt der Stadt beobachtet. Mit der Eröffnung des Moskauer Bahnhofes 1851 an der Stelle des Newski-Prospektes, wo der Weg ins Landesinnere, nach Nowgorod und Moskau, abgeht, beginnt ein neues Kapitel des Prospektes und der Stadt Sankt Petersburg, besonders nachdem die Leibeigenschaft gefallen war. Sankt Petersburg explodiert. Die Bauern strömen in die Stadt, erst nur für die Winterzeit, dann für immer. Fabrikschornsteine wachsen über der Silhouette der Stadt empor, die größten Neubauten sind nun nicht mehr Kasernen und Paläste, sondern Manufakturen und Fabriken. Die Stadt braucht Arbeiter, Dienstpersonal, Fuhrleute, Verkäufer, sie braucht Kapital, Ingenieure, Lehrer, Kontoristen. Sie braucht neue Verkehrsmittel, die den Transport von Gütern und Menschen ermöglichen, neue Hafen- und Speicheranlagen, Märkte und Schulen. Die Stadt braucht Banken, in denen das Geld in Bewegung gebracht, und Kaufhäuser, in denen eine bald auf zwei Millionen anwachsende Bevölkerung versorgt werden kann. Sie braucht die Infrastruktur einer Arbeits-, nicht bloß die einer Verwaltungs- und Regierungsstadt, sie braucht eine funktionsfähige, effektive *city,* nicht bloß eine Residenz, sie braucht Räume der Kommunikation, nicht bloß der Repräsentation. Sie wächst an all den Stellen, die noch freigelassen sind von den Arealen der kaiserlichen Residenz, ihren Palästen, Kasernen, Exerzierfeldern, Parks. Aber sie schiebt sich auch in jene Zentren voran, die bisher dem aristokratischen Petersburg vorbehalten geblieben waren. Sankt Petersburg ändert sein Gesicht, und mit ihm der Newski-Prospekt. Aus der »Großen Perspektive«, der Straße der Repräsentation, wird die Straße des Geschäfts. Neben die prächtigen Palais rücken die Banken. Die Kirchenbauten bekommen Konkurrenz durch die Kathedralen der Warenwelt, und die prächtigen Theater werden eingekreist von den wie Pilze aus dem Boden schießenden Kinematographen. Die Stadt muß zusammenrücken, jeden Flecken des teuer gewordenen Grund und Bodens nutzen. Zu beiden Seiten des Newski wachsen Mietshäuser, Riesenblocks, fast Städte in der Stadt, durch hintereinander liegende Höfe und Durchgänge miteinander verbunden, Gehäuse des Zusammenlebens von Menschen auf dichtestem Raum. Das Tempo ändert sich, die Tausende von Kutschen und Equipagen werden überholt von der Tram und diese bald vom Automobil. Es ist zu Ende mit dem ruhigen Gleichklang der Fassaden der Barockpalais und der klassizistischen Portiken. Glas, Eisenbeton, Granitverkleidungen und Skulpturen bringen einen neuen Ton in die von Ocker, Weiß, Türkis und Rosa oder Rot bestimmte Farbskala des Prospekts. Das kapitalistische Petersburg will imposant, aber auch praktisch, schön, aber auch komfortabel sein. So werden neue Akzente gesetzt: mit der großen Glasfassade des Kaufhauses Mertens, dem Kaufhaus Jelissejew und vor allem dem Gebäude der amerikanischen Singer Company, dessen Eckturm besagt, daß es nun neben der goldenen Nadel der Admiralität noch einen anderen Orientierungspunkt gibt: den vergoldeten Globus des gründerzeitlichen Petersburgs. Doch die Proportionen und der Rhythmus des barocken und klassizistischen Petersburgs ließen — vielleicht zum Glück — nur wenig Spielraum für stilistische Extravaganzen. Die sind aber abseits des Newski zu finden: in der Sadowaja-Straße, in den Wohnvierteln entlang des Alten Newski und erst recht auf der Petrograder Seite und im Westen der Wassiljewski-Insel. Das ganze Petersburg der Gründerzeit scheint eine einzige Ekstase des Eklektizismus und Experimentierens, ein prämodernes Laboratorium zu sein, aus dem auch die Postmoderne noch ihre Inspiration beziehen könnte.

Der Newski-Prospekt ist das *résumé* der Stadt Sankt Petersburg, das gilt ein Menschenleben nach Théophile Gautier noch viel mehr. Was das Reich zu bieten hat, wird hier ausgestellt, und womit Europa Rußland imponieren möchte, das hat hier eine Filiale eröffnet. Juweliere, Goldschmiede, Photographen, Antiquitätenhändler und Delikatessenhandlungen tragen das Schild »Kaiserlicher Hoflieferant«. Hier gibt es die süßeste Sahne, die man in Rußland finden, und den besten Wein, den man von der Krim besorgen kann. Im Musikaliengeschäft Bessel findet man die Noten, die man anderswo vergeblich gesucht hat, und für die Buchhandlung Wolf gibt es kein Buch, das sich nicht innerhalb weniger Tage besorgen ließe — aus der ganzen Welt. Der Newski-Prospekt versorgt — den Schildern zufolge — nicht nur Petersburg, sondern halb Rußland mit Flügeln und Klavieren. Ein und dasselbe gibt es in unendlich vielen Varianten und Differenzierungen; man kann wählen, ob man Handschuhe bei Peterson oder Malaval kauft; ob man sich die neue Uhr bei Moser oder Winterthaler besorgt oder sonst in irgendeinem der vielen Geschäfte dieser Branche auf dem Prospekt. Das duftende Brot und das Zuckerwerk wird man bei Filippow kaufen und den Tambower Schinken in dem dafür existierenden Spezialgeschäft. Am Newski reihen sich nicht weniger als fünfzig der größten russischen Banken, die nicht selten in Wahrheit in belgischer, französischer oder deutscher Hand sind. Das große Kapital allein vermochte es, dem vornehmen Newski-Prospekt Ebenbürtiges hinzuzufügen und die besten Petersburger Architekten zu gewinnen: Fjodor Lidwal, Leonti Benois, Marjan Peretjatkowitsch. Der Newski-Prospekt als die Tangente der Verabredungen hat die dafür notwendigen Räume: die von Lidwal gestalteten Interieurs des Hotels Europe für die große Welt, das elegante *Dominique* oder *Palkin* für ein intensives Arbeitsessen und für den Fall einer flüchtigen Begegnung das Automatenbuffet Kwisisana. Am Newski kann man, ohne sich besondere Mühe zu geben, Leute sehen, von denen die Zeitung berichtet hat. Und die Berühmtheiten zieht es dorthin, weil die unaufhörliche Bewegung des Prospekts sie untertauchen läßt. Und dort, wo es dem Newski zu eng wird, die Menschen und ihre Träume zu fassen, da schafft er die Phantasieräume des 20. Jahrhunderts — die Kinos oder »Kinemos«, wie sie damals genannt wurden. Mehr als zwei Dutzend Kinos säumen den Newski allein zwischen Anitschkow-Brücke und Moskauer Bahnhof, jenem weniger vornehmen, aber um so lebhafteren Teilstück des Prospekts in der Vorkriegs- und Vorrevolutionszeit. Ihre Namen sind wie in aller Welt natürlich *Kristallpalast, Tivoli, Apollo* und so weiter. Vielen von ihnen kann man heute, auch wenn sie andere Namen tragen, noch ansehen, daß sie gebaut wurden für Filme, denen das Orchester den Ton lieferte. Alle Dichter des alten Petersburgs waren leidenschaftliche Kinobesucher, und man versteht das Silberne Zeitalter der russischen Kultur wahrscheinlich nicht ohne die noch unsicheren, flackernden Bilder auf der Leinwand dieser Kinos. Der Newski-Prospekt dieser Jahre ist übersät von Reklame, die auch vor klassizistischen Fassaden nicht haltmacht; er ist bunt, schreiend wie eine russische Boulevardzeitung, die ihre Redaktion natürlich ebenfalls am Newski-Prospekt haben muß, wenn sie eine Rolle spielen will. Es ist kein Geringerer als Alexander Benois, der Petersburger Ästhet schlechthin, der gegen dieses Vordringen des bürgerlichen Geistes zu Felde ziehen wird. Die Entstehung der kapitalistischen Stadt und ihres Geschäftszentrums ist in seinen Augen nichts anderes als die Verwandlung des Newski-Prospektes in einen asiatischen Basar.

In diesem Blick geht vieles verloren. Der Newski ist reich, aber nicht bloß der Prospekt der Reichen. Er ist prächtig und doch der einzige Ort, an dem die Stadt sich begegnet. Der Prospekt verändert die Menschen, die, ihn durchmessend, lernen, daß es außer ihnen selbst und ihrer Welt noch eine andere gibt, mit der sie auskommen müssen. Der Prospekt ist eine unauffällig-zwanglos disziplinierende und zivilisierende Instanz. Es gibt dort, wo alles in Bewegung ist und das Bessere des Guten Feind geworden ist, keine Autorität und schon gar keinen Absolutismus mehr. Der Newski-Prospekt eignet sich nicht für Machtergreifungen, er hat keinen Winterpalast und kein Senatsgebäude und keinen Heiligen Synod. Der Newski-Prospekt ist nicht zum Aufmarsch, zur Parade, sondern zum Flanieren, fürs Geschäft, zur Kommunikation da. Der Newski ist nicht der Raum der Offiziere, sondern der Zivilisten, er ist nicht der Ort der Machtergreifung, sondern der Machtzersetzung. Der Newski-Prospekt ist der Raum des Zivilen in der imperialen Residenz, er zieht die Menschen an wegen seiner Urbanität. Der Newski-Prospekt ist der Raum für die Stadtwerdung Sankt Petersburgs.

Das fing schon an mit den Restaurants und Cafés, in denen Puschkin und Lermontow verkehrten und die alsbald unter Polizeiaufsicht gestellt wurden — ohne daß etwas an der Macht der Poesie geändert werden konnte. Gogols *Revisor,* der hier Premiere hatte, war mehr als nur ein Theaterereignis: Es geschah, was anderswo Parlamente erledigen — öffentliche Ansprache und Selbsterkenntnis eines kranken Gemeinwesens.

Auf dem Newski fand sich jederzeit die Menschenmenge, in der die wenigen auftauchen und, wenn sie Glück hatten, wieder untertauchen konnten, die vorerst noch für die vielen Schweigenden sprachen. Der Newski wurde zum sensiblen Resonanzboden für Proteste, die bald im ganzen Lande gehört wurden. Am Newski fanden sich auch die Denkmäler, an denen sich die Verschwörer und Bombenleger trafen. Aber die Änderung, auf die das Land wartete, kam von etwas anderem: davon, daß der Newski-Prospekt wie die Stadt überhaupt Eigenleben gewann, unübersichtlich, unkontrollierbar, unregierbar wurde — eine Enklave der Autonomie und Dynamik innerhalb einer alt gewordenen dynastischen Welt. Jede Etappe der russischen Befreiungsbewegung hat auf dem Newski-Prospekt ihre Spur hinterlassen, nicht nur Georgi Plechanow, nicht nur die Studenten auf dem Platz vor der Kasaner Kathedrale und nicht nur Wladimir Lenin, der eine Zeitlang in der Pension San Remo, Newski-Prospekt Nr. 90–92, untertauchen konnte. Es wäre kein schlechter Zugang zur russischen Geschichte, am Newski die Verwandlung von Passanten in Demonstranten zu studieren und die Beschleunigung des staats- und des stadtbürgerlichen Bewußtseins daran zu messen, wer sich zu welchen Anlässen auf dem Newski-Prospekt einfand. Kaum jemand ahnte, daß die kurzfristige Blockierung des Prospektes in der Nacht des 25. Oktober 1917 mehr bedeutete als nur eine unangenehme Störung auf dem Weg vom Theater nach Hause. Doch in Wahrheit ging ein Kapitel Stadtwerdungsgeschichte zu Ende.

### *Prospekt des 25. Oktober*

Für gut ein Vierteljahrhundert gibt es den Newski-Prospekt, wenigstens im offiziellen Sprachgebrauch, nicht mehr. Er wird wie fast alle anderen Straßen umbenannt. Bis auf wenige Ausnahmen wird nichts dazugebaut. Der Prospekt bleibt, wie er vor der Revolution war. Die Revolutionsregierung verlegt die Hauptstadt im Frühjahr 1918 und rettet so den Körper der Stadt: gigantomanische Rekonstruktionen, wie sie auf Moskau zukommen, bleiben der alten Hauptstadt erspart. Die Revolution rettet den Körper der Stadt, doch nur um den Preis der Stillstellung, drohender Musealisierung und Provinzialisierung. Es ist, als ob die Revolutionäre vollstreckten, was die Wortführer des kaiserlichen Petersburgs so energisch verlangt hatten: die sich dynamisch entwickelnde Metropole einzudämmen und stillzulegen, wenn sie sich der Tradition und dem »Stadtensemble« nicht fügen sollte. Die Revolutionsregierung, die der imperialen Residenz ihren Respekt erweist und sie zum nationalen Erbe erklärt, verweigert dem bürgerlichen Petersburg die Anerkennung. Man benutzt seine Rathäuser, seine Fabriken, verwandelt die Villen auf der Kamenny-Insel in Sanatorien und verpflanzt die Arbeiter aus den Vorstädten in einer Massenaktion in die gutbürgerlichen Wohngegenden, aber erlaubt sich doch gleichzeitig, die Geschmacklosigkeit und Unfähigkeit des *burshui* zu verhöhnen. Aus jener allgemeinen Umverteilung des Wohnraums geht der Kern einer neuen Subkultur, eines soziokulturellen Phänomens größter Wichtigkeit hervor: die *kommunalka* — die Gemeinschaftswohnung. Es ist die ehemalige Sechs- oder Achtzimmerwohnung in einem soliden Wohnhaus mit geräumigem Treppenhaus, hohen Räumen, Flügeltüren und unverwüstlichem Parkett, die sich nun der neue »Hegemon« und die »Ehemaligen« teilen. Wo vorher eine Familie lebte, leben nun mehrere, Tür an Tür. Es ist der Raum, in dem das Intimste öffentlich wird, wo aber auch Notgemeinschaften wachsen, die in noch schwierigeren

Zeiten standhalten werden. Höchste Kultiviertheit und Vulgarität leben unter einem Dach. Es finden sich dort rote Soldaten, neu Zugewanderte vom Land, Arbeiter der Putilow-Werke, ehemalige Offiziere, Studenten ohne Perspektive, französische Gouvernanten und Sowjetangestellte mit ihren Familien. Hier gibt es gute Manieren, und zugleich sind Visitenkarten das Zeichen, an denen man die »Gestrigen« und die »überflüssigen Menschen« erkennt. Das ehemals bürgerliche Petersburg wird zum Gehäuse für einen völlig neuen Typus von Kohabitation. In diesem Raum stoßen die Formenwelt und der Umgangston der alten Petersburger auf die Welt der neuen Menschen. Es ist die Zerfallsform der alten Urbanität und zugleich die Entstehungszelle einer anderen. Auf solchem Hintergrund — etwa im pompösen Haus Murusi — bildet sich die Sprache, die Joseph Brodsky zum Dichter Leningrads werden ließ.

Aus dem Newski ist der Prospekt des 25. Oktober geworden. Die Stadt verfällt rascher, als die neue Macht handelt. Bürgerkrieg, der die Stadt von Brennstoff und Lebensmitteln abschneidet, furchtbare Winter, in denen Tausende vor Hunger und Kälte sterben. Die Bevölkerungszahl sinkt auf den Stand zurück, den den sie zu Beginn der Industrialisierung hatte. Ende 1919 fährt auf dem Newski keine Tram mehr, die Menschen sind zu schwach, um den Schnee fortzuräumen, und zu kraftlos, um die Abfälle fortzubringen. Der Newski unter meterhohen Schnee- und Abfallbergen. Im Frühjahr gehen auch die Lichter aus. Auf dem Newski wächst Gras, und der Himmel ist strahlend blau, weil die Fabriken und Werften stilliegen — erstmals seit undenklicher Zeit. Doch der Newski ist nicht tot: Aus dem Singer-Gebäude wird das *Haus des Buches* mit einem Dutzend von Verlagen; im Haus mit der Nummer 64 baut Maxim Gorki sein anspruchsvolles Verlagsunternehmen *Weltliteratur* auf, und im ehemaligen Jelissejew-Haus am Newski 15 findet sich für einen Augenblick alles ein, was in Petersburg an bedeutenden Schriftstellern, Dichtern, Künstlern überlebt hat. Olga Forsch wird diesen Gebäudekomplex *Das wahnsinnige Schiff* nennen. Noch hängen fast überall die Firmenschilder und die Namen der Banken von einst. Die Redaktionen der Zeitungen sind geschlossen, die Theater spielen unter anderem Namen weiter. Es gibt den *Todestango,* das *Aroma des Südens* und den *Blutigen Bolero.* Aus dem Kino Parisiana wird *Oktober* und aus dem *Picadilly* das *Aurora.* Erst als auch die NEP-Bourgeoisie, die sich im kurzen kapitalistischen Intermezzo der zwanziger Jahre etabliert hatte, vom Newski verjagt wird, verschwinden die letzten Reklamen. Der Prospekt wird gesäubert.

Doch in der Stadt, die seit 1924 Leningrad heißt, beginnt das Jahr 1937 schon 1934, in dem Jahr, da Kirow in Leningrad ermordet und die Maschinerie des Terrors in Bewegung gesetzt wird. Die Stadt mit ihren vielen »Ehemaligen«, mit ihren verdächtig gewordenen Sitten und ihren aus der Mode gekommenen Gepflogenheiten und den Spuren einer an Beziehungen und informellen Kontakten so reichen politischen Kultur ist das bevorzugte Objekt des Großen Terrors. Und wenn Alexander Shdanow im Jahr des Großen Terrors im ehemaligen Anitschkow-Palais den »schönsten Palast der Pioniere in der ganzen Union« eröffnet, so ist auch das eine zweifelhafte Auszeichnung.

Die ungeliebte Stadt, der man liberale, kosmopolitische und dekadente Neigungen nachsagt, muß beweisen, was sie ist. Und sie tut es: ruhig, diszipliniert, würdig, heldenhaft. Sie tut es an dem Tage, als die Deutschen die Stadt angreifen, die Paradiese der alten Residenzstadt niederbrennen und dort, wo heute das neue Leningrad wächst, ihren eisernen Ring um die

Stadt legen. Die Stadt tut es, der 900tägigen Blockade trotzend, obwohl sie in furchtbaren Wintern, ausgezehrt und Bomben ausgesetzt, Hunderttausende ihrer Bewohner verliert. Die Stadt wird zur Festung und der Newski zu einer ihrer wichtigsten Verteidigungslinien. Ein zweites Mal gehen die Lichter aus. Die goldene Nadel der Admiralität ist nun verräterisch und wird mit Segeltuch verhüllt. Die Eckhäuser mit ihren prunkvollen Fassaden werden zu MG-Nestern. Der Prospekt tarnt sich. Alle Bewegung kommt zum Stillstand. Die Busse stehen eingeschneit in unendlichen Reihen auf dem Alten Newski. Auf Kinderschlitten transportieren die Leningrader Holz, Wasser, Lebensmittel, Kranke und ihre Toten über den Newski-Prospekt. Deutsche Bomben auf den Newski: Der alte Kaufmannshof brennt drei Tage lang, die benachbarte Öffentliche Bibliothek ist in Gefahr. Das Puschkin-Theater und das Haus Engelhardt werden getroffen. Doch am Newski wird gearbeitet, ob an der Entwicklung eines Vitamins oder an der Herstellung einer Karte Berlins, die den Siegern den Weg zeigen wird bis in die Höhle des Ungeheuers.

Was muß das für eine Stadt sein, die im ersten Blockadesommer *Carmen* aufführt! Welche Kraft muß diese Stadt haben, wenn Dmitri Schostakowitsch in den Monaten der Blockade Musik komponiert, in der das um seine Würde und Freiheit kämpfende Land sich wiedererkennt: die Härte und den strahlenden Glanz der *Leningrader Symphonie!* Sie wurde am 9. August 1942 im Saal der Philharmonie am Newski-Prospekt aufgeführt. Noch ehe die Deutschen vor Leningrad endgültig geschlagen waren, wird der Prospekt im Januar 1944 wieder umbenannt; er heißt wieder so, wie er immer schon genannt wurde: Newski-Prospekt.

Seit diesem Sieg ist aus Petersburg definitiv Leningrad geworden, doch man hat der Stadt ihren Triumph nicht vergönnt. Es waren ihre Dichter und Schriftsteller wie Anna Achmatowa und Michail Soschtschenko, die zur besonderen Zielscheibe der *shdanowschtschina* wurden. Es waren ihre eher technokratisch gestimmten Politiker wie Nikolai Wosnessenski und Alexej Kusnezow, die in der sogenannten Leningrader Affäre vernichtet wurden. Und es war klar, daß die Kampagne gegen den »Kosmopolitismus« in der Stadt, die als Fenster nach Europa gegründet worden war, besonders viele Opfer finden würde. Wenn diese Zeiten vorbei sind, dann doch nicht die einer faktischen Provinzialisierung der Stadt, eines ununterbrochenen *brain drain* der besten Kräfte in die neue Hauptstadt. Doch es gibt genug Leute von Rang und Namen wie den Gelehrten Dmitri Lichatschow und den Schriftsteller Daniil Granin, die von der Zukunft der Stadt überzeugt sind und sagen: Wir bleiben. Wird auch der Newski-Prospekt eine neue Zukunft haben?

Es ist nicht allzu lange her, da wollten es manche Leningrader Oberen ihren Moskauer Kollegen, die durch das alte Arbat-Viertel die furchtbare Schneise des Kalinin-Prospektes geschlagen hatten, gleichtun und endlich einen »modernen« Newski-Prospekt haben. Es ist noch nicht allzu lange her, da kursierten Pläne, den Newski-Prospekt in eine Fußgängerzone zu verwandeln. Vermutlich wäre das das Ende dieses Stadtraumes gewesen.

Doch das Land, in dem gegenwärtig alles neu gedacht und alles anders werden soll, braucht die Stadt. Nun, da man die Industrialisierung hinter sich gebracht hat, bemerkt man, daß in den erschlossenen Gebieten gewaltige Industriesiedlungen und Agglomerationen entstanden sind, nur keine Städte. Es sind zunächst nur Architekten und Städteplaner, die sich auf die »Suche nach der verlorenen Stadt« gemacht haben. Niemand bestreitet die Notwendigkeit, eine rasch wachsende Stadtbevölkerung auf schnellstem und billigstem Wege mit Wohnraum zu versorgen. Doch jetzt wächst das Grauen vor der Monotonie und Unwirtlichkeit dieser Siedlungen, vor den Räumen, in denen der Mensch verloren ist und das Gesellschaftsleben sich nur so mühsam entwickeln läßt. Diese amorphen, riesenhaften Trabantenstädte brauchen nicht nur eine leistungsfähige Infrastruktur, sondern einen Punkt, einen Platz, einen Raum, an dem sich die Bewohner einer Agglomeration in Stadtbürger verwandeln. Es wäre ein Raum jenseits der repräsentativen Plätze und jenseits der Enge der Neubauwohnungen draußen am Stadtrand. Es wäre ein Raum, in dem es nicht nur das Differente und Herausragende zu bewundern gibt, sondern in dem die Stadt sich selber zum Schauspiel wird. Es wäre ein Stadtraum, der vom Interesse und von der Wachheit seiner Bürger lebt, von der Stadtöffentlichkeit. Leningrad hat einen solchen Raum, er steht bereit. Es könnte eine Zirkulation in Gang kommen, in der das Petersburg der Vergangenheit, das Leningrad der Gegenwart und die Stadt, die ihre Einwohner *Piter* nennen, zu der einen großen Stadt verschmelzen könnten, ohne deren Kraft sich nichts wird bewegen lassen. Ob sich etwas ändern wird? Wir werden es zur rechten Zeit und am rechten Ort erfahren, denn — so Nikolai Gogol — »kein Adreßbuch und keine Auskunftsstelle liefern so zuverlässige Nachrichten wie der Newski-Prospekt«.

*1987*

# MOSKAUER ZEIT

# ALLTAGSZEIT

*Den* Alltag gibt es nicht: Es gibt den Alltag der Moskauer *intelligenzija* und den der Ölarbeiter auf den Feldern von Tjumen, es gibt den Alltag der Verkäuferinnen im GUM und den Alltag des Ingenieurs in der Fabrik *Krasny proletari.* Es gibt den Alltag von Riga, den von Moskau, den von Duschanbe, den von Murmansk und den von Taischet. Es gibt vor allem den Alltag in der Hauptstadt und den Alltag in einer Siedlung irgendwo am Ufer des Kaspischen Meeres. Es gibt den Alltag der Kriegsveteranen und den der Aspiranten am Institut für Philosophie. Wer aber sollte *den* Alltag, der sich über mehrere Längen- und Breitengrade, über das abstürzende Gefälle von Stadt und Land, über das ganze soziale Spektrum hinzieht, schon kennen!

Für den Ausländer bleibt ein enger Umkreis, er bewegt sich irgendwo zwischen der Perspektive des interessierten Touristen und einem freundschaftlichen Umfeld, er bewegt sich vermutlich in einem Mittelfeld, in dem er es hauptsächlich mit Leuten seiner Interessenlage zu tun hat. Das ist gewissermaßen der Punkt, von dem aus er sich umtut — mit seinen Augen, seinen Ohren, seiner Nase, mit dem, was er weiß, mit seiner Neugier, mit der ganzen ideellen Bagage, die er von zu Hause mitgebracht hat.

### *Scheremetjewo, Brest — diesseits, jenseits der Grenze*

Grenzen sind bei uns kaum fühlbar, wir überschreiten sie und regen uns auf, wenn wir behelligt werden. Grenzen dort — die Stunden auf dem Flugplatz oder die zwei Stunden in Brest — sind wesentlich, erfordern innere Sammlung. Die Kontrolle an der Grenze ist selbstverständlich. Doch wenn wir die Grenze hinter uns haben, sind wir in einem grenzenlosen Land: Wir sind bald im Russischen, bald im Litauischen, bald im Usbekischen oder Georgischen. Wir fahren zwischen verschiedenen Sprachen, Kulturen, Landschaften hin und her, ohne daß nach dem Paß gefragt würde. Wir pflegen selbstverständlich die Zweisprachigkeit oder stellen uns doch darauf ein. Es gibt keine Grenzen zwischen den verschiedenen Völkern, nur die Staatsgrenze — wesentlich die »nach Europa« hin, ob nach Polen oder Frankreich.

*Verlangsamung der Zeit*

Wir wechseln eine Zeitgrenze. Wir lernen, daß es keinen Sinn hat, ungeduldig zu werden, wir fügen uns in eine neue Ökonomie der Zeit, von uns fällt die Ökonomie unserer Zeit ab. Wir steigen aus unserem Streß aus und empfinden Ungeduld als Phantomschmerz der verlorenen Zeit. Wir lernen einen neuen Rhythmus kennen. Das Taxi steht nicht einfach bereit, wir müssen es *fangen,* wir müssen vielleicht verhandeln und treten erst dann die Fahrt an. Wir steigen nicht einfach in einen Zug, sondern reservieren schon einige Tage oder Wochen im voraus, dafür haben wir einen Sitzplatz, aber wir haben schon Kraft verausgabt im Planen weit vor Reiseantritt. Wir reisen nur im Schlafwagen, weil sich anders die Distanz von Raum und Zeit nicht sinnvoll überwinden läßt. Wir fangen an, uns umzustellen, darauf, daß es sich kaum lohnt, zu Fuß zu gehen, weil die Abstände zwischen den Haltestationen der Busse oder der Metro zu groß sind; wir schätzen ab, wie weit es zu einem Freund ist, bevor wir ihn besuchen; wir fangen an, auf neue Weise mit unseren Kräften hauszuhalten.

*Zeitstufen*

Wir sind gewohnt, uns in der U-Bahn oder — vor allem — im Auto fortzubewegen. Das Auto hat eine Einheitszeit hergestellt — die Staus schon einkalkuliert. Dort stellen wir uns auf verschiedene Zeitstufen ein — nicht nur die Zeitstufen, die Verschiebungen von einer Stunde, in denen wir uns von der mitteleuropäischen über die osteuropäische zur pazifischen Zeit bewegen. Wir leben in einem Zusammenprall verschiedener Zeiten, inhomogener und unabgestimmter: die Hauptstadt mit der Metro und dem großartigen Bussystem, die großen Magistralen für den Güterverkehr, der Moskauer Ring mit seinen immer zu schnell fahrenden Autos, die Wegelosigkeit des Dorfes in nächster Umgebung der Hauptstädte, die Dreitagefahrt von Moskau nach Swerdlowsk, die Zugänglichkeit mancher Orte nur für Flugzeug und Hubschrauber, die Unzugänglichkeit riesiger Areale, in denen die Zeit überhaupt stillsteht und in denen es kein Vorwärtskommen gibt.

*Raum*

Wir kennen den Raum nicht, und wer kennt schon den grenzenlosen Raum! Wir kennen Punkte, wissen aber nicht, was dazwischen ist. Darüber fliegen wir im Flugzeug hinweg oder durchqueren sie schlafend hinter verhängten Fenstern. Wir kennen nur einzelne Räume, um Städte herum, vorzugsweise im europäischen Teil der Sowjetunion. Der Raum wird konstituiert durch die Gleichförmigkeit der Punkte: Moskau, Chabarowsk, Riga. Er wird konstituiert durch die Verkehrsadern. Aber natürlich gibt es diesen ganz anderen Raum: der jenseits der Punkte und jenseits der Verkehrsadern liegt. Es gibt ungeheure Räume im Abseits, von Moskau weiter entfernt als Moskau von Berlin oder Leningrad von Prag, nicht nur im Kilometersinne.

### *Moskau — die Stadt*

Wir kennen nur den Punkt, Moskau, nicht den Raum; wir kennen ein Land aber erst, wenn wir das flache Land kennen. Da wir dieses nicht kennen, kennen wir auch das Land nicht. Wer Moskau kennt, kennt Moskau, nicht das Land.

Moskau ist menschenvoll, alles scheint sich in der Stadt zusammenzudrängen. Das Leben Moskaus wird nicht nur von den Moskauern bestimmt, sondern von denen, die in die Stadt kommen, um dort zu erstehen, was es auf dem flachen Land nicht gibt. Und das ist fast alles: Fleisch, Wurst, Babyzeug, Schuhe. Wir kennen die Landflucht, die Entvölkerung des flachen Landes, nur aus Statistiken, aber die Flucht in die Stadt, die Millionen, die alltäglich nach Moskau einströmen, um zu kaufen — das kann man mit bloßem Auge sehen.

Städte sind Versorgungspunkte, Inseln des Reichtums im Meer der Knappheit, Zusammenballungen von Kaufhäusern — während bei uns das flache Land wenigstens in dieser Hinsicht zur Stadt geworden ist, zu einer unendlich gleichförmigen Stadtlandschaft aus Supermärkten, Zeitvertreibsanstalten, ohne die Vorteile der Abgelegenheit aufgegeben zu haben.

Aber die Achtmillionenstadt kann die Ursprünge ihrer Bevölkerungsexplosion nicht verleugnen: Die Vorstädte sind in die Vertikale gebaute Dörfer; in den zur Zeit Chruschtschows gebauten Siedlungen mit den fünfstöckigen Wohnhäusern hat sich der Rhythmus des Dorfes, aus dem die Bewohner kamen, erhalten, es kommt vor, daß man einen Hahn krähen hört. Was der eine Nachbar macht, bleibt dem anderen Nachbarn nicht verborgen. Um es in einer Kurzformel auszudrücken: Die Moskauer Vorstadt, das ist Le Corbusier plus Massenzuzug vom Lande in der ersten oder zweiten Generation.

*Gedränge, Aggression*

Es ist überall eng, die Abstände zwischen den Menschen sind in dem grenzenlos weiten Land minimal, man schiebt und schubst sich. Man muß darüber hinwegsehen können, wenn man überleben will. Am Beginn der Rolltreppe, auf den Treppen des Kaufhauses, im Bus, besonders im Winter, wenn die Menschen durch die Winterkleidung an Umfang zugenommen haben, der zur Verfügung stehende Raum aber nicht größer geworden ist. Das Eintauchen in die Menschenmenge ist anstrengend, ein permanenter Stau, der sich schweigend vollzieht. Der öffentliche Verkehr ist rauh, grob, aggressiv — so wie überall, wo viele das Knappe wollen. Permanentes Winterschlußverkaufsgedränge, nicht als Ausnahmezustand, sondern als Regel. Schlangen sind die Kanalisierung, die kanalisierte Bewegungsform auf den notwendigen und begehrten Gegenstand hin, sie ermatten und steigern die Aggression eines jeden gegen jeden, doch nur in der Störung des Wartens kommt sie zur Explosion. Das Unvorhergesehene, die Störung und Unterbrechung des Wartens, nicht das Warten selbst führt zur Explosion: Geschimpfe, das keine Regeln und keine Grenzen zwischen Öffentlich und Privat mehr kennt.

*Fußgänger und Autos*

Ein Fußgänger, der auf einem verbrieften Recht gegenüber dem Automobilisten bestehen zu können glaubt, lebt in Moskau gefährlich. Die Stadt ist noch immer in der Etappe der primären Automobilisierung, und das Selbstbewußtsein der Automobilisten ist das von Leuten, denen uneingeschränkt die Straße gehört. Nur da, wo die Fußgänger dicht an dicht noch die Herrschaft innehaben — wie am Kusnezki most oder auf dem Arbat, in Altstadtvierteln also, die nun auch Fußgängerzonen werden —, beugt sich der Automobilist dem unbewehrten Menschen. Für die Fußgänger gibt es Tunnels an bestimmten Brennpunkten, ansonsten müssen sie den rechten Augenblick abwarten und, antilopengleich über die breite Straße jagend, sich in Sicherheit bringen, wenn die Autos, einer Bisonherde oder einer Kavallerieabteilung gleich, über die Piste stürmen. Es hat keinen Sinn, sich zu empören, denn der Automobilist gehört vorerst noch einer anderen Klasse von Menschen an. Dies wird vermutlich auch so lange so bleiben, wie das Automobil als das Nonplusultra aller Fortbewegung gelten kann und bis sich nach dem Prinzip der Darwinschen Selektion gewisse Regeln des Kampfes ums Überleben im Straßenverkehr herausgebildet haben.

### *Wetter, Natur*

Das Wetter, die Natur sind wahrgenommen, noch bevor es um die Wiedergewinnung eines neuen Verhältnisses zur Natur gehen könnte. Die Menschen sind unter extremen Naturverhältnissen verletzlicher, empfindlicher für die Macht der Natur. Die Wetteransage hat Einfluß darauf, wie man sich anzieht, das Wetter, wie Häuser und Brücken gebaut werden. Man besiegt die Natur, indem man sich ihr anpaßt. Die Natur reicht deutlich sichtbar selbst in die großen Städte hinein: Die Erdoberfläche ist nicht quadratzentimeterweise versiegelt, sie tritt zwischen den Neubauten an die Oberfläche: als Morast nach dem Regen, als zarte Grünfläche im Mai, durch die Trampelpfade — Luftlinien, Abkürzungen — gezogen werden. Der Winter ist mächtig, daher hat sich eine Organisation gebildet, die mächtig genug ist, mit etwas fertig zu werden, was bei uns Katastrophen auslöst: massivem Schneefall. Daran zeigt sich, wie intakt die Infrastruktur einer Stadt wie Moskau ist.

Natur ist das Gegenstück zur unnatürlichen Menschenansammlung Stadt: Die Ferien sind lang, und die Kinder und ganz Moskau sind auf dem Land, die Kinder spielen in der Natur, auf den Wegen der Datschenkolonien oder im Wald, nicht im Ferienparadies. Es gibt die Fahrt aufs Land, das noch nicht Stadt geworden ist.

Eine Wiederentdeckung der Natur, des Landes kommt erst da in Gang, wo die Städte zu ersticken drohen. Ein am Industrialismus kritisch gewordenes Naturverhältnis koexistiert mit dem naiven Ausflug aufs Land. Das Land ist für die Koexistenz von monumentaler Natur und monumentaler Naturzerstörung groß genug.

### *Garderobe*

Die Garderobe ist nicht irgendein Bestandteil eines öffentlichen Gebäudes, sondern wesentlich, entscheidend, so wichtig wie die Druckschleusen in Weltraumschiffen. Hier vollzieht sich der Ankleide- und Entkleidungsakt, der Übergang vom überheizten Drinnen zum bitterkalten Draußen oder umgekehrt. Die Garderobe ist fast ein ritueller Ort, ein Ort der Umrüstung. Man ist erst angekommen, wenn man seinen Mantel abgegeben hat. Im Theater beispielsweise kann man sogar seine Galoschen abgeben und die mitgebrachten feinen Schuhe anziehen, um dann über die Teppiche zu flanieren. Naturverhältnisse produzieren Regeln und Einrichtungen, auch Autorität. Es empfiehlt sich nicht, einer Garderobenfrau einen Mantel zu übergeben, an dem der Aufhänger gerissen ist — nur Ausländer dürfen das, wenn sie eine Erklärung dafür haben.

### *Grau*

Moskau ist grau, erscheint grau, auch wenn es funkensprühende Kirchen und glänzende Palais aufzuweisen hat. Unsere Reflexe laufen ins Aus. Wo wir gewohnt sind, große Reklamebilder zu sehen — in der U-Bahn, auf Brachflächen, an Häuserwänden —, ist nichts als gähnende Weiße, Nacktheit. Wo wir gewohnt sind, im Zentrum einer Stadt ein kaum zu überblickendes Gewirr von großen und kleinen Läden, von Cafés und sonstigen Etablissements zu sehen, stoßen wir auf eine gewisse Geordnetheit von Ensembles, wenn nicht Monotonie. Wo wir gewohnt sind, immerzu angespannt auf die Straße zu blicken wie ein guttrainiertes Tier, das sich seine Fährte suchen muß, und uns im Gewühl der Autos zu orientieren — da ist Leere, leere Fläche, an großen und wichtigen Plätzen, monumentale, einschüchternde Leere. Unsere Stadtzentren sind Zentren des Kampfes um den besten Platz der Selbstdarstellung und Selbstreklame; die Städte dort machen für nichts Reklame, sie machen Propaganda. Aber für die Propaganda ist ein ZK und ein entsprechender Apparat zuständig, die Reklame wird getragen von einer Industrie, und der mächtige Impuls, der sich in immer neuen, raffinierten und modischen Wellen Bahn bricht, ist der Elementarimpuls aller Wirtschaft unserer Städte. Das rote Propagandaplakat ist nicht einmal ein Kontrapunkt zum Grau, kann es mit der Welle der Reklame nicht aufnehmen. Es verschwindet fast unregistriert. Grau ist auch das Sortiment, die Kleidung, die Einrichtung. So kommt es uns jedenfalls vor.

### *Das Tempo der Schlange*

Die räumliche Erstreckung ist nicht der einzige Grund dafür, daß die durchschnittliche Alltagsgeschwindigkeit, in der Güter, Menschen, Gedanken transportiert werden oder miteinander in Beziehung treten, geringer ist. Die Verlangsamung des Tempos beziehungsweise die Eigenmacht der Zeit ist eine der rätselhaftesten Erscheinungen. Wodurch ist sie verursacht?

Das Tempo der Schlange resultiert aus verschiedenen Tempi, es ist die Resultante des Tempos vieler Schlangen. Aus dem unterschiedlichen Tempo kann man sogar, wenn man sich darin auskennt, Vorteil ziehen. Sich in verschiedenen Schlangen gleichzeitig anstellen. Man bittet jeweils den Vordermann, daß er sich an einen erinnere, und man ist dann wieder zur Stelle, wenn die Schlange bis zum Verkäufer vorgerückt ist. Es gibt wahre Meister, die gleichzeitig in Schlangen für Brot, Seife, Theaterkarten, eine seltene Torte etwa anstehen können, vorausgesetzt, diese sind nahe genug beieinander. Für die übrigen Schlangestehenden bedeutet dies, daß die Schlange in Wahrheit immer länger ist als ihr sichtbarer Teil. Jede Schlange ist immer zugleich eine reale und eine fiktive. Wie lang sie wirklich ist, erfährt man nur durch Warten. Überholt werden die Wartenden von den ordensgeschmückten Veteranen, von Schwangeren oder Frauen mit Kindern, neuerdings auch von Vätern dreier Kinder. Eine Schlange offenbart, wer Durchhaltevermögen besitzt, wer Ausdauer hat. Schwankende Elemente geben oft auf halber Strecke schon auf und versuchen ihr Glück anderswo. In der Schlange zeigen sich Charaktere: der Ellbogenmensch und der Buchmensch, der sich sein Buch mitgebracht hat, um dem Stehen in der Schlange einen Sinn zu geben. Schlangen sind experimentelle Konfliktsituationen in Permanenz — und als Ernstfall. Wer das Tempo der Schlange beschleunigen und sie so zum Verschwinden bringen will, muß die Resultante im Auge haben. Der einfachere Weg — die Schlange zu umgehen, andere für sich Schlange stehen zu lassen, kurz: der Weg der Gewitzten oder derjenigen, für die Geld keine Rolle spielt oder die ihre eigenen Beziehungen haben — ist nur der Weg einiger weniger, die nicht ins Gewicht fallen.

### *Schlange I: Xerox*

Das Anfertigen einer Kopie in einer Bibliothek der Akademie ist ein zeit- und kraftaufwendiger Akt. Man muß wissen, wann die Abteilung arbeitet, man muß rechtzeitig dasein, um sich in die Liste der Kopierwilligen eintragen zu können, wenn man drankommen will, man muß eventuell früher aufstehen. Man muß ein Formular ausfüllen: Autor, Titel, Verlag, Jahreszahl des Erscheinens, Gesamtseitenzahl. Zahl der gewünschten Seiten (wenn überhaupt zum Kopieren genehmigt), Einhaltung des Maximums an Seitenzahlen — denn auch andere wollen bei begrenzter Kapazität drankommen. Man geht dann in das Zimmer oder an den Schalter, an dem vorab bezahlt wird. Man geht dahin zurück, wo die Bestellung definitiv angenommen wird gegen Vorlage der Quittung. Man kommt zu einem späteren Zeitpunkt oder am nächsten Tag wieder, wenn die Kopien ausgehändigt werden. Der kurze Vorgang involviert eine ganze Kette von Menschen, man wird leicht an den Ausgangspunkt zurückgeworfen, wenn man etwas nicht bedacht hat. Man überlegt sich schließlich sogar, ob man überhaupt Kopien haben will oder nicht doch lieber mit der Hand abschreibt. Das verlangsamt die Arbeit, den Gedankenfluß. Während wir uns hier nach Lust bedienen, stehen wir dort Schlange. Während wir hier so viel kopieren, daß wir schon nicht mehr lesen können, was wir kopieren, kehren wir dort zurück in die Konzentrationsbewegung des Abschreibens. Jeder Gedanke ist kostbar, muß kostbar sein, wenn wir ihn für kopierwürdig halten.

*Schlange II: Rückgabe von Altglas*

Es gibt in den Stadtvierteln als Teil der Infrastruktur Punkte, an denen Altglas schon angenommen wurde (ebenso Altpapier), noch bevor bei uns das Recycling aus einem Imperativ der wenigen zu einer ungenutzten Möglichkeit der vielen wurde. Wir stellen uns in die Schlange, die Altglas abgibt, mit den anderen, die mit Tüten, Rucksäcken, Wägelchen oder dem Inhalt des Kofferraums ihres Autos hergekommen sind. Wir haben die Flaschen vorher gespült, wir haben sie nach dem Muster an der Wand sortiert — es gibt an die 15 verschiedene Flaschentypen mit je verschiedenem Pfand. Bevor die Sammelstelle frühmorgens um 9 Uhr aufmacht, hat sich bereits eine Schlange gebildet, sie tritt von einem Fuß auf den anderen, weil es kalt ist. Die Prozedur, die zwischen Einreihen in die Schlange und Ausscheiden aus der Schlange liegt, kann hier nicht beschrieben werden. Sie dauert zwischen einer und drei Stunden, wenn man alles richtig gemacht hat (also die Flaschen gespült, entstaubt hat usf.). Soviel Zeit können in der Regel nur Leute aufbringen, die Zeit haben: Rentner, Hausfrauen, Leute, die im Urlaub oder von der Arbeit einfach weggegangen sind. Dazu rafft man sich nur in größeren Abständen auf, daher die enormen Mengen. Es ist eine komplizierte Dynamik, in der jeder Handgriff bedacht und von anderen besehen ist, in dem Urteile und Meinungen ausgesprochen werden. Es ist ein Ort der Öffentlichkeit.

Die Bewegung des Aufbewahrens ist mühsam und lang, die Bewegung des Wegwerfens ist kurz und schmerzlos.

### *Schlange III: Babymilch*

Kinder gelten in der Sowjetunion viel, wenn nicht alles, für sie wird speziell gesorgt. Im Kleinstkindalter bekommen sie besonders Nahrhaftes, das in den üblichen Geschäften nicht zu haben ist. Besonders fetthaltige Milch, besonderen Quark, die auf Anordnung des Arztes an einer der Polikliniken oder Verteilerstellen abgeholt werden können. Frisch — und daher täglich ausgegeben. Frühmorgens bilden sich dann die Schlangen der Babynahrung Besorgenden, die ein paar Stationen mit dem Bus gefahren sind oder sich dort in der Form eines Morgentrainingslaufs einfinden. Dort rückt dann die Schlange vor, die Nahrung wird ausgegeben, abgehakt. Auch so etwas wird zu einer Koordinate im Menschenalltag.

### *Schlange IV: Antiquariat*

Immer nur drei Personen dürfen den heiligen Bezirk betreten, in dem die Bücher eingesehen, ausgesucht werden können. Wer sich im heiligen Bezirk befindet, weiß, daß er selber lange angestanden hat, und nimmt sich, für die anderen entnervend viel, Zeit. Da das Reglement »nur drei Personen auf einmal« vorschreibt, kann es sein, daß sich alle bei den Kunstbänden konzentrieren, das Regal für Philosophie aber unbeachtet bleibt. Jemand, der nun protestiert und das Verhalten der Verkäuferin-Aufseherin als formalistisch kritisiert, weil er doch nur zu dem leerstehenden Philosophenregal will, beschwört eine echte Krise herauf.

Das Reglement zu suspendieren käme dem Zusammenbruch der Schlange gleich und würde einen Aufstand all der anderen, die gleich gute Gründe anführen können, auslösen. Der Zusammenbruch der Schlange wäre aber nur die molekulare Form eines Bürgerkriegs, des Kampfes aller gegen alle. Also sind wir, die auch in der Schlange stehen, froh, daß an der Disziplin der Schlange nicht gerüttelt wird. So gibt es wenigstens Aussicht darauf, daß wir zwar langsam, aber doch geordnet, mit Aussicht auf Erfolg zu unserem Ziel kommen.

### *Freizeit, nicht industrialisiert*

Was ist Freizeit — ist es die Zeit außerhalb der Arbeit oder die Zeit, die übrigbleibt, nachdem die Besorgungen — und sie erfordern Aufwand — verrichtet sind? Die Grenzen sind diffus, jedenfalls ist der Gegensatz von Arbeits- und Freizeit nicht so sehr in die Extreme getrieben wie hier, wo das mehrmalige Fernbleiben von der Arbeit mit Entlassung quittiert wird. Dort, wo man überhaupt nur auf eine einigermaßen sinnvolle Rechnung kommt, wenn man Besorgungen innerhalb der Arbeitszeit verrichtet, weichen sich die extremen Charaktere von Arbeits- und Freizeit auf. Die Freizeit ist nicht nur Nichtarbeitszeit, sondern auch Nicht-Freizeitindustrie. Im Unterschied zur industrialisierten Freizeit, zum Freizeitbetrieb — Unterhaltung, Sport, Vergnügen — ist die Freizeit dort ein leerer Raum, mit dem jeder selber fertig werden muß. Er liegt außerhalb des Zugriffs einer Industrie, die auch die freie Zeit für sich entdeckt hat und das Beste aus ihr macht durch ein gewinnträchtiges Angebot. Die Vergnügungen der sowjetischen Freizeit wirken harmlos, die sowjetische Gesellschaft ist keine Freizeitgesellschaft.

Zur Harmlosigkeit des Vergnügens rechne ich: die Spaziergänger auf dem Moskauer Boulevardring, die

Ziellosigkeit des Gangs, der keinem Café, keiner Kneipe zustrebt, sondern einer Parkbank. Es ist kein Hintersichbringen der Zeit, sondern ein Vagabundieren in der Zeit. Spazierengehen in den Parks, viel gegenseitiger Besuch, ich sehe Gruppen, die auf den Wiesen zusammenstehen und sich unterhalten, Domino spielen, es gibt ab und zu den blechernen Lärm der Kassettenrecorder. Was sich wie eine Idylle ausnimmt, ist zu großen Teilen natürlich nur die Abwesenheit von Alternativen, aber die müssen ja nicht heißen: Freizeitbetrieb.

*Feiertag, prasdnik*

Die Freizeit ist vollkommen an den Feiertagen — 7. November, 9. Mai und andere —, die so gelegt werden, daß lange Wochenenden herauskommen. Es sind unsere Weihnachtsfeste, säkularisiert. An solchen Tagen sind sogar die Geschäfte geschlossen, die Bibliotheken, die sonst fast rund um die Uhr geöffnet sind. In den Instituten und Fabriken rechnet man eine Vor- und eine Nachfeiertagszeit ein, wenn man realistisch disponieren will. Es sind trotz der offiziellen Anlässe und wichtigen Reden die Tage der Familien, der Kollegenbesuche, der Freunde, die ein-, zweimal im Jahr eine lange Reise unternehmen, um sich zu treffen. Der offizielle Feiertag ist der Feiertag des Privaten.

*Arbeit, industrialisiert, vorindustriell*

Die sowjetische Gesellschaft ist eine Arbeitsgesellschaft, das entnehme ich den übervollen Vorortzügen früh am Morgen, dem Rhythmus, in dem sich die Menschen zwischen Wohnung und Arbeitsstelle bewegen, und aus der Bedeutung, die der Arbeitsplatz in den Erzählungen und Gesprächen spielt. Man arbeitet dort nicht nur, dort gibt es Klubs, dort werden Kuraufenthalte abgemacht, dort werden Erholungsreisen vergeben, dort werden Lebensmittel ausgegeben, die sonst im Geschäft nicht zu bekommen sind, dort spielt sich ein größerer Teil des Lebens ab als bei uns am Arbeitsplatz. Die Betriebe und Institute sind in der Stadt als gesellschaftliche Einrichtungen präsent, nicht bloß als Produktionsstellen, sie sind imposante Gebäude mitunter, Museen, wenn es sich um wichtige handelt. Der Gedanke, daß Arbeit primär der Selbstverwirklichung diene, ist spät aufgekommen und mutet etwas wie Luxus an, nicht anders als einige Zeit vorher bei uns auch. Ich vermute, daß die Freundschaft zwischen Kollegen am Arbeitsplatz häufiger ist und daß die Arbeitsstelle weniger strikt vom Privatleben getrennt ist als bei uns. Das Arbeitskollektiv ist etwas andres als in den einschlägigen Lehrbüchern, aber daß es existiert — als Solidargemeinschaft mit entsprechendem Schutz und entsprechenden Haftungen und als Hölle —, steht außer Zweifel.

### *Die lesende Verkäuferin*

Das Leben kreist um die Arbeit, aber die Arbeit ist ein ziemlich diffuses Zentrum. Man kann sich ihr fügen — oder auch nicht. Man kann sich von ihr entfernen — das ist nicht sonderlich tragisch. Was dabei herauskommt, fällt in einen anderen Zuständigkeitsbereich. Ob das Produkt an den Mann gebracht wird, ist nicht Sache des Verkäufers. Auf aller Arbeit und ihren Produkten liegt der Abglanz der Gleichgültigkeit — dies bekommen vor allem jene zu spüren, die auf die Produkte letztlich angewiesen sind. Aber wie sieht es für diejenigen aus, die die Arbeit tun? Man kann aus der Leichtigkeit, mit der die Schilder »Bin kurz weg«, »Wegen Krankheit geschlossen«, »Geschlossen wegen

Reparatur« ausgehängt werden, darauf schließen, daß der Arbeitsgang in viel stärkerer Weise von Wollen und Nichtwollen, von Lust und Unlust bestimmt ist als von einer Disziplin, die von der Sache auferlegt ist. Nur der Held, der will, scheint ein guter Arbeiter zu sein. Arbeit ist beschwerlich, besonders da, wo sie noch so viel mehr physische Arbeit ist, aber man kann ihrem Druck ausweichen, die Arbeitsdisziplin ist eine äußerliche. Wo die Disziplin äußerlich ist, setzt sie leicht aus, sobald die Disziplinierungs-Autorität außer Sicht ist. Die Disziplin kapitalistischer Produktion hingegen geht durch den Arbeitsprozeß, alle Details, auf die Funktionen von Gehirn und Muskel, bis aufs Produkt. Arbeit dort ist irgendwie ohne inneren Zwang und Streß — aber nur deshalb, weil Effizienz und Rationalität sich bisher nicht durchgesetzt haben, nicht, weil ein »höherer Typus gesellschaftlicher Arbeit« vorliegt. Die Krankheitsbilder sind vermutlich andere.

### *Telephonieren als Daseinsform*

Telephonieren ist billig — zwei Kopeken. Ganze Batterien von Telephonapparaten sind an allen möglichen Punkten aufgestellt. Im Land der großen Distanzen ist das Telephon unverzichtbar. Aber es ist weit mehr: Es ist ein wirkliches Kommunikationsmittel, das Medium ununterbrochenen Plauderns, Sichmitteilens, Sichaussprechens, ein Instrument der Selbstunterhaltung. In seinem Bannkreis wird alles andere unwichtig: der Kunde im Geschäft, der Bittsteller in der Behörde, der ratsuchende Reisende im Intourist-Büro, der Theaterliebhaber, der vor dem Kartenschalter ansteht. Der Telephonhörer in der Hand scheint dem privaten Plausch den Anstrich des Offiziellen zu geben und die Geringschätzung der ungeduldig Wartenden zu legitimieren. Dabei wird gekichert, man tauscht sich über das Wetter, die letzte Liebesaffäre, die eben gekauften Schuhe oder sonst was aus — *coram publico.* Aber wer telephoniert, weiß ja, daß jeder es so macht. Vor dem Telephon verschwindet die ungeduldig wartende Umwelt, es ist das Medium eines imaginären Dauerpalavers.

### *Wehwehchen, kollektive Hypochondrie*

Man kann Freunden eine Freude machen, wenn man ihnen ein Medikament mitbringt, das sie nicht bekommen können. Doch es muß mehr im Spiele sein. Die »vaterländische« Medizin gilt nichts oder wenig, und man kann fast Mitleid bekommen mit den Ärzten, die nicht nur wenig verdienen, sondern auch mit Patienten zu tun haben, die alles besser wissen als sie. Der Arzt ist kein »Halbgott im weißen Kittel«, sondern ein Dienstleistungsmensch, den man nach Bedarf rufen läßt — beim kleinsten Wehwehchen oder — bei Veteranen nicht selten — zur Abwechslung in der Einsamkeit. Die Erste-Hilfe-Autos sind allzeit unterwegs. Sowjetmenschen sind fast alle Kenner von Tabletten, der Glaube an die gesund machende Kraft von Tabletten ist ungebrochen, während die bewährten Mittel der Hausmedizin, die es noch gibt und die in den Apotheken noch zu haben sind, aus dem Verkehr gezogen werden.

Woher kommt diese Überempfindlichkeit einer Natur, der doch der Ruf vorausgeht, sie sei besonders robust, diese sonderbare Kultivierung von Anfälligkeit und Hilfsbedürftigkeit? Ist die Krankheit zum Buhmann für gesellschaftlich nicht mehr identifizierbaren Druck oder diffus gewordene Gegnerschaft geworden? Ist die Flucht in die Krankheit nur die logische Folge gesellschaftlicher Passivität und der hilflose Ausdruck einer Hilfsbedürftigkeit, zu deren Adressat dann der Arzt gemacht wird? Ist der Tablettenglaube eine Begleiterscheinung jenes Mythos von der wissenschaftlich-technischen Revolution?

*Wohnung, die wattierte Tür*

Die eigenen vier Wände sind das Wichtigste. Das ist: Ausscheiden aus dem öffentlichen Leben, Eintritt ins Private, Aufbau des Privaten nach Jahrzehnten des zwangsläufigen Gemeinschaftslebens in der *kommunalka,* in der auch heute noch rund fünfzig Prozent der Bevölkerung leben. Die Wohnung ist der Rückzugspunkt von den allzeit zu vielen Menschen, dem allzeit bedrohlichen Andrang. Vermutlich spielt sich in den ungeheuren Neubauvierteln der großen Städte die wahre Kulturrevolution ab — die Konstituierung der Privatsphäre, die Genese einer Urbanität neuen Typs, auch wenn diese Viertel mit Polis und tradierter europäischer Stadt wenig gemeinsam haben. Freilich wohnen immer noch häufig zwei bis drei Generationen innerhalb einer nicht allzu großen Wohnung, aber doch haben die Neubausiedlungen — Großstädte in unseren Augen — eine andere Bedeutung als bei uns.

*Küche*

Die Küche ist der zentrale Kommunikationsort — aus verschiedenen Gründen. In Wohnungen, in denen meist zwei oder drei Generationen zusammenwohnen, ist die Küche der neutrale Raum. Die Küche ist außer der Küche auch der Treffpunkt, der Austauschort, der Versammlungspunkt für Verbindliches, aber auch für beiläufige Begegnungen. Die Menschenzirkulation der Moskauer Küchen absorbiert all das, was bei uns in Cafés, Kneipen, Wohnzimmern, salonähnlichen Gebilden, Treffs und so fort kanalisiert ist. Nimmt man das alles zusammen, ergibt es eine erstaunliche Intensität.

Es sind Relaisstationen des Informationsflusses, eine Art lebender Zeitungen, es sind Orte, an denen sich die Not des dilettierenden Gesprächs über Gott und die Welt verbindet mit der noch nicht ausgestorbenen Tugend, daß Fachleute eine Meinung zu einer Sache außerhalb ihrer Disziplin äußern. Die Küchen sind die zentralen Orte der Öffentlichkeit, die jetzt erst anfängt, sich jenseits der Küchenwände zu etablieren.

### *Milieus*

Natürlich gibt es Szenen, Kreise, die sich in ihren Zirkulationen nicht einmal berühren müssen. Haben sie einen Ort? Ich vermute, nein. Sowenig es Viertel gibt, in denen sich Bürgertum und Arbeiterschaft, Mittelstand und Intelligenz konzentrieren, sowenig gibt es Konzentrationspunkte im örtlichen Sinne. Das denkende Moskau verteilt sich meines Erachtens auf die ganze Stadt, der Dichter wohnt in den Neubauwohnungen von Jugo-Sapadnaja — die Viertel sind gemischt. Kristallisationspunkte sind vermutlich Arbeitszusammenhänge — Institute zum Beispiel, Redaktionen — oder aber die Zirkel, Küchen. Die soziale Umwälzung hat die ohnehin schwach ausgeprägte soziale Konturierung aufgelöst, Verbindungen zwischen Produktionsarbeiter und Intelligenz (Eheschließungen etwa) ergeben sich leichter. Die Szenen sind geschlossen wie überall, aber doch offener. Rußland hat in diesem Sinne etwas von Amerika, es ist »demokratischer«. Natürlich gibt es Intellektuellen-Dynastien, aber auffälliger ist die allgemein gewordene Mischung.

### *Cafés*

Es gibt keine oder nur ganz wenige Cafés in unserem Sinne: Orte, an denen man sich einfach niederläßt, um sich auszuruhen und zu sich zu kommen, Orte der Verbindlichkeit des Unverbindlichen, der Verbindung des Anonymen mit dem Bestimmten, des Öffentlichen mit dem Privaten. Ein Café ist ja nicht bloß ein Dienstleistungspunkt, sondern eine Errungenschaft der städtischen Sozialkultur. Das Café wird vermutlich zum Indiz einer zweiten Urbanisierung werden, ein Schritt heraus aus der Küchenöffentlichkeit, die natürlich immer auch etwas vom Allzuprivaten, vom Küchenmief hat.

*Mode*

Die Zirkulationsgeschwindigkeit von Menschen, Gütern, Gedanken, ästhetischen Formen ist langsamer. Aber der Unterschied liegt nicht allein im Tempo, sondern auch darin, daß ein wesentlicher Impuls für das, was Mode ist, stark gehemmt, wenn nicht gebrochen ist, worauf Benjamin übrigens schon 1927 hingewiesen hatte. Natürlich gibt es Konjunkturen, Bewegungen, Renaissancen — von Philosophen, Themen, Formen. Doch was fehlt, ist dies: der permanente Zwang zur Erneuerung, zur erneuten Form des jeweiligen Zeitgefühls, zur permanenten Überbietung des eben Gedachten und Gemachten durch ein anderes, wenn nicht Neues. Der autonome Impuls zu erneuerter Selbstdarstellung und Selbstvergewisserung ist nicht gewalttätig übersteigert, hypertrophiert im konkurrenzhaften Überbieten von Selbstdarstellungen. Mode hat daher häufig etwas von Nachklang, Nachhall von etwas anderem, anderswo Gemachtem. Es gibt auch in der Sowjetunion einen Konformismus der Mode — vor allem in Schichten, die es sich leisten können und für die solche Selbstdarstellung das Wichtigste ist. Aber ich neige doch dazu, zu glauben, daß der Konformitätsdruck, der auf westlichen Gesellschaften lastet und der sich in permanentem Modewechsel geltend macht, größer ist. Ich neige zu der Annahme, daß die sowjetische Gesellschaft weniger konformistisch ist als die westliche, weil politischer Konformismus nicht identisch ist mit gesellschaftlichem und weil die Potenzen der Uniformierung in Gesellschaften, die in den Innenbezirk des Menschen vordringen, wesentlich größer sind als in solchen, die auf äußerlich gebliebenen Herrschaftsverhältnissen beruhen.

*Reklame — öffentlich, privat*

Reklame ist die Chiffre eines tumben Antikapitalismus. Aber sie kann auch zur Chiffre einer Wirtschaftsform werden, in der die Durchrationalisierung und Durchforschung des Menschen das logische Beiprodukt eines grenzenlos gesteigerten Wirtschafts- und Verwertungstriebes ist. Die Propaganda als politische verhält sich äußerlich, sie kann abgewehrt werden, man kann sich gegen sie abschließen, frontal oder durch die Formen des »Doppeldenkens«. Eine Wirtschaftsform, in der alles und jedes und vor allem die innersten Triebe, die elementarsten Bedürfnisse des Menschen zum Angelpunkt des Erfolges werden, kennt keinen irgendwie geschützten Bereich. Die Rationalität der Verwertungswirtschaft geht aufs Ganze, macht vor dem Innersten und Privatesten nicht halt. Der Sowjetmensch wird von der Gesellschaft alleingelassen, der Privatmensch unserer Gesellschaften wird nicht in Ruhe gelassen. Es gibt eine anmaßende politische Macht, doch die ist weit und vergleichsweise schwach. Und seitdem die totalitäre Penetration der Privatsphäre vorbei ist — der Propagandist vor der Haustür bleibt —, ist der Sowjetbürger ein Privatmensch.

*GUM*

Das GUM ist ein großes Kaufhaus und voll von Touristen. Die Touristen hemmen die zielstrebige Bewegung derer, die wissen, was sie brauchen. Die Bewegung auf die Ware zu ist zielstrebig — die Auswahl nicht so groß —, sie verlangsamt sich nur durch die Bildung der Schlange. Fast muß man kaufen, was es gibt, und man muß dazu allzeit bereit sein — daher auch die allzeit bereitgehaltene Tüte oder Tasche.

Die Not in unseren Kaufhäusern ist eine andere: Es ist die Qual der Wahl, die Täuschung durch das billigere Duplikat, die Verdutzendfachung der feinen Unterschiede, die Besinnungslosigkeit, in die der Käufer gestürzt wird, die Tatsache, daß fast nur der ungeschoren davonkommt, der sich aufs Einkaufen spezialisiert hat. Wir gehen erschöpft aus dem GUM nach Hause, weil wir lange haben warten müssen; wir gehen erschöpft aus dem KaDeWe, weil wir nicht gefunden haben, was wir suchten, und unsere Kraft nicht ausgereicht hat, hinter dem Regenbogen des Scheins die wirklich nötige Sache herauszufinden.

*Geld, Preise*

Es ist rätselhaft, wie man sich Winterstiefel kaufen kann, die an die 150 Rubel kosten, bei einem Einkommen von, sagen wir, 150 bis 200 Rubeln. Woher kommt das Geld, mit dem man sich einkleidet, sich gewisse langlebige Konsumgüter erwirbt? Gibt es da Ersparnisse der Älteren, die nun die Jüngeren, die nicht mehr zum Sparen kommen oder noch nie daran gedacht haben, aufzehren? Das bleibt ein Rätsel, selbst dann, wenn klar ist, daß das Geld niemals die entscheidende Rolle spielt. Wichtig ist das Wissen, wo es was wann gibt; wichtig ist die Beziehung dorthin; wichtig ist die Unterscheidung der Qualität, nicht des Preises. Die Geldform scheint eher zufällig, zusätzlich, während das Wesentliche die Naturalform ist.

*Bücher*

Wir ertrinken in einem Ozean von Büchern, dort ertrinken die Bücher in einem Meer von potentiellen und wirklichen Lesern. Das ist Ausdruck von Mangel bei einem Volk, das, seit es die Alphabetisierung hinter sich gebracht hat, ein lesendes Volk geworden ist. Das Gedruckte ist noch immer das Besondere, Überschaubare. Es ist jedenfalls keine Flut, nicht die Unübersichtlichkeit und die Beliebigkeit als Generalzustand. Der Leser ist ständig Jäger, das Buch wechselt von einem Leser zum anderen — diskret. Die Bewegung jedes Buches läßt sich gewissermaßen verfolgen und rekonstruieren, es hinterläßt eine Spur. Es gibt einen Elementarbestand, einen Sockel dessen, was gelesen wird. Es gibt eine Form der Konzentration — ob aus Tugend oder aus Not, sei dahingestellt.

*Eisen und Plastik*

Sowjetische Autos sind aus solidem Material, das Blech ist dicker als bei uns, aber das betrifft auch andere Gegenstände. Alles scheint auf Ewigkeit, für ewigen Gebrauch bestimmt. Da geht viel ein: das Klima, die Grundlage der Infrastruktur, der verschwenderische Umgang mit Rohstoffen, gering entwickelte Technologie, aber auch die Abwesenheit der Jagd nach dem immer Neuen und der systematischen Veraltung und des geplanten Verschleißes.

In großen Warenhäusern riecht es stark nach Plastik, vor allem bei Haushaltsgeräten, Spielzeug und in Sportabteilungen.

Heute beklagt man sich, daß »früher« die Sachen besser waren — ob Autos, Staubsauger oder Wohnungen. In der Stalinzeit wurde für die Ewigkeit gebaut und produziert, die Stalinära hat sich in unverwüstlichen Gegenständen erhalten. Sie ragen in die Plastikkultur hinein, wie Überbleibsel einer heroischen Epoche im Alltag der Massenkonsumgesellschaft. Eisen und Plastik bezeichnen zwei verschiedene Epochen.

### *Türen*

Eins der charakteristischen Geräusche in Moskau war für mich immer das Knallen der Türen — mit Ausnahme derer in repräsentativen Gebäuden. Es gibt offensichtlich keinen Mechanismus, das abzustellen. Es ist noch kein Standardtypus gefunden, der die Funktionen einer Tür — Eingang, Ausgang, Ventilation — funktionsgerecht gelöst hätte. Es muß irgendwo eine Riesenfabrik für Türen geben, die Standardtüren aus Metall oder Holz fertigt. Das kann viel bedeuten: den Übergang von der individuellen zur Massenfertigung, die Abwesenheit eines entsprechenden Handwerks, die Abwesenheit eines konkret benennbaren Hausbesitzers, der eine Tür in Ordnung bringt, die Gewöhnung an einen spezifischen Lärm, der nicht mehr wahrgenommen wird.

Auch auf vielem anderen liegt der Stempel der Improvisation und der Gleichgültigkeit. Wenn man sich die europäische Geschichte ohne Handwerk denkt — was bleibt von ihr übrig? Wenn man sich eine Gesellschaft ohne das Training spezifischer Fertigkeiten denkt, was bleibt von ihrer Funktionsfähigkeit? Und warum sollte man es besser machen, wo doch auch schludrige Arbeit in der Regel ohne Risiko und Sanktion bleibt?

### *Wasserkran — tropfend, Chromstahl als Gartenzaun*

Ein tropfender Wasserkran wird dann zu einer bemerkenswerten Erscheinung, wenn er mit einer gewissen Häufigkeit auftritt. Die Wassermenge eines tropfenden Krans ergibt ein kleines Rinnsal, die der tropfenden Hähne eines ganzen Wohnblocks schon einen veritablen Bach und die der tropfenden Kräne einer Achtmillionenstadt bereits einen Strom, der vermutlich einen kleinen Stausee bildet. Man kann den tropfenden Wasserkran unter der Rubrik »unzureichende Technologie« verbuchen. Wahrscheinlich ist er aber eher ein gesellschaftliches Phänomen, das einer ungeheuren Verschwendung, die sich auch statistisch und in Rubeln ausdrücken läßt. Wasser kostet nichts, weshalb also sparsam damit umgehen! Heißwasser und individueller Verbrauch werden ohnehin nicht gemessen — warum also soll man sich darum kümmern! Äußerlich mag uns der Komfort der Moskauer Wohnungen nicht sonderlich attraktiv erscheinen, bei näherem Hinsehen mutet indes unser Umgang mit Wasser, Elektrizität, Gas — Energie also — nicht nur ökonomisch-haushälterisch, sondern geradezu asketisch an. Verschwendung in Moskau versteckt sich hinter kärglichen Fassaden. Wer sparsam ist, hat nichts davon, und wer sparsam ist, ändert auch an der Bilanz der Verschwendung nichts. Wo das Eigentum zum Volkseigentum geworden ist, verlieren individuelle Rechnungen offenbar ihren Sinn. Selbstbedienung an dem, was ohnehin niemandem, weil allen gehörig, wird allgemein. So kann es kommen, daß man bei einem Spaziergang durch einen Moskauer Vorort Zäune aus blankem Chromstahl findet, von irgendeinem findigen Bewohner vermutlich von einer Baustelle oder einer Fabrik hergeschafft und so die bescheidene Funktion als Gartenzaun ausfüllend.

## *Seife, Deodorant*

Der sowjetische Alltag ist von Gerüchen durchzogen, unsere Welt ist geruchlos geworden, desodoriert. Das betrifft alle Sphären. In unseren Supermärkten riecht es nach einer diffusen Melange, einem Nichts. Dort riecht es nach Fleisch, Fisch, Milch, Gemüse. Daß es oft unangenehm riecht, zeigt an, daß etwas verdorben ist, noch verderben kann, während bei uns alles unverderblich geworden ist durch Konservierungsmittel, die den Dingen verbieten, auf natürliche Weise zu sterben und in Verwesung überzugehen. Wir essen Tomaten und Gurken, die nach nichts mehr schmecken, obwohl sie prall und glänzend aussehen. Dort sehen wir nur unansehnliche Tomaten und Erdbeeren — aber sie schmecken wie Tomaten und Erdbeeren.

Das gilt auch für die Menschen, die sich eine zweite Haut gegeben haben. Es gibt auch dort penetrante Parfums — Maiglöckchen, Veilchen —, aber in der Regel ist es anders: Die Putz- und Reinigungsmittel kommen eher vom Scheuersand her als von BASF. Die Reinigung erfolgt eher mechanisch denn chemisch. Sie ist anstrengender, aber nicht aggressiv. In der Sowjetunion gibt es vielleicht viele Gerüche, die wir vergessen haben, aber es geht hautschonender zu. Vielleicht nehmen wir es erst jetzt wahr, da auch die okzidentale Deokultur ihre Grenzen zeigt.

## *Laut, leise*

In der sowjetischen Gesellschaft geht es leise zu, bei uns laut. Der Lärm ist der Preis für die Möglichkeit individueller Selbstdarstellung und für einen von der Konkurrenz angestachelten Exhibitionismus. Es gibt laute Szenen: Feuerwerke, Panzerparaden, Lautsprecherübertragungen. Doch das sind Einlassungen in die Stille des Alltags. Der Alltag ist erschöpfend, es wird wenig gesprochen. Das Gescharre und Getrappel von Menschenmassen in der Metro oder im Kaufhaus ist ein leiser Ton. Es gibt kein Marktgeschrei, keine Selbstanpreisung, kein »Wer bietet mehr« und »Ich bin der Beste«. Der Lautpegel hat natürlich wieder etwas mit dem Wohlstand zu tun: Ein Radio oder ein Kassettenrecorder kommt nicht an gegen die Schwingungszahl der Yamaha-Boxen.

### *Tüten als Zeichensysteme*

Plastiktüten sind praktisch, vor allem, wenn man jederzeit einkaufsbereit sein muß. Aber die Konzentration von Plastiktüten aus aller Welt in einer beliebigen Metrostation muß etwas Besonderes bedeuten. Ich habe nirgendwo in der Welt eine derartige Konzentration bemerkt: Ricci Milano oder eine Bäckerei aus Lörrach — alle sind in Moskau vertreten. Jedenfalls ist es kein Wegwerfmaterial, sondern etwas zum Aufheben. Ob es Verbindungen andeutet, ob es einfach die Freude an einem individuellen Markenzeichen ist oder schlicht der praktische Zweck — ich habe es nicht herausgefunden.

### *Klos als nationaler Notstand*

Die Formulierung stammt aus einem Aufsatz der *Literaturnaja gaseta,* nicht von mir. Aber es hat mich seit jeher beschäftigt, warum in solcher Ausschließlichkeit die Klos die unansehnlichsten Orte der Sowjetunion sind. Das betrifft nicht nur öffentliche an abgelegenen Orten, auch an prominenter Stelle mit internationalem Publikum: in der Leninbibliothek etwa, am wenigsten an Orten der Kultur, in Theatern oder Opernhäusern. Ich habe darüber Gespräche geführt. Es muß hier vermutlich viel zusammenkommen: die Technik, Probleme der Ernährung, allgemeine Gleichgültigkeit, verstärkt um die allgemeine Diskreditierung dienender Berufe oder Tätigkeiten — angefangen vom Kellner bis hin eben zum Toilettenwärter. Die Revolution war auch eine Rebellion gegen die Kultur der Diener und des Dienens und Bedienens — der Service der gegenwärtigen Sowjetgesellschaft hat etwas zu tun mit dem Untergang der Servilitäten, in dem auch das Bedienen zugrunde ging.

*Mussor, Müll*

Man kann Städte und Kulturen daran erkennen, wie sie mit ihrem Abfall, ihrem Müll umgehen, ja, welche Art Abfall und Müll sie produzieren. Der Zerfall jedes Stadtviertels deutet sich auf der Straße und in Hinterhöfen an. Müll und Vermüllung sind die sichersten Indikatoren kultureller Degradation. Manche Viertel in amerikanischen und europäischen Städten ersticken im Müll, sind nur deshalb noch nicht erstickt, weil der Staat eingreift. Das ist auf unterster Stufe, was sich überall, auch auf den Höhen abspielt: Entwertung der Gegenstände, Wegwerfkultur. Der sowjetische Müll und Abfall ist anders. Ich habe nie irgendwo in Moskau einen kaputten Fernseher am Straßenrand abgestellt gesehen, kein Autowrack, kein demontiertes Fahrrad. Keinen Müll der Wohlstands- und Wegwerfgesellschaft. Es gibt natürlich Müll und Abfall in einer so großen Stadt, doch es sind kaum Gegenstände. Es ist flüssiger, wenn nicht abgeholt, in Fäulnis übergehender Müll — Lebensmittelmüll, Dünste verbreitend und die Krähen in großen Scharen anlockend.

*Hunde und Katzen*

Die Beseitigung des Hundekots auf den Straßen ist in Moskau kein gesellschaftliches Problem — dafür gibt es zuwenig Haustiere, obwohl man sich manchmal wundern muß, wie die vereinzelt zu sehenden Großtiere — ein eleganter Barsoi oder ein Bernhardiner — in den kleinen Wohnungen Platz finden können. Aber man sieht viele streunende Hunde und Katzen in den Vororten, sie laufen frei herum wie auf dem Dorf, und sie legen sich im Winter auf die Stellen, die von den Röhren der Fernheizungen erwärmt sind, oder in die Nähe der Schächte, aus denen die Warmluft der Metro nach außen tritt.

### *Kinder*

Kinder sind die ungekrönten Könige der sowjetischen Gesellschaft, will sagen der sowjetischen Familien. Den Kindern gehört die Zukunft. Sie werden streng gewickelt, sie werden bei der Hand genommen, sie werden ins Leben eingeführt von der einzigen Autorität, die noch höher steht: der *babuschka,* und die es sich leisten kann, mit sich spielen zu lassen. So schwierig sonst die Lage für eine Familie sein mag, dem Kind darf es an nichts fehlen. Die Strenge im Kindergarten, in der Schule, in den Jugendorganisationen macht wett, was man sich in der Familie an Anarchie leistet. Kinder sind mehr als behütet, Jugendliche treten als Kinder in die Welt hinaus.

### *Studenten*

Ich habe nie sorglosere Studenten gesehen als in der Sowjetunion. Man lebt im Heim wie in einer zweiten Familie, man hat hinter sich die eigene Familie, die das knappe Stipendium aufstockt, solange es eben sein muß. Man bringt das Unausweichliche hinter sich, und man weiß, daß es am Ende für jeden einen Platz gibt. Das schafft ein ziemlich sorgloses Leben, eine Art verlängerter Adoleszenz, man heiratet früh.

Der Streß auf den Gesichtern rührt allein vom Examen her, nicht von einer Angst, ob man es überhaupt schafft, ob es überhaupt eine Zukunft gibt.

### *Die Macht der Frauen*

Die sowjetische Gesellschaft ist eine von Frauen zusammengehaltene. Frauen sind in dem Land, das in den Weltkriegen, im Bürgerkrieg und in der Zeit des Massenterrors die Männer verloren hat, nicht nur in der Mehrzahl, sondern sie haben auch eine dominierende Stellung, wenn man Dominanz wiederum nicht identifiziert mit politischer Dominanz. Sie stellen, von einigen Branchen abgesehen — Schwerindustrie, Bau und so fort —, die Mehrzahl der Arbeiterbevölkerung, manche Zweige sind fast ausschließlich in Händen von Frauen: Gesundheitswesen, Erziehung, Kultur, Warendistribution. Die Frauen halten die Familien mehr zusammen als die Männer. Sie, vor allem die Großmütter, sind die Säulen der Kindererziehung. Auf den Mann kann die sowjetische Familie verzichten, auf die Frau nicht. Man kann das als Emanzipation der Frau bezeichnen, man kann darin aber auch die Folge der Depotenzierung der Rolle des Mannes und des Zerfalls der bürgerlichen Existenz sehen.

### *Der unterforderte Mann*

Die Lebenserwartung des sowjetischen Mannes ist auf beängstigende Weise gesunken, sie ist im Vergleich zu anderen industrialisierten Ländern erschreckend niedrig. Der Mann ist das Hauptobjekt der Besserungskampagne »Los vom Alkohol«. Ich kann mir darauf keinen Reim machen, höchstens eine theoretische Überlegung anfügen: Welche Rolle spielt die Außerkraftsetzung des Privateigentums für die Auflösung der bürgerlichen Familie, und welche Rolle spielt die Auflösung der bürgerlichen Familie für die Untergrabung der führenden Rolle des Mannes als Ernährer, Erhalter, Vererber? Wenn etwas ansteht, dann wohl die Emanzipation des Mannes.

## *Babuschka*

Jene alten Frauen, die auf den Bänkchen vor den Wohntürmen sitzen, schwatzen und die Kinder spazieren führen, sind eine geheime Macht, einflußreicher wahrscheinlich als die amerikanischen Frauenorganisationen, aber nicht durch ihre Organisation, die es nicht gibt, sondern durch ihre Anwesenheit, durch das, was sie sind. Ohne sie gibt es keine Kindererziehung, auf sie fällt die Hauptlast, wenn alle anderen werktätig sind. Ihr Einfluß wurzelt in der Primärschicht der Lebenswelt, in der Ordnung der Kinderjahre.

Sie sind die Anwesenheit des Dorfes in der Stadt — die Mehrzahl der Hauptstädter sind Moskauer erst in der zweiten oder ersten Generation. Die Menschenagglomeration Moskau ist die Agglomeration von Menschen aus dem Dorf, die Hochhausbauten am Stadtrand sind hundertfach übereinandergeschichtete Dorfwelten, und die Hauptfigur dieses Einflusses und dieser Präsenz ist eben die *babuschka*. Das ist nicht romantisch gemeint. Sie ist ein Notbehelf, wo es nicht genügend Kindergärten gibt und wo die Infrastruktur vorab mit den unproduktiven, aber unverzichtbaren Alten rechnen muß. Die *babuschka* in der Stadt ist eine Figur der ersten Verstädterungswelle, und sie wird vermutlich verschwinden in dem Maße, wie die Urbanisierung voranschreitet.

## *Verrückte Typen*

Das Land ist weit, es setzt sich aus verschiedenen Zeit- und Kulturstufen zusammen. Es ist wenig uniformiert und homogenisiert, es gibt viele Bruchstellen und Leerstellen. Es gibt tausenderlei Ausweichmöglichkeiten. Obwohl jeder einen sicheren Arbeitsplatz hat, gibt es doch viele, die ungewöhnliche Arbeiten verrichten, die seltsame Karrieren und Berufsläufe hinter sich gebracht haben. Das gesellschaftliche Netz ist weitmaschig und anarchisch. Es gibt Studenten, die in Sibirien gearbeitet haben, Ingenieure, die monatelang in der Einsamkeit waren, Heiraten, die nach Tiflis und zurück geführt haben, eine Kapitänin, die ihren Kahn von Baku nach Tallinn steuert, einen Fabrikarbeiter, der sich etwas hinzuverdient, in die Wälder von Wologda fährt und Beeren sammelt, um sie dann auf dem Markt zu verkaufen. Diese Leute können Ungewöhnliches erzählen, sie haben viel gesehen und erlebt, auch ein bißchen mit dem Leben gespielt. Ich kenne in Deutschland keine solchen verrückten Typen — nicht einmal die Tramps nach Katmandu können da mithalten.

### *Miliz*

Ich nehme an, daß es Konflikte zwischen Ordnungshütern einerseits und der Bevölkerung andererseits nur an sehr wenigen Punkten gibt: zwischen Miliz und Trinkern, zwischen Miliz und Intelligenz-Leuten, zwischen Miliz und Jugendlichen. Werden sie überhaupt als staatliche Gewalt wahrgenommen? Ich hatte immer den Eindruck, daß sie eher als »welche von uns« angesehen werden — im Kleinen auf der Straße, wenn man Auskunft will, die sie meist nicht geben können, im Großen bei Massenumzügen mit Aufgeboten, die einen erschrecken lassen (an Stadien, bei Umzügen, wo ein ganzes Stadtzentrum abgeriegelt werden kann). Konfrontationen von Massen mit den Rittern des 20. Jahrhunderts — solche Szenen sind Bilder aus dem Fernsehen des Auslands.

*Militärs*

Ich spreche von ihnen als einer Alltagserscheinung, weil sie im Alltag einer großen Stadt wie Moskau auffällig sind, wohl die herausgehobenste Menschenklasse, herausgehoben durch ihre Uniformen und ihren Habitus. Das ist das sichtbarste Überbleibsel der vorrevolutionären Gesellschaft, in der jeder Berufsstand seine eigene Montur hatte. Es sagt möglicherweise etwas über gesellschaftliche Nivellierung aus, in der man sonst gesellschaftliche Klassen, bestimmte Profile nicht leicht erkennen kann. Bei den Militärs ist das anders. Es hat auch etwas mit dem Status zu tun, wenn Armeeangehörige es vorziehen, in Uniform und nicht in Zivil zu gehen. Der Status des Militärs ist nicht diskreditiert.

*Autoritätsperson »schwejzar« — der »Schweizer«*

Der *schwejzar,* der »Schweizer«, steht an den Eingangstüren der Hotels, der Behörden. Er ist eine Art Zerberus, in Hotels livriert, sonst in einem irgendwie förmlichen Grau. Die »Schweizer« haben jahrzehntelange Übung im Abschätzen von Menschen. Sie ziehen aus der Kleidung, aus der Sicherheit des Auftretens oder der Unentschlossenheit des Gangs ihre Schlüsse. Es sind Menschenkenner, Physiognomen, die ihre Erfahrung und ihr Wissen hinter allzeit mürrischen und abweisenden Gesichtern verstecken. Sie genießen ihr Erfahrungsmonopol im Taxieren von Menschen und ihre Entscheidungsmacht in der Frage: Wer darf eintreten, und wer wird abgewiesen? Man kommt mit ihnen nur zurecht, wenn man ihre Regeln spielt: sicher auftritt, auch wenn man nicht weiß, wohin man sich wenden muß, arrogant jede Anfrage abweist, denn wer arrogant ist, der ist ein Herr, den man nicht fragt, oder aber — wer sich darauf versteht — diskret die Dreirubelnote am Eingang des Hotelrestaurants übergibt, an dessen Türe natürlich immer steht »Keine Plätze frei«.

### *Ämter*

Ämter werden gemieden wie überall sonst auch, auch dort sind natürlich die Schlangen. Die Bürokratie ist weder so leistungsfähig noch so kalt objektiv wie bei uns, oft hat man den Eindruck, die linke Hand weiß nicht, was die rechte tut. Sie scheint nur zu funktionieren, indem sie ihr eigenes Reglement umgeht. Man fragt sich manchmal, wie trotz allem alles irgendwie zusammenhält und funktioniert. Man hat meinem Eindruck nach in der Sowjetunion weniger mit Ämtern zu tun als bei uns. Der Vergesellschaftungs- und Verrechtlichungsprozeß — nicht zu sprechen von der Datenerfassung — hat uns restlos im Griff (wenn ich nur an die Finanzämter denke, und daß es im Grund keine Operation gibt, die unverborgen bleibt). Der Sowjetbürger mag in vielem in einem vorrechtlichen oder nicht durch und durch verrechtlichten Zustand leben — aber er hat auch weniger zu tun mit all diesem Rechenschaftslegen, das sein Allerpersönlichstes betrifft.

### *Veteranen*

Wer aus einer Gegend kommt, in der alles Militärische in Mißkredit geraten ist, muß ins Staunen geraten über die Schaustellung militärischen Heldentums. Doch der Kriegsheld — und jeder Teilnehmer des Großen Vaterländischen Krieges erscheint den Nachgeborenen als solcher — ist allgegenwärtig, er gehört einer herausgehobenen Menschenklasse an, ausgezeichnet durch sein Alter, auf das Rücksicht zu nehmen ist, durch die Orden, die seine Brust bedecken und vor denen Respekt bezeugt wird. Veteranen werden außerhalb der Schlange, außerhalb der Reihe bedient — was nicht wenig Unmut erzeugt. Veteranen genießen dieses Privileg. Veteranen haben viel Zeit und schauen von der Seite her, über ihre Brillengläser hinweg, auf das neumodische Treiben. Ihre Anwesenheit allein sagt immerzu: »Das hätten wir uns damals nicht erlauben können.« Sie sind ein kollektiver Vorwurf an die Jugend, die es nicht so ernst zu meinen scheint. Veteranen geben zu allem ihren Kommentar, sie sind die kollektive Wachsamkeit, sie sind die lebenden Kommentare der vergangenen Heldenzeit zum Normalalltag.

Die geschichtliche Sekunde, in der alles anders wird, ist die Hauptattraktion, die das gegenwärtige Moskau zu bieten hat. Es ist eine Stadt nicht nur für Touristen, sondern für Zeitgenossen, die mit eigenen Augen sehen wollen, wie eine Zeit zu Ende geht und eine andere beginnt. Es gibt nicht viele Gelegenheiten und nicht viele Orte, an denen sich beobachten läßt, wie Zeit Vergangenheit wird. Der Riß im Kontinuum der Zeit, sonst nur eine geschichtsphilosophische Abstraktion, läßt sich als wirklicher Bruch studieren. Was dem heutigen Moskaureisenden bevorsteht, ist das große Abenteuer, als Augenzeuge dabeizusein, wenn eine Gesellschaft sich anschickt, das für sie Schwierigste zu bewerkstelligen: eine halbwegs erträgliche Normalität.

### *Moskauer Zeit neuen Stils*

Moskauer Zeit neuen Stils ist, wenn die Einheimischen von Ereignissen in der Hauptstadt — einem Unfall in der Metro oder einer Kundgebung am Puschkin-Platz — zuerst über das sowjetische Fernsehen oder die *Moskowskaja prawda* erfahren und nicht über Radio Liberty oder die Stimme Amerikas. Moskauer Zeit neuen Stils ist, wenn man aufhört, das Selbstverständliche anderen zu überlassen, anstatt es selbst zu tun. Moskauer Zeit neuen Stils ist, wenn ein Faktum keine »Verleumdung« mehr ist und ein Streik ein Streik genannt wird. Moskauer Zeit jetzt ist, wenn die Intellektuellen der Hauptstadt nicht mehr zu Hause anzutreffen sind, weil sie ständig in der Welt unterwegs sind — zu Vorträgen und Symposien in Rom, Paris, München oder New York. Moskauer Zeit ist, wenn Zeit knapp geworden ist. Neue Moskauer Zeit ist, wenn der Gelehrte und Spezialist für italienische Renaissance, der ein Leben lang über Florenz, Bologna und Pisa geschrieben hat, ohne die Orte seiner Leidenschaft je anders als in seiner Imagination gesehen zu haben, am Ende seines Lebens endlich einen Auslandspaß bekommt und das Flugzeug besteigt. Neue Moskauer Zeit ist, wenn der Abstand zwischen dem Erscheinungsdatum wichtiger Werke im Westen und ihrer Rezension in der sowjetischen Presse sich auf die Hälfte verringert hat. Neue Moskauer Zeit ist, wenn in der pompösen »Ausstellung der Errungenschaften der Volkswirtschaft« die Computer aus Singapur, Taiwan und Korea zum Maßstab der Zeitrechnung von Fortschritt und Rückstand gemacht werden und nicht die Stückzahl produzierter Raupenschlepper. Neue Moskauer Zeit ist, wenn Bilder, die noch gar nicht gemalt sind, bereits von Galeristen aufgekauft werden.

Die Daten der neuen Moskauer Zeit werden von Leitartikeln, Erscheinungsdaten, Buchpublikationen gemacht. Der Beginn der Veröffentlichung von Solshenizyns *Archipel Gulag* im Augustheft 1989 von *Nowy mir* ist ein Datum der neuen Moskauer Zeit. Die Zeit bemißt sich nun nicht mehr allein nach der quälend langsamen Fortbewegung in der Schlange vor dem Geschäft, sondern nach dem Tempo, in dem bis dahin existierende Tabus gebrochen und weiße Flecken ausradiert werden. Neue Moskauer Zeit ist, wenn die Zeit nicht mehr reicht, um die wachsende Zahl wichtiger Zeitungs- und Zeitschriftenartikel zu verfolgen. Man muß seine Zeit nicht mehr mit dem Abschreiben von *samisdat*-Texten verbringen; man ist nicht mehr gezwungen, binnen zweier Nächte Wassili Grossmans *Leben und Schicksal* durchzulesen, weil die Schlange der auf das verbotene Manuskript Wartenden so unendlich lang ist. Man hat Zeit gewonnen, weil nun *Nowy mir, Snamja, Drushba narodow* ins Haus des Abonnenten liefern, was früher nur mühsam und kraftraubend zu beschaffen war. Die neue Moskauer Zeit ist unübersichtlich geworden.

Und zugleich wird sie überschaubar. Jetzt, wo so viel an der Initiative des einzelnen hängt, tritt die Lebenszeit der einzelnen aus dem Schatten der Lebenszeit von Institutionen heraus. Was man erreichen kann, hängt nicht mehr an den ins Unendliche weisenden Perspektiven und Verwirklichungsfristen von Parteiprogrammen oder Fünfjahrplänen. Die Jetztzeit wird zum Zentrum und hört auf, Minderwertigkeitskomplexe vor einer »heroischen Vergangenheit« und einer »glücklichen Zukunft« zu empfinden. Sie ist keine Zeit im Schlepptau einer irgendwann anbrechenden Zeit mehr, sie hört auf, sich immer nur als das »Überholen« einer anderen, viel schnelleren Zeit verstehen zu müssen. Moskauer Zeit neuen Stils ist selbstbewußte Jetztzeit.

Die Einheitszeit zerfällt. Während im Alltag die Zeit stillsteht, sich verlangsamt, beschleunigt sich die Ereigniszeit, die sich in den Medien Bahn bricht, schwindelerregend. Die Interviews mit den exilierten und emigrierten Dichtern in der mitternächtlichen Fernsehsendung egalisieren ein mehr als zwei Jahrzehnte dauerndes Schweigen, aber die Fahrt im überfüllten Bus von der Arbeit nach Hause zehrt noch immer die letzten Reserven auf, die der Werktag einem gelassen hat. Ein einziges Wort im Fernsehen löscht den Wortgebrauch einer ganzen Generation, aber die langsam vorrückende Schlange am Stand für Seife prolongiert die Trägheit eines ganzen Zeitalters.

Die Moskauer Einheitszeit zerfällt. Zwar werden nach ihr noch die Züge abgefertigt, die von der Hauptstadt ins Reich hinausgehen, aber dort, wo sie ankommen, hat man eigenmächtig neue Zeitrechnungen verfügt. So buchstäblich im Baltikum, das die Uhren zurückstellt und so Helsinki, Warschau und Berlin näher ist. Es gibt im Reich, dessen Hauptstadt Moskau ist, Zonen der beschleunigten, der verlangsamten und der gleichmäßig dahinfließenden Zeit. Der Zerfall der Einheitszeit gibt den Blick frei auf eine veränderte Topographie des Reiches. Sichtbar werden die Driften an der Peripherie. Mit bloßem Auge, wie in der Zeitlupe, ist zu sehen, wie sich Grenzverläufe ändern, lange bevor über Staatsgrenzen überhaupt gesprochen wird. In einem gleichmäßig fließenden Raum bilden sich plötzlich Herde, Knotenpunkte dramatischer Zuspitzungen, Orte für Entscheidungen, die das ganze Land, vielleicht das Leben jedes einzelnen betreffen. Real existierende Räume werden zur Formalität und Fiktion, untergründig verbundene Netzwerke treten plötzlich als homogene Räume in Erscheinung. Ein Gewebe, an das sich das Auge des Fernsehzuschauers so gewöhnt hatte wie an die allabendlich ausgestrahlte Wetterkarte, wird blaß. Das Relief des Raums, das sich im Kopf gebildet hat, bekommt neue Konturen, neue Zentren. Schon von einem Tag auf den anderen kann alles anders sein, auch wo sich bisher nichts geändert hat. Die Republiken fangen an, ihren eigenen Rhythmus zu erproben. In Moskau sagt man, Leningrad habe Moskau überholt und was dort im Fernsehen riskiert werde, traue sich Moskau immer noch nicht. Im Baltikum ist selbstverständlich geworden, was anderswo noch Skandal ist.

Der Zyklus der offiziellen Zeit, der so fürsorglich das Leben des Sowjetmenschen umgibt, bricht auf. Die Festtage des roten Kalenders, allen voran der 9. Mai und der 7. November, mit Paraden, Großveranstaltungen und Feuerwerk in den großen Parks, all jene Festtage, die den Luftstreitkräften ebenso wie den Frauen, der Fischereiflotte des Landes ebenso wie den

Kosmonauten gewidmet sind, sind zur Folklore geworden. Der offiziöse Kalender wird kontrapunktiert durch einen anderen, der sich spontan gegen die ritualisierte Zeit bildet. Es sind die symbolischen Daten eines neuen Kalenders: die Jahrestage der nationalen Unabhängigkeitserklärungen, die Gedenktage der Okkupationen, die Nächte der Massendeportationen, der Todestag des »Führers aller Völker«. Noch wichtiger als die symbolischen Daten sind die der wirklichen Aktivierung: der Beginn der Wahlkampagne, das Inkrafttreten des neuen Gesetzes über wirtschaftliche Selbständigkeit oder die Aufhebung der Fristen für Archivalien. Die neue Moskauer Zeit ist unruhig, ungleichmäßig, schockierend. Sie hat ihre Schrecksekunden: die Tifliser Blutnacht vom 7. April. Sie hat ihren Schrecken ohne Ende: den Belagerungszustand und die Ausgangssperre in Nagorny Karabagh. In einer Sekunde geschieht, was in Jahrzehnten nicht möglich war. Ganz Moskau sieht einen Monat lang Bilder, die zwei Menschenalter in den Museumsmagazinen eingeschlossen waren. Das ganze Land bekommt in einem Jahr die große Literatur zurück, die ihm jahrzehntelang genommen war. Eine Aneignungsaktion großen Stils zieht die nächste nach sich, die Kriechbewegung der Bittgänger und Schlangesteher hat ein Ende — jedenfalls dort, wo Wissen Berge versetzen kann. Die Maßeinheiten der neuen Zeit sind Laufschritte auf die Wirklichkeit zu. Sie beschleunigt sich, wo Widerstand der Zensur vermutet werden kann — die aber stellt sich tot.

Die neue Moskauer Zeit will heraus aus der verlangsamten Zeit, in der das Einfachste so anstrengend und aufreibend ist. Sie will heraus aus den Kriechbewegungen der Schlangen, die sich vor dem alltäglich Notwendigen bilden. Sie will heraus aus der Schwere des sowjetischen Normalalltags, aus der Aussichtslosigkeit, noch zu Lebzeiten eine eigene Wohnung zu beziehen. Sie will sich frei machen von einer Zeit, in der sich die umständliche Prozedur und die Verkomplizierung von allem auch über das Naheliegende und Einfache gelegt hat.

Die neue Moskauer Zeit bekommt eine andere Qualität, sie wird unberechenbar, ist voller Überraschungen. Sie übt Zugzwang aus. Sie erzeugt einen Sog, in dem die Langeweile verschwindet, und ist aggressiv gegen die Alltagszeit, die sich so wenig ändert.

### *Zeitmaschine Medien*

Der geschichtliche Augenblick spielt sich nicht hinterrücks, sondern vor den Augen der Fernsehzuschauer und Zeitungsleser ab. Die Zeitungen sind die *res gestae* des Augenblicks. Das Medium eröffnet den Blick auf die schwierigste aller Zeiten: die Gegenwart, die so ganz anders als die Vergangenheit gewordene und ganz anders als die zukünftige Zeit unübersichtlich, unfertig, formlos, unbestimmt ist. Alles vermischt sich, Zerfall der alten und Bildung der neuen Zeit. Aber das geübte Auge sieht in diesem Rohzustand fast wie unter einer Zeitlupe, wie die Zeit in ein Davor und ein Danach auseinandertritt. Kairos, die »rechte Zeit«, manifestiert sich im Medium des flüchtigen Bildes, nicht nur in der künftigen Archivakte, im Tonfall, der sich nicht protokollieren läßt, in der Geste, die mit dem Körper erlischt. Historikern aller Richtungen möchte man zurufen, die Gunst der Stunde nicht verstreichen zu lassen und von der Zeit, bevor sie Geschichte wird, zu kosten, weil so erst Geschichts- wieder Vergegenwärtigungsarbeit werden kann.

*Wremja,* die Nachrichtensendung des zentralen Moskauer Fernsehens, wird wie schon vor Jahren von den etwas steifen Sprechern Galina Simenkowa und Viktor

Suslow mit einem »Guten Abend, liebe Genossen« eingeleitet und von einer Wetterkarte beschlossen, die die Hauptstädte der Unionsrepubliken bei schönstem Sonnenschein zeigt. Zwischen freundlich-familiärer Anrede und ausklingender Feierabendmusik aber stürzen dramatische Bildsequenzen über den Zuschauer herein: Schüsse auf der von Palmen bestandenen weißen Promenade von Suchumi, Berge von beschlagnahmten Waffen, leergefegte Hotels, belagerte und gesperrte Flughäfen; Hunderttausende in Baku, unübersehbar und überweht von der grünen Fahne des Propheten; defekte Getreidesilos und Desorganisation im Transportwesen, so daß die Erträge der erfolgreichen Ernte gefährdet sind; neben den Katastrophen der Natur jene, für die es Verantwortliche gibt; Kundgebungen in Tallinn, Riga und Kischinjow; freilich auch die offizielle Verlautbarung vom Besuch des philippinischen Ministers oder der vietnamesischen Delegation; Bilder, die man bisher nur aus den Geschichtsbüchern und aus Filmen kannte: Arbeiter im Massenstreik, doch diesmal nicht im Petersburg und Łódź des Jahres 1905, sondern in den verrauchten Industrielandschaften des sibirischen Kusbass und des Donezbeckens im Jahre 1989. Die von *Wremja* gelieferten Bilder lassen Bilderwelten, in die ganze Generationen hineingewachsen sind, in sich zusammensinken.

Dies gilt noch mehr für all jene Sendungen, die von einem großen Publikum mit großer Spannung gesehen werden — etwa die *600 Sekunden* oder *Das fünfte Rad* des Leningrader Fernsehens. Interviews mit Eduard Limonow und Andrej Sinjawski, in Paris aufgenommen, wechseln sich mit Reportagen aus dem Leben der großen Stadt ab. Es sind Meldungen von Mord und Totschlag, Bildsequenzen, die den Schwarzhandel mit Kaviar, eine Demonstration der Monarchisten auf dem Newski-Prospekt, Details einer Vergewaltigung, Schießereien zwischen rivalisierenden Banden ins sowjetische Wohnzimmer bringen. Der Schock darüber verliert sich schnell, aber die Spannung, die darin liegt, daß die Medien einer spannungsreichen Wirklichkeit auf der Spur sind, bleibt. Wichtiger als die Kriminalgeschichten ist, daß die Bewegung der Gegenwart selbst sich wie eine Kriminalgeschichte anläßt und daß kein noch so genialer Regietrick es mit der Regie, die die Geschichte führt, aufnehmen kann. Weil in dieser Geschichte alles offen ist, hängt alles am nächsten Schritt und am richtigen Wort zur rechten Zeit. Aus den wenigen Zeitungen, die brisante Themen riskierten, sind viele geworden, die Sensationen hören auf, Sensationen zu sein. Noch immer gibt es viele weiße Flecken, und immer noch ist die Enthüllung notwendig, doch die Aktivität dieser neuen Öffentlichkeit geht auf etwas ganz anderes: auf die Herstellung einer Öffentlichkeit, in der es weiße Flecken nicht mehr geben kann. Es verändert sich die Semantik, die kunstvolle Rede der Andeutung wird abgelöst durch einen investigativen Journalismus, der es darauf ankommen läßt. Ein Wort ergibt das andere. In einer Folgerichtigkeit, die durch die Wirklichkeit selbst vorgegeben ist, kommt an die Reihe, was zunächst am Rande blieb. Wenn es noch nicht um die Archive insgesamt geht, so doch um die bürokratische Instanz des Glawarchiw, der Archivverwaltung. Die Diskussion über den KGB wird am »individuellen Fall« eröffnet, und der individuelle Fall führt wie fast immer ins Zentrum des Sache. Eine Presse, die etwas zu riskieren hat, ist genau.

Es verliert seinen Sinn, von Sensation zu sprechen, wo diese bereits von einer anderen wieder überboten worden ist. Die sensationelle Nachricht gehört dem Staat der Zensur an, in einer frei werdenden Öffentlichkeit ist sie bloß hartes und bitteres Fakt, mit dem man umzugehen lernt. Der dynamische Teil der sowjetischen Medien lebt nicht vom Enthüllen des Verbrechens, sondern vom Evidentmachen einer fragil werdenden Wirklichkeit. Er bezieht seine Kraft nicht aus der Opposition, sondern aus seiner Position. Er hat es nicht nötig, die Macht herauszufordern, da die Macht in die Situation kommt, sich öffentlich rechtfertigen zu müssen. Welche Absichten die Führung mit der Presse auch immer hatte und hat, sie ist inzwischen zum Organon einer autonom werdenden Öffentlichkeit geworden.

Jene dreißig Tage Fernsehübertragung von der ersten Sitzungsperiode des Obersten Sowjets waren Geschichte im Rohzustand, und das Land hat zugehört und zugesehen und die Arbeit liegengelassen. Die Bilder erinnerten an die alte, im Taurischen Palais tagende *duma*. Das Parlament war vielleicht nicht ganz so zustande gekommen wie sonst auf der Welt, hatte dafür aber einen Nobelpreisträger und so viele Schriftsteller und Gelehrte unter seinen Deputierten wie kein anderes Parlament. Und es geschah das Unerhörte. Von einer anfänglichen Unbeholfenheit findet es zu einer erstaunlichen Routine im Prozeduralen. Ein Präsident, der anfänglich dazu neigt, das Parlament wie einen Parteitag alter Machart zu leiten, lernt, der »Selbstbewegung« der Deputierten nachzugeben. Aus Deputierten, die sich bei der Abstimmung anfangs noch vergewisserten, wie wohl zu stimmen sei, werden Abgeordnete, die ihre Unsicherheit nicht mehr verbergen. Es finden sich der Unbekannte, der sich als Gegenkandidat nominiert, und die Unbekannte, die Sacharow zur Seite springt, als er niedergeschrieen wird. Die Spannung des geschichtlichen Augenblicks versteckte sich in Prozedurdiskussionen, die Spaltung der Zeit wurde sichtbar im Zauber, der jeder freien Rede anhaftet, und im routinierten Gelalle derer, die im Grunde nichts mehr zu sagen haben.

Das sowjetische Fernsehen, das die alte Bilderwelt in sich zusammensinken läßt, schafft einen neuen Konzentrationspunkt. Es wird zum großen Kommunikator, der mit einem Schlag die Millionen Küchenöffentlichkeiten aus ihrer Isolierung reißt und in einem Kurzschluß zusammenbringt. Sie haben dem Land etwas gegeben, was Historiker später nennen werden: das Ende der Atomisierung und den Beginn einer Öffentlichkeit, die eine bürgerliche genannt werden könnte — ohne Bürgertum.

### *Eine Formation wird Geschichte*

In den vielen Themen gibt es ein einziges Thema: was die Sowjetunion ist und wie sie zu dem geworden ist, was sie ist, nicht bloß als politisches Gebilde und Funktionieren von Apparaten, sondern als Lebens- und als Denkform, als sowjetische Zivilisation. Die neue Unübersichtlichkeit kommt nicht aus Verlegenheit, sondern aus dem Reichtum einer Wahrnehmung, die möglich wird, wo die Blickrichtung, die Perspektive, die Optik sich mit einem Ruck verschoben haben. Das allzu Vertraute wird plötzlich befremdlich; das so lange Selbstverständliche versteht sich nicht mehr von selbst; was nah war, geht nun auf Distanz. Was zuvor nie einer Begründung bedurfte, wird fragwürdig. Es ist der Augenblick, in dem es wie Schuppen von den Augen fällt und der Kaiser nackt dasteht.

Die leidenschaftliche Zuwendung zur Vergangenheit scheint eher zu belegen, daß die Gegenwart noch ganz in ihrem Bann steht. Die Geschichte bricht über die Gegenwart herein, in immer neuen Bildern und Dokumenten, in immer neuen furchtbaren Details. Was immer es ist — die Recherche über die letzten Tage Mandelstams im Lager bei Wladiwostok, die Kinoaufnahmen über die Deportation der Kulakenfamilien, der Bericht der Ohrenzeugen der Erschießungen von Kuropaty, die Leserbriefe an *Selskaja shisn,* die vom Sterben der ukrainischen Bauern berichten, das makabre Begräbnis des Philosophen Lew Karsawin im Lager von Inta: Überall tauchen die Schlachtenbilder des großen Blutbades auf, in dem die Sowjetunion ihre besten Kräfte und einen großen Teil ihrer Bevölkerung verlor. Die Leidenschaft, mit der die geraubte Zeit in die Gegenwart zurückgeholt und die Opfer dem Vergessen entrissen werden, speist sich aus dem Leiden der Überlebenden, vor allem aber aus der Erschütterung derer, die beschämt und verzweifelt eine Antwort auf die Frage »Warum das alles?« finden wollen. Es ist auch von Wiedergutmachungsverfahren, sogar von Prozessen die Rede. Und doch ist die Vergegenwärtigung des Massakers der Weg, um aus dem Schatten der Vergangenheit herauszutreten. Der Bann, unter dem die heute Lebenden stehen, wird gebrochen, indem zur Sprache gebracht wird, was geschah. Indem die Gegenwart auf Distanz geht, wird es ihr möglich, auf neue Weise von der Vergangenheit zu sprechen. Das erinnert in manchem an den deutschen Historikerstreit und ist doch etwas ganz anderes: kein Stellvertreterkampf in der Gegenwart, sondern das Weggleiten einer ganzen Formation in die Vergangenheit. Die Wucht dieses Vorgangs läßt vorerst keinen Raum für Rechthaberei. Das Reden über sowjetische Vergangenheit hat seine Schwerpunkte — die Kollektivierung, die Säuberungen, die Vorgeschichte des Kriegsbeginns —, aber das Entscheidende ist nicht mehr die Haupt- und Staatsaktion, die Großbauten und Großverbrechen des sozialistischen Aufbaus, sondern die Epoche selbst. Nicht weiße Flecken werden besichtigt, sondern ein Zeitalter, das sich in der alten Sprache nicht annähernd bezeichnen läßt.

Die sowjetische Geschichte bekommt wieder einen Namen. Sie hat Gesichter und nicht bloß anonyme Kräfte, es gibt wieder Personen und Geister, nicht bloß Faktoren und Gesetze. Der monolithische »Aufbau des Sozialismus« zerfällt in ein unübersehbares Feld von gescheiterten und geglückten Anstrengungen von Menschen. Ideologische Fraktionen bekommen ihre menschlichen Züge zurück, »Abweichungen« werden zu einem lebendigen Zweig geschichtlicher Bewegung und Erkenntnis, die Beschwörung »gesellschaftlicher Gesetze« wird durch die Erzählung dessen, was war, abgelöst. Alles Leiden und Opfer ist entblößt von dem verklärenden Schein, den die glückliche Zukunft auf sie so lange geworfen hat, und was bleibt, ist menschliche Größe und menschliche Gemeinheit — je nachdem. Der Geist der Partei löst sich auf in die Geister ihrer Mitglieder und ihre Mitglieder in Sieger und Besiegte — und beide werden zu Gestalten der Vergangenheit. Wo es keine Lehre mehr zu ziehen gibt, muß — vorläufig wenigstens — auf das Schulexamen im Fach Geschichte verzichtet werden. Als das Bild Trotzkis zum ersten Mal in den Moskauer Zeitungen erschien, war etwas zu Ende: die Nicht-Existenz als eine Person, die alle von Kindheit an kannten, ohne sie je gesehen oder je eine Zeile von ihr gelesen zu haben. Eine Unperson war zu einer leibhaftigen Geschichtsfigur, ein Mythos endlich Geschichte geworden.

Dem distanzierten Blick derer, die über die Vergangenheit hinaus sind, zeigt sich das Vertraute im neuen Licht. Die Studenten der Lomonossow-Universität studieren dann nicht mehr bloß an der größten Universität der Welt, sondern im gigantischen, von Zwangsarbeitern errichteten Komplex, und ihre Zimmer in »Zone A« oder »Zone B« erinnern dann daran. Die Gegenwart bekommt ihre Vorgeschichte zurück. Im »entkernten« Kreml vermißt das Auge auf einmal das Tschudow-Kloster und am Eingang zum Roten Platz die Iberische Pforte. Stadttopographien bekommen neue Zentren. Das graue »Haus an der Moskwa« ist dem Passanten dann nicht bloß ein literarischer Ort, sondern ein Schauplatz der Verhaftungen der »Leninschen Garde«. Das große Freibad in unmittelbarer Kremlnähe hört auf, bloß eine Leistung der Stadt zugunsten ihrer Bürger zu sein, und wird zur empörenden Banalität: Zuvor hatte hier hundert Jahre die monumentale Christ-Erlöser-Kathedrale gestanden, bis sie in den dreißiger Jahren gesprengt wurde, um Platz zu schaffen für jenen »Palast der Sowjets«, der — geradezu an seiner eigenen Monstrosität scheiternd — nie gebaut wurde und nur eine Baugrube hinterließ. Die Vorstellung von den weiten Räumen des Landes wandelt sich, sobald über Ausstellungen und Zeitungen die Karte des Gulag Allgemeingut wird. Selbst die heillose ökologische Situation der Sowjetunion führt zurück in die Anfänge dieser beispiellos radikalen Modernisierung — zu den gigantomanen Plänen zur »Umgestaltung der Natur«, die Berge versetzten und Flüsse umleiteten und so die »Fehler« der Natur korrigierten. Es gibt kein Feld, in dem die Politisierung und Verstaatlichung nicht eine Spur hinterlassen hätte — im Verschwinden der Esperanto-Zirkel, im Sortiment der Parfums, an den Lagerhallen, die eigentlich Kirchen sind. Die Großbauten, die einmal weit in die Zukunft hineinreichten, zeigen Abnutzungserscheinungen. Wenn selbst von der Moskauer Metro, dem nie bezweifelten Monument zukunftsgerechter Fortbewegung, gesagt wird, sie halte nicht mehr Schritt; wenn in Zeitungen den Bauten des Stalinschen Empire der dreißiger und vierziger Jahre der gewisse Charme, der erst mit der Alterung entsteht, zugebilligt wird — dann geht das, was einmal Zukunft und so lange Gegenwart gewesen war, in Geschichte über.

Aber es kommt auch vor, daß längst vergangene Vorvergangenheiten wieder in die Gegenwart aufsteigen. Die Lektüre wird zum *déjà vu*. Der gegenwärtige Kulturaufschwung wird nicht zuletzt von Reprints getragen, und das Faksimile eines Textes von 1909 ist oft zeitgemäßer als ein Original von 1989. Die Kaufleute und Mäzene, die heute fehlen, hat es schon einmal gegeben, und die Zeitschriften mit Verlagsort Moskau/Paris/Berlin, die vor siebzig Jahren eingestellt worden sind, firmieren jetzt als Beispiel für ein Zukunftsprojekt. Zeitgenossenschaften ändern sich: Die überwältigte Zeit, so stellt sich jetzt am Ende des »Jahrhunderts der Wölfe« heraus, ist die unüberbotene geblieben. Der Blick, der frei geworden ist, nimmt die Triumphe der Häßlichkeit wahr, die eine expansive Modernisierung überall im Lande gefeiert hat. Der distanzierte Blick ist relativistisch geworden und hat alle Naivität eingebüßt. Man spricht über Marx als den großen Gelehrten des 19. Jahrhunderts und über Lenin als den Sterblichen. Die Wärter am Sarkophag geben in Interviews Auskunft, wie Temperatur und Feuchtigkeit zu regulieren sind, damit die Leiche erhalten bleibt, während andere in öffentlicher Diskussion auch für Lenin das Recht auf ein gewöhnliches Begräbnis fordern. Wenn das Allerheiligste Gegenstand der Diskussion über Für und Wider geworden ist, hat die Säkularisierung auch die Sphäre der Macht ergriffen. In diesem Prozeß kehren die menschlichen Maße zurück, in der neuen Bildwelt verblaßt die Ikone, und im Verzicht auf die liturgisch beschworenen Prinzipien zeigt sich, daß immer mehr im Land auch ohne sie leben können. Ein Land, das sich diesen Blick auf sich selbst zutraut, das die Krücken weggeworfen hat und in die Gegenwart eingetreten ist, muß stark sein.

Der Logos — wie immer steht am Anfang der neuen Zeit das Wort. Es kommt wie von selbst, leicht und doch bestimmt, ernst, aber nicht überanstrengt, mit einer Sicherheit, der man anmerkt, daß es nur auf den richtigen Augenblick, in dem sich alles wie von selbst fügt, gewartet hat. Das richtige Wort zur rechten Zeit und an der richtigen Stelle löst den Bann, das gänzlich Unerwartete ist ohne größere Beweisführung sogleich plausibel. Was jetzt aufbricht, hat eine lange Akkumulationszeit hinter sich. Die neuen Gesichter, die jetzt auf den Bildschirmen auftauchen, sind keine Barrikadenkämpfer und Untergrundgestalten, sondern gestandene, besonnene Leute. Sie sprechen nicht hastig, sondern ziemlich ruhig, wie jemand, der weiß, daß durch erregtes Gerede nichts zu gewinnen ist, solange nicht mehr in Bewegung gekommen ist. Die Öffentlichkeit hat wieder Namen und Gesichter, und ihre Namen stehen für Richtungen, Nuancen, individuelles Profil — das hat es im langen Zeitalter der Kommuniqué-Sprache nicht gegeben. Es ist ein Erlebnis geworden, Menschen zuzuhören und zuzusehen, wo immer nur Verlautbarungen vorgebracht wurden. Die Eleganz und Anmut des freien Gesprächs, die Offenheit jedes Dialogs, an dem etwas hängt, die Interviewfrage des Reporters, der die Sache und nicht den Rang seines Gegenübers im Auge hat, die Überzeugtheit von der eigenen Position — das ist der Auftritt der neuen Generation. Das ist die Stunde, auf die die Leute der fünfziger und sechziger Jahre gewartet haben und mit ihnen viele andere, die noch unter Stalin oder schon unter Breshnew groß geworden waren. Diese Generation hat das Erlebnis des Freiwerdens in ihrer Jugend schon einmal gehabt, in der Zeit des »Tauwetters«. Sie erinnert sich an ihren naiven Enthusiasmus, mit dem sie nach Kasachstan gezogen war zur Neulandgewinnung. Sie las im Untergrund oder ganz legal, was heute erst wieder in die Öffentlichkeit gelangt. Die Weltfestspiele der Jugend in Moskau 1957 hat sie als inspirierendes Datum in Erinnerung, und als politische Generation wurde sie geboren mit der Lektüre von Chruschtschows Geheimrede über Stalins Verbrechen. Nur wenige wurden später Dissidenten, aber die Gärung der fünfziger und frühen sechziger Jahre hatte sie unfähig gemacht, einfach so fortzufahren wie bisher. Sie hatte nach den Prozessen gegen führende Intellektuelle und nach der Okkupation der Tschechoslowakei ihre eigene mehr oder weniger funktionierende Öffentlichkeit, marginalisiert, verdächtigt, fast hoffnungslos. Aber in dieser Zeit des Aufbruchs und der Rückschläge hat sie alles gelernt, was sie jetzt braucht. Die geschichtliche Sekunde ist aufgeladen mit dem Leben dieser Generation, ihrer Jugend, ihrem Erwachsenenalter, ihrer Reife. Diese Generation improvisiert nicht, aber sie marschiert auch nicht in Marschreihen, die ihr zuwider sind. Nicht eine Strategie ist ihre Stärke, sondern daß es sie selbst — die erwachsene Generation — gibt. Sie hat im Stillstand Zeit gehabt, sich ihre eigenen Gedanken zu machen. Sie hat innerhalb der sinnlosen Tätigkeiten versucht, etwas Sinnvolles für sich zu tun. Sie hat im Dschungel des bürokratischen Alltags Wege gefunden, um intellektuell und moralisch überleben zu können. Ihre besten Freunde waren die Ex-Häftlinge aus Stalins Lagern — das gab ihr eine solide historische Bildung. Sie glaubte selbst noch einmal an einen erneuerten Marxismus-Leninismus und hat in ihren den Volkstümlern nachempfundenen Zirkeln der fünfziger Jahre die Erfahrung gemacht, daß das der Weg nicht sein kann. Den westlichen Linksintellektuellen, die sie nicht verstehen und denen sie suspekt ist, hat sie eine ganze Lebenserfahrung voraus. Sie hat sich gegen die Gängelung nicht immer wehren können, aber sie hat sich dabei vollgesogen mit Spott und Bitterkeit gegen die Subalternen an der Macht. Sie hat ihren Witz gebildet im Umgang mit den Gesinnungsfunktionären, die von nichts eine Ahnung haben. Ihr Zynismus war eine Form der Selbstaufklärung. Sie war die erste ironische Generation der Sowjetgesellschaft. Sie kennt die semantischen Gehalte von Schlüsselwörtern, denn sie lernte sich zu verständigen, auch wenn das Telephon belauscht wurde. Sie kennt die Dilemmata derer, für die die Entscheidung zwischen Lüge und Wahrheit, zwischen Mitmachen und Sichverweigern mit der Existenz verbunden war, und kann sich daher, ein wenig jedenfalls, die Schwierigkeiten des Übergangs denken. Sie macht sich keine Illusionen, daß leicht etwas zu ändern sei, weil sie die Trägheit und die Gemeinheiten des sowjetischen Alltags selber kennt. Sie hat die Steigerungen des Absurden verfolgt und ist, da sie den Rückschlag schon einmal mit eigenen Augen gesehen hat, auf alles gefaßt. Diese Generation hat ihre Toten, ihre Verbannten, ihre Freitode. Viele von ihr sind nur durch Zufall nicht außer Landes. Sie vereint die moralische Kraft des Dissidententums, das Geschichte geworden ist, mit der klugen Kaltblütigkeit der Marginalisierten, die in den Apparaten auf ihre Stunde warteten. Sie hatte Gestalten, in denen sie ihre Zuversicht und ihre Revolte verkörpert fand, die aber den Augenblick nicht mehr erlebten: Wassili Schukschin, Wladimir Wyssozki, Alexander Galitsch, Juri Trifonow. Sie hat keine neue Ideologie auf ihrer Seite, sondern nur den Verfall einer geschichtlichen Epoche. Sie erwartet, daß der Westen sie respektiert, weiß aber, daß sie alles selber durchfechten muß. Die Treffen russischer Intellektueller in Lissabon, München, Kopenhagen oder Mailand führen eine gespaltene Generation zusammen, es sind Treffen von alten Bekannten, auch wenn die einen in Moskau, die anderen in New York leben. Ihre führenden Köpfe haben erstaunliche Karrieren hinter sich gebracht: aus der Verbannung ins Parlament, aus der *samisdat*-Presse in die Redaktionen der auflagenstärksten Zeitungen der Welt. Sie ist insofern eine reiche Generation, als sie dissidentische und herrschaftliche Erfahrung verkörpert; sie hat Untersuchungsricher, Menschenrechtler, Nobelpreisträger, Mitglieder von Streikkomitees, Volksdeputierte, Bürgermeister, Komsomolfunktionäre und Akademiemitglieder in ihren Reihen. Sie weiß, daß ohne Aktivierung des Ganzen nichts in Bewegung kommen kann, und zugleich, daß die Überaktivierung alles aufs Spiel setzen wird. Es sind reife Gesichter, mit der Unaufgeregtheit von Leuten, die schon Niederlagen gesehen haben, und mit der Bestimmtheit von Leuten, die wissen, daß das in ihrem Leben die letzte Chance ist. Die Kinder des patrimonialen Staates sind erwachsen geworden, sie können ohne Mythen leben. Sie sind die Träger der säkularen Normalisierungsbewegung. Die innere Souveränität dieser Generation und nicht das Ende des Kommunismus ist das wirklich Neue. Sie hat die Kraft, die permanente Flucht nach vorn zu beenden und das Land zu Atem kommen zu lassen. Sie hat die Kraft, mit der Unsicherheit, die Freiheit ist, leben zu können.

### *Öffnung des Zeithorizonts*

Was in der Gegenwart beginnt, ist so offen wie alle Zukunft, die niemand kennt. Daran ändern nichts die vielen Meinungen über *perestroika,* die mehr oder weniger detaillierten Ratschläge von mehr oder weniger kompetenter Seite, was zu tun sei. Die guten Wünsche sind willkommen, aber sie mindern das Risiko nicht, das derjenige eingeht, der in ein Gelände hinaustritt, das voller Aporien und Dilemmata ist. Im Zeithorizont, der jetzt geöffnet wird, werden die alten Sicherheiten hinfällig, ohne daß neue in Sicht wären. Die bisher über den Staat vermittelte gesellschaftliche Synthesis läßt sich nicht »planmäßig« und »organisch« durch eine andere ersetzen. Der Sicherheit vermittelnde Ausdruck *perestroika* stammt aus einer Zeit, da man glaubte, Gesellschaften »bauen« und »umbauen« zu können geradezu wie Häuser, und daß alles nur an der Idee, dem Architekten und der Masse der Ausführenden hänge. Genau jene Zeiten sind aber am Ende. Eine *perestroika,* die von den lebendigen und das heißt selbsttätigen Kräften des Sowjet-Imperiums nicht getragen wird, wird nichts bewegen. Die Selbstbewegung bedarf aber der *perestroika* nicht, sondern nur der Freisetzung der *forces propres* des Landes.

Wer oder was soll »das Ganze« tragen und zusammenhalten, wenn der Staat als *die* Vermittlungsinstanz fortfällt? Was geschieht, wenn die Zerfallszeit sich beschleunigt und die Zeit der Neubildung und Konsolidierung der lebendigen Kräfte überwältigt?

Man braucht initiativreiche, energische Leute, und alles wäre so einfach, wenn die Unternehmernaturen, die jetzt gebraucht werden, da wären. Rußland war reich an solchen Naturen, aber sie sind untergegangen und mit ihnen die Kultur ihres patriarchalisch-kapitalistischen und hocheffizienten Wirtschaftens. Man braucht, um die Landwirtschaft zu sanieren, Bauern, und es wäre so einfach, wenn man zurückgreifen könnte auf eine Bauernschaft, die Rußland nicht nur Selbstversorgung, sondern auch Getreideexport garantiert hatte. Es wäre so einfach, wenn man an distinkte Klassen und soziale Gruppen und deren spezifische Interessenlage appellieren könnte, aber die soziale Revolution hat alle gleich und den Staatsangestellten zum dominierenden Typus gemacht — vom Direktor bis zum Arbeiter. Die Sphäre der Distribution und Zirkulation ließe sich in Bewegung setzen, wenn jenes Personal nur abgerufen und die ehemals funktionierenden Mechanismen nur wiederbelebt werden müßten, aber eine Ökonomie, die sich unter politischem Kommando entwickelt hat, brauchte keinen Markt und keine Zirkulationsagenten. Die Beseitigung des Privateigentums hat so radikal mit allem aufgeräumt, was sonst mit ihm verbunden ist: Kampf um die persönliche Existenz, Konkurrenz, Leistung, Disziplin, produktive Differenz.

Es zeigt sich jetzt, daß es einfach ist, eine vorhandene Wirtschaft des Privateigentums zu »vergesellschaften«, schon produzierte Reichtümer staatlichem Kommando zu unterstellen und umzuverteilen — es bedarf nur eines Dekrets —, daß es aber unmöglich ist, die Wirtschaft zu entstaaten, wo der Privatmann und seine Wirtschaftsform nicht mehr vorhanden sind. Aus den Millionen Bürokraten, die durch eine Reform des Apparates freigesetzt werden sollen, werden nicht über Nacht kompetente Unternehmenschefs, Abteilungsleiter oder gute Arbeiter. Es zeigt sich jetzt, wie einfach es ist, sogar eine Millionenbevölkerung von Bauern in Kolchosen »zusammenzufassen« und so zu enteignen, wie es 1927 bis 1932 geschehen ist, daß die Wiederbegründung einer effizienten Landwirtschaft aber nicht möglich ist in einem Land, in dem es keine Bauern mehr gibt. Es zeigt sich jetzt, wie leicht es war, das Gewebe der Marktbeziehungen zu zerschlagen und mit Plänen zu kommandieren, daß es aber fast unmöglich ist, ohne katastrophale Einbrüche wieder einen Markt zu etablieren, der wirklich Markt und nicht nur Simulation für Trockenschwimmer ist. In vielem gleicht die Union heute dem Reich am Vorabend der Aufhebung der Leibeigenschaft — wenn wir nicht am Ende des

20. Jahrhunderts mit seiner Ersten und seiner Dritten Welt angelangt wären —, und Michail Gorbatschow wäre dann nicht der zweite Lenin, sondern ein Alexander II. mit den Anfängen des bürgerlichen Rechtsstaates, Freisetzung der Bauernbevölkerung und allseitiger Dynamisierung der gesamten Gesellschaft. Selbst wenn Privateigentum, Unternehmerschaft, Arbeitskultur und Wettbewerb im öffentlichen Bewußtsein rehabilitiert werden — ein neuer Typ des Wirtschaftens entsteht nicht durch Dekret, sondern in den Akkumulationsperioden von Generationen. Moskauer Zeitungen würdigen ihre alten Kaufmanns- und Industriellenfamilien, eine Reportage berichtet von den Enkeln von Kulaken, die aus der Stadt wieder aufs Land zurückgehen, Gründungsfieber herrscht bei den Kooperativen. Aber es wird am Ende des 20. Jahrhunderts eine Wiederholung der Modernisierung des 19. Jahrhunderts ebensowenig geben wie eine Neuauflage dei Neuen Ökonomischen Politik. Die dramatische Suche nach dem Zeitgemäßen hat begonnen.

Das Chaos, in dem die alten Formen sich auflösen, ist die Brutstätte auch der Formen, die sich als lebensfähig erweisen werden. Alte Koalitionen werden brüchig, und die darin lange eingebundenen Elemente orientieren und organisieren sich neu. Was als Kette von Spaltungsprozessen erscheint, ist das Freiwerden von Energie und die Chance, sie neu zu bündeln. Nichts läßt sich daran dirigieren. Mit Einteilungen in Wahr und Falsch, in Reaktion und Revolution, in Links und Rechts kommt man nicht weit, denn die rhetorische Selbstdarstellung sagt noch nichts über die Lebenskraft des originären Impulses aus. Die *nomenklatura* der Begriffe hilft nicht, wo das Alte und das Neue ununterscheidbar ineinander übergehen. »Arbeiterkontrolle«, das ist der wirkliche Wunsch nach Mitverantwortung und Mitsprache, aber auch der wirkliche Widerstand gegen die Disziplin der Arbeit. In den Tiraden gegen die Kooperativen meldet sich die alte Wut gegen die Spekulanten, aber auch der Neid der Passiven und Faulen auf die, die sich anstrengen. Das »Kollektiv« reagiert allergisch auf die Absonderung und Heraushebung derer, die ihren eigenen Weg machen wollen. Man will einen Markt, aber ohne seine Folgen. Man ist für Erhöhung der Effizienz, aber nicht unbedingt für eine Intensivierung der Arbeit. Man will das Warenangebot des Kapitalismus, aber nicht den Streß, der es ermöglicht; man will den sicheren Arbeitsplatz im Sozialismus behalten, aber nicht die Bürokratie, die ihn garantiert. Man will die Union von souveränen Republiken und doch das Reich bewahren, das sie negiert. Alle Worte tragen den Stempel einer säkularen Verwirrung, einer Geschichte, die noch nicht zu sich selbst gekommen ist, keine »begriffene« Geschichte geworden ist. Was ist es denn für eine Geschichte, in der der Aufstieg der einen sich nur als der Untergang der anderen erzählen läßt und der Aufbruch ins zwanzigste Jahrhundert mit der Wiederentdeckung des neunzehnten endet! Jeder Begriff, der sich dieser Geschichte jetzt schon überstülpt, trägt die Züge der Gewaltsamkeit. Alle Auflösung ist ein Schwebezustand. Was in der poststalinistischen Kunst als Montage von Zitaten und Emblemen einer Katastrophengeschichte noch lose herumwirbelt — der Popsänger im Kommissarsmantel, der Gitarrist vor Vera Muchinas *Arbeiter und Kolchosbäuerin,* Stalin als lächelnder Kinderfreund —, sucht sich ein neues Kraftfeld. Die starke Hand, die gewaltsam den Gesellschafts- und Reichszusammenhang wiederherstellt, wenn sich andere Kräfte einer gesellschaftlichen Synthesis nicht finden, wird zur Stelle sein, wenn der kollektive Bedarf an Sündenböcken wächst und die Ausgrenzung von »zersetzenden Elementen« den Zusammenhalt zu garantieren scheint.

Dann Gnade Gott den Opfern eines neuen »Sprungs nach vorn«. Alle Worte werden hineingesprochen in eine Trümmerlandschaft der Ideen, in der die Referenzpunkte für einen rationalen Diskurs wenn nicht verschwunden, so doch morsch geworden sind. Auf der Müllhalde der Ismen läßt sich kaum eine Sprache finden, die mehr ist als die Sprache des einzelnen, die von seinem besonderen Schicksal und seinen Erfahrungen berichtet. Das Land wartet aber auf das Epos und auf die Begriffe, in denen sich seine kollektive Erfahrung darstellen läßt. Sie stehen nicht zur Verfügung. Das macht anfällig für Fluchten nach vorn oder zurück, für die Verkündung des Eindeutigen, für das Schlagwort und den kurzen Prozeß. Die soziale Energie, die jetzt frei wird, wird das Netzwerk der zivilen Gesellschaft speisen oder zur sozialen Gewalt in den Händen derer, die für die Lösung aller Schwierigkeiten den plausibelsten Begriff gefunden haben. In dem Gemurmel auf dem von Menschen schwarzen Arbat geht es um *perestroika,* um die Machenschaften der Kooperativen, um die Unverschämtheiten der Balten, die fatalen Folgen schwedischer Pornos für die gesellschaftliche Moral, um die Rolle von Juden und Freimaurern in der russischen und in der Weltgeschichte und um das Verschwinden der Seife aus den Regalen der Geschäfte. In dem Gemurmel, das den sowjetischen Kontinent erfüllt, in dieser einzigen Glossolalie eines großen Landes geht es um alle Fragen, auch um die, die schon längst als erledigt galten: den alten Streit zwischen Westlern und Slawophilen, zwischen Autoritären und Liberalen, zwischen Intelligenz und Volk, zwischen Gewalt und Vernunft. Und doch täuscht man sich, wenn man nur heraushört, was man schon gehört zu haben glaubt: Schon damals war es nicht so, wie es die einfachen Begriffe einer heillosen Geschichte noch im nachhinein verordnen wollen. Noch weniger lassen sie sich jetzt verordnen, da alles offen ist. Die offene Zeit auszuhalten ist aber das Schwierigste.

*Außerhalb der beschleunigten Zeit*

Dieser Offenheit kann sich nur der entledigen, der aus dem Zeithorizont austritt, in den Moskau eingetreten ist. West-Berlin liegt außerhalb dieser beschleunigten Zeit. Die Rückkehr dorthin ist die Reise in ein Puppenheim — fein säuberlich, ohne eigentliche Probleme, satt und sauber. Alle Aktivität erscheint als Simulation, nicht eigentlich notwendig. Alles scheint unwesentlich, Routine. Die Zeitungen und das Fernsehen führen einen in die Welt der unendlichen Belanglosigkeiten — »ob ein Bürgermeister wohl kochen kann«. Es gibt keine Probleme, nur einen Zustand der erträglichen Leichtigkeit des Seins. Das ist freilich eine Übertreibung und falsch, aber an dem Eindruck ändert sich dadurch nichts. Von hier aus gesehen, ist der Lärm um *perestroika* der Lärm der Unterhaltungsmaschine, die auf der Jagd nach neuen Themen auch die *perestroika* braucht, ohne ihr Publikum allzusehr zu beunruhigen. Man möchte sich auf ein ruhiges *fin de siècle* einstellen, obwohl es zunehmend unruhiger und ungemütlicher wird, wie das immer der Fall ist, wenn eine Epoche zu Ende geht und eine neue beginnt. Wahrzunehmen, was ist, darf man aber wohl verlangen.

*Sommer 1989*

# CORRIDA

Im Auge des Sturms weiß man nicht, was morgen geschieht. Den Überblick hat man am besten von weit weg. Dort läßt sich diagnostizieren und prognostizieren nach Herzenslust — und ohne allzuviel Schaden anzurichten.

## *Offene Stadt*

Moskau kann sich diesen Luxus nicht leisten. Man steht inmitten der Ereignisse, nicht auf einem strategischen Aussichtspunkt. Man schlägt sich mit der Gegenwart herum, nicht mit der Zukunft. Es gibt keine Verallgemeinerungen mehr, wo das Allgemeine sich auflöst. Prinzipien möchte man nicht gern zu Hilfe nehmen, wo man sich doch gerade von ihnen verabschiedet hat. Es gibt keine Rezepte mehr, höchstens in der Vergangenheit erprobte. Man hat, wo das System verfällt, nur noch mit Fragmenten zu tun. Der historische Augenblick erweist sich in der nächsten Drehung schon als optische Täuschung. Die Phantasie ist arm, das Leben einer Stadt ist reich. Im Schwebezustand hat jeder Recht. Alles ist offen: Das ist ein Abgrund und die letzte Chance. Und Moskau erträgt die Offenheit. Moskau ist eine offene Stadt.

## *Corrida in Moskau*

Eine Corrida für Moskau! Überall in den Zeitungen tauchen jetzt die verrücktesten Ideen auf. Aber Moskau braucht keine Corrida, es hat schon eine, Tag für Tag, jahraus, jahrein. So fanden es jedenfalls die Leser in ihren Briefen an die Zeitungen. Man rennt von einer Schlange zur anderen, gerät aus einem Defizit ins nächste. Ein Leben in ständiger Selbstverteidigung, gegen die Mitbewohner in der *kommunalka* und gegen die Mitpassagiere in der Metro, gegen die immer zu vielen Kunden für die zu wenigen Waren. Eine ganze Stadt ist immerzu damit beschäftigt, den nächsten Angriff abzuwehren, zur Seite zu springen und auszuweichen, sich eine gute Ausgangsposition zu suchen für die Abwehr der nächsten Attacke. Man ist Stier und Torero, die Sinne sind jederzeit hellwach, Parieren und blitzschnelles Reagieren sind zur zweiten Natur geworden. Aber eine Leserin schrieb richtig: Ein Gutes hat der Vorschlag: Es gibt Fleisch, wenn der Stier erlegt und aus der Arena geschleift wird. Und die Moskauer könnten endlich einmal Zuschauer sein, statt immer nur selber in der Arena zu stehen. Die Corrida-Idee entspringt der *tabula rasa*-Situation. Es könnte genausogut etwas anderes sein: ein mittelalterliches Reiterspiel, Gladiatorenkämpfe oder — vielleicht das Harmloseste — ein Disneyland. Die Leningrader, denen ein solches Angebot unterbreitet wurde, haben es abgelehnt.

### *Rambo*

Rambo erobert die Städte. An den Zeitungskiosken von Sojuspetschat hängt sein Bild in allen Formaten und Variationen, im Vierfarbdruck, in Schwarzweiß. Man findet das Bild des Körpers der Kampfmaschine in den Kiosken entlang der Bahnstrecke weit draußen vor Moskau, dort, wo es sonst nichts mehr zu kaufen gibt. Sein Körper dementiert alles um ihn herum: die wackelige Bude, in der er feilgeboten wird, die Dürftigkeit des Sortiments, die Armseligkeit der Kleidung derer, die vor ihm stehenbleiben, um ihn unverwandten Blickes anzustarren. Er ist der Held, der die Taten für sich selbst vollbringt. Wo alles um einen herum zerfällt, ist der eigene Körper das, was bleibt und worauf man sich verlassen kann. Rückzug in die Körperexistenz, Flucht in den Körper, erste Stufe der Beschäftigung mit sich selbst. Beginn der Askese neuen Typs, Vorbereitung für den langen Kampf, Traum von der Kraft, die Berge versetzt, und von der Gewalt, die gordische Knoten zerhaut.

### *Juri Wlassow*

Die Bilder liefert der Westen, aber der russische Herkules trainiert in den Kellern der Klubs in den Vorstädten. Dort stellt er sich unter das Joch von selbstfabrizierten Geräten. Die Trainer sind nahkampferfahren, viele waren in Afghanistan. Manchmal hat er seinen Auftritt. Er reist aus Ljuberzy und anderen Vorstädten ins Moskauer Zentrum. Auf dem Arbat werden dann Stände umgeworfen und langhaarige Jugendliche oder Ausländer angerempelt oder verprügelt. Die Generationen vor ihm gingen nach Kasachstan, Neuland zu erschließen, oder nach Sibirien, die BAM zu bauen. Der russische Herkules hat ein Sechstel der Erde vor sich. Er kann dort im Stall des Augias die fünfte Tat vollbringen. Dazu bedarf es der Klugheit, nicht bloß der Kraft. Es gibt den klugen Herkules, für den der stählerne Körper nicht alles ist. Juri Wlassow, dem legendären Gewichtheber, hört das Land zu, wenn er — wie verwandelt hinter Bart und Brille — von der Rednerbühne des russischen Parlaments spricht: ruhig und überlegt.

### *Inschriften auf der Kellerwand*

Die Wände des Kellers sind übersät mit Inschriften und Runen: SODOM EXODUS CINDARELLA SSSR

WARRIORS TUSOWKA HONDA. Die Jugendlichen, die sonst kein Rückzugsgebiet haben, ziehen sich in die Kellergewölbe der großen Mietshäuser zurück. Das Kellergewölbe ist der Ort für den Traum vom eigenen und besseren Leben, für den Untergrund, aus dem wieder einmal die Erniedrigten und Beleidigten herauskriechen werden.

*Penthouse und Drei Quellen*
*und drei Bestandteile des Marxismus*

Mit Zeitungen läßt sich Geld verdienen, besonders wenn sie das Verschwiegene zur Sprache bringen. Überall an den belebten Punkten Moskaus haben die Balten Posten bezogen: an den Bahnhöfen, an den Umsteigestationen der Metro, auf dem Puschkin-Platz. Sie beliefern die Hauptstadt mit den Entwicklungen, die an der Grenze nach Finnland, Schweden und Polen weiter sind als in Moskau. Die größte Attraktion allerdings ist nicht *Die neue Hansezeitung* oder *Das Baltikum,* sondern der Sex-Digest. Er ist, auseinandergefaltet, an die Wand geklebt. Männer und Frauen bleiben stehen. Sie studieren die Position 1 bis 16, abgeschrieben und übersetzt aus einem deutschen Aufklärungsbuch. Die erotische Botschaft lautet: Nicht die *Penthouse*-Bilder sind obszön, sondern die ganze Politpropaganda. Vielleicht ist die Autonomie der Person, auf die die Digest-Verkäufer setzen, folgenreicher als die Autonomie der Republik, für die sie kämpfen.

*Sucharewka*

Der Markt hat keinen Platz, daher findet er überall statt: am Rigaer Bahnhof, in Ismailowo, im Sokolniki-Park, in den Fußgängerunterführungen im Zentrum. Dort findet man alles: Trödel, Kleider, Antiquitäten, kaukasische Früchte. Zusammengenommen ergeben die vielen Plätze mit den Tausenden von Menschen das, was es in Moskau einmal gab: den von Abertausenden von Menschen besuchten Platz am Sucharew-Turm, in dem Peter der Große einst seine Navigationsschule eingerichtet hatte. Man hat ihn gesprengt in den dreißiger Jahren, denn der Schwarzmarkt, der sich seit den Tagen der Revolution und des Bürgerkrieges dort entfaltet hatte, war das Symbol der alten Welt: des Handels, der Hamsterei, des Übervorteilens. Die Ökonomie der Verteilung haßte die Ökonomie des Tausches: Wertäquivalent versus Egalitarismus. Heute ist der Platz — der Kolchosplatz — Kreuzung für zwei hauptstädtische Magistralen. Rasende Bewegung anstatt Begegnung. Eliminierung des ökonomischen Zusammenhangs. Aber das Land, die Stadt braucht einen Platz, an dem es ihn reorganisiert.

*Zigeunerorchester*

Ein wunderbares, geheimnisvolles Volk. Es hat überstanden, wo alles zugrunde gegangen ist. Es hat seine Kleidung behalten, wo alle grau geworden sind. Es ist beweglich geblieben, wo alle sich von der *propiska* abhängig gemacht haben und an den Wohnort gefesselt wurden. Es treibt seinen traditionellen Lebenserwerb, wo alle anderen sich auf staatlichen Diebstahl und Diebstahl am Staat eingestellt haben. Es taucht auf, wo es ihm beliebt, nicht, wo es bestellt worden ist. Jetzt taucht es in den Fußgängerunterführungen am Puschkin-Platz auf, mit komplettem Orchester, mit klassischem Repertoire und in freier Improvisation. Die Lebenskünstler machen den vom Moskauer Leben Erschöpften Mut, sie sprühen die Funken Anarchie, mit der sich jetzt auch die Moskauer anfreunden. Sie haben ihren Auftritt, als wäre nichts geschehen: frisch, weit ausholend, souverän. Das Land, das in der Gleichschaltung so häßlich wurde, ist reich an schönen Menschen. Sie sind die Vorausabteilung für die Rückkehr der Musikanten, die überall auftauchen: Dixielandgruppen am Hotel National vis-à-vis dem Kreml, eine russische Folklore-Jazz-Kombination auf dem Arbat, der Ziehharmonikaspieler auf der Twerskaja, Bandura-Spieler am Kiewer Bahnhof. Elektrogitarre und Balalaika, Musikanten mit Konservatoriumszeugnissen auf der Straße, Sentimentalität im erbarmungslosen Alltag.

*Nachtasyl*

Am Platz der vier Bahnhöfe gibt es Stadtrundfahrten früh um vier. Der Mann mit dem Megaphon rennt zwischen den Menschenschlangen am Taxistand, zwischen den Kofferträgern hin und her. Es gibt genug Interessenten, schon deshalb, weil man irgendwo die Zeit verbringen muß, warum also nicht im Touristenbus. Vor den Metroeingängen sammeln sich Menschen, sie warten, daß der Tag tief unter der Erde beginnt. Es ist vielleicht die einzige Minute am Tag, in der man durch die Tunnel und Hallen der Metro geht und seinen eigenen Schritt auf den Platten hören kann.

Es gibt keine Nacht auf dem Kasaner, Jaroslawler und Leningrader Bahnhof, trotz des ruhigen Atmens von Tausenden, die auf ihren Säcken, Kisten eingeschlafen sind, sich in den in Reihen aufgestellten Plastiksesseln zurückgelehnt oder sich auf ihren Decken entlang der marmorverkleideten Wände niedergelegt haben. An den Längsseiten der Wartehalle sind einarmige Banditen aufgestellt. Dort blitzt es, dort wird aus fiktiven Panzertürmen gezielt, dort knattern Mini-MG. Die Reisenden aus Archangelsk, Workuta, Omsk, Karaganda, Wologda sind in Moskau-Las Vegas angelangt. Sie führen außer Reiseproviant mit sich: Paddelboote, turmhohe Rucksäcke mit Zelten, Plastikeimer mit Meerwasser und dort gefangenen Fischen, Waren für Haushalte, die 6000 Kilometer entfernt liegen. An Verkaufsständen in der Halle gibt es keinen heißen Kaffee oder Tee, wohl aber Schlüsselanhänger mit in Plastik eingeschweißten nackten Frauen, metallene und silberne Kreuzchen — römisch-katholisch, griechisch-orthodox —, Anstecknadeln mit Moskauer Stadtwappen, Buttons mit dem heiligen Georg oder dem heiligen Andreas, Turnschuhe, Unterwäsche aus Finnland, Plastiktüten und die Zeitschrift *Vollständig geheim.*

### *Der Gouverneur von Alaska, das Gold von Kamtschatka*

Auf Kamtschatka wurde Gold gefunden, und der Gouverneur von Alaska war zu Besuch in Wladiwostok, Moskau, Leningrad. Er hat in den Stadtparlamenten gesprochen, sich umgesehen. Von Anchorage aus soll regelmäßiger Flugverkehr eingerichtet werden. Der kleine Grenzverkehr geht über die Beringstraße, die Asien von Amerika trennt und mit ihm verbindet. Nach Seattle, Vancouver, Tokio und San Francisco ist es dann näher als nach Moskau. Die kalifornische Küste taucht am Horizont auf. Man kehrt aus Seattle nach Wladiwostok zurück nicht mehr als derselbe Mensch. Der Flug über den Pazifik verwandelt. Die Filiale der Chase Manhattan Bank in Wladiwostok öffnet den Weg zum russischen Amerika, die Fähre nach Hokkaido wird zur Entdeckungsreise in die Neue Welt. Wladiwostok wird zu einer Stadt am Ufer des pazifischen Beckens, dem die Zukunft gehört. Dasselbe gilt für die Städte an der Seidenstraße, über die die chinesischen Waren kommen, für Odessa und Leningrad. Es sind wieder Städte in der Reichweite von Konstantinopel und Helsingfors.

### *Schäferhunde und italienische Möbel*

Im Fernsehen gibt es Reklame für deutsche Schäferhunde, für italienische Möbel von Nove-Sia. Das wichtigste an dieser Reklame sind nicht die Gegenstände, sondern der Angriff auf die Ästhetik der geschlossenen Welt. Die Schäferhunde zeigen, daß es einen neuen Bedarf gibt und daß es ein lohnender Erwerbszweig geworden ist, scharfe Hunde zu züchten, so sehr wie Gruppentherapien zu organisieren oder *body-guards* für die von der Mafia bedrohten Leute. Reklame sagt mehr über die Zeit als die Nachricht, sie ist ihr voraus, wo diese nur *post festum* berichtet. Sie ist so sensibel wie die Mode.

### *Der Stern Amerikas: Wadim Tumanow und andere*

Rußland hat Finanzgenies wie Artjom Tarassow, der auch Volksdeputierter ist; es hat Helden der sozialistischen Arbeit wie den Brigadier Trawkin, der beinahe zum Anwärter auf das russische Präsidentenamt geworden wäre; es hat Unternehmernaturen wie Wadim Tumanow, von Hause aus Goldsucher und über Workuta nach Moskau geholt, um dort die Ringautobahn instand zu setzen. Seine Leute arbeiten rund um die Uhr, sein Unternehmen investiert in amerikanische Golfplätze. Millionen gehen aber dorthin, woran in der Periode der ursprünglichen Akkumulation nicht gleich jeder denkt: in die Wohltätigkeit, in die Förderung der Künste, in Schulen. Mit den russischen Goldgräbern kehrt der russische Mäzen zurück, dem Rußland die schönere Seite dieses häßlichen Jahrhunderts verdankt.

*Fabergé und Wellaform*

Nach siebzig Jahren wird an einer pompösen Fassade in der Herzen-Straße das Schild entfernt, das den Namen der Institution bezeichnet, die dort untergebracht war. Hervor tritt, fast unbeschädigt, der Schriftzug FABERGÉ. So ist es derzeit überall in Leningrad. Es müssen nur die Schilder abgemacht werden, und die alten Schriftzüge treten wieder hervor, man muß nur die Resopal- und Spanplattenverkleidungen abnehmen, und es wird die Marmorverkleidung wieder sichtbar. Fabergé war Juwelier, Hoflieferant des Zaren. Berühmt sind seine aus Malachit, Smaragden, Perlen, Lapislazuli gefertigten Ostereier — Kleinodien, die man sich in der Zarenfamilie und den großfürstlichen Familien zu Ostern zu schenken pflegte. Die größte Sammlung davon ist heute im US-Staat Virgina zu besichtigen. Fabergé hatte vor der Revolution sein Hauptgeschäft in Sichtweite des Schloßplatzes, in einer Straße der Banken, Versicherungen, Hotels, Botschaften. Jetzt wird Wellaform am Newski ein Geschäft mit Kosmetik für jeden eröffnen. Aber wer keine Valuta hat, kommt nicht hinein. So beginnt die Rückkehr in die offene Stadt. In Moskau denkt man an die Einrichtung von Zonen mit ausländischer Währung. Zutritt nur für Valutabesitzer! Daher auch schon die altneuen Plakate: Wir wollen keine Sklaven sein!

*Flammenzeichen*

*600 Sekunden,* die spektakuläre Sendung Alexander Newsorows vom Leningrader Fernsehen, handelt täglich von etwas anderem und doch immer vom gleichen: von den Bestialitäten, die sichtbar werden, wenn über alles gesprochen und alles gezeigt werden kann; von Frauenmördern, die umgehen, von perversen Verbrechen, verstümmelten Leichen, die aufgefunden, aber nicht identifiziert wurden; von Containern, voll von gestohlenen Ikonen; von Wohnungen, in denen bis unter die Decke Kaviar gestapelt ist; von den Behinderten, die wie Tiere in einer Leningrader Klinik gehalten werden — keine fünf Gehminuten vom Smolny entfernt. Dazwischen Bilder byzantinischer Liturgie aus der Isaak-Kathedrale, Versammlungen von Petersburger Uradel in einem der Palais an der Fontanka, Vernissagen in besetzten Häusern, zerfallende Friedhöfe und der Auftritt von Leningrad Rock, der an Szenen aus Fritz Langs *Metropolis* erinnert. Der Vorspann zeigt einen Mann, der in das Räderwerk einer laufenden Rolltreppe gerät, von ihm zerquetscht wird. Das Fernsehteam hat Kontakt mit der Gegenwart, daher spricht es von *smutnoje wremja* — Zeit der Wirren —, jener Periode russischer Geschichte Ende des 16. Jahrhunderts, als der russische Staat sich auflöste und wie durch ein Wunder neu entstand. Der Schriftzug der Sendung erscheint als Flammenzeichen. Newsorow ist, so sagt man, Monarchist und Antisemit. Die Antimodernen wissen besser, was das ist: die Moderne. Mit ihrem ganzen Körper spüren sie die Dissonanzen des Zusammenbruchs der alten Welt: Bloks Musik der Revolution.

### *Datschniki, Sommergäste*

Die Datschenkolonie hundert Kilometer westlich von Moskau hallt von den Geräuschen, die für den späten Sommer typisch sind: Es wird gesägt, gehämmert, gewerkelt. Ein-, zweimal am Tag rollt ein Auto auf dem Schotterweg vorbei. Die Kinder sind den ganzen Tag draußen. Man tut das Notwendige — Balken ausbessern, einen Baum beschneiden, reife Beeren pflücken. Wenn die Arbeit zu anstrengend wird, kann sie morgen fortgesetzt werden. Das einzig Feststehende sind die

Öffnungszeiten des Zeitungskioskes, der paar Läden an der Bahnstation und die Abfahrtszeiten der Vorortzüge. Es ist alles wie immer, und doch hat sich alles geändert, sobald die Zeitung aufgeschlagen, der Fernseher oder das Radio eingeschaltet werden. Man lebt in zwei Zeiten: in der Ewigkeit und in der Zeit.

### *Raketen auf der Ladefläche des KamAS*

Ein achtzehnjähriger Rekrut fährt mit einer Raketenbatterie vom Stinger-Typ auf der Ladefläche des KamAS-LKW irgendwo durch das Baltikum. Man fängt ihn ein. Gründe für seine Extratour kann er nicht angeben. Spätabends explodiert auf dem Hof irgendeines Dorfsowjets in Dagestan eine Granate vom Typ F-1, die sogenannte *limonka.* Eine Armee ohne Disziplin wird zum bloßen Waffenlager, und das Waffenlager wird zum Selbstbedienungsladen. Der Sprengsatz wird zum Handelsgut für den Meistbietenden. Der Bedarf ist groß in einem Reich, wo in manchen Regionen Grenz- und Schützengräben ausgehoben sind, Republiken und Städte von der Außenwelt abgeschnitten werden, Angehörige ein und derselben Einheit sich in den Kasernen Gefechte liefern und Zivilisten Uniformen zu tragen beginnen — möglichst in nationalen Farben und traditionellem Schnitt.

### *Wolfsrudel in Tschernobyl*

In der verseuchten Zone tauchen Wolfsrudel auf, haus- und herrenlose Hunde auf dem Weg zurück in die Verwilderung. Was in Tschernobyl geschah, kann sich jederzeit woanders im Land wiederholen. Tschernobyl liegt immer noch weitab für die, die dort nicht leben, und doch bestimmt es alles. Im Zug erzählt eine Mitreisende von den mißgebildeten Kindern, deren Photos sie gesehen hat. In Leningrad tauchen Konserven mit radioaktivem Fleisch auf. Allgemein bekannt ist, daß Lebensmittel aus der verseuchten Zone »eingearbeitet« und vermischt werden mit nichtverseuchter Produktion. So wandert die Strahlung in kleineren Dosen durch das Land, über die Züge, die aus Mogiljow oder Kiew kommen, über die Äpfel, die aus dem Brjansker Gebiet auf die Moskauer Kolchosmärkte gelangen. Der Radius der verstrahlten Zone erweitert sich. Es erweitert sich die Vorstellungskraft von dem, was wirklich ist: von Feldern, die nicht geerntet werden, von Vieh, das nicht mehr geschlachtet werden kann, von Kindern, die nicht nach draußen dürfen, von Alten, die sich zum Sterben in der verstrahlten Heimat entschlossen haben.

### *Pionierlager, Rückzugsgebiet*

Föhrenduft, Sand, der sich, je höher die Sonne steigt, allmählich erwärmt. Nie wird es zu heiß am heißesten Tag, und abends kommt die Kühle, die nie frieren macht. Nur ein paar Schritte, und da beginnt der Wald, der noch keine Pflanzung ist. Aber jetzt ist der Wald um Moskau aus dem Raum der Erholung wieder geworden, was das *salessje,* das Land »hinter dem Wald«, seit den Anfängen des russischen Staates gewesen ist: Rückzugsgebiet. Flüchtlinge aus dem ganzen Reich werden in den Pionierlagern um Moskau einquartiert. Von den 600000 Menschen auf der Flucht in allen Teilen des Reiches sind fast 50000 in Moskau eingetroffen, aber schon sitzen 200000 in Usbekistan auf ihren gepackten Koffern, zuerst nationale Minderheiten, dann aber immer mehr und immer häufiger Russen. Das Imperium begann mit der »Sammlung des russischen Landes«, es endet mit der Sammlung der russischen Diaspora.

*Tor zur Welt. Exodus. Ende einer Welt*

Die Ströme der Flüchtlinge werden zum Strom, und der Ort, wo sie zum letzten Mal kampieren, bevor sie ihr Land verlassen, ist Scheremetjewo II. Dort stauen sich die Bündel der neuen Völkerwanderung, Kinder sind darauf gebettet, man löst sich ab in der Bewachung des Gepäcks. In der Halle liegt der Duft des Vaterlandes: Machorka, Belomorkanal-Tabak. An diesem Nadelöhr staut sich die Diaspora der Deutschen, Juden, Armenier zum letzten Mal. Wenn der Strom an dieser Stelle versiegt, werden jahrhundertealte Kulturen erloschen und Rußland ärmer geworden sein.

*Rasputin, Gerüchte vom Hof*

Der Raum der ungewissen Zukunft füllt sich mit Gerüchten. Sie kreisen alle um die Sphäre, die alles entscheidet und doch nach wie vor im Dunkeln liegt. Man interessiert sich jetzt nicht mehr für die Organisation der Macht, sondern für das Seelenleben, für die Marotten, für das Intimleben der Mächtigen. Nur große Figuren können das Vakuum füllen, das der Zusammenbruch der organisierten Macht hinterließ. Jelzins Autobiographie gibt eine Menge Stoff, die Recherchen des *Time*-Korrespondenten über Raissa Gorbatschowa bestätigen dem Publikum, was es schon vermutet hatte: daß die erste Dame des Landes vom einfachen Volksleben wenig weiß. Hochkonjunktur haben die Tagebücher der Kammerfräulein des letzten Zaren, Aufzeichnungen aus den letzten Tagen des *ancien régime,* die Memoiren des französischen Botschafters Paleologue, die Geschichte vom Aufstieg des *mushik* in die Salons der Kaiserin. Die Zeitungsverkäufer, die die Schlagzeile ausrufen, die den größten Absatz garantiert, sind nicht zimperlich. Sie sind wie die Leute, die bei

Hofe alles durchs Schlüsselloch erspähen. Die Säkularisierung der Sphäre der Macht kommt mit den neuen Mythen der Boulevardpresse.

*Schäferhund und Schwarzhemd*

Zu Besuch beim Repräsentanten einer der Fraktionen von Pamjat draußen in Fili. Alles ist wie überall: scheppernde Eingangstür unten, dunkles Treppenhaus, kein Name, nur die Nummer an der Wohnungstür. Aber die enge sowjetische Typenwohnung ist ein Hauptquartier. Eines der beiden Zimmer ist Empfangsraum. Darin stehen ein Tisch, ein Metallbett. In der Ecke sind eingerollte Transparente angelehnt. An den Wänden hängen: ein alter Stich der Christ-Erlöser-Kathedrale, Poster von Suworow, Kutusow, Alexander Newski, ein weißes Plakat mit Davidstern, der mit roter Farbe durchgestrichen ist. Die Tür war geöffnet worden von einem jungen Mann in schwarzem Hemd und schwarzen Stiefeln. Er hält einen Schäferhund am Halsband, nicht, weil dieser aggressiv wäre, sondern weil er zum Auftritt gehört. Der Habitus ist angestrengt militärisch. Der Repräsentant von Pamjat läßt den Besucher warten. Es riecht nach Kohl und Küche. So sprechen wir unter den Augen des Adjutanten und seines jungen Schäferhundes über die Wiedergeburt Rußlands.

*Zigaretten: Krise ohne Zyklus*

Heute fehlt Waschpulver, morgen Schreibhefte und Schulsachen, übermorgen Brot und Benzin und Zigaretten. Das letzte ist vielleicht das Bedrohlichste. Menschen verlieren dann die Nerven. Es kommt zu einem Stillstand ohne Krisenverlauf. Die Stockung ist da wie ein Verhängnis: Die Bulgaren, bisher zuständig für die Lieferung des Tabaks, behalten ihren Tabak für sich und machen Valuta daraus. Die Zigarettenpapierfabrik von Vilnus kann nicht mehr liefern, weil sie unter dem Monopol der sowjetischen Papierfabrikanten leidet. Die Balten kaufen die Leningrader Tabakbestände auf, weil Zigaretten im Baltikum infolge der Preisreform teuer, in Leningrad aber noch billig sind. Die berühmten Zigarettenfabriken stammen noch aus der Pionierzeit der dreißiger Jahre, ihre Ausrüstungen sind veraltet und brechen zusammen, weil sie nie erneuert worden sind. Und schließlich: Die Raucher kaufen, was sie kriegen können, wenn einmal etwas da ist. Und so ist es mit allem: mit der Heizung, wenn das Öl aus Baku und das Gas aus Tjumen wegbleiben und die Rohre, die in der Frühzeit des Kommandosystems gelegt wurden, porös geworden sind. Was aber geschieht, wenn alles auf einmal stockt? Wenn die Städte frieren und hungern, wenn die Züge stillstehen und die Menschen kein Rückzugsgebiet mehr haben?

### *Im Zoo: Angst um den sibirischen Tiger*

Der Käfig im Zoo ist wie das Gefängnis oder das Lager die große Welt im Kleinen. Am Umgang mit Tieren im Moskauer Zoo kann man lernen, wie man in Moskau mit Menschen umgeht. Nirgends ist das Gefieder der Adler stumpfer, in keinem Zoo der Welt leben die Tiger deprimierter. Jetzt, da die Versorgung zusammenbricht und die Menschen erschöpft und bösartig werden, wird der Tiger mit seiner täglichen Fleischration zum Haß- und Neidobjekt. Warum Raubtiere füttern, wenn der Mensch nichts zu essen hat! Die wehrlosen Geschöpfe sind die ersten, die dran glauben müssen, wenn es keinen Ausweg gibt. Doch der Tiger ist in Sicherheit: im Käfig.

*Der Hypnotiseur. Russische Seele*

Feliks Saks ist einer der vielen Wundertäter, die man derzeit in Rußland zu sehen bekommt, und ihm zuzusehen ist so anregend, wie den erregten Diskussionen über fliegende Untertassen zu folgen. Er hat einige Dutzend Besucher ins Studio geladen. Sie sitzen in Stuhlreihen und hören auf den sonoren, manchmal harschen Ton seiner Rede. Er spricht sie in den Schlaf, er macht sie gefügig im Schlaf, sie führen seine Befehle aus bis zu dem Punkt, wo sie geheilt sind: in diesem Fall vom Stottern, das sie ein Leben lang geplagt hat. Feliks Saks ist einer der Heiler und Dompteure der sowjetischen Seele. Er verschafft die Entspannung, die in Schlaf sinken läßt. Seine Stimme dringt in die Seele ein — und alles *coram publico.*

*Déjà vu als Täuschung*

Man glaubt, alles schon einmal irgendwo gesehen zu haben. *Wechi,* die Kritik an der linken *intelligenzija* und ihrer Utopie, 1909 publiziert und in den Giftschränken der Bibliotheken eingeschlossen, liegt nun am Zeitungskiosk aus in einer Auflage von 50000 Exemplaren und zu einem Preis von 60 Kopeken das Stück. *Sanin,* ein anderes Skandalbuch der Vorrevolutionszeit, die Autobiographie des Priesters und Polizeispitzels Gapon, diverse Schriften Berdjajews, herausgegeben im Privat- wie im Staatsverlag — alles ist zu haben, alles ist erlaubt. Man hat alles schon gesehen: die Bettler und das Gold der Priestergewänder, die Reklametafeln mit den Jugendstillettern, das Geifern der Antisemiten und die Szenerie des *Nachtasyls,* die Vorstöße der westlichen Firmen und die Warnung vor der neuen Versklavung Rußlands. Aber das *déjà vu* täuscht: Nichts wiederholt sich, und wo die Embleme der Vergangenheit ins Spiel kommen, sind sie nur die Maske für die Sucht nach Gegenwart. Nicht von Toten und Gespenstern wird Rußland bewegt, sondern von neuen Menschen, die das an Vergangenheit aufnehmen, was aktuell geblieben oder wieder zeitgemäß geworden ist, wofür sie vielleicht nur noch keine zeitgemäße Sprache gefunden haben. Daher das Spiel mit historischen Namen, Zeichen, Emblemen, Texten. Russische Zeitungen beginnen wieder denen vor 1917 zu gleichen; im Alltag gewinnen wieder Formen an Gewicht, die schon einmal allgemein anerkannt waren; vergessene Bücher werden zu Bestsellern. Aber man darf sich nicht täuschen lassen: Die geschichtlichen Formen sind nur das Material, das abfällt, wenn die lebendige Gegenwartsbewegung ihren eigenen Ton gefunden haben wird.

*Was tun? — unüberholt*

Gawriil Popow, der Moskauer Bürgermeister und Ökonom, hat inmitten seines schweren Geschäfts Zeit gefunden, eine bemerkenswerte Schrift zu verfassen. Sie enthält Denkmodelle für die evolutionäre Transformation der Sowjetunion aus einem sozialistischen Reich in einen neuen Staatenbund, der seinen Zusammenhalt durch die unsichtbare Hand des Marktes erhalten soll. Die Kernbegriffe, um die sich alles dreht, sind: Entstaatung, Entnationalisierung, Entkolonialisierung, Entsowjetisierung. Aber fast ebensowichtig wie die Thesen selbst ist der Titel. Am Ende des 20. Jahrhunderts nimmt der Bürgermeister der sowjetischen Hauptstadt die verfluchte Frage auf, die 130 Jahre vor ihm schon Tschernyschewski und fast 90 Jahre vor ihm Lenin gestellt hatten: *Was tun?* Es ist die Frage von Verdammten, damals im Untergrund, jetzt an der Staatsspitze. So fragen kann nur, wer anderen sagen muß, was sie tun sollen. Anderswo sprechen Politiker von Steuererhöhungen, der Schulmisere, der Aufstockung des Sozialprogramms, von Prozeduren, vom Wie. Aber in Moskau spricht man wie schon vor hundert Jahren vom Was. Das heißt: Es geht immer noch um das Allerelementarste und nicht um die Modalitäten. Und: »Was tun?« impliziert einen Adressaten, der etwas tun soll, nicht den Bürger, der tut, was für ihn selbst am besten ist.

### *Geschichte — ausgeblutet*

Zur Bilanz, die das Land anstellt, gehört auch die Bilanz der Opfer. Ein Artikel zu diesem Thema ist überschrieben mit *Rußland — ausgestrichen.* Dort werden die Menschenopfer zwischen 1918 und 1949 zusammengezählt — also ohne den für Rußland mörderischen Ersten Weltkrieg. Zwischen 1918 und 1923 geben Experten Menschenverluste zwischen neun und vierzehn Millionen an. In den Jahren 1927–1936 sind nach Roy Medwedjew zehn Millionen Menschen umgekommen und von 1937 bis 1941 noch einmal 2,4 Millionen. In der Zeit des Zweiten Weltkrieges sind es A. Kwascha zufolge rund 26–27 Millionen Opfer. Von den Angehörigen der Jahrgänge 1922–1925 sind nur drei Prozent aus dem Zweiten Weltkrieg zurückgekehrt. Die Prognose zum Bevölkerungszuwachs, die der russische Gelehrte Mendelejew zu Jahrhundertbeginn gestellt hatte, wäre unter normalen Bedingungen 1940 in Erfüllung gegangen — 300 Millionen Menschen. Die Zahl ist bis heute nicht erreicht.

Man kann, wenn von Rußland im 20. Jahrhundert die Rede ist, über alles mögliche debattieren: über Sozialismus und Systeme, über Idee und Wirklichkeit, über Basis und Überbau, über Sozial-, Wirtschafts- und Ideengeschichte. Aber erst die Ströme von Blut stellen sie auf den Boden der Tatsachen.

*Die Faust des Riesen. Die Spur der Raupenschlepper*

Überall, wo der Mensch aufgetaucht ist, scheint das Land von den Spuren eines monströsen Raupenschleppers verwüstet: Überall ist das Erdreich aufgerissen, der grüne Mantel der Grasnarbe zerrissen und durchgescheuert. Wenn es Spuren von Maschinen gibt, dann sind es immer gleich Vertiefungen, die zu füllen die Natur nicht mehr die Kraft hat. Alles ist zu groß: das Gerät, die Maschinen, die Reifen. Alles ist zu groß, weil alles für alle und daher für niemanden Bestimmtes organisiert ist. Das Land ist von Gleichgültigkeit verheert. Kräne stehen in der Landschaft, und niemand weiß, ob sie dort vergessen worden oder nur kaputt sind. Mondlandschaft mit Eisengerät, an dem die Fernsteuerung ausgefallen ist. Einzelne Menschen können dieses Gerät nicht bedienen, es war für Größeres, für zu Großes gebaut. So liegt es nutzlos, verrostet. Das Land, das keinen Herrn hat und in dem niemand bezahlen muß, ist übersät von den Ruinen der Gleichgültigkeit: Rohre, die nirgendwo hinführen; Gleise, auf denen Waggons vergessen worden sind; Schotterberge, die von der Vegetation zurückerobert werden; Baumaterial, das von Wind und Schnee eingeebnet wird; Getreidefelder, die nicht abgeerntet werden können; Chausseen, die durch Löcher und Pfützen fast unpassierbar geworden sind; Berge von Zementsäcken, die vom Regen abgetragen werden; Kioske, durch die der Regen tropft; Gebäude, die schon Risse haben, wenn sie fertiggestellt sind. Das ist alles längst bekannt. Aber niemand will mehr die Macht des Faktischen hinnehmen. Das ist neu.

*Funde an der Jaroslawler Chaussee: Brillengestelle*

Kaum eine Woche vergeht ohne Funde. Diesmal leuchtet der Scheinwerfer des Kamerateams in eine Grube entlang der Chaussee, die nach Jaroslawl führt. Aus der Erde treten hervor: Blechnäpfe, die noch schimmern; Eßbestecke, leicht verbogen; Schuhe, an denen das Herstellungsjahr und die Fabrik, die sie produziert hat, erkennbar sind: 1937, Leningrader Gummifabrik; Spuren von Kleidung — und Brillengestelle mit zersprungenen Gläsern. Dazu gehören die Schädel, die Einschußlöcher aufweisen. Der Chef des örtlichen KGB hat die Ausgrabungsarbeiten geleitet. Überall sind Archäologen unterwegs, freigelegt werden die Felder entlang von Jahrhundertprojekten und entlang der Trassen, die in die Zukunft der Menschheit führen sollten.

### *Die Sängerin des Gulag*

Eine Leningraderin wird in ihrer Wohnung interviewt, im Hintergrund eine geblümte Tapete, ein Bücherregal, vor sich auf dem Tisch ein Stoß Photos. Sie berichtet von ihrer Ausbildung und ihren Auftritten aus ihrem ersten Leben. Sie war Sängerin im Gulag. Der Gulag war ein autarker Staat im Staat. Er hatte sein Finanzministerium, seine Kultur- und Propagandaabteilung, seinen Warenumschlag und Großbetriebe, die zu den größten des Imperiums gehörten, Waldungen von der Größe Frankreichs. Und er hatte natürlich seine Theater, seine eigene Post, seine Schauspieler, Zeitungsredakteure, Orchester, Gefängniswärter und Hochschulen.

### *Heizrohre über Land. Strategisch wichtiger Punkt*

Die Neubauviertel sowjetischer Städte erkennt man auch an den überirdisch geführten Rohrleitungen, silbrig verkleidet, an bestimmten Stellen quillt das Isoliermaterial heraus, sie verlaufen wie naturgegebene Linien: anstelle eines Baches oder Weges eben ein Rohr. Kleine Eisenstege oder Holztreppen führen darüber hinweg. Diese Leitungen sind lebenswichtig: Durch sie wird die Energie gepumpt, die menschliches Leben in den Wohngebirgen ermöglicht bei Außentemperaturen von minus 20 oder 40 Grad. Durch sie strömen Warmwasser und die Wärme, die aus Häusern gleichsam ständig überheizte Orangerien in der Winterlandschaft macht. Fiele eine dieser Arterien aus, das Leben erstürbe in ganzen Vierteln, aus Wohntürmen würden vereiste Skelette. Ein geplatztes Rohr, ein Streik im Kohlenbergwerk oder bei der Eisenbahn oder im Wärmekraftwerk selbst wird zur Katastrophe. Der Fortschritt im größten Maßstab hat Warmwasser, Bad, Müllschlucker, Lifte gebracht — und die Abhängigkeit, aus der es kein Zurück gibt. Wer die Heizkraftwerke in der Hand hat, ist Herr über Leben und Tod, der hat die Macht — jedenfalls im Winter.

*Die Türme im Weißen See: Rußland versenkt*

Untergegangenes Land, versenkte Geschichte, gerade dort, wo Rußland Geschichte geworden ist — an seinen großen Strömen, in dem feinen Gespinst von Seen und Flüssen, durch die der »Weg von den Warägern zu den Griechen« einst geführt hat. Die aufgestauten Ströme haben Ackerland unter Wasser gesetzt, Städte und Dörfer. Die Glockentürme und Kuppeln ragen aus den Fluten. Taucher können durch die Portale und Fenster hinab zu den Fresken, von denen nicht einmal Photos gemacht worden sind, bevor sie verschwanden. Ausflugdampfer umkreisen Türme, die 40–50 Meter tief im Wasser stehen. Über der Wasseroberfläche schimmert das Gold, und an den Kuppeln arbeitet der Rost. Mit jedem Staudamm verschwand ein Stück Geschichte und Lebensraum. Rußlands Fortschritt ist durch die Staudämme markiert, unter denen es verschwand.

*Neue Gesichter. Minister zu Fuß. Zeit der Bürgermeister*

Die Gesichter der neuen Menschen sind frisch, auch wenn sie dunkle Ringe um die Augen haben und übernächtigt erscheinen. Sie sprechen direkt, ohne Umschweife, sie brauchen kein Konzept, sie brauchen kein Pathos, sondern nur den Appell an Mitbürger. Sie verfügen zum ersten Mal nicht, sondern werben um Unterstützung, sie sind die ersten Unabhängigen, die ganz von der Kraft und dem guten Willen ihrer Wähler abhängen. Man erkennt sie auf der Straße, sie sind keine Hochwohlgeboren, sondern fahren in der Metro und tragen ihre Aktentaschen selbst. Die Minister des neuen Rußlands sind jung — von 32 aufwärts. Sie haben Hobbys: von Karate bis Angeln und russischer Chormusik. Die Städte im Aufbruch haben neue Bürgermeister. Sie fühlen sich verpflichtet, dem Publikum, zu dem sie wöchentlich im Fernsehen sprechen, zu erklären, warum und auf wessen Kosten sie ins Ausland reisen. Sie haben einen Traum, wie die Hunderttausende, deren Regierung sie sind. Es ist der Traum vom Leben in einer normalen Stadt, in einem normalen Land.

*Liturgie, Restitution der Form*

In einem Vorort von Moskau, an der Metro Kachowskaja, zwischen den Wohngebirgen und auf einer Fläche, über die sich Hochspannungsleitungen hinziehen, gibt es eine kleine Kirche. Vor zwanzig Jahren lag sie noch irgendwo vor Moskau, draußen im Land, nun ist die Stadt um sie herumgewachsen. Die Kuppel abgestürzt, die Scheiben zum Teil eingeschlagen, an der Mauer ein Gerüst, das nie zu Ende aufgebaut wurde, nicht weitab das alte Popenhaus, in dessen Fassade mehr Ornament investiert ist als in die Wohnblocks der 200000 Menschen ringsum.

Es liegt in der Luft, daß etwas geschieht. Am Abend sitzen die alten Weiblein auf dem Platz vor dem Denkmal der Gefallenen des Zweiten Weltkriegs und auf den Bänken um den stinkenden Teich, in dem Freizeitangler Fische fangen, die es dort längst nicht mehr gibt. In dieser Stille fällt jede Schwankung auf. Die alten Frauen sorgen dafür. Morgen soll die Kirche wieder eröffnet werden. Dann geschieht es: Inmitten der grauen Blocks blitzt der goldene Ornat eines Bischofs, über die Fläche, in der höchstens Kindergeschrei zu hören war, weht der Gesang von meist alten Menschen, schwach, aber durch die vielen schwachen Stimmen stark, das dunkle Rot eines Kirchenbanners in dem Viertel, in dem es sonst keine Farbe gibt, Weihrauchduft. Die Weihe dauert lang, es wird heiß, aber der Ritus erzwingt die Disziplin leicht, die sonst so schwer ist. Der Festtag ist vorüber, inmitten des wüsten, von Wohnbauten bestandenen Feldes gibt es wieder einen identifizierbaren Ort. Im ereignislosen Dahinleben der Wohnhäuser hat es ein festliches Ereignis gegeben, die graue Zeit ist aufgelöst, der Raum, der sonst nur durch die Nähe zur Metro markiert ist, hat wieder eine Struktur.

### *Rehabilitierung der Heilsarmee*

Die Heilsarmee war jahrzehntelang bevorzugtes Spottobjekt, kurierte sie doch nur an den Symptomen, die der Bolschewismus radikal, das heißt an der Wurzel, beseitigt hatte. Man lächelte über die gutgemeinte, aber doch »perspektivlose« Philanthropie, man wollte nicht nur Almosen, wo es doch ein Menschenrecht auf Arbeit, Obdach und Essen gab. Das ist vorbei. Moskau spendet: für die Afghanistan-Krüppel, die Opfer von Tschernobyl und Arsamas, für die Erdbebengeschädigten in Armenien, für Aids-Kranke und alte Leute.

In den Straßen Moskaus tritt eine neue Armut in Erscheinung, elend gekleidete Frauen, ältere Menschen, deren Hunger stärker geworden ist als der Stolz, der sie bisher zu Hause hielt, Obdachlose, Bettler. Jetzt will man von der Heilsarmee lernen, wo es doch einfacher wäre, an die russischen Vorbilder anzuknüpfen: an die Speisung der Pilger durch die Klöster, an die Volksküchen, die die reichen Kaufleute eingerichtet hatten, an die zahllosen Wohltätigkeitsvereine, die Damen des Adels und liberale Intellektuelle organisiert hatten. Damals wie heute zeigt sich: Das Land, das allein auf die staatliche Fürsorge setzt, ist verloren, erst recht, wenn diese zusammenbricht.

### *Die Rache des Dorfes. Der neue Robinson*

Die Farbenpracht der Kolchosmärkte von Moskau täuscht. Das Dorf hat keine Kraft mehr, nur seine Trägheit leistet Widerstand. Die Stadt hat alles aus ihm herausgezogen: die Menschen, vor allem die jungen, und mit ihnen den Glauben an die Zukunft. Daher kommt es, daß es jetzt nicht will, wo alle vorwärts wollen, und daß es nicht unter denen ist, die vorwärts gehen können. Die Menschen sind zu alt, um einen dritten Anfang zu machen. Die Kinder und Enkel interessiert nicht mehr als die Sommerfrische oder das kurze Wochenende an der guten Luft. Das Dorf hat nichts mehr, nachdem es konfisziert worden ist. Ihm sind die Kuh, der Vorgarten, das handtuchbreite Landstück im unendlichen Land geblieben. Darauf zieht es Kartoffeln, Zwiebeln, Rosen, Veilchen, Sonnenblumen, Knoblauch, Äpfel. Diese armselige Habe, zusammengetragen von den Bauern, die keine Bauern mehr sind, auf den Kolchosmärkten der Hauptstadt ist in der von Hunger bedrohten Stadt Reichtum. Das Dorf liefert nicht, wie schon einmal, aber nun nicht mehr, weil es nicht will, sondern weil es nicht mehr kann. Vielleicht folgt auf die Zeit, da man die Bauern in die Stadt getrieben hat, die Zeit, da die Städter ihre von der Krise erschütterten Städte fliehen werden. Das wäre ein historisches Novum: die Bildung einer neuen Bauernschaft aus der Stadtflucht. Unternehmungslustige Menschen, die sich aufs Land stürzen wollen, gibt es in den großen Städten genug. Sie sitzen in den Wohnsilos, in denen sie sich nicht wohl fühlen, ebenso wie in den Instituten, wo sie am falschen Platz sind. Die Rekultivierung des entvölkerten Dorfes wird von den Flüchtlingen der Stadt getragen werden. Das klingt paradox, aber ist nur logisch, wenn man die Pathologien der sowjetischen Urbanisierung kennt. Das weite Land wartet auf die Robinsons des 21. Jahrhunderts.

### *Todesanzeigen*

Todesanzeigen gab es auch bisher, in der *Prawda,* in den *Iswestija.* Es waren die kleinen Kästchen auf der letzten Seite, in die Zeitung gesetzt vom Arbeitskollektiv, von einer Parteiorganisation oder von einem wissenschaftlichen Institut, dem der Verstorbene angehört hatte, mit Erwähnung des Jahres, in dem er der Partei beigetreten war, welche Funktionen er wahrgenommen und welche Orden er im Vaterländischen Krieg errungen hatte. Man konnte an den Altersangaben oft ablesen, daß es noch viel Augenzeugen der großen Revolution und noch mehr Augenzeugen der Vorgänge der dreißiger Jahre gab.

Todesanzeigen in den neuen Zeitungen sind etwas ganz anderes: die Rückkehr des gewöhnlichen Sterblichen und des gewöhnlichen Todes. Es bedarf keiner Verdienste, keiner Veteranenschaft. Es reicht, wenn Angehörige es für wichtig halten, mitzuteilen, daß der und der gestorben ist. Die Zeitungen der Hauptstadt fangen wieder an, etwas über Leben und Tod und über den Tod als Alltagserscheinung mitzuteilen. Das ist ungeheuer in einem Land, in dem gewöhnliche Sterbliche in Zeitungen nichts zu suchen hatten oder die Zeitungsmitteilung vom Tod nur etwas Schlimmes bedeuten konnte.

### *Ogonjok/Kommersant: Die Erschöpfung des Wortes*

Die Presse der Nach-*perestroika*-Zeit kämpft immer noch mit den Waffen der *perestroika.* Man verteidigt *glasnost,* wo es längst Öffentlichkeit gibt. Man ist kritisch gegen das alte Regime, aber hat keine Worte für das, was sich vorbereitet. Das »Neue Denken« ist über weite Strecken Denken gegen das Alte, nicht das Denken des Neuen. Der kritische Kopf hat seinen Widerpart — den repressiven Staat, der für alle Übel zuständig war — verloren, er betreibt im Augenblick eher eine extensive Wirtschaft, erobert nach den städtischen Zentren nun auch die Provinzen. Aber das ändert nichts an der Krise eines Denkens, das sich erst daran gewöhnen muß, die Objekte seines Interesses selber definieren zu müssen. Das Land wird von Kritik nicht satt, sondern nur von Unternehmungen, die es besser machen. Die unabhängige Presse ist die Presse der Unabhängigen. Sie berichtet über das, was die Unabhängigen tun, nicht bloß über das, was der Staat unterläßt. Sie zeigt die neue Wirtschaft in Aktion und debattiert nicht bloß über Wirtschaftsreformen. Sie ist nicht primär eine »Institution der Kritik«, sondern ein Selbstverständigungsmittel derer, die ihren eigenen Weg gehen. Die Differenz zwischen *perestroika*-Presse und der Geburt der unabhängigen Presse wird deutlich im Vergleich der Zeitschriften *Ogonjok* und *Kommersant.*

*Partisanen der Höflichkeit*

Moskau wird immer unerträglicher, die Unfreundlichkeit steigert sich zur Bösartigkeit, das Mißtrauen aller gegen alle zum Kampf aller gegen alle. Aber zu dieser Polarisierung gehört auch die Wiederentdeckung der Höflichkeit und der Freundlichkeit. Die Freundlichkeit ist die Überlebensstrategie derer, die fast keine Aussicht haben im allgemeinen Zerfall. Die Partisanen der Stadt, die nicht aufgegeben haben, erkennen sich daran, daß sie sich entschuldigen, wo alle anderen sich nur auf die Füße treten und in die Seite boxen. Wenn sie den Platz für eine alte Dame räumen, dann ist das die Demonstration, daß es auch anders geht. Es ist keine Massenbewegung, aber das Beispiel macht Schule, von Mensch zu Mensch. Und es sind nicht wenige. Juri Ljubimow wandte sich an die Teilnehmer der großen Demonstrationen mit »Meine Damen, meine Herren«. Das Ende der Genossenschaftlichkeit, in der man dem anderen deshalb soviel zugemutet hat, weil er so war »wie du und ich« und nicht eine Person für sich, ist in Sicht. Die Höflichkeit ist das erste Zeichen, daß aus einer Siedlung eine Stadt wird und daß die Gesellschaft, in der es Klassen nicht mehr oder noch nicht gibt, vorerst kein anderes Indiz für das Wachsen der zivilen Kultur hat als die Unterscheidung zwischen höflich und unhöflich.

*Eisenbahn: Zeitmaschine*

Die Züge fahren noch. Das ist beruhigend Es gibt keinen verläßlicheren Indikator für die Festigkeit des Reichszusammenhangs als das Eisenbahnsystem. Aber Armenien war abgeschnitten — von aserbaidshanischen Eisenbahnern, die behaupten, die armenischen seien es gewesen. Man fährt durch das Land, und die

Gerüchte fahren mit, auf beiden Seiten fliegt das verwüstete und gedemütigte Land vorbei. Man fährt durch unterschiedliche Zeiten und Zeitalter. Die Proklamation der eigenen Zeit ist eine Art Souveränitätserklärung, die noch dazu wenig kostet. Die Republiken machen sich zum Herrn ihrer Zeit, die nun in Kiew anders ist als in Moskau und Narva. Aber auch innerhalb der Republiken gehen die Uhren verschieden — so zwischen Lwow und Kiew. Jeder nimmt sich seine eigene Zeit. So kommt es, daß an ein und demselben Ort verschiedene Zeiten herrschen. In Gagra an der Schwarzmeerküste geht die Uhr am Flughafen nach Moskauer Zeit, das Frühstück im Hotel wird nach Kiewer Zeit serviert, der Zeitungskiosk hat je nach Verkäufer sein Mittagspausenschild nach Moskauer oder Kiewer Zeit aufgehängt. Die Zeit wird subjektivistisch, separatistisch, autistisch. Ein Land, das mit so vielen Zeiten zurechtkommt, bewältigt das Chaos.

Der Zug rast durch die Zeit: Er kommt heute in einer Stadt an, die seit gestern wieder so heißt, wie sie schon vor 70 Jahren hieß; er fährt durch ein Reich, in dem die Unionswährung schon nicht mehr gilt und jede Stadt sich anschickt, ihre eigene Währung, und jede Republik, ihre eigenen Briefmarken einzuführen, ohne auf die andere zu warten. Eine Zugfahrt vergeht, während eine Epoche zu Ende geht. Die Reichszeit läuft ab, jeder Landstrich findet seine Zeit wieder, langsamer oder schneller, westlicher oder östlicher. Daraus entsteht die Zeit eines *commonwealth* mit Rußland darin.

### *Die Trikolore — endlich!*

Alle haben ihre Flaggen hervorgeholt, von Riga bis Taschkent. Das Imperium beginnt in allen Farben zu leuchten. Die Russen sind die letzten. Auf allen Kundgebungen taucht jetzt die Trikolore auf — endlich! Man geht auch hier zurück, aber nicht zum Gelb-Weiß der Romanows, sondern zum Weiß-Blau-Rot, das bis 1918 Staatsflagge war. Die Farbkombination, die noch auf einen Ukas des Zaren Alexej Michailowitsch vor über dreihundert Jahren zurückgeht, ist gut. Weiß steht für Edelmut, Blau für Ehre, Rot für Kühnheit. Wenn diese Tugenden sich so rasch ausbreiten wie das Flaggenmeer, dann muß man sich um Rußland keine Sorgen machen.

### *Kassandra*

Die Tochter des Priamos ist in Moskau. Sie spricht über die Sender und läßt ihre Gesichte in den Zeitungen drucken. Sie steht verkleidet als Weiblein aus der Provinz unter den gestikulierenden Passanten am Puschkin-Platz. Ihre Rufe haben die Programme der Kommunisten abgelöst. Kassandra mit ihrer Sehergabe hat es leicht. Sie ist unbeirrbar, weil sie den absoluten Schrecken gesehen hat. Sie gleicht darin den Kommunisten, den Propheten des absoluten Glücks. Menschen mit normaler Sehkraft erkennen diesen absoluten Endpunkt, auf den alles zuläuft, nicht. Mit Kassandra kehrt die Herrschaft der Zukunft über die Gegenwart zurück, die sich Moskau gerade erst erobert hat. Sie verlangt die Kapitulation vor der Zukunft und fordert zur Desertion aus der Jetztzeit auf. Die Neue Moskauer Zeit, Moskaus Eintritt in die Gegenwart, sein größter Sieg, das Aushalten der Gegenwart, ist in Gefahr.

### *Leere Regale, Gastmahl der Götter*

Die Regale sind leer, noch leerer, als sie immer schon waren. Das schlägt inzwischen auch auf die früher immer reichlich gedeckten Tische in den Moskauer Küchen durch. In den Küchen ist es noch enger geworden, weil jeder die letzten freien Winkel benutzt für die Verstauung von Vorräten aller Art. Aber vor leeren Regalen und an leeren Tischen findet das Gastmahl der Götter statt.

Man beobachtet den Kampf der Titanen. Vom Balkon blickt man auf den Zerfall des Reiches. Unter unseren Augen bildet sich über Nacht eine neue Staatenwelt. Wir sind die Zeugen des Endes der »schönen Epoche«. Der Kommunismus stirbt. Der Pesthauch der Agonie reicht bis in die dünne Luft, in der die Götter leben. Dunkel wie große Schiffe liegen die Ministerien, die nichts mehr zu verwalten haben. Gras auf dem Roten Platz. Klar der Himmel, denn die Fabriken haben zu arbeiten aufgehört. Auf den Straßen kreuzen sich die Ströme der Flüchtlinge mit den durchs Land ziehenden Truppen der aufgelösten Armee. Kein Brand Moskaus, aber ein Erlöschen des Dritten Roms.

## *Musik im Gorki-Park*

Auch im Gorki-Park ist *heavy metal* auf dem Vormarsch, auf die Estrade folgt der Schlager oder der Rock. Solche »Zentralen Parks für Kultur und Erholung« gibt es im ganzen Reich, es sind Institutionen einer imperialen Kultur — ähnlich den Parks und Volksgärten, die die Habsburger überall in ihrer Welt anlegen ließen. Dort spielen im Sommer zwischen Blumenrabatten und mit Silberbronze gestrichenen Skulpturen Militärorchester. Die Besucher des Parks verweilen auf den bequemen Bänken, die ebenfalls unionsweit vom selben Typ sind. Man liest Zeitung, unterhält sich oder hört zu. Es ist Blasmusik, aber keine Volksmusik. Sie wird von Soldaten gespielt, aber sie ist keine militärische Musik. Die Stücke nennen sich häufig Marsch, aber es sind eher liebenswürdige Imponiergesten. Die Musik des Imperiums hat nichts von nationalem Kolorit, ihr Temperament ist eher elegisch und romantisch. Die Stücke handeln nicht von Schützengräben, sondern von den mandschurischen Hügeln. Ihre Tonalität ist einfach und wird überall verstanden. Aber wer in einem solchen Orchester spielt, hat das Abc des komplexen Konzertierens schon hinter sich. Es ist vielleicht die einzige Form des Zusammenspielens, die zwischen Samarkand und Riga, Leningrad und Tiflis noch geübt und verstanden wird. Der Klang des Imperiums, der bleibt.

*Sommer 1990*

## 9000000

Man muß nicht rätseln, was geschieht, wenn der Lebenszusammenhang von Millionen Menschen mit einem Schlag zusammenbricht. In der Sowjetunion leben 280000000 Menschen, in Moskau 9000000 — ungefähr. Es ist sinnlos, sich für zweihundertachtzig oder auch nur neun Millionen Individuen eine radikale Veränderung der Lebensverhältnisse vorstellen zu wollen. Aber die gesellschaftliche Veränderung, die im Gange ist, setzt sich aus 280 Millionen individuellen Schicksalen zusammen. Das sind ebensovielmal Hoffnung und Panik, Besonnenheit und Hysterie, Würde und Gemeinheit, Einfallskraft und Sichgehenlassen. Was geschieht, wenn sie in auswegloser Situation aufeinandertreffen, weiß niemand. Die apokalyptischen Szenarien, die in Moskau im Umlauf sind, sind fast immer Extrapolation des heutigen Tages und irgendwo schon wieder überholt. Kassandra hat es in Moskau heute nicht schwer. Noch nie hat man ihr so aufmerksam zugehört. Sie ist die erste Prophetin, die in ihrem Reich etwas gilt. Ein solches Unisono hat es noch bei keinem Weltuntergang gegeben — und das Ende eines Reiches ist eine Art Weltuntergang. Man kommt ihm am nächsten nicht durch Bilder, sondern durch Abstraktion. Moskau ist nicht das Reich, aber der Punkt, auf den sich der Druck von mehr als tausend Atmosphären konzentriert.

### *Eine Art Weltuntergang*

In der Hauptstadt der Union laufen die Fäden zusammen, die jetzt reißen. Hier werden die Befehle ausgegeben, auf die niemand mehr hört. Hier sitzen die Stellen, von denen man Rettung erwartet, solange nicht die letzte Hoffnung auf die Macht im Zentrum verschwunden ist, und die verantwortlich gemacht werden für alles — auch für das, was schon außerhalb ihrer Macht liegt. Was seit Menschengedenken schlecht funktioniert, funktioniert überhaupt nicht mehr. Moskau ist die Stadt der Ministerien, deren Planungen fiktiv, und der Direktiven, die unwirksam geworden sind. Es gibt das eine Reich, aber überall werden neue Grenzen gezogen. Fünfzehn Staaten sind da, wo es bisher nur den einen gab. Und jeder will etwas von dem Reich, dem er nicht mehr angehören will: Bodenschätze, Sondertarife, Steuernachlaß, Subventionen, eigene Zölle und Währungen, eine eigene Armee — nach Möglichkeit gratis und ohne eigene Kraftanstrengung. Im Landwirtschaftsministerium arbeitet man immer noch an den Einzelbestimmungen der Bodenreform, doch draußen im Land ist der Kampf um die Neuverteilung des Bodens schon im Gange. Im Verteidigungsministerium hat man wenigstens noch das eine in Händen: den Schlüssel zu den Nuklearwaffen. Die wirklichen Preise entnimmt man dem Wirtschaftsteil der neuen Zeitungen, schon nicht mehr den Mitteilungen von Gossnab, der staatlichen Verteilungszentrale. Die Reichshauptstadt wird fiktiv, das sowjetische Moskau wird zur Abstraktion. Nur hier kommt man auf den Gedanken, das Volk per Referendum über die Auflösung des Imperiums beschließen zu lassen — ein in der Weltgeschichte noch nie dagewesener Vorgang.

In den Moskauer Kopfbahnhöfen laufen die Eisenbahnen zusammen. Wenn sie aufhören zu rollen, ist der Kopf vom Rumpf isoliert. Es kommt zu einer Art Abstoßungsreaktion. Der Stadtrat errichtet Straßensperren, um den Abfluß von Waren aus der Hauptstadt zu unterbinden, und die umliegenden Regionen hören auf zu liefern, wenn Moskau sich weigert, ein Äquivalent zu geben. Die lebenswichtigen Lieferungen gehen nun dorthin, wo am meisten geboten wird, nicht dahin, wo einmal der Monopolist saß. Moskau ist im Kampf um die Privilegien vorangegangen, jetzt bekommt es zu spüren, was es bedeutet, daß das ganze Land sich gegen die privilegierte Hauptstadt wendet. Die neue Ökonomie, die es propagiert hat, wird auf es selbst angewandt. Der Zentralismus wird vom Egoismus der Regionen außer Kraft gesetzt. Seine Monopole werden umgangen, weil es anders nicht mehr geht. Im Augenblick der Öffnung wird Moskau zur geschlossenen Stadt. Die Republiken, die ihre eigenen Wege gehen, brauchen den einen Kopf, der für sie denkt, nicht mehr. Eine unersetzbar scheinende Hauptstadt erweist sich als überflüssig. Das Moskau der Bürokratie wird zur Geisterstadt. Moskau, die Stadt im Zentrum, wird zur exzentrischen Stadt, vielleicht sogar zu einem exterritorialen Ort. Man weiß in Westeuropa besser, was dort vor sich geht, als in Blagoweschtschensk am Amur. Schließlich wird Moskau von Skrupeln gepackt: Die russische Stadt kann nicht länger die Hauptstadt der Sowjet- oder einer anderen Union der vielen nichtrussischen Völker sein. Die hätte ihren Platz besser irgendwo an der Schnittstelle von Europäisch- und Asiatisch-Rußland, an der Wolga vielleicht. Der Spaltung des Landes, dem Auseinandertreten von Nationen und Imperium, folgt nun die Bewußtseinsspaltung, der Abschied vom Imperialkomplex. Der Sowjetbürger muß sich nun als russischer Staatsbürger zurechtfinden. Das Imperium entläßt eine Nation, deren Identität sich im Zusammenhalten des Reiches, nicht Rußlands gebildet hat. Die Fliehkräfte ziehen auch am multinationalen Moskau, dessen gemischte Gesellschaft — diese größte Leistung einer jeden Imperialkultur — Risse bekommt.

Die Entlassung einer Gesellschaft aus staatlicher Vormundschaft ist, wenn diese darauf nicht vorbereitet ist, ein Absturz im Kleinen, und im Falle einer großen Stadt: 9000000mal. Föderalisierung, Entstaatung, Entsowjetisierung, Entparteilichung — das sind die Stichworte, die die Auflösung der harten Struktur und des Gehäuses bezeichnen. Der Staat, der Ernährer der ganzen enteigneten, eigentumslosen, von ihm abhängigen und beschäftigten Masse, versagt in seiner Elementarfunktion: der Versorgung. Was bisher auf allgemeine Rechnung ging und niemandem, sondern höchstens allen schadete, geht jetzt auf Einzelrechnung. Die zu bezahlen wird immer unmöglicher. Jeder wird zum Jongleur, zum Drahtseiltänzer. Man muß sich durchschlagen, wo man bisher irgendwie durchkam. Das gilt für die großen Autowerke wie für die kleine Verkäuferin. Der Betrug mit den »toten Seelen«, die die sowjetischen Industrieunternehmen, die Apparate und Institutionen bevölkern, fliegt auf. Der Platz, der die Versorgung auf Lebenszeit garantiert, sackt unter den Füßen weg. Es ist nichts mehr da, was man noch verteilen könnte. Der Traum von der Lebensstellung dort, wo umverteilt wird, ist zu Ende. Die Quelle des Reichtums ist versiegt. Das wahre Dilemma ist ja niemals Arbeitsplatzverlust, sondern Verlust des Platzes in der Hierarchie der Verteilung gewesen. Man muß von vorne anfangen, beim Kampf um die Existenz, bei der Arbeit oder genauer: bei der Leistung. Das betrifft die Mitglieder der Kommunistischen Partei, die von der Arbeit emanzipierten Vertreter der Arbeiterklasse, zu allererst, aber nicht bloß sie. Eine ganze phantasmagorische Gesellschaft, die über die Niederungen des Arbeits- und Leistungszwangs erhaben war und jenseits aller Konkurrenz in den Tag hinein lebte, löst sich auf. Das Reich der Freiheit vom Leistungszwang ist am Ende. Mit dem Ende der Staatsökonomie stirbt auch ihr Held: der ideelle Staatsangestellte. Aus seinem Zerfall tritt irgendwann der reelle Gesamtarbeiter heraus, und aus dem Zerfall des Staatseigentums, das niemandem gehört, das Privateigentum, ohne das es die Existenz von Privatpersonen nicht gibt. Vorerst ist das Problem aber eher: Wie erhält man die Versorgung der Gesellschaft aus eigentumslosen Staatsangestellten aufrecht? Was geschieht, wenn eine Gesellschaft, die nur noch aus Marginalisierten besteht, ihr Zentrum verliert? Sie fällt aus dem Orbit heraus, verliert ihr Gleichgewicht.

Der *homo sovieticus* am Ende der sowjetischen Zivilisation ist der aufs Trockene geworfene Fisch. Eine ganze Welt verliert ihr Gleichgewicht. Der ein Leben lang Bevormundete steht ohne Vormund da. Der allzeit von der Allgemeinheit und auf Kosten der Allgemeinheit Ausgehaltene fällt in einen Abgrund ohne Netz. Man kann jetzt niemanden mehr betrügen — nur noch sich selbst. Man kann verfluchen und verdammen — aber wen interessiert das noch. Eine im Infantilstadium gehaltene Gesellschaft soll über Nacht erwachsen werden. Die Erfahrungen, die sie nie hat machen dürfen, kommen jetzt alle auf einmal. Alle Fehler, vor denen man beschützt wurde, dürfen jetzt gemacht werden. Für den Vatermord ist es zu spät — der patriarchalische Staat ist schon kraftlos. Es gibt keine Ausreden mehr, die Vertiefung in Schuld und Sühne löst keine Probleme. Die Revolution von oben war eine bequeme Sache, die man kommentieren und kritisieren konnte, was sich jetzt anbahnt, macht alle ratlos. Alle warten auf das soziale Wunder und das Manna, das vom Himmel fällt — aber es fällt nicht. Die Krise kommt nicht als Krise einer Struktur oder infolge einer partiellen Unterentwicklung oder Disproportion. Die sowjetische Krise geht aufs Ganze, denn die sonst bekannten Rückzugsgebiete existieren nicht mehr: Man ist nicht Herr in seinem Haus, sondern Nutznießer des »gesellschaftlichen Wohnungsfonds« und darauf angewiesen, daß die zentrale Wärme- und Wasserversorgung intakt bleibt. Man kann nicht auf Märkte ausweichen, die es nicht gibt. Die Gesellschaft ist das Anhängsel des Staates, und eine ganze Stadt wird zur Geisel eines Systems. Mit dem Ende des Verteilungsstaates, der alles reguliert, droht der gesellschaftliche Erstickungstod. Daher beginnt sein Ende mit dem Hunger und stellt alles, was kommt, in den Schatten des Kampfes um Leben und Tod. Es ist die Todesstunde des *homo sovieticus,* des »Ensembles der sowjetischen gesellschaftlichen Verhältnisse«. Sie hatte sich längst angekündigt. Jetzt ist sie da, zu rasch, überwältigend, erschreckend. Der Gewalt, die die Geburt der neuen Gesellschaft begleitet, geht die Gewalt, die frei wird im Zerfall der alten Ordnung, voraus.

Die Invaliden und Veteranen, die als Sieger aus einem Krieg hervorgegangen sind, haben den Krieg, den sie schon damals nicht für sich gewonnen haben, endgültig verloren. Der Staat, dem sie ihr Leben geopfert haben, zwingt sie am Lebensabend noch einmal in den Kampf um die nackte Existenz zurück. Die Generation, die um der besseren Zukunft für ihre Kinder willen durchgehalten hat, kann nun diesen nichts anderes hinterlassen als düstere Ungewißheit. Die Arbeiter sind auch dann, wenn sie arbeiten wollen, machtlos gegen den Zusammenbruch ihrer Betriebe. Die Soldaten sind ohne Auftrag und ohne Bleibe für ihre Familien, wenn der Staat, dem sie dienen, kollabiert. Die Bewußtseinsform, die aus der Anerkennung einer säkularen Niederlage entstand, wird ergänzt durch die Ahnung, daß die Folgen dieser Niederlage erst noch zu Tage treten werden. Auch übermenschliche Anstrengung einzelner richtet gegen die Naturgewalt dieser Ereignisse nichts aus, wenn nicht irgendwo etwas geschieht, das außerhalb ihrer Macht liegt. Die Flucht ist eine Möglichkeit — aber nicht für neun Millionen. Der Zusammenbruch schneidet vielleicht die letzte Fluchtmöglichkeit ab: die Flucht in die Rolle des Opfers.

### *Verfall als Chance*

Der Sowjetbürger, der von oben nichts mehr erwartet, ist kein *homo sovieticus* mehr. Eine Spezies stirbt, ein neues Geschlecht wird geboren. Ausweglosigkeit erzeugt Panik — aber auch die Klarheit, die keine Rücksicht mehr nimmt. Staatliche Ohnmacht erzeugt Anomie, aber zwingt auch zur Selbstbehauptung. Wo die Routine nicht mehr funktioniert, muß man sich im großen Stil aufs Improvisieren verlegen. Es ist die Stunde der Verrückten und des gesunden Menschenverstandes. Auf die Enttäuschung, die einen Verlust beklagt, folgt die Desillusionierung, die ein Gewinn ist. Die Gesellschaft ist jetzt nur noch das, was bleibt, wenn ihre Verstaatung hinfällig geworden ist: Menschen, so wie sie sind — nackt. Den bisher Organisierten bleibt in der allgemeinen Desorganisation nichts mehr, als sich selber zu organisieren. Im Chaos wächst die Angst, aber auch die Selbstsicherheit im Umgang mit ihm. Mit dem Not- und Ernstfall löst sich das, was Simulation an der Sowjetrealität ist, auf. Vielleicht entsteht jetzt Vertrauen in die Menschen, die nichts galten, vielleicht wächst jetzt, wo man alleingelassen ist, das Gefühl für die eigene Würde.

Die Stadt muß sich, wenn sie nicht kapitulieren will, mit der umstürzenden Seite der Katastrophe verbünden. Es gibt keine andere Möglichkeit, dem rasenden Verfall entgegenzutreten, als die im Verfall frei gewordenen Kräfte zu eruieren und neu zu formieren. Nicht, daß es zu Eruptionen der Gewalt gekommen ist, ist das Wunder, das erklärt werden muß, sondern die Tatsache, daß innerhalb der allgemeinen Panik an der Auflösung des Verhängnisses gearbeitet wird. Dies geschieht fortwährend und kaum beachtet, weil es im Schatten des Verfalls passiert und in Formen, in denen Aufbruch und Zusammenbruch ungeschieden ineinander übergehen. Die Metamorphose erkennt man gewöhnlich erst *post festum,* wenn die neue Gestalt fix und fertig ist.

Moskau arbeitet am Schwierigsten: an der Auflösung der Angst, die der stärkste Verbündete der alten Mächte ist. Es erfindet dazu keine Antipanik-Therapie, sondern spricht nur aus, was der Fall ist. So gewöhnt man sich an das Unerhörte. Moskau wird zum Denkraum des Prozesses, der die Menschen überfordert, und zum Handlungsraum, in dem neue Kombinationen ausprobiert werden. Man muß dem Verfall die Chancen, die er eröffnet, abringen.

Nichts zerfällt in nichts. Die eine Macht wird zur Doppelmacht. Das eine Zentrum, das chronisch überfordert ist, wird von den vielen Zentren, die bisher noch nicht gefordert waren, abgelöst. Die aufmüpfige Peripherie nimmt sich endlich selber wichtig und entlastet das Zentrum, das zu weit entfernt ist, um überhaupt kompetent zu sein. Die Regionen nehmen sich nur wieder, was ihnen genommen wurde: die Eigenmächtigkeit, die jedem Raum innewohnt. Entscheidungen, die nur auf Umwegen getroffen werden, fallen jetzt rascher und unter den Augen der Betroffenen. Der Zerfall des uniformen Raums ist in Wahrheit seine Neugliederung entlang von Kraftlinien, die älter, stärker und auch tragfähiger sind. Der Verlust des imperialen Raums zwischen Alma Ata und Wilna geht einher mit der Entdeckung des russischen zwischen Archangelsk und Rjasan. Was so zerstörerisch an den zentrifugalen Kräften aussieht, korrigiert in Wahrheit nur eine über Jahrzehnte gestörte Balance und besagt nur, daß es außer Moskau noch etwas anderes gibt. Der Verfall eines hinfällig werdenden Reiches ist aus anderer Perspektive die Gewinnung neuer Stabilität. Die Verantwortung, die man in den Republikhauptstädten übernimmt oder sich anmaßt, entlastet die Regierung der Union. Hinfort geht nicht mehr alles, was im letzten Winkel dieses Sechstels der Erde passiert, aufs Moskauer Konto. Das Reich wird zu vielgliedrig und strukturiert, als daß die große Anarchie auf einmal und flächendeckend von Brest bis Wladiwostok ausbrechen könnte. Es gibt nun, da es den einen Raum nicht mehr gibt, Krisenherde und Zonen der Stabilität, bald vielleicht auch der Prosperität oder jedenfalls Zonen, in die man fliehen kann. Das Wachsen von Souveränität ist kein Verfalls-, sondern ein Reifesymptom. Die Aufgliederung des Raums ist die Voraussetzung für alles Weitere: für die Modernisierung der Wirtschaft, für die Entwicklung einer Infrastruktur, für die Differenzierung der Produktion und Kultur, für die Intensivierung aller Prozesse anstelle der bisher extensiven Methoden im Stil der Neulandgewinnung. Die nationale Souveränität, die mehr ist als Schuldzuweisung, Vertreibung von Bürgern, billigem Chauvinismus und Alibi für die eigene Passivität, bedeutet ja: Aktivierung, Ende der Gleichgültigkeit, Verantwortlichkeit für das Land, in dem man wohnt. Die politische Gliederung wird endlich so vielfältig, wie es einem in Wahrheit ungeheuer differenzierten Territorium ansteht: Dort wird es Gebilde geben, die nach dem Muster der orientalischen Clane regiert werden, Inseln demokratischer Kultur, Teilfürstentümer, die nach der Art der *wottschina,* des Vatererbes, verwaltet werden, weite Landstriche, in denen nur Nomaden etwas zu sagen haben. Es wird Parlamente, Residenzen, alte und neue autoritäre Regime geben, vielleicht sogar »befreite Zonen« und Operationsgelände für frei umherziehende bewaffnete Haufen. Der erneute Zusammenschluß von souverän gewordenen Staaten wird eine Chance, wenn die Erfahrung der nationalistischen Sackgasse erst einmal ausgekostet worden ist. Aber für die Transformation der zentralistischen Union in einen Staatenbund gibt es jetzt schon mehr Ebenen und Schritte, als es durch die zugespitzte Lage in den baltischen Republiken scheinen mag. Die Republiken sind ohnehin fast fertige Staatsgebilde: Sie haben alles, von nationalen Regierungen und Verfassungen, nationalen Akademien, Ministerien, Filmverbänden, Verlagshäusern bis hin zu Vertretungen in Moskau, die nun zu Botschaften werden. Die Union ohne handlungsfähiges Zentrum ist nicht das Reich der Anarchie, sondern: fünfzehn funktionierende Republiken mit allem, was dazugehört.

### *Glück der Grenze*

»Sollen sie gehen« — mit diesen Worten haben sich führende Russen nicht nur in das Unvermeidliche geschickt, sondern die ganze Szenerie verändert. Die Russische Föderation wird damit zu einem großen Staatswesen unter anderen. Was wie eine Kapitulation aussieht, ist ein Sieg. Rußland hat sich im und für das Imperium verausgabt. Wenn es je eine herrschende Nation gegeben hat, die sich dabei erschöpft und aufgerieben hat, dann ist es die russische. Wenn sie die Positionen dort räumt, kommt es in erster Linie ihr selbst zugute. Rußland nimmt zum ersten Mal die zu weit vorgeschobenen Linien seines riesigen Reiches zurück. Es macht endlich die glückliche, vielleicht rettende Erfahrung der Grenze, des Maßes, des begrenzten Raums. Die Volkskräfte gehen nun auf Konzentration, intensive Kultivierung und Akkumulation statt auf Expansion und Extension. Vielleicht kommt es nun zu einer Verdichtung und Gesellschaftsbildung, die den moskowitisch-bolschewistischen Staat nicht mehr nötig hat. Rußland, das sich in imperialer Herrschaft erschöpft und verausgabt hat, kehrt nach Hause zurück. Das Volk, das das nördliche Asien kolonisiert und kultiviert hat, kann seinen Pioniergeist und seine Opfer nun für sich selbst verwenden und das Hinterland, das ausgeblutet und verwüstet ist, in Ordnung bringen. Die Austreibung aus den Stellungen imperialer Macht ist bitter. Doch die Sammlung der russischen Diaspora, der *brain drain* der in den Republiken »Okkupanten« geschimpften russischen Wissenschaftler, Orchesterleiter, Facharbeiter, Redakteure stärkt Rußland. Die Russen, die in der Fremde bleiben, sind nun nicht mehr die Vertreter des »Großen Bruders«, dafür aber estnische, lettische, georgische Staatsbürger mit Minderheitenrechten. Ein Rußland, das mehr an sich selbst und seine Souveränität denkt, läßt sich von seinen Nachbarn, die dasselbe tun, nicht mehr aus dem Gleichgewicht bringen. Rußland entlastet sich von der Bürde der Weltmacht, die es doch nur militärisch war. Und es löst — fast nebenbei — das Problem, was mit den Streitkräften des Reiches geschehen soll, wenn es dieses faktisch nicht mehr gibt: Es rettet die Situation, indem es die Sowjetarmee überführt in eine russische. Rußland bekommt die Freiheit des Agierens zurück. Das Land kann sich endlich auf den Stand zurücknehmen, den es — getäuscht durch seine militärische Potenz — aus den Augen verloren hatte. Es kann sich die Freiheiten nehmen, die Nicht-Supermächten zustehen, und den Verpflichtungen entgehen, die Führungsmächten gewöhnlich auferlegt sind.

In der Ökonomie indes scheint es nur Zerfall zu geben. Aber auch hier ist es so, daß, wer überleben will, weiter gehen muß als alle gutgemeinte staatliche Reform. Eine Art Privatisierung findet statt, lange bevor sie Gesetz geworden ist. Schon zu Zeiten des reifen Sozialismus funktionierte das System ja nur, sofern man sich nicht daran hielt. Keine Planökonomie ohne schwarzen Markt. Kein Staatseigentum ohne den Diebstahl im großen Stil. Auf die heimliche Enteignung folgt jetzt die immer offenbarere. Aus einem Volk der Staatseigentümer, das heißt der Habenichtse, soll nun ein Volk von Eigentümern werden. Man kann von der Geburt des Privateigentums aus dem Zerfall des Gemeineigentums und der Geburt des Marktes aus dem Naturaltausch sprechen. Der Prozeß der Aneignung/Enteignung ist im Gange. Die Eigentumsformen sind so vielfältig, wie es die Stufen des Zerfalls, die Wirtschaftsformen eines Reiches zwischen Polarkreis und Wüste und die Festigkeit von Interessengruppen eben nahelegen. Das Staatseigentum ist zur juristischen Fiktion geworden, und wer sich darauf beruft, zieht von vornherein den kürzeren. Es ist die Attrappe, hinter der die großen Transaktionen laufen. Das Schlimme ist gerade, daß die Fiktion aufrechterhalten wird und so nicht genügend Bewegung ins Spiel kommt. Das entstaatete Privateigentum ist ein schwaches Privateigentum, eines, das sich nicht zu sich selbst bekennt.

Dieses Als-ob-Eigentum gibt es überall: Die Sowchos-Bürokraten spielen sich als Großgrundbesitzer auf; die Militärs betrachten sich als die Herren des militärisch-industriellen Komplexes; die Unionsministerien gerieren sich als die Zentralen multinationaler Unternehmen; die Manager der großen Unternehmen mausern sich zu Vorständen von Aktiengesellschaften;

die Mafia bedient sich bei der Etablierung ihrer Handelsketten des staatlichen Verteilungsapparates; die Verkäuferin, die die Ware unter dem Ladentisch versteckt, tut so, als sei sie die Inhaberin des Geschäftes; der Fachmann aus dem Staatsbetrieb wird zum Handwerker, der gegen Sonderhonorar arbeitet; die Wissenschaftler und Techniker der Akademieinstitute kümmern sich mehr um ihre eigenen Angelegenheiten als um den Plan. Dem Arbeiter steht bald schon wieder die Arbeitsbörse zur Verfügung, wo er verkauft, was er hat: seine Arbeitskraft. Und den Kommunisten gehören faktisch die Immobilien, in denen sie doch nur residieren sollten. Wahrscheinlich gab es nie reicheren Immobilienbesitz als den allgemeinen der Kommunisten — historische Schauplätze und die besten Lagen eingeschlossen.

Die Sowchosen und Kolchosen umfassen heute den größten Großgrundbesitz auf Erden — vergleichbar den Großfarmen Nordamerikas oder Latifundien Argentiniens. Der rote Großgrundbesitz hat das Land fest im Griff. Seit Jahrzehnten fließen Milliardenbeträge für »Lebensmittelprogramme« in seine Taschen, ohne daß die Gesellschaft etwas davon hätte. Die Partei der roten Agrarier übertrifft ihre Vorgänger zu Zarenzeiten in fast jeder Hinsicht: an Einfluß auf staatliche Entscheidungen, auf die Preis- und Exportpolitik, an Parasitismus und schlechtem Geschmack. Wenn sie nicht will oder nicht mehr kann, hungert das Land. Sie ist der natürliche und entschiedenste Gegner einer Landreform. Sie sitzt auf dem Land, auch wenn es brachliegt. Sie ist nicht nur Großgrundbesitzer, sondern Monopolist der landwirtschaftlichen Nutzfläche. In ihren Reihen gibt es Bosse, die es mit einem Stolz aus Gontscharows *Oblomow* aufnehmen können, und solche, die Oblomows sind. Manche von ihnen haben aus ihren Gütern Inseln des Wohlstands, Scheichtümer des agrarischen Rußlands gemacht, viele von ihnen sitzen auf ihren Gütern und haben nicht einmal mehr einen letzten Kirschgarten zu verkaufen. Die Kolchos-Bürokratie residiert nicht im alten klassizistischen Guts-, sondern im zentralbeheizten Wohnhaus mit Swimmingpool.

Der Kampf um die Aufteilung des Landes hat wieder eingesetzt. Seine Protagonisten sind nicht hier Großgrundbesitzer, dort Mittelbauer. Der Mittelbauer ist untergegangen, geblieben ist der *kolchosnik,* der durch Blutverlust und Alkoholismus degradierte Nachfahre der Dorfgemeinschaft, des *mir.* Die Kolchose ist so konservativ wie der einstige *mir* — egalitaristisch gegen alle Auf- und Aussteiger aus dem Durchschnitt, erfüllt von Furcht vor jeder Veränderung, die Verunsicherung ist. Aber die roten Grundbesitzer und die sowjetische Dorfgemeinschaft sitzen auf dem Land, das die Stadt für ihre Ernährung braucht. Das Schicksal des industrialisierten Rußlands hängt an der Lösung der Landfrage!

## *Das alte Dilemma*

Das Revolutionsregime ist alt geworden. Es kapituliert vor den Problemen, die seinen Vorgänger haben scheitern lassen. Die russische Revolution, die russische Antwort auf die europäische Krise von 1914, hat sich erschöpft. Man macht weiter, wo man aufgehört hat — abzüglich der Kräfte, die vernichtet worden sind. Es geht um die alten Fragen und Losungen: »Was tun?« — »Das Land denen, die es bearbeiten«, oder denen, die es verwalten? Wie aufteilen — entschädigungslos oder durch Loskauf, »Schwarze Umverteilung« oder »Große Reform« von oben wie 1861? Erhaltung der bäuerlichen *obschtschina* im Kolchos oder Förderung eines bäuerlichen Mittelstandes? »Preußischer oder amerikanischer Weg?« Staatskapitalismus oder privates Unternehmertum? Das ist kein *déjà vu,* sondern nur die langsame Arbeit der Geschichte.

Rußland, das in den letzten Jahren so entschieden mit seiner Vergangenheit abgerechnet hat, findet sich plötzlich inmitten dieser Geschichte wieder. Die Kontinuität wird nicht bloß im Kopf, sondern — viel radikaler — im gesellschaftlichen Kräftemessen wieder hergestellt. Die goldenen Jahre des Umbruchs und Übergangs sind in Wahrheit wild, brutal. Die Bewältigung der Vergangenheit kann man nicht dekretieren. Man geht über sie hinaus — oder auch nicht. In der Ratlosigkeit zeigt sich, daß man über die Ratlosigkeit der Vorgänger nicht hinaus ist, auch wenn man mehr weiß als diese. Stalin ist erledigt — in der Vergangenheit. Ob er wirklich erledigt ist, wird sich daran zeigen, ob Rußland auch in Zukunft ohne ihn auskommt. Lenin ist gestürzt. Aber eine originelle neue Antwort auf seine Frage »Was tun?« im Falle der gesellschaftlichen Krise steht noch aus. Moskau macht wieder Bekanntschaft mit Erfahrungen, die nur noch Museumswert zu besitzen schienen: Streiks, Boykotten, Attentaten, Provokationen und Machinationen der Geheimpolizei, Barrikaden, Strafexpeditionen, Bürgerkriegsangst, einem »Blutbad von Wilna« — im Januar 1991, nicht 1863. Städter, die in die Landwirtschaft einsteigen wollen, sind heute dort so fremd wie einst die *narodniki* mit ihren Brillen und holländischen Hemden in der Welt des *mushik.* Kein Wunder, daß man ihre Werkstätten und Pionierbetriebe abermals in Brand steckt und sie der Staatsmacht als Unruhestifter denunziert. Die Bilder aus gesellschaftlichen Spätzeiten gleichen sich: Die mumiengleichen Gesichter Breshnews und seiner Genossen waren schon auf Repins Bild des Staatsrats von 1903 zu sehen — nur weniger pompös, mit weniger eleganten Uniformen und Ordensspangen.

So sieht ein *ancien régime* aus. Die energischen und klugen Gesichter Wittes und Stolypins, der aufgeklärten Bürokraten und gescheiterten Reformer der Vorkriegs- und Vorrevolutionszeit, haben Nachfolger gefunden. Die neue russische Gangart ist nach dem großen Sprung in die Zukunft »Zwei Schritte zurück, ein Schritt vorwärts«.

Die Macht verschwindet, wie sie gekommen ist. Die Gewalt, die nötig war, das System zu etablieren, wird jetzt, wo es demontiert wird, freigesetzt. »Alles zu werden, strömt zuhauf« hat sich erledigt, jetzt muß man sich darauf einrichten, wieder »ein Nichts zu sein«. Im Zerfall des Totalitarismus werden alle Etappen, die ihm vorausgingen, noch einmal im Eiltempo zurückgelegt: Doppelmacht, Koalitionsregierung, Militärputsch, Provisorische Regierung, Schein-Konstitutionalismus. Nur die Symbolgestalt des Monarchen, dieses schwächsten aller starken Männer, steht nicht mehr zur Verfügung. Im Zerfallsprozeß werden alle Spaltprozesse, die die Diktatur abgebrochen hatte, wieder in Gang gesetzt: zwischen Parteien, die keine soziale Basis haben, zwischen einer hilflosen Demokratie und Obristen, die wissen, was zu tun ist, zwischen Radikalen, deren Chancen in dem Maße wachsen, in dem das *ancien régime* versagt. Man tritt wieder in die Konstellation ein, die durch die Explosion der russischen Revolution gesprengt schien. Und man tritt wieder ein in die Erbschaft der Aporien, die man nur überholt, nicht aber aufgelöst hatte. Das Dilemma ist nicht, daß es ein handlungsunfähiges *ancien régime* und eine sich radikalisierende Bewegung gibt, sondern daß man glaubt, sich für das eine oder das andere entscheiden zu müssen, da es in dieser Konstellation ein Drittes bisher nicht gibt. Rußland braucht Zeit für die Auflösung der daraus resultierenden falschen Koalitionen und selbstzerstörerischen Polarisierungen. Rußland in seiner Niederlage hat nicht das Glück, von einer zivilen Macht okkupiert zu sein. Es muß aus eigener Kraft bewirken, was Deutschen und Japanern von fremden Mächten abgenommen wurde.

Um so erstaunlicher ist, was vor sich geht: Überall ist die Herauslösung aus den fiktiv werdenden Zusammenhängen im Gange. Die schöpferischen und findigen Kräfte verbinden sich, und das geht nur, wenn sie aus den Strukturen und Organisationen, in denen sie atomisiert und gefesselt sind, heraustreten. Es ist ein Übergang aus der Vertikale in die Horizontale. Die Arbeiter von Workuta nehmen Kontakt auf mit dem blockierten Litauen und liefern Kohle gegen Butter — direkt und ohne den unnötigen Umweg über Moskau. Rußland schließt Verträge mit Estland — ohne Dazwischentreten der Unionsinstanzen. Kiewer Unternehmen liefern nach Jerewan — das ist zwar der Zusammenbruch der zentralen Verteilungsinstanzen, aber ein wirklicher Fortschritt in Richtung Ökonomie und Effizienz. Der Markt bildet sich nicht nach Plan, sondern folgt auf den Zusammenbruch des Plans. Der Zusammenbruch des Reichszusammenhangs führt zu regionalen Binnenmärkten und Naturaltausch. So entstehen wieder Marktplätze, und aus Marktplätzen werden wieder Gouvernementsstädte, die etwas zu bieten haben.

Die Kräfte, die bisher gefesselt waren, sind nun losgelassen. Was aber ist, wenn es zu wenige sind? Wenn sich kein Besitzer meldet, auch wenn man etwas in Besitz nehmen könnte? Wenn die bisher Ohnmächtigen sich weigern, die Macht, die niemand haben will, zu nehmen? Wenn niemand mehr arbeiten will, weil es anders bequemer war? Was ist, wenn es den *chosjain,* den Herrn im Hause, nicht mehr gibt, obwohl das Haus leersteht? Was ist, wenn alles nur wieder einmal in Alternativen mündet, die beide gleich verhängnisvoll sind? Was ist, wenn es nicht einmal mehr zu einem Kampf der Klassen kommen kann, weil es keine Klassen, sondern nur noch Marginalisierte gibt?

Das ruinierte und verarmte Land ist auch nach der *tabula rasa* der Sowjetrevolution unbegreiflich reich. Wie es der Welt inmitten der bedrückendsten Zeit einen großen Pianisten nach dem anderen geschenkt hat, bringt es auch jetzt Menschen von wunderbarer Energie und Erfindungskraft hervor. Aus Offizieren werden Geschäftsleute, die die MiG 29 nach Amerika verkaufen. Ingenieure entwerfen Pläne für die Umrüstung des militärisch-industriellen Komplexes zu ziviler Industrie. KGB-Offiziere betätigen sich als Gründer von Archiven über den Großen Terror. Zeitungen werden von Leuten redigiert, die in New York sitzen, finanziert von einer Bank in Ufa und gedruckt in Moskau. Maschinenfabriken werden zu Kunstmäzenen. Kombinate werden zu Sponsoren. Kriminalschriftsteller betätigen sich als erfolgreiche Zeitungsmacher. Akademieinstitute wandeln sich in Kollektivunternehmen oder Aktiengesellschaften. Staatsangestellte entdecken ihr Talent für Börsengeschäfte. Mit dem Markt findet sich vielleicht endlich das reiche Betätigungsfeld, auf dem die Mafiabosse zeigen, was sie können. Auch die demobilisierten Militärs müssen nicht gesetzmäßig bei neuen Freikorps landen, wenn es einen Weg zurück ins zivile Leben gibt. Die Seiten des *kommersant* sind, während alle nur von den schwarzen Obristen reden, erfüllt von Gründungsfieber. Berichtet wird von Neugründungen, nicht Projekten — aber im Westen schaut man immer noch wie gebannt auf das, was sich an der Spitze tut.

Eine gewöhnliche Macht zu werden, ein gewöhnliches Land mit einem gewöhnlichen Alltag, in dem die Gesetze des Bürgerkriegs und des Ausnahmezustands ihre Wirkung verloren haben — das ist das Wunder, das Rußland aus seinem Jahrhundert des Bürger- und Weltkriegs herausführt. Es ist, wenn es geschieht, eine glückliche Katastrophe.

*Januar 1991*

# BERLINER ZUSTÄNDE

# POLENMARKT

Ein Trödelmarkt ist derzeit der wichtigste Platz von Berlin. An den Wochenenden wenigstens. Es gibt keinen anderen Platz in West-Berlin, der so viele Menschen anzieht, obwohl es sich in Wahrheit nur um eine trostlose, sandige Fläche südlich vom Potsdamer Platz handelt, eingefaßt von der Mauer und dem Landwehrkanal. Es ließe sich überhaupt nur aus der Höhe der umliegenden häßlichen Hochhäuser abschätzen, wie viele Menschen, Tausende oder Zehntausende, hier am Wochenende zusammenströmen. Die Straßen sind verstopft. Wer vom Westend nach Kreuzberg will oder von Kreuzberg in den Westteil West-Berlins, gerät in einen Stau, es gibt keinen Umweg, denn alle Straßen in dieser Gegend scheinen blockiert. So etwas kennt man nur aus der Umgebung von Oktoberfesten oder aus Stadtzentren, in denen alle wichtigen Straßen zusammenlaufen. Der Verkehr kollabiert, die Autofahrer sind nervös. Man ist perplex. Die Straßen führen dorthin, wo einmal der verkehrsreichste Platz des Kontinents war, seit Krieg und Mauerbau aber die Natur ein Stück Stadt zurückerobert hat. Nichts paßt in dieser Gegend zusammen: Relikte des alten Berlins, die merkwürdigerweise vom Abrißwahn verschont geblieben sind, ein Studentenwohnheim mit dem großspurigen Namen *Bellevue Tower,* obwohl es sich doch nur um einen Verlegenheitsbau aus einer Zeit handelt, da man nicht wußte, was mit der Mitte der alten Hauptstadt geschehen sollte, farbenprächtige IBA-Bauten, die die Baulücken füllen, und die auf Betonstelzen errichtete Magnetbahn mit einem türkis gestrichenen Bahnhof.

Der Himmel über Berlin ist grau und der Platz schwarz von Menschen. Sonst eher verlassene U- und S-Bahn-Stationen in der Nähe haben Hochbetrieb. Alles strömt der großen Fläche zu, Menschenmassen überqueren die Fahrbahn, auf der der Autoverkehr zum Erliegen gekommen ist. Sie verlieren sich nicht. Keiner von ihnen will zu einer Ausstellung im Gropius-Bau. Keiner will zum Anhalter Bahnhof, diesem Symbol vergangener Größe und Gedankenlosigkeit. Auch zur *Topographie des Terrors* auf dem ehemaligen Gelände der Gestapo wollen sie nicht. Die Autobusse, die die Touristen zu den Aussichtsplattformen an der Mauer kutschieren, bleiben im Gedränge einfach stecken. Auch vom Tiergarten her ist es schwer, einen Weg zu finden. Auch hier Fast-Stillstand, obwohl niemand zu einer Matinee in der nahen Philharmonie und nur einige zur sensationellen Guggenheim-Ausstellung in der Nationalgalerie wollen. Die Staatsbibliothek hat ohnehin am Sonntag geschlossen. Alle wollen zu einer sandigen Fläche, die nichts bedeutet und doch Berliner Tagesgespräch ist. Zum Krempelmarkt am Reichpietschufer, der bisher ein gewöhnlicher großer Trödel, wie ihn jede gewöhnliche große Stadt hat, war, seit den letzten Wochenenden aber ein besonderer Markt geworden ist: ein Polenmarkt. Keine Ausstellung, kein Volksfest und keine Stadtinszenierung bringt soviel Menschen auf die Beine. Solche Schauspiele gibt es nur, wenn etwas Neues beginnt: Berlin entdeckt, daß Posen näher ist als Köln und daß es ein Hinterland gibt, das nicht erst in Helmstedt beginnt. Berlin besichtigt einen Marktplatz mitten in Europa.

Am letzten Wochenende sind es an die 8000 Polen gewesen, die die Fläche südlich des Potsdamer Platzes in einen Markt verwandelt haben. Was gibt es dort zu kaufen? Alles, was sich in einem Auto oder in einer großen Tasche transportieren läßt: elektrische Lötkolben, Porzellan, ganze Service-Garnituren, Unterwäsche, schwarzen und roten Kaviar, Krakauer Würste, Butter kiloweise, Turnschuhe, Bügeleisen *made in USSR,* Lemberger Käse, getrocknete und eingelegte Pilze, ungarisches Shampoo, polnischen und russischen Wodka, Champagner, Babysachen, Sportgeräte, Schachspiele, Vasen aller Stilrichtungen, Skier, Pelze, Autowerkzeug und Werkzeugkästen. Es findet sich alles; vieles davon hätte man nie für marktfähig gehalten. Vor allem gibt es Lebensmittel. Die Preise sind so niedrig, daß man sich schämt, danach zu fragen. Aber immer noch gibt es genug, die ein Kilo Butter für 50 Pfennig haben wollen. Die Leute kommen, obwohl man in dem Gedränge Platzangst bekommen könnte. Sie kommen, obwohl es nichts Besonderes gibt. Verkauft wird auf dem Platz, in den umliegenden Straßen oder direkt am Auto. Die Ware schleppen die Menschen aus dem U-Bahnhof Gleisdreieck, diesem alten Terminal des ost-westlichen Berlins; sie wird von der Straße des 17. Juni aus angeschleppt, wo das Auto abgestellt wird. Und die Ware findet Absatz. Die kinderreichen türkischen Haushalte können sich dort für eine ganze Woche versorgen. Es kommen aus ganz West-Berlin Asylsuchende angereist, die schon lange, bevor der Markt Schlagzeilen machte, wußten, wo man sich mit wenig Geld über die Runden bringen kann. Es kaufen auch die Berliner, die eigentlich nur zum Schauen gekommen sind, denn die Gelegenheit macht Käufer. Die Preise bewegen sich außerhalb jeder Relation und erklären sich allein daraus, daß eine D-Mark auf dem Schwarzmarkt in Polen 1600 Złoty wert ist. Mit etwa 30 DM Erlös auf dem Krempelmarkt kommt man dann auf einen durchschnittlichen Umsatz von 50000 Złoty. Selbst dann hat sich die Fahrt noch gelohnt, wenn man für die U-Bahn zwei Mark siebzig zu bezahlen hat oder fünf bis acht Stunden unterwegs war von Posen oder

Krakau aus. Wer mehr verdient, investiert in westliche Ware, vorzugsweise Elektronik. Die Soziologie der Verkäufer, die in Bussen, Autos und der Eisenbahn nach Berlin kommen, dürfte unspezifisch sein. Sie kommen aus einem Land, dessen Wirtschaft ruiniert ist und in dem fast alle gleich arm geworden sind — ob Arbeiter oder Lehrer. Der Verkauf geht vonstatten, auch wenn man der Sprache nicht mächtig ist. Gehandelt wird nicht oder nicht lange, denn die Spanne zwischen dem Gewinn für den einen und dem Vorteil für den anderen ist groß genug, so daß jeder auf seine Kosten kommt. Die Spaltung Europas hat noch einmal ihre Profiteure und ihre Opfer. Auf dem Markt stürzen die kulturellen und sozialen Hierarchien. Die Hausfrau aus Moabit, die zögert, ob sie für 20 DM eine Dose Kaviar kaufen soll, an den sie sonst schwerlich gekommen wäre, entscheidet über den Monatsverdienst eines Ingenieurs. Der türkische Arbeiter, der ein Kilo Käse kauft, wo er sonst nur ein Pfund gekauft hätte, wird zum Nutznießer gestörter ost-westlicher Preisrelationen. Der Markt ist ein Schauplatz der Demütigung, nicht wegen der Unansehnlichkeit der auf Zeitungspapier und zwischen den Pfützen ausgebreiteten Waren, sondern weil hier die Unterentwicklung des ganzen östlichen Erdteils drastisch demonstriert wird und die verdiente Mark ganz ohne eigenes Verdienst Macht verleiht. Auf diesem Markt treten die reellen gegen die fiktiven Werte an, und es kommt vielleicht am Ende zu einer Annäherung an einen halbwegs realistischen Preis. Der Markt sagt etwas über Europa aus, über Zustände, in denen eine ganze Generation von arbeitenden Menschen in die Lage kommt, im Verkauf von getrockneten Pilzen ihr Auskommen suchen zu müssen. Am Ende des 20. Jahrhunderts kehrt Europa zum Naturaltausch zurück.

Aber jeder Schwarzmarkt hat seine eigene elementare Intelligenz. Er ist vielleicht primitiv wie die Gegenstände, die verschoben werden, aber er ist nichts anderes als eine Bewegung der Normalisierung, heraus aus der Fiktion. Seine Stärke ist, daß er Vorteil für alle Beteiligten bringt. Seine Weisheit ist elementar und seine Bewegung so unkontrollierbar wie das Bedürfnis, das die Bewegung trägt. Die primitive Form ist entwicklungsfähig, aus der einfachen wird sich die komplizierte Wertform ergeben, aus den Transaktionen mit Babysachen werden solche mit Maschinen und Computern. Ausgerechnet die Privilegierten bei dieser Konkurrenz fangen zu schreien an: die Polen machten den Markt und die Preise kaputt. Aber niemand spricht von den sprunghaft gestiegenen Umsätzen der Kaufhäuser in Neukölln und am Wittenbergplatz. Für einige ist der Gang über den Platz nur die Bestätigung all dessen, was sie über »polnische Wirtschaft«, Dreck und Schlamperei im Kopfe haben. Aber daß sie selber einmal auf den Schwarzmärkten nicht weit von hier sich die Mittel zum Überleben beschafft haben, als die Stadt in Trümmern lag, das kann man als wohlstandsgesegneter und wohlanständiger Bürger leicht vergessen. Marktplätze sind Schauplätze der Eitelkeit, Schwarzmärkte solche des Ressentiments, besonders wenn es sich um Fremde handelt, die nun nicht mehr als Empfänger kirchlicher Hilfssendungen, sondern als Leute, die sich selber helfen wollen, in Erscheinung treten. Man macht Stimmung, weil das einfacher ist, als sich auf Konkurrenz einzustellen, in der das Bessere der Feind des Guten und das Billigere manchmal auch das Bessere ist. Es kostete in Wahrheit nicht viel Überlegung, den chaotischen Vorgang in geordnete Bahnen zu lenken und zu kultivieren. Der Platz ist da; eine kleine Standmiete und eine Art Gewerbeschein könnten die Geschäfte legalisieren; die Regulierung des

Verkehrs an einem Ort, an dem es infolge des Menschenandrangs sinnlos wird, sich im Auto fortzubewegen, dürfte ebenfalls nicht das Schwierigste sein.

Aber wie kommt es, daß das Ganze vorwiegend unter Gesichtspunkten der Eindämmung, der Kontrolle und nicht so sehr als Perspektive und Chance gesehen wird? Wie kommt es, daß sich Verkehrspolizisten mit dem Chaos herumschlagen und die Autos mit den Posener und Krakauer Kennzeichen abschleppen lassen und alles in die Kompetenz der Bezirke verwiesen wird, wo es doch um mehr geht?

Jahrelang hat man vom Schaufenster des Westens gesprochen. Nun, da Bedarf nach einem Schaufenster und vor allem nach Kundschaft besteht, zeigt man sich überrascht. Jahrelang hat man von der Drehscheibe zwischen Ost und West gesprochen, nun, da sie sich zu drehen beginnt, überlegt man sich, wie einem relativ kleinen, aber doch wichtigen Geschäft beizukommen ist. Berlin, so hieß es, sei eine Stadt in der Mitte Europas. Nun, da sich herausstellt, daß Berlin wirklich auf halbem Weg zwischen Bonn und Warschau liegt, ist man überrascht. Wie lange hat man sich im Senat den Kopf zerbrochen, was mit dem »zentralen Bereich«, der so lange für die künftige Hauptstadtplanung reserviert und unbebaut blieb, zu geschehen hat! Jetzt, da man den Eindruck haben könnte, am Wochenende verschöbe sich das Zentrum der Weststadt ein wenig nach Osten, reagiert man erstaunt. Dabei handelt es sich nicht um eine überraschende Demonstration und nicht um ein unerwartetes Wahlergebnis, sondern um die zivilste aller denkbaren Tätigkeiten: den Handel von Mann zu Mann.

Was hier vor sich geht, hat nicht bloß mit der öden Fläche zwischen Tiergarten und Kreuzberg zu tun, sondern mit Berlin. Es läßt sich ein wenig vergleichen mit dem Schock, den die Wiener am 7. November letzten

Jahres erlitten, als Zehntausende von Ungarn, die neue Reisefreiheit erprobend, Wien »heimsuchten«. Wien erfuhr, daß es nicht am Rande der Welt liegt. Wien war dankbar für diese Lektion, warum sollte es Berlin nicht sein!

Der Vorgang zeigt nur, daß die Stadt ihr eigenes Leben führt und daß sie selber der wahre Regisseur ist. Was die Regisseure der Stadtinszenierungen der letzten Jahre nicht geschafft haben, tut nun die Stadt. Sie hat keinen Bedarf an Simulationen, sondern an effektiven Transaktionen. In einer Zeit, da man sich überlegt, wie eine Dependance des World-Trade-Center an den Potsdamer oder den Lützowplatz zu bekommen ist, wird die Entscheidung bereits gefällt. Der Mythos Berlin, der vor zwei Jahren so angestrengt und aufwendig auf dem nahegelegenen Gelände des Anhalter Bahnhofs inszeniert werden sollte, hat sich erledigt. Die Menschen, die zum Marktplatz kommen, interessieren sich nicht für den Mythos, sondern für die Gegenwart. Der sandige Platz wird von Menschen bevölkert, nicht von Ideen, und die Ruinen, denen bisher alle Aufmerksamkeit zuteil wurde, werden nun zu Randfiguren des Geschehens. Die Leidenschaft, mit der in Berlin Spurensuche betrieben wird, hat ja nicht bloß etwas mit dem Leiden an einer Vergangenheit zu tun, sondern auch mit einer Verlegenheit in der Gegenwart: Wie soll es weitergehen? Die Stadt hat sich ein wenig daran gewöhnt, sich selber nur noch als Inszenierung interessant zu finden, während doch das Gegenteil wahr ist: Sie ist interessant, weil sie lebt. Das Schauspiel des Marktplatzes mitten in Europa ist gratis, finanziert sich von selbst und stellt, was die Nachfrage angeht, alles in den Schatten, was die inszenierte Stadt in den letzten Jahren zu bewegen vermochte.

Der Polenmarkt ist nicht ganz überraschend. Seit geraumer Zeit profitiert West-Berlin von der neuen

Reisefreiheit im Osten. Die Geschäfte um den Bahnhof Zoo, die auf Hi-Fi-Geräte, Videos und Computer spezialisiert sind, machen große Umsätze, besonders wenn in Moskau Semesterferien sind. West-Berlin ist der nächstliegende Punkt für die Modernisierung der privaten Kommunikationstechniken des Ostens. Das KaDeWe ist das berühmteste Kaufhaus und das erste Besichtigungsziel für die Besucher von dort. Es hat sich ein neuer Typus des polyglotten Verkäufers herausgebildet. Schon längst ist die Zeit absehbar, da nicht mehr der Grenzbeamte entscheidet, wer reisen darf und wer nicht, sondern der Geldbeutel darüber befinden wird, wer sich eine Reise wird leisten können. Es gibt Grenzen, die werden erst sichtbar, wenn die Mauer fällt. Und es gibt Standortnachteile, die aufhören, Nachteile zu sein, wenn die ganze Lage sich geändert hat. Vielleicht geht jetzt erst der Nachkrieg zu Ende.

Der alte Krempelmarkt am Potsdamer Platz war ein Ort der Fundstücke, der Melancholie, der neue Markt hat vor allem mit Lebensmitteln zu tun. Dabei muß es nicht bleiben. Es gibt auch Märkte der Ideen. Über Nacht wurde aus einem Ort der Verlegenheit ein Ort der Gelegenheit. Als Tourist kann man dort einen Hauch Geschichte, der in die Gegenwart herüberweht, mitbekommen, als Teilnehmer einer geschäftlichen Transaktion könnte man eine Perspektive gewinnen, die über den bloßen Naturaltausch hinausgeht. Die Wüste, die die Geschichte hinterlassen hat, bevölkert sich. Aber von einem Marktplatz mitten in Europa zu einer Stadt inmitten Europas ist es noch ein weiter Weg.

*Mai 1989*

## 9. NOVEMBER

Alles, was geschieht in dieser Nacht, ist unglaublich, unfaßbar. Das einzige, woran man sich halten darf, ist, was man mit eigenen Augen gesehen hat. Das Fernsehen zeigt den ersten Trabbi-Fahrer am Übergang Invalidenstraße: Die Grenze ist offen. Aber es im Fernsehen gesehen zu haben genügt nicht. Man muß es mit eigenen Augen gesehen haben. Man muß hinaus in die Stadt. Und wo immer man hinkommt gegen Mitternacht — an die Oberbaumbrücke, an den Moritzplatz, in die Friedrichstraße oder vor das Brandenburger Tor — es ist alles schon im Gange. Der Platz vor der Oberbaumbrücke ist voll von Menschen, eine Gasse ist frei gelassen für die, die aus Ost-Berlin über die Brücke kommen. Ruhig, als würden sie jeden Schritt auskosten, untergehakt wie zum Spaziergang eben auf die andere Seite der Spree, vor sich hin murmelnd »Das gibt's doch nicht«. Die Brücke hat sich von beiden Seiten mit Menschen gefüllt. Man genießt den Augenblick und die Aussicht von einer Brücke, die man sonst immer nur als einzelner und im Schnellschritt überquert hat. Grenzbeamte stehen mitten in der Menge. Niemand rennt, niemand schreit, niemand bricht durch. Man geht wegen des Gedränges fast langsam, ein wenig feierlich. Ein paar Leute auf der West-Berliner Seite haben eine Sektflasche mitgebracht, andere fallen sich in die Arme. Auf dem Kreuzberger Ufer angekommen, ist man ein wenig verlegen. Man dreht eine Runde durch die anliegenden Straßen, man geht zum Telephon oder zur Hochbahn, die allerdings schon geschlossen hat. Das Ungeheuerliche ist geschehen: ein

Spaziergang von Berlin nach Berlin. Man hat doch nicht fast dreißig Jahre darauf gewartet, damit es nun so prosaisch zugeht: einfach hinüber- und einfach zurückgehen, wenn man genug gesehen hat. Die Sensation erlischt fast in dem Moment, wo sie durchlebt wurde. Aber man muß doch darüber sprechen und irgendwie zum Ausdruck bringen können, daß etwas passiert ist, was niemand für möglich gehalten hat. Das Gefühl, daß etwas geschehen ist, was nur einmal geschehen kann, braucht einen Raum. Man hält es in dieser stillen Erhabenheit des historischen Augenblicks nicht aus. Der Kurfürstendamm wird zum Auslauf der Gefühle. Von Mitternacht bis zu den Morgenstunden drängen sich dort die Menschen. Der Autokorso aus Trabbis und Mercedes muß sich der Flanierbewegung anpassen. Man schaut auch die Schaufenster an, aber das wahre Schauspiel sind sich die Menschen selber: Sie haben sich die Freiheit genommen hinzugehen, wohin sie wollen, jetzt eben zum Kurfürstendamm und gegen früh vielleicht zurück zur Arbeit. An den Straßenecken überall die Unterhaltungen von Ungläubigen. Hat es je Spaziergänger auf dem Kurfürstendamm gegeben, denen das Bewußtsein ihrer Würde so sehr anzusehen war? Es gibt Szenen der Freude und der Ausgelassenheit am Kranzlereck, aber keine Sprechchöre, keine Slogans, keine Veranstaltungen kollektiver Art. Ein Trabbi wird von der Menge emporgehoben und geschaukelt, ein, zwei Feuerwerksraketen explodieren im Nachthimmel. Es ist ein Fest von ruhiger, kontrollierter Emotionalität. Die Gelassenheit von Bürgern, die das tun, was sie zu tun für gut und angenehm halten, ist das wahre Wunder dieser Nacht. Hält sie auch stand dort, wo die Spaltung zum provozierendsten Symbol geworden ist? Es war aus der Ferne nicht gleich zu erkennen, was am Brandenburger Tor geschah: ein weißer Streifen mit Schatten obenauf und darüber der grünlich leuchtenden Quadriga. Der Streifen war die Mauer, die von Scheinwerfern angestrahlt war, die Schatten darauf Hunderte von Menschen. Die Mauer war zur Bühne geworden, drei bis vier Meter breit. Man zog sich hinauf, stand im Gedränge auf der geräumigen Plattform, genoß jeden Fußbreit dieses Bauwerks, während die Leute kamen und gingen — hinüber und herüber. Was war die Mauer in diesem Augenblick? Ein Hindernis, das man auf dem Weg zum Alexanderplatz überkletterte. Eine große, stabile Bühne für die Menschen, die sie überwunden hatten. Sie hatte etwas von einer Riesenechse aus Beton, wie man sie manchmal auf Kinderspielplätzen findet, auf der man herumkrabbelt, ohne sich weh tun zu können. Wie ein ausgebranntes Panzerwrack, vor dem Kinder alle Furcht verloren haben und das sie sich sehr genau ansehen, bevor es beiseite geräumt wird. Keine Geste des Triumphes und kein militantes Pathos, sondern wie der Vollzug von etwas längst Fälligem. Es wird keine Barrikade gestürmt, keine Mauer gesprengt, niemand niedergemacht: Die Menschen sind darüber hinaus. Das unterscheidet die Nacht dieses 9. November von anderen 9. Novembern, die wir in Erinnerung haben.

Das Wunder dieser Nacht ist vielleicht nicht so sehr die Öffnung der Mauer, von der alle wußten, daß sie irgendwann kommen würde, sondern die Gelassenheit und Souveränität, die die Menschen Berlins an den Tag legen in dem Augenblick, da sie tatsächlich gefallen ist. Wie selbstverständlich geschieht alles, was bis vor kurzem als undenkbar galt. Ein Ausnahmezustand, der Menschenleben gekostet und das Leben einer ganzen Stadt bestimmt hatte, ging in einer einzigen geschichtlichen Sekunde zu Ende. In der Stadt, um die herum sich alles ändert, wird nichts unverändert bleiben. Die Arche West-Berlin hat, so scheint es, endlich wieder auf dem Festland aufgesetzt. Die Stadt, die keine Insel mehr sein wird, wird kein Inselleben mehr führen. Das Berlin, das aufhört, nur noch entweder West- oder Ost-Berlin zu sein, wächst. Man merkte es schon lange vorher, aber jetzt sind die Indizien mit bloßem Auge wahrzunehmen. Die Stadt braucht neue Übergänge, um den Menschenverkehr halbwegs zu bewerkstelligen, also werden neue Übergänge geschaffen. Alte U- und S-Bahn-Stationen brauchen nur wieder geöffnet zu werden. Die Ost-Berliner kommen nach West-Berlin, aber auch West-Berlin gerät in den Sog Ost-Berlins, das im letzten Monat sein Gesicht geändert hat. Im Kopf bildet sich, wo die Mauer fällt, eine neue Topographie des Berliner Gemeinwesens. In der neuen Berliner Öffentlichkeit spielen der Alexanderplatz, die Gethsemane-Kirche, die *Aktuelle Kamera* und die Pressekonferenz der SED eine zentrale Rolle. Die Arbeit in zwei Staatsbibliotheken, die nur wenige Minuten voneinander entfernt sind, wird alltäglich werden. Das ist nicht Phantasie, sondern Zuversicht, die im Indikativ Futur sprechen kann. Die Weststadt wird irgendwann auf denselben Freiheiten wie die Oststadt bestehen: nicht länger ummauert zu sein. Die verödeten Zonen der Grenzlandschaft sind über Nacht wieder zu Brennpunkten des Menschenverkehrs geworden. Das Tempo der Abfertigung gibt Auskunft über das Tempo der Normalisierung: Wenn sie auf das Tempo einer langsamen Ampelschaltung gekommen ist, dann ist aus dem Grenzübertritt eine Durchfahrt geworden. Die abgeschnittenen Straßen gewinnen wieder einen Fluchtpunkt zurück und ein neues Leben; schon seit geraumer Zeit wächst ja die Doppelstadt dort, wo sie behutsam saniert wird, wieder aufeinander zu. Die Kultur hört dort, wo der Ausnahmezustand zu Ende geht, auf, nur eine Überlebensstrategie und damit überfordert zu sein. Die Stadt braucht keine Reklame, sondern Mittel, um mit dem Ansturm von außen fertig zu werden. Berlin wird zu einer Schleusenkammer, in der der Druckabfall und der Druckanstieg kontrolliert und, ohne die Nerven zu verlieren, durchgestanden werden können. Der Polenmarkt, dem nun der deutsch-deutsche Markt folgen wird, ist nur das kleine Vorspiel in der großen Ausgleichsbewegung zwischen Ost und West, die ohne Verwerfungen, Spannungen und Turbulenzen nicht abgehen wird. Aber damit fertig zu werden ist für eine mitteleuropäische Metropole normal. Seit dieser Nacht stellt sich Berlin jedenfalls darauf ein — ruhig und gelassen.

*November 1989*

# STADTWERDUNG IN MITTELEUROPA

## *Danach: Kaufhaus des Ostens*

Die Stadt ist unsentimental, Berlin besonders. Die Öffnung der Mauer, das war gestern. Man muß weiterleben und weiterarbeiten, man geht zur Tagesordnung über, die nie mehr die alte sein wird. Auf den Festtag folgen die Aufräumungsarbeiten. Die Stadtreinigung funktioniert. Berlin stellt sich darauf ein, daß von nun an die Zahl seiner Einwohner und die Zahl der Bewegungen auf seinen Straßen gewaltig wächst. Das Getümmel, das es ansonsten nur vom Weihnachtsgeschäft her kennt, wird nun an jedem Wochenende, wenn die ganze umliegende Republik in die Stadt drängt, zur Gewohnheit werden. Die Verkehrsbetriebe arbeiten und werden mit einer Menschenmasse fertig, die man ansonsten nur aus Moskau oder Tokio kennt. Die Passagiere, die sitzend zu fahren gewohnt waren, gelangen nun im Stehen an ihr Ziel. Man muß sich jetzt, wenn man pünktlich sein will, etwas früher auf den Weg machen. Die neue Enge wird zum Dauerzustand. Um einen Platz im Bus oder in der U-Bahn muß man jetzt kämpfen. Man lernt, sich im Gedränge durchzusetzen, und stellt sich auf neue Standards des Massenverkehrs ein, in dem das Gedränge die Regel und der Protest gegen Grobheiten sinnlos geworden ist. Man legt sich die zweite Haut an. Alle wollen fertig werden mit der besonderen Situation: die Banken und die Post mit ihrem Organisationsgenie, jeder einzelne mit einem persönlichen, Panik und Klaustrophobie vorbeugenden Programm. Die Verkaufsleiter der Supermärkte wissen nach dem ersten Ansturm, was besonders gefragt ist, und ordern das doppelte oder dreifache Quantum. Man sammelt Daten für das neue Sortiment, paßt sich dem anderen Geschmack an — Marktforschung *in praxi*. Die Reklameschilder, mitunter auch die Preise, orientieren sich auf eine neue Kundschaft. Die Trabbis mit ihren stinkenden Auspuffahnen, die den triumphalen Korso über den Kurfürstendamm hinter sich gebracht haben, nimmt man noch hin — jedenfalls bis zum nächsten Smogalarm. Derweil werden neue Grenzübergänge geöffnet, einer nach dem anderen, und aus der symbolischen Geste, aus dem historischen Ereignis, das per Fernsehen die Weltöffentlichkeit erreichte, ist schlicht eine Maßnahme zur Normalisierung des Verkehrs, eine Straßenverlängerung, ein funktionaler Durchbruch geworden. Man geht jetzt durch die Mauer, wo man vorher nicht ohne Portion Nervosität von einer Welt in die andere hinübergegangen war. Man lernt rasch, wo die neuen Verdichtungen des Menschenverkehrs sind, und umgeht sie nach Möglichkeit: Kaufhäuser, Einkaufszonen, Umsteigebahnhöfe. Man gibt es an einem bestimmten Punkt auf, sein Gegenüber zu identifizieren, denn die Fremden sind zu viele und die auszeichnenden Merkmale von einst — das Material der Windbluse, die Wollmütze, die Farbe der Schuhe — beginnen sich zu verwischen. Die Akten- oder Einkaufstasche, ohne die der Mensch des Ostens nirgendwo leben kann, ist ersetzt durch die Plastiktüte mit dem Markennamen.

Auch der erstaunte Blick der eben noch Fremden nutzt sich ab. Erst waren sie alle gekommen, um »bloß mal zu gucken«, um sicherzugehen, daß es das auch gibt, was sie sich zurechtgereimt haben im Kopf. Aus dem Schauen und Gucken ist die zielstrebige Bewegung geworden. Man weiß, was man braucht, und man muß jetzt vor allem herausfinden, wo es das gibt. Die Bewegung der Flaneure des historischen Augenblicks wird abgelöst durch die Bewegung der Warenhauskunden, die Rührung des unvergeßlichen Moments ist verschwunden im Verkehrstrubel der Zehntausende. So werden aus Gästen in der eigenen Stadt wieder Stadtbewohner. Der Stadtplan ist das gefragteste Informationsmittel des Augenblicks. Aber er stimmt schon nicht mehr, denn die neuen Übergänge verschieben die Stadt: Aus den ehemals toten Gegenden an der Peripherie sind Punkte geworden, an denen sich der Menschenverkehr staut. Die Reorganisation der Doppelstadt setzt ein. Über Nacht gibt es neue Bahnhöfe, die nicht gebaut, sondern nur wieder in Gebrauch genommen werden mußten.

West-Berlin reagiert in Zeiten, in denen die Stadt unwirtlich wird — beim Ansturm der westdeutschen Touristen zu Ostern, im Weihnachtsgeschäft —, mit Fluchtbewegungen. Jetzt, da die Grenze zu existieren aufhört, ist es zum ersten Mal eingeschlossen in der eigenen Stadt.

Berlin ohne Mauer ist vorerst eine Erhebung auf dem Gelände der DDR, auf dem es eine freie und reiche Stadt gibt mit vielen Kaufhäusern, mit einer funktionierenden Organisation, einer Exaktheit, die es nur dort gibt, wo Privatpersonen mit ihrem Besitz haften, und mit Bürgern, die wissen, was sie an dieser Stadt haben. Jetzt, da die Mauer fällt, tritt nur zutage, was die Stadt ist. Sie ist der natürliche Attraktionspunkt in einem Gelände des chronischen Mangels und der Mißwirtschaft. West-Berlin ist vorerst und nach Lage der Dinge dazu verurteilt, das Kaufhaus des Ostens zu sein.

### *Davor: die Arche*

Das Berlin, von dem man jetzt schon in der Vergangenheitsform sprechen muß, lebte von der Kraft, die Passagieren von Archen eigen ist, von den Konstruktionen der Zukunft und von der Aussicht auf das Ende des Ausnahmezustandes, den es hingenommen hat, ohne sich je an ihn gewöhnt zu haben. Alles hatte dort eine besondere Bedeutung. Der tote Straßenstumpf in der Stadtmitte hatte etwas mit der Teilung der Welt zu tun, und die Wettbewerbe von Architekten und Städteplanern drehten sich immer nicht nur um die sichtbare Stadt, sondern um einen Punkt auf der Karte der Globalstrategen. West-Berlins Ökonomie war immer eine politische Ökonomie *sui generis*. Häuserspekulanten fuhren am besten, wenn sie sich auf Krisenentwicklungen im Weltmaßstab verstanden und zu deuten wußten, was ein Chruschtschowsches Ultimatum für den Kurssturz auf dem Immobilienmarkt bedeutete. Das Funktionieren von Kanalisation, Müllentsorgung und Stromversorgung hing an Entscheidungen, die in Übersee oder am Rande Europas gefällt wurden, nicht bloß an der Technik. Zugfahrpläne und Zugfrequenzen waren ein Politikum. An den Staus auf der Transitautobahn und am Tempo der Abfertigung ließ sich die politische Großwetterlage ablesen, und in der Beschleunigung der Bewegung im Tunnellabyrinth Friedrichstraße kündigte sich das Ende der Teilung Europas an. Am Ende hatten alle recht: jene, die sich auf ein Leben auf der Insel einrichteten, indem sie die Anomalität ignorierten, und jene, die die Insellage nur ertrugen, weil sie irgendwann zu Ende gehen mußte. Auf diesem Boden wuchs beides: das Leben im Schatten der Mauer und die Vorbereitung auf das Leben nach dem Tage X — immanent und transzendent in einem.

Vergessen fast ist die Zeit, da man mit Reklametouren um junge Leute, Arbeitskräfte, Führungspersonal, Touristen, internationale Diven und Stars gegen die Auszehrung kämpfte. Berlin hat Überlebensstrategien entworfen, weil das normale Leben gestört war. Nirgendwo sind vermutlich so viele Kongresse, Symposien, Seminare über die Lage in der Welt, in Europa und Deutschland veranstaltet worden wie hier, nicht nur weil es der *genius loci* gebot, sondern immer auch ein wenig als Beschäftigungstherapie im Belagerungszustand. Berlin kämpfte gegen seine Provinzialisierung — mit allen Mitteln, vor allem Bundesmitteln. Die Kulturpolitik, die aus der Inselisolation hinausführen sollte, trug unweigerlich selber die Züge des Belagerungszustandes, der sich lange eben nicht transzendieren, sondern nur sublimieren ließ. Vieles an dem Betrieb der Festivals und Sommernachtsträume hatte zu tun mit einer Hektik, die ausbricht, wenn es keine wirklichen Gegenstände mehr zu geben scheint. Die eingeschlossene Stadt hatte ein Anrecht auf gehobene Unterhaltung. Zeitweise schien es so, als könne der Verlust einer Perspektive nur durch die Inszenierungen einer glücklichen Stadt wettgemacht werden. Zeitweise schien es so, als sei die Wiederentdeckung der eigenen Geschichte die einzige Explorationstour, die hinausführte über den *status quo* der Eingeschlossenen. In der Vergangenheit gab es die ungeteilte Stadt jedenfalls — groß und schrecklich. Verlegenheitsgesten überall, weil sich nichts bewegte: die Verpackung des Reichstages, die Ausbeutung der Mauer als Bühnenhintergrund, das Portal des Reichstages als Kulisse für Rockstars. Alle Gegenwart schien zum Stillstand gekommen, die Stadt gehörte den Spurensuchern. Man sammelte Geschichte und Geschichten, weil die Gegenwart nichts Aufregendes zu bieten hatte. Die Musealisierung von allem wurde zu einem neuen Berufszweig. Plätze, die einmal eine Funktion gehabt hatten, gaben nun bestenfalls einen Erlebnisraum ab. Bahnhöfe, die einmal lebenswichtig gewesen waren, waren nur noch Projektionsfläche für die Phantasie. Der verkehrsreichste Platz von einst wurde zum Meditationspunkt einer verlassenen Metropole. Im Rauschen des Wildgrases und im Duft des Sandes wurde das Ende der Stadt noch einmal gedacht. Die Fußballmannschaften auf dem Platz vor dem Reichstag wurden zum Beweis für die geglückte Zivilisierung einer in Hybris verfallenen Hauptstadt. Die Rückkehr der Natur ins Stadtzentrum wurde die Geburtsstunde einer neuen Lyrik. Die Grünflächen mitten in der Stadt, die man in keiner anderen Großstadt hätte erkämpfen können — sie lagen bereit als Erbschaft aus der Zerstörung der Stadt und freigehalten vom Provisorium des geteilten Berlins.

Aber nur eine von außen stillgestellte Stadt konnte, weil sie der sonst für solche Städte üblichen Repräsentations- und Handlungszwänge enthoben war, zu einer Zone der Reflexion, des Innehaltens, des Nach- und Weiterdenkens werden. Die Notlage inspiriert, und nirgendwo gab es vielleicht so viel überschüssiges und überschießendes Phantasieren wie hier. Die 28 Jahre Archenexistenz sind angefüllt von Denkexperimenten, Probehandlungen, von denen sich jetzt erweisen wird, was bleibt. Die Stadt hat aus der Einschließung fast das Beste gemacht: Sie hat irgendwann angefangen, zu retten, was zu retten war; sie hat mit ihrer Architektur und Stadtlandschaft experimentiert — kostspielig, anspruchsvoll, großzügig. Berlin war der Ort deutscher Selbstversenkung, und seine Stadthistoriker haben ihn freigelegt. Die Künstlichkeit der Lage macht empfindlich, aber die Selbstbehauptung stumpft auf Dauer auch ab. Es gab rundum Gegenstände, die sich zu denken lohnten — lange bevor sie die Welt in Atem zu halten begannen: Als es vor vielen Jahren in Polen zu grollen begann, blieb Berlin taub, und als die Polen den Potsdamer Platz für Berlin zurückgewannen, noch ehe das Tor aufgemacht war, sah es darin nur ein Stück Exotik, die dem Fremdenverkehr guttun würde, nicht das Ende des alten Zustandes. Das Auffangen der neuesten Stimmungen im Osten blieb über Jahre hin fast ausschließlich Sache der Abhörspezialisten auf dem Tempelhofer Feld. Es brauchte viel Zeit, bis man aufhörte, allein von den Standortnachteilen zu sprechen, und auch die Vorteile der absurden Lage ins Feld zu führen begann — gegen eine gewisse Larmoyanz, die Subventionen suchte. Die Kapazitäten der Stadt waren vermutlich nie ganz ausgelastet, weil man sich im Falle des Falles immer auf letzte Garantien verlassen konnte und man sich keiner Prüfung, was in der Stadt an Kraft steckte, unterziehen mußte. Der Ort ging verschwenderisch mit seinem Erkenntnisprivileg um. Der Hinweis auf die Grenzen des Status hatte auch etwas Bequemes. Interne Konflikte in belagerten Städten haben eine andere Bedeutung als in normalen, ebenso wie die Rituale, die zu ihrer Bewältigung sich ausbilden und die auch dann noch wirksam sind, wenn die Verhältnisse sich geändert haben. Die Berliner Protestrituale sind ein Teil Traditionsbildung in einer Mauerstadt geworden, die Gefahr lief, an den Rand zu geraten, ein Stück Folklore wie der Aufmarsch des Hosenbandordens irgendwo anders auch. Die Überlebensstrategien waren über weite Strecken auch Immunisierungsstrategien gegen das, was in nächster Umgebung vor sich ging, Maßnahmen zur Sicherung von Unabhängigkeit und Freiheit vom Umland. Mit einem Tag, genauer: mit einer Nacht, hat sich dieses Umland und damit die ganze Geschäftsgrundlage geändert.

### *Dazwischen: Sprachlosigkeit*

Das Intervall, in dem alles anders wurde, heißt hier: historischer Augenblick. Es besteht aus Bildern, an die keine Sprache herankommt, aus einer Kette von Ereignissen, die zwingend so sind und doch von niemandem vorhergesagt werden können. Das Neue passiert schneller, als das Wort kommt, das fällig wäre. Das einzige Genre, das halbwegs mithält, ist das der Bild-, Zeitungs- und Fernsehreporter. Sie sind die wahren Protokollanten des Augenblicks. Es gibt keinen Regisseur und keinen Strategen, sondern nur Mitwirkende, die alle wohl wissen, daß etwas auf dem Spiel steht, aber dennoch die Effekte ihrer Handlungen nicht zu Ende kalkulieren können. Das Unvorhersehbare macht die Spannung, die mitreißt und zeigt, daß etwas anderes als das schon Bekannte herauskommen kann. Die Bilder, die man im Fernsehen erblickt, decken sich plötzlich mit dem, was man auf der Straße sieht. Alles spielt dabei seine Rolle: sogar das beiläufig geäußerte Wort am Ende einer Pressekonferenz — das »historische Ereignis« kam im klassischen Bürokratendeutsch verklausuliert daher. In einem Augenblick kam die Kette der sich täglich, ja stündlich überbietenden Ereignisse zu Ende. Sie hatte vor einigen Jahren begonnen, als das Mutterland der ganzen östlichen Region in Bewegung geriet und alle Rückzugsmöglichkeiten im alten Stil abschnitt; sie hatte sich fortgesetzt im Grenzübertritt der DDR-Urlauber in Ungarn und der ČSSR und war zur politischen Macht geworden in den Demonstrationen des Volkes von Leipzig, Dresden und anderswo. Der Schritt durch die Mauer war der letzte Schritt, das Ende einer langen Gratwanderung, daher ging er auch so vorsichtig, feierlich, unenthusiastisch vor sich. All dies hat etwas von einem Naturprozeß an sich, von einer Kernverschmelzung, aus der eine Stadt hervorgeht.

### *Demnächst: Stadtwerdung in Mitteleuropa*

Berlin minus Mauer ist West-Berlin und Ost-Berlin in reiner Form: als Produktions- und Distributionsverhältnis, als Verkehrs- und Lebensform. Daraus soll eine Stadt werden, daraus wird eine Stadt. Sie entsteht dort, wo die Auflösung der Identitäten der Halbstädte ein Vakuum hinterläßt. Sie entsteht an der Stelle, die einmal Niemandsland war. Sie wächst im Wirbel der neuen Gründerzeit. Niemand weiß, wie diese Stadt aussehen wird. Man kann nur die Agenzien benennen, die im Berlin minus Mauer nun aufeinandertreffen; denn die Selbstbewegung der Kräfte überrundet die Prognose und setzt die Maßstäbe, denen sich auch die fügen müssen, die sonst ans Dirigieren gewöhnt sind.

Berlin demnächst — das ist die Summe der Menschen, die es unter den neuen Bedingungen bewohnen und miteinander auskommen müssen, nicht ein Projekt, das ohnehin niemand hat. Was sein wird, hängt von ihnen ab, von ihren Aktivitäten, Zusammenstößen und Allianzen.

Das Mißverhältnis, das bisher durch die Mauer gestützt und verdeckt war, liegt jetzt frei. Die Macht der Bedürfnisse, die bisher gebunden waren, setzt sich jetzt in Bewegung, und die Rücksichtnahmen, die bisher gegolten haben, gelten nur noch beschränkt. Der Auflösung des alten Zustandes steht jetzt nur noch wenig im Wege, und die Frage ist nur, ob sie im Chaos oder halbwegs geordnet vor sich geht. Berlin wachsen neue Kräfte zu. Der *run* auf die besten Plätze hat begonnen, die Konkurrenz ist neu eröffnet. Berlin wird zur Schleusenkammer, in der die ost-westlichen Druckverhältnisse aufeinanderprallen. Das Kaufhaus des Westens wird zum Kaufhaus des Ostens, Schlangen gibt es von nun an nicht nur im GUM, sondern auch im KaDeWe. Gut vorgesorgt hat, wer seine Grundstücke an der Peripherie nie aus der Hand gab. Eine grandiose Umwertung der Werte ist im Gange. Die Geschäfte hüben werden ihren Anfangsprofit machen und sich rasch auf die Abwanderung ihrer Kundschaft nach drüben einstellen müssen. Eine Millionenbevölkerung sucht ihren Vorteil und macht sich das Grenzgefälle, solange es existiert, zunutze. Alle beuten die Differenz aus und arbeiten so ganz unkoordiniert und doch fieberhaft zielstrebig an ihrer Nivellierung. Die Deregulation kommt, die Frage ist nur, in welchem Tempo, moderat oder radikal.

Man wird aus nächster Nähe studieren können, was passiert, wenn Kapitalismus und Sozialismus aufeinandertreffen. Auf Lenins Prolog »Wer wen?« folgt der Epilog »Wer mit wem?«. Das Stadtgebiet wird zum Versuchsgelände aller, auch der bizarrsten, Produktions- und Eigentumsformen — von staatssozialistischen bis zum Naturalientausch. In der neuen Interferenzzone wachsen die Hybride, die kein Konvergenztheoretiker vorausgesehen hat.

Der schwarze Markt, den es nicht geben darf, wächst, solange der legale nicht funktioniert. Mit jeder neuen Invasion kommen bisher nie gesehene Waren in die Stadt, aus Hanoi, Hongkong, Minsk, Łódź. Dem polnischen wird der ostdeutsche und diesem der russische Markt folgen. Berlin wird zur großen Karawanserei auf dem Weg der neuen Ost-West-Migration. Berlin wird zur neuen Menschenzentrifuge. Hineingeschleudert werden die Passagiere, die aus Dresden, Leipzig, Warschau, Riga, Moskau und Lwow sich auf den Weg ins Kaufhaus des Ostens aufgemacht haben. Berlin lernt Polnisch und Russisch und gewöhnt sich an Sächsisch. Nach der südeuropäischen Küche bereichert die des Ostens die Berliner Speisekarten.

Der Austausch von Kultur geht nun ohne Subventionen vor sich, sie wandert im Gepäck und mit den Leuten in die Stadt ein. Berlin gewöhnt sich an neue Laute und neue Gesichter. Ein Pidgin-Deutsch, das voller Amerikanismen und Russizismen ist, wird zum Verständigungsmittel am neuen Transitpunkt. Das Amerikahaus in der Hardenbergstraße wird neue Besucherrekorde verzeichnen, und das *Haus der Freundschaft* in der Friedrichstraße gewinnt einen neuen Interessentenkreis. Eine ganze Stadt befindet sich im Ost-West-Dialog, auch wenn sie es nicht weiß. Aus einem Konferenzthema ist ein Stadtpalaver geworden. Die Stücke, die jetzt geschrieben werden, drehen sich um andere Konflikte, und die Personen haben einen anderen Hintergrund. Der Streit der Fakultäten wird nun stadtweit und blockübergreifend ausgetragen. Im Café Adler wird jetzt auch das *Neue Deutschland* ausliegen.

Die Europäer, die einen Ort und das Personal suchen, die sie brauchen für die neue ost-westliche Kontaktaufnahme, kommen nach Berlin, nicht aus Prestigegründen und aus subsidiären Absichten, sondern aus reiner Zweckmäßigkeit und weil es sich lohnt. Die Touristen kommen, wenn sie das neue Getümmel nicht schreckt, von alleine, weil sie hier das definitive Ende des Nachkriegs besichtigen können. Die neue Gründerzeit in Mittel- und Osteuropa produziert die Pioniere neuen Typs, die das fast Unmögliche zuwege bringen: effektive Hilfe zu geben, bei der sie selber auf ihre Kosten kommen, ohne dabei in einen neuen Kolonialismus zu verfallen. Berlin könnte die Schule der behutsamen Modernisierung werden, die jetzt gebraucht wird, wo die Chance besteht, im neuen Aufbruch die alten Fehler zu vermeiden. Die Debatten um den Sozialismus bekommen ihren Ernst zurück, weil endlich das Material, das seine Geschichte aufgetürmt hat, zum Ausgangspunkt gemacht wird und nicht eine Idee, die für alles verantwortlich sein soll. Es kommt zu dem längst fälligen Gespräch über die deutsche Geschichte, das der Gründung des Historischen Museums vorausgeht; und es wird sich vermutlich zeigen, daß beide Seiten überfordert sind, wenn sie darauf bestehen, daß es immer die andere Seite gewesen sei, die versagt habe.

Berlin rechnet nun nicht mehr nur in Flugstunden, die zwischen Tegel und Kreta liegen, sondern in den Frequenzen der Vorortzüge, die einen nach Mecklenburg, ans Meer oder nach Dresden bringen. Man fliegt jetzt von Schönefeld aus nach Spanien und von Tegel aus auf die Krim. Berlin wird aus einer Zone der verlangsamten Zeit wieder eine Zone der Zeitbeschleunigung, wenn der S-Bahn-Ring wieder zu arbeiten begonnen hat, wenn die elend schlechten Verbindungen nach Warschau, Krakau und Prag endlich auf europäischen Normalstandard gebracht werden.

Die Fronten verwirren sich, wenn der Polarisierungspunkt, um den sich Parteiidentitäten gebildet hatten, verdampft. Man muß neu sprechen lernen, wenn sich die neuen Verhältnisse in der alten Sprache nicht mehr bezeichnen lassen.

Berlin ist der Ort der Turbulenzen, die am Beginn der Zeit, die dem Nachkrieg folgt, unausweichlich sind. Es muß nun nicht mehr die Mauer ertragen, sondern dem Druck standhalten, der mit ihrem Verschwinden frei geworden ist. Die neue Einheit ist die Geburtsstunde neuer Feindschaften. Das Spekulieren mit den neuen Chancen und die Angst vor der neuen Unsicherheit rütteln am moralischen Fundament einer Bevölkerung, in der potentiell jeder ein Grenzgänger ist. Aus Brüdern und Schwestern werden Konsumenten, und aus Konsumenten werden Produzenten, die nun die neuen Konkurrenten sind. Es gibt keine Privilegien mehr, die nicht neu erkämpft werden müssen — auch nicht für die bisher Unterprivilegierten. Mit dem äußeren Status gerät auch der soziale in Bewegung. Die DM-Besitzer werden zur Kaste inmitten des hin und her wogenden Meeres von Kauflustigen ohne Geld. Der Haß auf die Platzhalter von gestern verschafft sich Luft. Die Revolten der Geschädigten der Grenzöffnung auf beiden Seiten werden nicht auf sich warten lassen, die Suche nach Sündenböcken kann beginnen. In einer offenen Stadt sind die Objekte von Neid und Haß leicht auszumachen, und in einer Stadt, die eine Sprache spricht, sind die, die diese Sprache nicht sprechen, leicht identifizierbar.

Berlin, das ohne Mauer leben will, muß damit fertig werden ohne die Sicherungen, die die Mauer geboten hat. Die Stadt hat statt der militärischen Festungsanlagen, die vordem ihre Stabilität garantierten, nun nur noch die Mittel einer Stadt, zivile Mittel, die Kraft der Zivilgesellschaft, die Methoden der demilitarisierten Zone. Sie hat, um die qualvolle Asymmetrie auszuhalten und zu überwinden, nichts anderes als den gesunden Egoismus ihrer Bürger, die am Ausgleich arbeiten. Sie arbeitet an einer neuen Einheit, vor der niemand Angst haben muß und die man eine Wiedervereinigung nennen könnte, wenn das nicht zu ungenau wäre.

Die Stadt kreist um ein neues Forum, das notwendig ist, wenn das Berlin minus Mauer zu einer Polis werden soll, die die neue Offenheit aushält. Dieses Forum gibt es noch nicht. Aber es liegt vermutlich irgendwo im Schnittpunkt der Linien, die zwischen dem Schöneberger und dem Roten Rathaus, zwischen dem Kurfürstendamm und dem Alex, zwischen den Kneipen am Savignyplatz und denen am Prenzlauer Berg, zwischen dem Palast der Republik und dem KaDeWe verlaufen. Dort wird das Schwierigste vollbracht: der Übergang zur neuen Tagesordnung in Mitteleuropa.

Berlin durchläuft im Zeitraffer alle Phasen der Stadtwerdung. Man darf sich durch die modernen Namen, unter denen sich alles abspielt, nicht täuschen lassen. Checkpoint Charlie, Gleisdreieck, Friedrichstraße, Potsdamer Platz, Zoologischer Garten bezeichnen das Terrain für einen Vorgang von archaisch-elementarer Wucht. Es fing klein, kaum merklich an mit dem Polenmarkt kurz hinter der Grenze, dort, wo es die

Furt, den Übergang gibt. Die Händler kamen von weither, hatten mehrere Grenzen hinter sich gebracht. Die Waren, die sie mitbrachten, waren ziemlich exotisch. Alles spielte sich ab im Schatten der Stadtmauer. Stadtluft macht frei. Die Stadttore wurden geöffnet, und Brücken wurden geschlagen. Aus einer Wüste wurde ein Marktplatz.

Auf dem großen Basar herrscht babylonische Sprachverwirrung. Der Platz hallt wieder von den Legenden der Grenzüberschreitung, von Berichten aus Landschaften in unendlichen Ebenen und mit wunderbaren Städten, die zu Ruinen geworden sind. Die neue Stadt hat ihre magischen Orte und goldenen Kultstätten. Sie ist überfüllt wie eine Oase oder Zeltstadt, in der die Karawanen haltmachen. Ein märchenhafter Ort, an dem sich die Reisenden aus dem Orient und dem Okzident davon erzählen, was sie mit eigenen Augen gesehen haben: vom sagenhaften Reichtum, von unvorstellbarer Armut, von den Tücken der Fata Morgana, von Wegelagerern und überlisteten Landesherren. Jeder hat etwas beizusteuern: Legenden, Märchengeschichten, Abenteuergeschichten. Und sie alle berichten von einem Wunder, vom großen Wunder einer Stadtwerdung in Mitteleuropa in den letzten Jahren des 20. Jahrhunderts.

*Herbst 1989*

# DER DRITTE DEUTSCHE ZUSTAND

Über einen dritten Weg in Deutschland kann man spekulieren, über einen dritten deutschen Zustand nicht: Das eine ist eine Sache der Zukunft, der Ideen, der guten Absichten, das andere ist eine Gegenwart, mit der man fertig werden muß. Diese Gegenwart gibt es, und einer ihrer Hauptschauplätze ist mehr als schon zuvor Berlin. Berlin wächst aus der anachronistischen, durch die Mauer definierten Situation heraus. Wir sind die Zeugen einer Stadtwerdung, die sich nicht im mythischen Dunkel, sondern vor aller Augen, in den Zeitungen, im Fernsehen vollzieht. Der Vorgang ist von elementarer Wucht: Nicht ein formaler Status wird neu definiert, sondern der Lebensprozeß eines Gemeinwesens von fast vier Millionen Menschen geht in einen anderen Zustand über. Aber eine Stadt, die jahrzehntelang mit dem Ausnahmezustand fertig geworden ist, behält vielleicht auch jetzt, da ein glücklicher Ausgang in Sicht ist, die Nerven. Man folgt kaum der rasenden Abfolge der Veränderungen. Aus dem Umland weht ein Hauch von Anarchie, die sich eine neue Ordnung sucht. Der erhöhte Tonus der Stadt sagt, daß viel auf dem Spiele steht. Mit der Mauer verschwindet das geheime Zentrum des bisherigen Berlins. Über dem Gelände, das jetzt sichtbar wird, bildet sich ein neuer Horizont — offen nach allen Seiten. Die Öffnung bringt zusammen, was sich jetzt finden kann, sie bringt in Fluß, was sich im Schatten der Grenze verfestigt hat. Was bisher zwei verschiedenen Welten angehört hatte, prallt jetzt aufeinander. Berlin wird zu einem Laboratorium mitten in einem Europa, das sich geteilte Städte und geteilte Nationen nicht mehr leisten kann.

*Alles geht wie von selbst*

Alles, was geschieht, geschieht wie mühelos und längst erwartet. Die Stadt folgt keinem Plan, sondern ihren Bedürfnissen. Jede weitere Maueröffnung ist nicht mehr weltpolitisches Ereignis, sondern ein Stück Normalisierung des innerstädtischen Verkehrs. Straßen laufen nicht mehr ins Aus, sondern stellen eine Verbindung her und erfüllen damit wieder ihren ursprünglichen Zweck. U-Bahnhöfe müssen nicht erst errichtet und Tunnels nicht erst gegraben, sondern nur vom Staub gereinigt und wieder in Betrieb genommen werden. Der Radius des Verkehrsnetzes wächst nicht in Fristen der Fertigstellung, sondern der Inbetriebnahme, und schon denkt man sich auf der Fahrt rund um die Stadt herum, auf dem alt-neuen S-Bahn-Ring. Die ersten U-Bahn-Schaffner, die nach Jahrzehnten ihren Zug durch die stillgelegten Tunnels steuern, sind noch wie Pioniere, die Stollen brechen, die nächsten tun nur ihren Dienst. Als erstmals Licht in den Stationen Rosenthaler Platz und Jannowitzbrücke angeknipst wird, denkt man noch an Howard Carter beim Öffnen der ägyptischen Grabkammern — ein Jahrhundertereignis; aber schon am nächsten Tag ist es nur eine Station wie viele andere auch. Die Ingenieure, die das stillgelegte System von Tunnelröhren, Bahnen und Bahnhöfen wieder in Gang setzen, arbeiten an der Wiederverknüpfung der Stadt. Mit jedem neuen Durchbruch, jeder neuen Station verschwinden Distanzen, beschleunigt sich die Zeit und die innerstädtische Zirkulation. Über Nacht kehrt die Stadt in ihr Umland zurück, und das Umland gewinnt ein Zentrum zurück. Man geht von Friedrichshain nach Kreuzberg über die Oberbaumbrücke, nicht mehr durch eine Mauer. Man fährt von Potsdam nach Berlin-Mitte direkt und nicht um die Stadt herum. Es bildet sich das Tempo, das kurzen Wegen eigen ist, und eine Ökonomie der Zeit, für die ein Umweg ein Verlust ist. An den Verdichtungen des Verkehrs zeigt sich, daß alle die kürzesten Wege gehen wollen. Die Topographie ändert sich, wo sich alles in der Stadt ändert. Bezirke wechseln ihren Standort: Was an die Peripherie versetzt war, kehrt in die Stadtmitte zurück, trostlose Endstationen werden zu Umsteigebahnhöfen mit durchgängig erhöhter Frequenz. Straßen, die verödet waren, werden wieder zu Verkehrsadern, und vor Geschäften, die im Abseits gelegen hatten, bilden sich Schlangen. Im vor kurzem noch toten Gelände bilden sich Verkehrsknotenpunkte. Die *Topographie des Terrors*, die Stätten der Naziherrschaft, das alles kehrt von den Rändern in die Mitte der Stadt zurück. Das System geht, aber der Ort bleibt. Den geschichtlichen Topos kann man jetzt von allen Seiten besichtigen, er hat nicht nur zwei Seiten. Die Stadt-Physiologie meldet sich zurück, wo die ost-westliche Metaphysik verblaßt. Die Stadt, die sich ein Zentrum zur Bewältigung ihrer gemeinsamen Probleme sucht, denkt anders über den Stadtraum als Halbstädte, die sich in der Belagerung und Konfrontation eingerichtet haben. Man nimmt den Stadtraum jetzt nicht mehr wahr, indem man die Mauer wegdenkt, sondern denkt, was aus den Orten werden soll, an denen sie verschwunden ist. Berlin hört auf, in Korridoren und Transitstrecken zu denken. Es kann sich jetzt auch anders entscheiden: für Chausseen und Landstraßen, die ins Land hinausführen, das nun nicht erst hinter der Grenze bei Hof oder Lüchow-Dannenberg beginnt. Es leidet jetzt erst recht daran, daß das alte Eisenbahnnetz zerstört ist, und wünscht sich Schnellbahnen, vielleicht nicht nur nach Hannover, sondern vor allem nach Leipzig und Dresden. Man möchte so rasch und komfortabel in Prag und Warschau sein, wie man von Köln aus in Paris oder Brüssel ist. Endlich geht es nicht mehr nur um Äquidistanz, sondern um gleiche Nähe. West-Berlin reist über Schönefeld nach Moskau, Riga, Wilna, Wien und Budapest, Tegel ist für Ost-Berlin das Tor zur Neuen Welt.

Es bedarf keiner speziellen Initiative, Menschen zusammenzubringen, die jahrelang nur darauf gewartet haben. Es versteht sich von selbst, daß man die Bestände von Bibliotheken oder Museen, die auseinandergerissen wurden, wieder zusammenbringt. Endlich kann man die Bücher, die man nie lesen konnte, einfach in der Amerika-Gedenkbibliothek ausleihen oder solche, die man vor dem 13. August 1961 ausgeliehen hat, wieder zurückbringen. Es bedarf keiner gesonderten Anstrengung, um Leute an einen Tisch zu bringen, die sich etwas zu sagen haben. Es finden sich von selbst: die Architekten, die Städteplaner, die Amateurfunker, die Organisatoren von grenzüberschreitenden Marathonläufen, die Präsidenten von Industrie- und Handelskammern, Zeitungsmacher, Kleinhändler und Großkaufhäuser, Mann und Frau, Manager von Wahlkämpfen, Gebrauchtwagenhändler, Hoteliers, Universitätsrektoren, zerrissene Familien und ferne Verwandte, ehemalige Nischenbewohner, Antiquitätenhändler, Schach- und Sportklubs — kurz: die unendlich differenzierte Gliederung der gesamtstädtischen Gesellschaft. Die Zeiteinheiten dieser Normalisierung sind nicht Jahre, sondern Wochen, Tage, Stunden. Auf die symbolische Inbesitznahme der Stadt durch ihre Bürger folgt die wirkliche: Stadtteil für Stadtteil, Straße um Straße. Man klagt nicht mehr über die Grenze, sondern über das defekte Telephonnetz, das die Verabredungen erschwert. Man spricht von einer Verbesserung der Beziehungen zwischen den Universitäten, aber die

Studenten sitzen längst in den Hörsälen der je anderen Universität, und die Dozenten sind schon unterwegs, um an der Humboldt-Universität ein Seminar zu Wittgenstein oder zu Benjamin zu veranstalten. Man braucht keinen komplizierten »Kulturaustausch« mehr, wo die Leute sich auch so austauschen können; und wenn jetzt von Kunst die Rede ist, dann hat sie mehr mit Markt als mit Politik zu tun. Die Subventionen, die dem Durchhalten der Belagerung gewidmet waren, sind nun nötig, um standzuhalten im Sturm der Öffnung. Die Leute haben noch verschiedene Pässe, aber nehmen schon Quartier im anderen Teil der Stadt, sie kaufen ihre Fahrkarten noch mit verschiedenen Währungen, aber bewegen sich doch in einer Stadt oder benutzen eine Monatskarte, die fürs ganze Stadtgebiet gilt. Aber jeder Schritt steigert nur das Verlangen nach vollständiger Normalität: Die Stadt sieht gelassen zu, wie aus der Mauer ein Metallzaun wird, und weiß jetzt schon, daß auch der nicht von Dauer ist.

### *Der dritte deutsche Zustand*

Berlin-Berlin wird zur gemischten Gesellschaft. Kein Gedanke läßt sich mehr denken ohne eine Vorstellung von dem, was im einen Teil der Stadt vor sich geht und wie der andere darauf reagieren wird. Die Erstürmung der Stasi-Zentrale kommt über die *Abendschau* wie die Bilder aus Bukarest auch, doch es ist nicht die Nachricht von einem fernen Ort, sondern aus dem Stadtgebiet. Geschichte passiert nicht irgendwo, sondern ein paar Straßenzüge weiter. Zwischen überfüllten Kaufhäusern hier und halbleeren Theatern dort, zwischen den spazierengehenden Kleinfamilien vormittags auf dem Kurfürstendamm und den geschlossenen Betrieben dort besteht ein Zusammenhang. Wenn in West-Berlin das Verkehrssystem zu kollabieren droht, kann man sicher sein, daß in Ost-Berlin das Leben zum Erliegen gekommen ist. West-Berlin macht Bekanntschaft mit dem Phänomen der Schlange und fängt selber an, auf Vorrat zu kaufen, während in Ost-Berlin aus Kunden plötzlich Könige werden, nur weil sie D-Mark haben. In den Schalterhallen der Postämter weht der berühmte S-Bahn-Geruch, der sich in den Mänteln verfangen hat. Auf Versammlungen aller Art ist man nicht mehr unter sich, aber der Respekt, der dem neu und zum ersten Mal Anwesenden gewährt wird, wird bald abgelöst durch den Umgangston, der auch sonst üblich ist. Es treffen aufeinander Menschen, die genug haben, weil sie immer genug hatten, und Menschen, die nicht genug bekommen können, solange sie nicht genug haben. Es kreuzt sich der Blick, der alles schon hinter sich hat, mit dem, der noch eine Entdeckung der Welt vor sich glaubt. Es mischt sich der Museumsschritt derer, die nur schauen wollen, was es alles gibt, mit dem Schritt derer, die sich leisten, was sie brauchen. In den Reisebüros treffen sich Menschen, die nicht immer nur nach Bulgarien, sondern endlich nach Teneriffa fahren wollen, und solche, die es diesmal mit der Krim probieren. Die Physiker, die im CERN gearbeitet haben, tauschen sich mit denen aus, die in Dubna und Tschernobyl ihre Lektion bekommen haben. Fast alle haben die halbe Welt bereist: die einen die östlich, die anderen die westlich der Grenze. Alle sind weltläufig: Sie haben in der Schule Englisch oder Russisch gelernt, das nun nicht mehr ausreicht. Die Karrieren, die man im Land des Sports und des Parteistaates machen konnte, begegnen sich mit Karrieren, wie sie für den Rechts- und Parteienstaat typisch sind. Die Einstürzenden Neubauten spielen in »Kulturhäusern«, in denen es nach dem Bohnerwachs der fünfziger Jahre riecht. Die ins Umland Reisenden entdecken ein Land, das sie noch aus ihrer Kindheit zu kennen glauben, als die Dörfer und Städte noch nicht modernisiert, die Straßen noch nicht für den Autoverkehr begradigt waren und die Farbe der Städte weniger von der Reklame von Tankstellen und Supermärkten als vom Ton des Baumaterials bestimmt war. Aber sie waren nicht in ihrer Kindheit, sondern in einem von Ruß geschwärzten, ruinierten und von Verzweiflung und Depression kranken Land. Es ist eine Fahrt in die Vorgeschichte Westdeutschlands und West-Berlins — in die fünfziger Jahre, die die Revolutionierung der Kleinstädte durch Pizzerien, Italienurlaub, verlorene Söhne und Töchter und die Entdeckung Amerikas noch vor sich haben. Man kennt diesen Raum noch, in dem es Autoritäten und viel Autoritäres gab und wo der Sprachgestus der wichtigen Leute am Ort noch nicht vom Fernsehen vorfabriziert war. Es liegt eine Epoche zwischen einer Welt, die keine Geheimnisse mehr kennt, und der geschlossenen Gesellschaft, in der der Mief der Preis für den Schutz der Privatheit ist. Man sieht es denen, die von dorther kommen, an, daß West-Berlin für sie in einer anderen Welt und einer anderen Zeit liegt.

Aber auch das gehört vielleicht zur Rückkehr dieser Nachkriegszeit: die neue Mobilität, die durch den Zusammenbruch erzwungen wurde, Karrieren, die nur dort möglich sind, wo man ganz von vorn beginnen muß, der Hunger nach all dem, was man geistig hat entbehren müssen, die unbegrenzten Möglichkeiten dessen, der etwas aufbauen will in einem Land, wo die Posten noch nicht endgültig verteilt sind; kurz: die Ahnung von einer Situation, in der Pioniere Wunder zustande bringen können.

Das Ende des Nachkriegs kommt mit der Wiederentdeckung der Nachkriegszeit, von der jetzt klar wird, daß sie im östlichen Deutschland noch nicht vergangen war. Die Deutschen kehren noch einmal in die Nachkriegszeit zurück. »Wir sind wieder wer« war zu früh verkündet, es wird sich erst herausstellen, wer wir wieder sein werden.

In den Horizont kehrt zurück, was gewissermaßen exterritorialisiert war: die Geschichte eines anderen Deutschlands, das nicht ganz identisch ist mit dem, was man in die Kurzform DDR gebracht hatte. Aus dieser Geschichte kann man sich nicht heraussuchen, was einem gerade paßt. Wenn man die deutsche Novemberrevolution von 1989 eingemeindet, dann geht es nicht ohne die Erbschaft und das Ende der deutschen kommunistischen Arbeiterbewegung und des Staates, den sie hervorgebracht hat. Vom Bankrott des Kommunismus in der DDR zu sprechen ist nur berechtigt, wenn man auch von der Tragödie der deutschen Kommunisten spricht. Die Schmierereien am Ehrenmal für die gefallenen Sowjetsoldaten sind eine Berliner Affäre, nicht bloß eine Ost-Berliner. Erst mit dem Verschwinden der Grenze werden die Deformationen sichtbar, die sie für beide Seiten brachte. Was in der Halbstaatlichkeit seinen präzisen Sinn haben mochte, erweist sich jetzt als unscharf, und die schärfste Polemik von gestern trifft nicht mehr den Verlauf der Positionen von heute. Mit dem Fall der Grenze kommt endlich auch Bewegung in die schiefen Fronten, die nur so lange plausibel waren, wie die Hauptfront noch stand. Die Herstellung der Einheit der Nation wird zeigen, was vom Nationalismus übrigbleibt, der auch da vermutet wird, wo es ihn nicht gibt, und der dort verharmlost wird, wo er täglich neu ausgebrütet wird. Jetzt, da der reale Sozialismus ein Stück deutscher Geschichte wird, wird sich zeigen, was an der Idee, die sich blamiert, wenn ihr kein wirkliches Interesse entspricht, dran war und dran ist. Mit der Grenze verschwinden Referenzpunkte, die das deutsch-deutsche Leben so übersichtlich und die Auseinandersetzung so ideologisch und unfruchtbar gemacht haben. Auf den Frontwechsel, der sich hinter dem Rücken längst vollzogen hat, ist endlich der vor unseren Augen gefolgt.

Irgendwann wird deutlich werden, daß die Erbarmungslosigkeit, mit der im Nachkriegsdeutschland Gegner gemacht wurden, etwas damit zu tun hat, daß Gegner immer nur die nützlichen Idioten der anderen Seite waren, und daß ein Argument schon deshalb nicht wahr sein konnte, weil es auch vom »Feind« zu gebrauchen war. Jetzt ist die Mauer weg, es gibt kein Drüben mehr, in das man geschickt werden könnte. Rückzugsgebiete sind abgeschnitten, die beste aller Welten muß jetzt mit sich selber fertig werden. »Geh rüber« ist jetzt soviel wie »Go East, young man«, um ein ruiniertes Land mit aufbauen zu helfen.

## *Berlin denken*

Berlin denken ist soviel wie den dritten deutschen Zustand denken. Es wäre ein Verkehrsknotenpunkt, der nötig ist, wenn der Güter- und Menschenverkehr zwischen Paris und Moskau, zwischen dem Ärmelkanal und Wladiwostok, zwischen Skandinavien und dem Balkan so beschleunigt werden soll, wie das die Europäer wünschen, und die Weiterführung der S-Bahn, wie die Berliner und Mecklenburger sie brauchen. Das ist die demilitarisierte Zone, die ihre Verbündeten, vielleicht Freunde, in Washington, Moskau, Paris und London hat. Das ist der Punkt, wo die schmerzhafte Grenze zwischen Beschleunigung und Verlangsamung des Zeit- und Lebensrhythmus rascher als sonstwo verschwinden könnte. Die Stadt hätte Museen, die erst dann möglich werden, wenn die deutsche Geschichte wieder zu einer europäischen geworden ist — jenseits von halbstaatlichen Überbietungszwängen und Alleinvertretungsansprüchen und jenseits sinnlos gewordener Parallelaktionen. Das ist eine Stadt, in der man sich nun mit vereinten Kräften statt in Rivalität der Katastrophe zuwendet, in der die Hauptstadt untergegangen ist. In dieser Geschichte würde nicht verschwiegen, daß es jenseits der Zerstörungsarbeit der Deutschen im östlichen Europa in diesem Jahrhundert eine zivilisatorische Leistung gegeben hat, die älter und bis heute wirksam geblieben ist. Das wäre eine Stadt, die die Europäer brauchen, weil sich dort ein Teil ihrer eigenen Geschichte, der sich nicht wiederholen darf, ereignet hat, und die den Deutschen hilft, zu sich selber zu kommen. Man braucht sich um den Sinn der Kultur und ihre Bewahrung vor dem Betrieb und dem Zeitvertreib keine Sorgen zu machen, wo die Rekultivierung einer ganzen Region, über die der Orkan der Gewalt in diesem Jahrhundert gleich mehrmals hinweggegangen ist, als dringliche Aufgabe ansteht. In der Stadt leben noch Menschen, die aus eigener Anschauung von der Spaltung der europäischen Zivilisation berichten können, und vor der Illusion, daß es keine Probleme mehr geben könnte, wenn Berlin die seinen erledigt haben sollte, schützen die Stadt die in ihr lebenden Ausländer. Die Geschichtsphilosophen nutzen den Erkenntnisvorteil, den Berlin bietet, zu einer Bilanz des zu Ende gehenden Jahrhunderts, ihr Material finden sie nicht im Zitatenschatz, sondern im Steinbruch ringsum. Es werden dort Gedanken gedacht, die nur dann möglich sind, wenn in eine Geschichte, die zum Stillstand gekommen schien, plötzlich die Gegenwart eingebrochen ist. Die Theoretiker lassen sich wieder darauf ein, daß Theorie etwas mit Anschauung zu tun hat. Die Historiker fangen an, in einem Ton zu sprechen, der sich nur dort einstellt, wo es unzählbare Opfer, aber keine Sieger mehr gibt. Die Stadt will eine Olympiade machen, und diese wird ihr, die schlimme Erfahrungen darin hat, glücken, weil sie zeigen kann, daß Sport auch Zivilisierung des Militärischen, nicht nur Militarisierung von Zivilisten sein kann. Die Planer und Architekten, die der Stadt zu Füßen eines Fernsehturms ein neues Zentrum geben werden, halten sich am besten an alte Stadtgrundrisse und sind dann schon gut, wenn sie die Fehler des ersten Wiederaufbaus nicht wiederholen. Die Ausstellungsmacher lassen auf *Berlin—Paris* endlich *Berlin—Moskau* folgen, um die Koordinaten zurechtzurücken, in denen sich der Auf- und Zusammenbruch der europäischen Avantgarde abgespielt hat. Aus den Kulturhäusern der Polen, Tschechen, Russen in Ost-Berlin, in denen heute oft nur pflichtgemäß Präsenz demonstriert wird, werden Zentren, die man braucht, wenn man sich über die großen Auseinandersetzungen, die im östlichen Mitteleuropa gelaufen sind, endlich verständigen will. Es ist für die Stadt wichtig, was in Prag und Warschau gedacht wird, und es ist nicht gleichgültig, was in Riga, Baku und Moskau geschieht, denn dort entscheidet sich nicht zuletzt, ob es Ruhe gibt für die Arbeit der Stadt. Berlin hilft, die Entfremdung rückgängig zu machen, die sich zwischen den östlichen und westlichen Europäern über Jahrzehnte hin entwickelt hat, und arbeitet am Verschwinden überflüssig gewordener Mißverständnisse. Seine Universitäten können europäische Universitäten werden, nicht durch Titel, sondern durch Thematik, Personal und Studenten. Seine Institute arbeiten an Themen, die erst wichtig werden konnten, nachdem der Ost-West-Gegensatz unwichtig wurde und die ganze Misere, die sich dahinter verbarg, zum Vorschein kam. Es geht nicht mehr um mittelalterliche Befestigungs- und Schußanlagen, sondern um Reaktoren, die man sich meint noch leisten zu können, obwohl sie den Kontinent in eine Wüste zu verwandeln drohen. Es geht um die Lösung der denkbar schwierigsten Aufgaben: die Überführung einer von Krieg und Nachkrieg beschädigten Region in den Normalzustand. Berlin könnte darin ein Kraftwerk, das Ideen und Energien bündelt, ein Platz der Rekonstruktion werden. Man denkt am Ende des Jahrhunderts darüber nach, wie sich Institutionen, die es zu Jahrhundertbeginn schon einmal gegeben hat, dort wieder implantieren lassen, wo sie überrollt oder ausgerottet worden sind: bürgerliche Freiheiten, Privateigentum, die Chance, selber zu bestimmen, was man aus seinem Leben macht. Berlin könnte zur Schule einer behutsamen Modernisierung werden, die Fehler vermeidet, die schon einmal gemacht worden sind. Aber daß die Elemente vorhanden sind, sagt noch nicht, daß sie sich so verbinden müssen. Ob es zu einer gelungenen Verbindung kommt, die etwas anderes ist als ein zusammengesetzter Irrtum, entscheidet sich nicht irgendwann, sondern jetzt.

### *Berlin als Laboratorium*

Berlin, das der Teilung standgehalten hat, muß jetzt dem Druck standhalten, der frei wird, wenn die Teilung hinfällig geworden ist. Die Stadt war vielleicht einmal Pfahl im Fleisch der DDR, nun hängt alles daran, ob die Stadt sich als Pfeiler innerhalb eines in Umbruch befindlichen und von Auflösung bedrohten Gebildes behauptet und neben Leipzig, Dresden und Rostock zu einer Region wird, in der die Kräfte des Aufbaus die Kräfte der Resignation bannen können. Die Stadt war lange ein Schaufenster des Westens; jetzt muß sie schauen, daß es unter dem Ansturm einer nachholbedürftigen Kundschaft aus dem ganzen mittleren und östlichen Europa nicht bei einem »Kaufhaus des Ostens« bleibt, sondern ein Produktions- und Handelsplatz entsteht, an dem sich die Kräfte finden, die dem mittleren und östlichen Europa auf- oder sogar zu einer Blüte verhelfen. Das ist leicht gesagt. Denn die

Öffnung einer Grenze kann man per Dekret verfügen, das Zusammenwachsen eines großen Stadtkörpers nicht. Die Reorganisation des städtischen Lebensprozesses folgt eigenen Gesetzen, und die Exekutive erweist sich gerade dadurch auf der Höhe der Zeit, daß sie tut, was fällig ist — sie forciert nicht, was nur selber wachsen kann. Der möglichst humane Übergang in den neuen Zustand ist ihr Problem, nicht ein großer strategischer Plan. Ihre größte Sorge ist, daß die Chance, die der Stadt zufiel, nicht verspielt wird.

Das Zusammenwachsen einer Stadt ist auch ein Auflösungs- und Zersetzungsvorgang — schöpferisch und brutal zugleich, jede Großorganisation erfassend und in jedes Molekül der Stadt eindringend, die Phantasie beschleunigend und die Nerven bis zum Zerreißen spannend. Ihre größte Leistung im dramatischen Übergang zur neuen Normalität ist, daß sie funktionsfähig bleibt. Die Stadt, deren Statik bisher auf der Teilung basierte, muß nun mit einer Situation fertig werden, in der die alte Statik ausgedient, die neue aber noch nicht in Sicht ist. Sie wird zur offenen Gesellschaft, in der die Gedanken und Leidenschaften, die sich in der geschlossenen nicht haben ausleben können, zutage treten. Diesmal wird die *porta occidentis* zum Tor, durch das das Verdrängte und Verschwiegene aufbricht. Die zwei Welten, die hier aufeinanderstoßen, haben unterschiedliche Ansprüche und Appetite, zusammengenommen offenbaren sie eine Triebstruktur der deutsch-deutschen Gesellschaft, die im west-östlichen Europa verborgen oder unterdrückt war. Berlin wird zum Projektionspunkt von Sehnsüchten und Wünschen und zum Austragungsort der Konflikte, die entstehen, wenn nicht genug da ist, um alle gleichermaßen befriedigen zu können. Mit der Befreiung der Stadt aus der Mauersituation werden Kräfte der Selbständigkeit freigesetzt, die auf lange Sicht vielleicht der Korrumpierung anheimgefallen wären. Und es wird freigesetzt, was man längst erledigt oder domestiziert glaubte. Man spürt in Berlin den Eros der werdenden Stadt und mit ihm die Spannungen, die gelöst werden wollen. Sie verschaffen sich Ausdruck in freudigen, aber auch hysterischen Feiern, in Angst, die entsteht, wo man den erreichten sozialen Status in Gefahr sieht, in Panik, die einen überfällt, wo man sich um ein ganzes Leben betrogen fühlt. Die neue Einheit kommt unvermeidlich mit neuen Konkurrenzen, von denen ein Gemeinwesen lebt, und mit Rivalitäten, die es in Gefahr bringen. In einem Zentrum, in dem sich die neuen Hoffnungen und Energien bündeln, sammelt sich auch das, was nach menschlichem Ermessen dazu gehört: Ellbogen, Neid, Haß besonders derer, deren einziger Vorzug im Dazugehören besteht, auf die, denen man bestreitet, ganz dazu zu gehören. Aber eine Stadt, die damit fertig würde, zeigte nur, daß sie eine Stadt von europäischem Format ist. Sie könnte ruhig und mit gutem Gewissen auch Hauptstadt der Deutschen werden. Denn sie hätte gezeigt, daß sie der kompliziertesten Operation des Nachkriegs gewachsen war: der kontrollierten Überführung Europas, in dem auch die Deutschen endlich als Nation wie jede andere leben können, in den Normalzustand.

### *Meister des Übergangs*

Für die Bewältigung der Situation gibt es kein Modell. Jetzt muß man ohne die historischen Lehren auskommen. Es gibt keinen Präzedenzfall. Man muß schwere Fehler machen, um den glücklichen Ausgang zu verderben, aber das ist in Übergangssituationen, da Worte und Handlungen ein anderes Gewicht haben als im in sich ruhenden politischen Normalalltag, nicht von vornherein ausgeschlossen. Es hängt fast alles daran, ob das richtige Wort zur richtigen Zeit kommt und der Ton die Lage trifft. Von den politischen Klassen, die die Auflösung der Blöcke über die Runden bringen sollen, sind Qualitäten gefordert, die sich im Blockeuropa nicht so leicht haben ausbilden können. Es geht jetzt um die Zwischentöne, die nicht nur grau sind, sondern die wirkliche Signale geben. Es geht um die Fähigkeit, im Entweder-Oder das Sowohl-Als-auch herauszuhören. Es gibt im reif werdenden Europa keine Schachfiguren mehr und niemanden, dessen man sich nur bedienen können muß. Es gibt, wo Gesellschaften und Nationen souverän geworden sind, niemanden mehr, hinter dessen Rücken man etwas durchsetzen könnte, und niemanden, über dessen Kopf hinweg man Strategien entwerfen müßte. Die Spielregeln des neuen Europas sind am Runden Tisch entwickelt worden, sie sind direkter und komplexer als dic Spiclrcgeln, an die sich Diktaturen nicht halten und auf die ein sich selbst zu sicherer Parlamentarismus meint verzichten zu können. Der Osten Europas ist arm, aber an einem Punkt sind die neuen politischen Eliten des östlichen Europas dem Westen voraus: in der Kunst des Übergangs, bei dem nichts schiefgehen darf.

Man kann am Runden Tisch besser als in der Parallelaktion klären, worin der Unterschied zwischen Zupacken und Zugreifen, zwischen Wiederaneignung und Reconquista, zwischen Vereinigung und Anschluß besteht. Man hat am Runden Tisch die Geduld, nicht weil man es lang genug im Provisorium ausgehalten hat, sondern weil es jetzt, da ein glückliches Ende in Sicht ist, auf eine Minute auch nicht ankommen darf. Es wird erst am Runden Tisch klar, welchen Verlust eine Einheit aus innerer Not und welchen Gewinn eine Einheit aus innerer Souveränität der Partner darstellt. Jetzt zählen Charaktere, die den Opportunismusvorwurf nicht scheuen, weil ihre Prinzipienfestigkeit außerhalb jedes Zweifels steht. Wenn man über Bedingungen spricht, dann gehört man immer auch selbst dazu. Am Runden Tisch gibt es keine Überholspur, das Tempo, in dem man sich vorwärts bewegt, hängt davon ab, ob die Beschleunigung der Aufbauzeit die Beschleunigung der Verfallsgeschwindigkeit abfangen kann. Am Runden Tisch werden keine Zensuren verteilt, sondern Lösungen gesucht, für die beide Seiten die Verantwortung tragen. Man lernt sich im Gespräch kennen und nicht auf Inspektionsfahrten in ein so nahes, fernes Land. Überhaupt: Man sitzt nicht über, sondern am Runden Tisch.

*Frühjahr 1990*

# SCHAUSPIEL EUROPA

# ENDE DES NACHKRIEGS

Die Europäer verfolgen atemlos, was auf ihrem Kontinent geschieht. Mit jedem Tag lernen sie etwas Neues dazu. Was die Morgenzeitung noch vom Vortag berichtet, ist in den Abendnachrichten vielleicht schon überholt. Im Fernsehen läuft ab, was auch die beste Regie nicht zuwege bringt: Zeitgeschichte. Alles wird direkt von den Originalschauplätzen übertragen, es gibt wirkliche Personen mit wirklichen Texten. Wie die Handlung ausgeht, weiß niemand. Wir fangen an, uns an die Ereignisse, die vor kurzem noch Sensationen waren, zu gewöhnen. Andrej Sacharow, dessen Bild wir lange nur von den heimlich in seinem Verbannungsort Gorki gedrehten Videofilmen kannten, spricht nun von der Bühne des sowjetischen Parlaments. Wir sehen eine Revolution, die nicht aus einem Krieg geboren ist, und Opfer, auf die keine Hinrichtung wartet, sondern nur die Pensionierung. Regime werden in Warschau und Budapest nicht weggefegt, sondern in Gesprächen an Runden Tischen und durch Neubildung von Regierungen überwältigt. Wir fangen an, auf jede Veränderung im Detail und in der Nuance achtzugeben, denn ein Happening in Prag, das nicht verboten wurde, kann bedeuten: Auch dort kommt alles in Fluß. Selbst wenn wir von den Stalinschen Lagern wußten, so ist es jetzt, da die Häftlinge von einst öffentlich selber zu Wort kommen, doch etwas anderes. Wir sehen die Flaggen untergegangener Republiken wieder auf den Dächern ihrer Hauptstädte wehen. Bücher, an deren Nichterscheinen jahrzehntelang der Bestand eines Imperiums gehangen hat und deren Lektüre schwere

Folgen hatte, erscheinen in Millionenauflage. Wir sehen zu, wie Grenzanlagen demontiert werden und den Weg frei machen für Reisen, die auch wieder nach Hause führen. Es ist nicht bloß die Bewegung von Hunderttausenden in den baltischen Hauptstädten, die uns in Atem hält, sondern der Umstand, daß man sie gewähren läßt. Wir haben uns immer auf das böse Ende, das kommen muß, eingestellt, und nun bleibt es zum ersten Mal aus. Das ungläubige Staunen ist der Reflex einer Zeit, die eben im Begriffe ist, Vergangenheit zu werden. Auch die Bilder von den Botschaften, die zu Fluchtburgen, von den Kirchen, die zu Katakomben werden, bekräftigen nur: So kann man in Europa heute keinen Staat mehr machen.

### *Das Relief Europas wird wieder sichtbar*

Das Bild, das die Europäer so lange von sich haben konnten, stimmt nicht mehr. In rasendem Tempo und fast unter unseren Augen ändert sich die ganze Szenerie. Mit den Bildern aus den Hauptstädten Mittel- und Osteuropas zerfällt der Horizont, in dem sich die Vorstellung der Europäer von sich selbst so lange gebildet hat. Mit den Bildern von dort kehren auch Erfahrungs- und Handlungsräume ins europäische Bewußtsein zurück. Europa hört auf, entweder West- oder Osteuropa zu sein. Die eine Grenze, die aus Europa zwei Europas gemacht hat, verschwindet. Es gibt noch eine Mauer, aber schon keinen Eisernen Vorhang mehr. Alte Grenzen verlieren ihre Trennkraft, neue werden errichtet. Die Grenze wandert. Der östliche Block hat sich aufgelöst in einen Archipel mit Inseln der Freizügigkeit und Inseln der Abschließung. Dort, wo die veraltete Grenze gefallen ist, wird eine neue spürbar: die Grenze, wo der *hard currency*-Bereich beginnt und der Geltungsbereich der Cocom-Liste endet. *Technological gap* ist der neue Name für den modernen Grenzgraben.

Das Scheinwerferlicht, das sich auf die Ereignisse richtet, fällt in einen Raum, der weithin *terra incognita* war. Ins Bewußtsein der Europäer treten die Namen von Städten und Orten, die aus dem Horizont der Gegenwart herausgefallen waren. Nun stellt sich heraus, daß untergegangene und totgeglaubte Welten leben. Die historische Silhouette von Riga, Reval oder Wilna wird über Nacht zur Kulisse dramatischer Ereignisse. Touristen werden zu Augenzeugen des Wiedereintritts versunkener Regionen in die europäische Gegenwart. In den schönen Cafés, die man dort noch findet, wird nicht von der Vergangenheit geträumt, sondern an der Zukunft gearbeitet. Was bisher allenfalls Provinzstadt war, entpuppt sich nun als Hauptstadt einer Nation mit eigener Sprache, Kultur und Geschichte, von denen wenig zu wissen man sich bisher erlauben konnte. Das verändert die Topographie im Kopf. Erst wenn die sogenannten Randstaaten wieder im Bewußtsein sind, hat der Kontinent seine Kontur zurückgewonnen. Europa erweitert sich auch ohne unser Zutun, wenn plötzlich wieder Kiew und Lwow dazu gehören und wenn es wieder selbstverständlich geworden ist, daß man von Warschau aus nach Paris fährt.

Unter der Decke des zweigeteilten Europas wird wieder ein reich gegliederter Kontinent sichtbar. Er wird nicht nur bewohnt von Ost- und Westeuropäern. Im Osten haben sich Ukrainer, Weißrussen, Litauer, Letten, Esten, Serben, Kroaten, Polen, Ungarn, Tschechen, Slowaken, Deutsche, Armenier, Georgier, Moldauer, Juden, Russen, Tataren, Albaner, Slowenen zurückgemeldet oder sind dabei, es zu tun. Mit ihnen kommen ihre Sprachen, Kulturen, ihre Geschichten und ihre Götter zurück, und die Zeit, in der man nur die eine einzig wahre Lehre kannte, erscheint von heute aus unvorstellbar arm. Die Sprachregelung des Blocks hat aufgehört, verbindlich zu sein, die Völker fangen wieder an, in vielen Zungen zu sprechen, weil das, was sie sagen wollen, sich in einer Sprache längst nicht mehr sagen läßt. Europa ist dabei, sich wieder um seine natürlichen und nicht nur um seine Herrschaftszentren zu gruppieren, seine Regionen geben sich der Fliehkraft hin, die frei wird, wenn Zusammenhänge alt und schwach geworden sind, es fängt wieder an, in Lebens- und Geschichtszusammenhängen zu denken, nicht bloß in Bündnissen, die aus der Not geboren waren. Die politische Formenwelt des Blocks läßt sich nicht mehr auf einen Nenner bringen. Es gibt Länder, in denen es noch die Einparteienherrschaft gibt und die Diktatur. Es gibt Länder, in denen es offiziell nur eine Partei gibt, aber in Wahrheit die Macht bei den Volksfronten liegt. Es gibt Länder, in denen die Kommunisten ihren Einfluß verspielen, weil sie die Macht, die sie usurpiert haben, nicht hergeben wollen, und solche, wo sie Einfluß zurückgewinnen, weil sie sich von der Macht trennen. Es gibt Länder, in denen Wahlen stattfinden, in denen über historische Alternativen entschieden wird, und es gibt Parlamente, die vielleicht nicht ganz demokratisch zustande gekommen sind, dafür aber eine Tribüne für Menschen geworden sind, die etwas zu sagen haben. Wo alles sich ändert, erscheinen die Herrschaften, die in der Flucht nach vorn verharren wollen, obgleich ihnen die Luft ausgegangen ist, erst recht anachronistisch. Osteuropa ist in eine Gründerzeit der politischen Öffentlichkeit eingetreten, und ihre Gruppen, Fraktionen, Parteien sind mancherorts so zahlreich wie die Freundeskreise, aus denen sie hervorgegangen sind. Die Teilnehmerzahl der von ihnen organisierten Kundgebungen umfaßt manchmal ein Großteil der einheimischen Bevölkerung. Manche Hauptstädte ertrinken in einer Flut von Ausstellungen, Zeitungs- und Organisationsgründungen und Debattierklubs. Parteien, deren Namen fast nur noch Historikern geläufig waren, tauchen aus der Versenkung auf. Osteuropa gewöhnt sich daran, in aller Öffentlichkeit das zu tun, was es privat längst gedacht und getan hat. Der *samisdat* geht in die Tagespresse ein, und die gejagten Autoren der Untergrundpresse von einst avancieren zu den Vordenkern der neuen Öffentlichkeit, in der aus Menschen Bürger und aus Bevölkerungen Völker geworden sind.

In den Hauptstädten des östlichen Europas kommt jetzt das Netzwerk zum Tragen, das parallel zum Delegationstourismus herangewachsen ist. Die Infrastruktur des zivilen Europas tritt zutage. Ein neuer Kosmopolitismus tritt an die Stelle des alten dort, wo Bankiers, Ingenieure, Schriftsteller, Schwarzhändler angefangen haben, eine unterbrochene Zirkulation von Ideen, Gütern und Menschen wieder in Gang zu setzen. Am neuen Internationalismus haben alle teil, die die eigene Hemisphäre nicht für das Ganze halten. Über Nacht vollzieht sich die Entprovinzialisierung lange verödeter Städte. Aus dem Rinnsal vereinzelter freundschaftlicher Treffen ist ein Strom von Seminaren, Symposien, Konferenzen geworden. Es kommt zu einer Europäisierung der Parteienlandschaft, wenn Stiftungen und Parteien anfangen, dort ihre Büros zu eröffnen, und Politiker wieder anfangen, sich auf Bahnen zu bewegen, die von keinem Protokoll vorab geebnet sind. Zeitungen werden wieder zu europäischen Zeitungen. In der neuen Migration werden Bekanntschaften gemacht und Schocks gelindert. Man fängt an, sich auf das, was man mit eigenen Augen gesehen hat, zu verlassen. So gewinnt man Zuversicht, ohne sich etwas vorzumachen. So stellt man sich auf eine Realität ein, die ansonsten nur phantasiereiche Leute sehen.

## *Die neue Souveränität*

Inmitten der Bewegung dieses neuen östlichen Europas tauchen neue Gesichter auf. Der neue Typus tritt dort ans Tageslicht, wo die Physiognomie des Staats- und Parteifunktionärs blaß geworden ist. Der neue ist es, der den radikalen atmosphärischen Wandel bewerkstelligt hat. Er ist leicht zu erkennen. Er hat gelernt, sich mit anderen zu unterhalten, ohne sie belehren zu müssen. Er besitzt die Fähigkeit, schamrot zu werden, wenn es einen Grund dafür gibt. Er ist fähig, frei zu sprechen und vom Konzept abzuweichen. Fragen hält er nicht nur aus, sondern er freut sich, daß er gefordert wird. Seine Leidenschaft ist diszipliniert. Er hat Geduld, denn alles, was erreicht worden ist, verdankt sich dieser Tugend. Seine Sprache ist nuancenreich wie die von Menschen, die mit allen Wassern gewaschen sind. Er beherrscht alle Register der Ironie. Er kann von schwierigen Dingen sprechen, ohne die Nerven zu verlieren. Er schien aus dem Nichts aufzutauchen, doch hinter ihm liegt eine lange und komplizierte Bildungsgeschichte. Jetzt ist er da. In Warschau, Budapest oder Moskau hat er seinen Platz am Runden Tisch oder im Parlament eingenommen, leitet Zeitungen oder ein neues Ressort, während er sich anderswo noch mit subalternen Beamten und Zensoren herumschlagen muß. Er arbeitet mit der Zeit im Rücken und nicht mit Durchhalteparolen, die doch nichts bewirken. Er hat sich daran gewöhnt, daß Konflikte der Normal- und nicht der Ausnahmefall sind. Er stellt sich auf Krisen ein, statt sie zu leugnen. Er repräsentiert eine Gesellschaft, die fähig geworden ist, mit ihren Problemen zu leben, ohne den Kopf zu verlieren. Inmitten von Umbruch und Krise wächst eine neue Souveränität. Osteuropa öffnet die Grenzen, weil es deren Abschließung nicht mehr braucht.

Das Neue mutet phantastisch an, aber es ist eigentlich eher ein Offenbarungs- denn ein Schöpfungsvorgang. Es wird vorerst darin nichts Neues geschaffen, sondern nur sichtbar, was an neuen Kräften nachgewachsen und wie moribund das Alte ist.

Nicht die Krise des Kommunismus ist das Neue, sondern daß sich die Kräfte gefunden haben, die aus ihm heraus- und über ihn hinausführen. Osteuropa leistet sich endlich die Krise, die so lange verdrängt worden ist und die doch die einzige Chance seiner Gesundung ist. Was so dramatisch vor unseren Augen abläuft, ist nicht der Aufbruch in eine große Utopie, sondern der Übergang zu einer neuen Normalität. Gerade das aber ist das unvorstellbar Schwierige. Die Entstaatung des Gesellschaftskörpers ist keine politische Maßnahme, kein organisatorisches Revirement, sondern ein gesellschaftlicher Zerfalls- und Wachstumsprozeß, in dem um Macht, Positionen und Einfluß gekämpft wird. Diese Umwälzung folgt nicht so sehr den Gesetzen des guten Willens, sondern mehr denen des Überlebenskampfes. Es kommt zur Massenentlassung einer ganzen politischen Kaste, die außer Kommandieren wenig gelernt hat, und ganzer Segmente der Arbeiterklasse, die nicht dort arbeiten, wo es Sinn macht. In einer grandiosen Entwertungsaktion stürzen die Hierarchien fiktiver Preise und überlebter Werte. Aus Staatsabhängigen und Staatsversorgten werden Einzelexistenzen, denen im Kampf ums Überleben nichts geschenkt wird. Anomieangst breitet sich aus. Die bessere Ausgangsposition hängt nun nicht mehr an der Stellung in der *nomenklatura,* sondern an individueller Beweglichkeit oder am Besitz von Devisen. Eine ganze Ökonomie wird vom Kopf auf die Füße gestellt, wenn das Produzieren und nicht mehr das Verteilen des schon Produzierten wieder zum A und O allen Wirtschaftens wird. Eine ganze Zivilisation, in der den

Menschen der Glaube an die eigene Initiative und Arbeit ausgetrieben wurde, zerfällt. Nicht überall ist die Lage so, daß der Zerfall der Staatswirtschaft von der Schattenwirtschaft, die sich in ihren Poren gebildet hat, aufgefangen werden kann. Nicht überall ist die Differenz von fiktiven und wirklichen Preisen so verringert und die Gewöhnung an den schwarzen, aber effektiven Kurswert so vorangeschritten, daß ein Übergang ohne größere Erschütterungen bewerkstelligt werden kann. Eine Unternehmerklasse, die man nur rufen müßte, um die Führung der Geschäfte wieder in die Hand zu nehmen, steht nicht zur Verfügung; eine Bauernschaft, die aus eigenem Interesse die Versorgung des Landes sicherstellen könnte, gibt es nicht überall; das mittelständische Element bildet sich erst wieder neu. Erst jetzt, da mancherorts das Einmaleins effizienten und sparsamen Wirtschaftens wieder gelernt wird, wo Lehrbücher der Nationalökonomie aus der Zwischenkriegszeit und Max Webers *Protestantische Ethik* wieder aufgelegt werden, wird sichtbar, was unter der Welle sozialistischer Modernisierung im östlichen Europa verschwunden ist und was sich heute nicht aus dem Stand regenerieren läßt.

Die Situation, in der sich die Erosion der Staatswirtschaft mit der Blüte eines vorerst krüppelhaften Spekulationskapitalismus verbindet, in der der Staat nicht mehr leistet, was er leisten sollte, und die neue Wirtschaftsform noch nicht wirklich funktioniert, in der die Desintegration der Planökonomie mit der mangelnden Integrationskraft des neuen Marktes zusammenfällt und sich die Menschen in der Organisierung ihres Alltagslebens auf nichts und niemanden mehr verlassen können — in einer solchen Situation schwinden alle Sicherheiten. Das Europa, das dem Ende der Nachkriegszeit entgegengeht, ist kein idyllischer Ort. In der Dynamisierung aller Verhältnisse brechen Widersprüche auf, die für überwunden, und Probleme, die für erledigt gehalten wurden. Der Übergang von einer unhaltbar gewordenen alten zu einer noch ungefestigten neuen Stabilität ist riskant und voller Gefahren. Aber bewerkstelligen können ihn nach aller Erfahrung nicht die staats- und parteiherrschaftlichen, sondern nur die zivilgesellschaftlichen Elemente, die an der Lösung und nicht an der Unterdrückung von Konflikten interessiert sind und die verstanden haben, daß man Potentiale der Gewalt am besten dadurch entschärft, daß man ihre Ursachen beseitigt. Und dort, wo in der Destabilisierung des *ancien régime* und in der Dynamisierung aller Verhältnisse die alt-neuen Gebrechen Europas aufgebrochen sind — Nationalismus, autoritäre Tendenzen, alter und neuer Antisemitismus und Minderheitenfragen —, da sind sie es, die sie wirksam auffangen können. Dem neuen Nationalismus, der überall dort frei wird, wo die Unabhängigkeit der Nation so lange negiert worden ist, stellen sie sich, anstatt ihn — gleich hilflos — leugnen oder verbieten zu wollen. Sie schaffen den Raum, in dem sich die spannungsreichen Beziehungen zwischen der alten Hegemonialmacht und den subordinierten Völkern zu halbwegs normalen Nachbarschaftsverhältnissen wandeln können. Sie schaffen den Rahmen, in dem die Gesundung des gekränkten Nationalbewußtseins ohne die Demütigung des Feindes von gestern auskommt. Die zivilen Kräfte können sich eine Blüte der nationalen Kultur leisten, ohne daß daraus ein Nationalismus anderen gegenüber wird. Sie beruhigen sich angesichts des neuen Antisemitismus nicht mit den Verdiensten eines historischen Antifaschismus, sondern fragen, was daran oberflächlich gewesen ist. Das zivile Europa, das aus dem Kommunismus herauswächst, erinnert sich wohl daran, daß die nationalistische Kur selber etwas von der Krankheit ist, die geheilt werden soll.

Nur in der Öffentlichkeit einer zivilen Gesellschaft lassen sich die Extremismen neutralisieren und jene Kräfte mobilisieren, die das Land braucht, um aus der Krise herauszukommen. Sie schafft das Netz von Institutionen, die den energischen Kräften des Volkes den Weg zu Mitsprache und Verantwortung eröffnen, anstatt sie an den Rand der Gesellschaft oder außer Landes zu treiben. Ihr ist die gesellschaftliche Versöhnung wichtiger als die Rechthaberei, und sie verzichtet auf Revanche, wenn nur das Ganze vorankommt. Die schmerzvolle Sanierung ist nur möglich auf der Basis eines Konsenses, der nicht verordnet, sondern gewachsen ist. Von diesem Wunder an Gelassenheit und Selbstdisziplin von Menschen in einer verzweifelt schwierigen Lage konnte sich in der letzten Zeit ein jeder überzeugen, der die Demonstrationszüge in den Straßen Budapests, Warschaus oder Tallinns gesehen hat.

### *Europa ohne Grenzen — Krise und Reflexion*

Europa hat mehr als ein Menschenalter mit der Grenze gelebt. Die Ökonomie seiner Kräfte, sein Horizont, sein Selbstbehauptungswille, seine Koalitionen, seine innere Spannung waren bestimmt durch die Grenze. Nun verschwindet sie, und Europa muß lernen, ohne sie und ohne die »Barbaren« zu leben. Das ist manchmal schwieriger als ein Leben im Belagerungszustand.

Erst jetzt, da der Druck weicht, wird deutlich, wie tief die Spaltung wirklich ist. Das Staunen darüber, wie rasch jetzt alles geht, ist nicht nur das Staunen über die unvorhersehbare geschichtliche Wendung, sondern auch das Staunen der Überrumpelten. Jene, die jetzt dort die neue politische Klasse stellen, kommen nicht aus dem Nichts, sondern aus einer Geschichte, für die die meisten sich wenig interessiert haben, obgleich sie nicht weit von uns und zeitgleich zu unserer eigenen Gegenwart abgelaufen ist. Man hat es ihnen nicht zugetraut, den Polen, den Ungarn, den Russen und Balten — und nun haben sie den Horizont Europas verändert. Man verfiel, da nur der offizielle und nur der notwendigste Kontakt gepflegt wurde, auf die Meinung, mehr gebe es nicht.

Erst jetzt wird das ganze Ausmaß der Verwüstung sichtbar, die die Weltkriegsepoche und die auf sie folgende Spaltung in Europa angerichtet haben. Jetzt, da man sich auf beiden Seiten der Grenze zutraut, von der eigenen Leidens- und Schreckensgeschichte zu sprechen und nicht bloß von den Siegen und Triumphen; jetzt, da sich die Gegnerschaft in der Gegenwart erledigt und es keinen Sinn mehr macht, die Opfer der einen gegen die der anderen Seite aufzurechnen — jetzt kann die europäische Geschichte erst eine wirklich europäische werden. Die Toten, die früher dazu herhalten mußten, die Verbrechen des einen oder anderen Totalitarismus zu beweisen, läßt man endlich in Ruhe. Europa, vor allem derjenige Streifen, der zwischen die Fronten von Nationalsozialismus und Kommunismus geraten ist, wird retrospektiv zur Szenerie eines furchtbaren Massakers, in dem Völker deportiert und ermordet, Menschenklassen liquidiert und ganze Generationen um ihre aktivsten Kräfte dezimiert worden sind. Das Gelände reicht von Dachau bis Workuta. Ganze Kulturen, soziale Schichtungen, der ganze Bau sittlicher Anschauungen sind in diesem Massaker, das 1914 begann und 1945 vorläufig endete, untergegangen. Es gibt keine Bilanz, die zeigen könnte, was der Verlust der nationalen Eliten, die Auslöschung des Judentums, die Dezimierung der Bauernschaft in vielen Ländern, die zwischen die Fronten geraten waren, für die Substanz der betreffenden Nationen bedeutet. Millionen Menschen, von deren Talent, Standfestigkeit und Kraft

Völker und Kulturen leben, fehlen in der Kette der Generationen. Europa, vor allem aber das mittlere und östliche, leidet bis heute an den Spätfolgen dieses entsetzlichen Blutverlusts.

Doch das östliche Europa hat auch die Nachkriegsfolgen anders zu spüren bekommen. Die Elementarleistungen, die der Sozialismus-Aufbau mancherorts zuwege gebracht hat, können nicht vergessen machen, daß zugleich die Ergebnisse einer reicher dimensionierten Lebenskultur nivelliert worden sind. Wenn bis heute die Leistungen der ersten, der bürgerlichen Modernisierung als Vorbild und Maß auch für heutigen Progreß gegenwärtig sind, dann nicht aus Nostalgie, sondern weil sich diese Leistungen bis heute sehen lassen können und ihre Dienste tun. Die Häßlichkeit des Sozialismus wird dort besonders augenscheinlich, wo sich die Formen einer raschen und expansiven Modernisierung — dem Westen nicht ganz unähnlich — dem Vergleich der europäischen Moderne aussetzen.

Nicht von ungefähr geht die Diskussion über den Ist-Zustand immer wieder zurück in die Zeit vor dem Beginn der Katastrophensequenz: vor 1914, vor 1938, vor 1939 und dann noch einmal vor 1948. Das gegenwärtige Europa sucht ein Maß an dem Europa, das untergegangen ist. Das heißt, es sucht seine Einheit, der es nicht gewachsen war. Und selbst die Mauer ist nicht das zufällig 1961 errichtete Bauwerk, das Ost- und West-Berlin teilt, sondern die letzte, die bröckelnde Frontlinie, die aus der europäischen Bürgerkriegszeit herüberragt.

Doch jetzt, da die katastrophale Wirtschaftslage des östlichen Europas ins Bewußtsein rückt, entdecken die Europäer zugleich, wie reich sie sind. Über Nacht sind sie um Völker, Sprachen, Kulturen und Geschichten, von denen man nicht allzuviel wissen wollte, reicher geworden. Eine neue Komplexität, ein neuer Reichtum an Differenzen, Nuancen, Verflechtungen, Spannungen. Europa wächst über die Vereinfachungen, die eine Zeitlang genügten, und die Bündnisse, die ein Notbehelf waren, hinaus, ohne daß vorab erwiesen werden könnte, ob es der neuen Komplexität auch gewachsen sein wird.

Was jetzt noch Sensation ist, wird für die heranwachsende Generation schon alltägliche Voraussetzung sein. Der Erfahrungshorizont, in den sie hineinwächst, ist nicht mehr der ihrer Väter, die im Schatten der Teilung aufgewachsen und im Entweder-Oder groß geworden sind. Die Reeuropäisierung des gesamten Lebenshorizonts ist ein Einschnitt von unerhörter Radikalität. Es ist der Beginn der Zeit, die auf die Nachkriegszeit folgt.

### *Europa kommt zu sich*

Das Reden von Europa ist von Europa eingeholt worden. Europa geht aus einem Gleichgewichtszustand in einen anderen über, und es kann die Risiken, die damit verbunden sind, nicht ausschalten, sondern nur minimieren. Die erste Bedingung ist, sich darauf einzustellen und sie nicht zu ignorieren, nur weil der alte Zustand der vertraute ist. Nicht an den militärischen Kräften hängt primär, ob Europa ohne Konvulsionen zu einem neuen Gleichgewicht findet, sondern an der elementaren Stärkung seiner zivilen Substanz. Die Öffnung Europas, die jetzt beginnt und die alles andere als eine Idylle sein wird, ist kein Abenteuer, sondern ein Feld für intelligente und verantwortungsvolle Politiker und Nichtpolitiker.

Doch gerade das scheint das Schwierigste zu sein: sich einzustellen auf das, was vor sich geht, mit den Kräften zu rechnen, die nachgewachsen sind. Jahrzehntelang verging keine Rede ohne die Forderung nach der Öffnung der Grenzen. Jetzt, da sie schwinden, werden neue aufgerichtet. Jahrzehntelang wurde der freie Verkehr von Menschen gefordert, nun, da eine neue Migration einsetzt, fällt es schwer, einzulösen, was man in Aussicht gestellt hat. Das Ende der Teilung zu fordern ist das eine, die Öffnung auszuhalten das andere. Erst jetzt zeigt sich, wie sehr der Westen Zuschauer geblieben und wie wenig er auf die neue Situation innerlich vorbereitet ist. Die Kräfte, die die Zivilisierung imperialer Gewalt betreiben konnten, verschwanden in der Arithmetik der Raketensprengköpfe. Die Militarisierung des Denkens hat die Organe einer anderen Wahrnehmung verkümmern lassen. In der Fixierung des Blicks auf den auf fünf vor zwölf stehenden Zeiger einer angeblich unaufhaltsam tickenden Uhr vergaß man die Zeiteinheiten, in denen politische Umwälzungen sich vorbereiten. Und die Kriechströme, die sich gebildet haben, galten wenig, solange sie noch nicht Funken schlugen. Die anspruchsvollsten Zukunftsprojekte wurden ausgedacht, während die Dinge bereits im Fluß und manchmal darüber hinaus waren. Jetzt passiert, was sich kaum jemand hat träumen lassen, obwohl der »Traum von Europa« in aller Munde war. Jetzt, da die Sache selber wächst, braucht es keine mühsamen Konstruktionen mehr. Die Imagination von Mitteleuropa kann sich nun von der Bewegung im mittleren Europa selber tragen lassen — oder sie wird zur Ideologie. Gefragt sind nicht Phantasien, die aus der Verlegenheit des Stillstands geboren sind, sondern eine Imagination, die aus dem Reichtum des Vorhandenen schöpft. Gefragt sind nicht Visionen, sondern genaues Hinsehen.

Nicht das Ende der Teilung Europas ist gekommen — sie zu überwinden wird die Arbeit von mehr als einer Generation erfordern —, sondern der Augenblick, wo die Teilung aufhört, die einzige Möglichkeit einer europäischen Existenz zu sein. Europa hält auf der Flucht nach vorn inne und wendet sich zu sich selber. Es hat die innere Souveränität zurückgewonnen, die ihm eine Sicherheit zurückgibt, die so lange nur durch die Waffen anderer verbürgt erschien. Die Atemlosigkeit der gegenwärtigen Vorgänge ist in Wahrheit eher das Gegenteil: das Zu-Atem-Kommen eines Kontinents, der wieder zu Kräften kommt. Europa bricht nicht zu neuen Ufern auf, sondern tritt jetzt erst aus dem Schatten des Krieges und seiner Folgen heraus. Es fängt an, das Undenkbare zu denken: Europa als Einheit, die es in der Welt- und Bürgerkriegsepoche verloren hat. Das ist grandios, aber besagt zugleich nur, wie langsam Geschichte arbeitet, wenn sich am Ende des Jahrhunderts wieder eine Normalität einstellt, die es fast schon einmal gegeben hat, die sich aber als zu schwierig erwies. In diesem Zusichkommen könnten auch Kräfte freigesetzt werden, die so lange durch die Fixierung auf das Vis-à-vis gebunden und in der Polarisierung aufgerieben worden sind. Sie sind nötig für schöpferische Lösungen auf dem Weg zu einem Europa, das im Westen die Kraft hat, den Exzessen, die eine reiche Zivilisation nicht nötig hat, zu widerstehen, und das im Osten stark genug ist, einen Ausweg aus der Armut, die erniedrigend und gefährlich ist, zu finden. Vielleicht finden sich diese Kräfte endlich auch dort, wo sich die Frontlinien der Nachkriegszeit noch nicht aufgelöst haben; dort, wo sich die innere Souveränität, die Gelassenheit möglich macht, noch nicht eingestellt hat und wo die Worte, die den leisen Veränderungen vorausgehen, noch nicht gefunden sind: in Deutschland.

*Oktober 1989*

# RÜCKKEHR DES BALTIKUMS

Wer vor zwei Jahren zuletzt die baltischen Hauptstädte besucht hat, hat sich nicht vorstellen können, was er heute zu sehen bekommt: die Wiedergeburt der baltischen Republiken. Die Städte sind noch dieselben, doch sie sind aus abgelegenen Provinzhauptstädten zu Metropolen selbstbewußter Republiken geworden. Die Entfernungen zwischen Riga, Tallinn, Vilnius und Moskau sind nicht größer und nicht kleiner geworden, aber sie heute zurückzulegen bedeutet soviel, wie aus dem einen in ein anderes Land zu fahren. Man fährt auch heute noch meist der schönen Städte wegen hin, aber es kann geschehen, daß die alten Marktplätze, die man besichtigen wollte, zu Schauplätzen von Kundgebungen geworden sind. Reisen in die Vergangenheit enden in der Gegenwart. Der Reisende empfindet jetzt, da die *lingua franca* des Reiches nicht mehr überall weiterhilft, erst recht seine ganze Hilflosigkeit gegenüber einer Kultur, die sich hinter unzugänglichen Sprachen verschanzt. Aber andererseits: Was beweist mehr, daß alles anders geworden ist, als daß es sich sogar mit bloßem Auge feststellen läßt.

## *Das Ende einer Gewöhnung*

Man hatte sich fast schon daran gewöhnt, daß alle Wege nach Riga, Tallinn und Vilnius über Moskau führen. Und bis heute ist es so, daß für die Buchung des Hotels in Riga die Intourist-Zentrale in Moskau zuständig ist. Diese Intourist-Praxis ist nicht nur umständlich und bürokratisch, sondern negiert auch die natürlichen Gegebenheiten von Raum und Zeit. Die Hauptstädte sieht nur, wer vorher in der Hauptstadt der Hauptstädte gewesen ist. Von dort gesehen, wird alles zum Hinterland und zur Provinz. Was vom Westen aus fast als Nachbarland erscheint, gerät dadurch in exotische Ferne. Die Touristen, die sich auf den Moskauer Bahnsteigen zur Abfahrt nach Vilnius einfinden, fahren in ein vermeintlich weit entferntes Land, auch wenn es auf dem Weg nach Hause liegt. Der Reisende übt sich in die Wahrnehmungsweise der Zentrale und der dort ansässigen Reichstourismus-Organisation ein. Heute, da der Strom anwächst, empfinden immer mehr als Anomalität, was so lange als unvermeidlich hingenommen wurde. Schon in den Zügen kann man es sehen. Die Amerikaner in T-Shirts und mit riesigen Kofferbergen sind in Wahrheit Auslandslitauer, die Urlaub in ihrer alten Heimat machen. Auf der Fähre, die zwischen Stockholm und Riga verkehrt, sind nicht bloß Geschäftsleute, sondern Letten, die ihre Verwandten und Freunde in Schweden besuchen. Die Passagiere auf dem regelmäßig verkehrenden Schiff zwischen Helsinki und Tallinn wollen endlich selber sehen, was sie sonst abends immer nur im Fernsehen mitbekommen: ein prosperierendes Nachbarland, ein Nachbarland im Umbruch. In Vilnius ist schon ein Aufkleber mit dem Slogan *Fly Lithuanian Airways* im Umlauf. Und seit neuestem verkehrt einmal die Woche ein Expreß Tallinn — Vilnius — Warschau zum Sondertarif. Ab Herbst wird es direkte Flugverbindungen nach Skandinavien geben. Die neuen Direktverbindungen über die Ostsee sind die Einübung in eine alt-neue Nachbarschaft. Die Reisen gehen jetzt nicht mehr ins Abseits.

*Selbstbewußte Hauptstädte*

Die baltischen Städte haben aufgehört, nur die Filialen einer Zentralmacht zu sein. Aus der »singenden Revolution« der Hunderttausende, die sich auf den Sängerfesten versammelten, sind Texte, Proklamationen, Zeitungen, neue Foren, Organisationen, Volksvertreter neuen Typs hervorgegangen. Die Sprache, die in den Gesängen überlebt hat, ist inzwischen zur Amtssprache avanciert. Der neue Ton hat Eingang gefunden in die Fernsehprogramme der Republiken. Aus harmlos scheinenden Folklore-Festivals ist eine Volksbewegung geworden, der sich auch die regierenden Parteien anpassen und sogar fügen müssen, wenn sie nicht verlieren wollen. Der neue Zustand setzt eigene Zeichen und verändert das Aussehen der Hauptstädte, auch dann, wenn keine Demonstrationen stattfinden.

*Embleme des Wandels und der Differenz*

In Tallinn weht wieder die blau-schwarz-weiße Trikolore vom *Langen Hermann,* dem Eckturm des alten Ordensschlosses, in dem heute der Oberste Sowjet tagt. Was dort debattiert und entschieden wird — etwa die Verabschiedung des Sprachengesetzes oder die Bestimmung der Wahlprozedur —, bewegt die Bevölkerung. Die Debatten werden — in Synchronübersetzung ins Russische — live im Fernsehen übertragen. Aus einem musealen Ort, an dem lange nur vollzogen wurde, was anderswo bereits entschieden war, wurde das Zentrum einer aufmerksamen und besorgten Öffentlichkeit. Im Fernsehen gibt es endlich eine Alternative zum finnischen Programm, das meist aus amerikanischen Serien und Reklame bestritten wird. Wie zufällig kann der Fremde eine Diskussion über *civil society* mitbekommen zwischen Vertretern einer Assoziation unabhängiger Intellektueller, estnischen Volksdeputierten, den russischen Direktoren der im Streik stehenden Betriebe. Die Plätze fangen an, ein eigenes Leben zu führen. Vor der Stadthalle am Meer, die vor einem Jahr noch Lenin-Halle hieß, versammeln sich einige Zehntausende von russischsprachigen Arbeitern und Angestellten, die sich solidarisch im Protest gegen die neue Sprachpolitik wissen. Musik und Reden werden weithin hörbar über Lautsprecher übertragen — die Tallinner nehmen es gelassen hin, als wäre es das Selbstverständlichste von der Welt. Am Kiosk auf dem Rathausplatz werden die Zeitungen der Volksfront und die Porträts des Präsidenten der unabhängigen Republik Estland, Konstantin Päts, verkauft. Vor dem Estonia-Theater sammelt eine Gruppe Unterschriften für die sofortige Unabhängigkeit Estlands. Die Milizionäre spazieren vorbei, ganz mit sich selbst beschäftigt und so, als ginge sie das alles nichts an. Die einzigen, die das aufregend finden, sind finnische Touristen. Der Platz vor dem »Stadtexekutivkomitee« heißt wieder Freiheitsplatz, und in der Galerie, die im Haus Moskwa untergebracht ist, werden Bilder aus Anlaß des 50. Jahrestages der Unterzeichnung des sogenannten Molotow-Ribbentrop-Paktes gezeigt: Sowjetstern und Hakenkreuz ineinander übergehend, eine Dampfwalze, die aus den vielen Farben der baltischen Nationalflaggen einen schmutzigen rot-braunen Streifen werden läßt. Im Kunstgewerbemuseum dürfen die in Kanada lebenden Esten zeigen, wie weit sie es in der neuen Heimat gebracht haben. Bücher wie *The Decolonization of the USSR. Facts from Behind the Iron Curtain* liegen in den Vitrinen. Die Tallinner Zeitungen sagen wieder etwas darüber aus, wo man sich befindet — an einem bestimmten Ort mit bestimmten Menschen und einer bestimmten Geschichte. Man hat wieder eine identifizierbare Stadt vor sich, mit der man Kontakt aufnehmen kann. Man kann die Büros und Veranstaltungen der Landsmannschaften der Polen, Ukrainer, Finnen, Schweden, Juden und Deutschen, die es seit neuestem wieder gibt, besuchen. In einer Kirche werden estnisch-armenische Bittgottesdienste abgehalten. Das angeblich beste Eis gibt es an einem Kiosk, der einem in der Schweiz lebenden Esten gehört. Das Photogeschäft mit der Kodak-Reklame wird von einem nach Venezuela emigrierten Esten betrieben. An den Kiosken ist der *Messaggero* zu haben und die estnische Literaturzeitschrift, die ein Interview mit Hans Magnus Enzensberger bringt. Draußen vor der Stadt, im Brigittenkloster, wird zum ersten Mal eine Ausstellung über Geschichte und Leistung der Baltendeutschen gezeigt.

Wer am Bahnhof von Vilnius ankommt, findet am Kiosk sogleich die umfangreiche Broschüre mit den Dokumenten des Molotow-Ribbentrop-Paktes. Man ist froh, daß *Atgiminas,* die Zeitung der Volksfront, auch in Russisch erscheint. So weiß man wenigstens, was los ist in einer Stadt, die statt des notorischen Lenin-Prospektes wieder einen Gediminas-Prospekt als Hauptachse hat. Die Stadtpläne, die man an den Kiosken kaufen kann, stimmen schon nicht mehr. Straßen sind rück- oder umbenannt, die Dzierżyński-Straße heißt wieder Kalvarienberg, aus der Kathedrale des heiligen Kasimir, die erst ein Depot, dann eine Gemäldegalerie gewesen war, ist seit Februar wieder der Sitz des litauischen Erzbischofs geworden. Das Museum für Atheismus wurde zur Kirche rückverwandelt, der Neubau, der ein Museum zur Geschichte der Partei aufnehmen sollte, wird eine neue Bestimmung als Kunstmuseum finden. Wer über den Gediminas-Prospekt geht, bekommt auch an gewöhnlichen Tagen etwas zu sehen: eine Prozession polnischer Pilger mit Heiligenfahnen auf dem Kathedralenvorplatz, eine von Menschentrauben umlagerte Karte des Gulag, das Hauptquartier von Sajudis, der litauischen Volksfront, im Eckhaus mit der gelb-grün-roten Flagge, eine Frau, die mit umgehängtem Protestplakat vor dem Rathaus eine Wohnung fordert, ein schon seit Wochen vor dem ZK-Gebäude aufgebautes Zelt eines Hungerstreikenden und eine Gruppe von gelbgewandeten, kahlgeschorenen Buddhisten, die vor den überlebensgroßen Buchstaben der offiziell angebrachten Inschrift »Für die Souveränität Litauens« auf ihre Metalltamburins schlagen. Wer zufällig den Fernseher einschaltet, erfährt von der Neuorganisation eines litauischen Komsomol und von der Teilnahme des neugegründeten jüdischen Sportvereins Makkabi an Wettkämpfen in Tel Aviv — unter der Fahne Litauens. Der alte Gouverneurspalast, in dem Napoleon auf seiner Durchreise residiert hatte, und die Räume der Akademie der Wissenschaften sind zum Diskussionsort der Wilnaer Intelligenz geworden. Ein neugegründetes Heimatmuseum zeigt eine Ausstellung über die Opfer der Deportationen des Jahres 1940 und 1948: Photos aus Igarka, Norilsk und Workuta, Briefe, Rehabilitationsbescheide. Wer will, kann Veranstaltungen der Caritas, des Frauenbundes, der Sozialdemokratischen Partei und der Vereinigung der Chutor-Bauern besuchen — man erfährt davon aus der Zeitung. In solchen Zeiten des um und um Wendens geschehen Wunder, selbst an einem so furchtbar heimgesuchten Ort wie Vilnius/Wilna: Große Teile desjenigen Bestandes der Bibliothek des ehemaligen Jüdischen Wissenschaftlichen Instituts (YIVO), der von den Deutschen nicht weggeführt worden war und der als verschollen galt, sind in den letzten beiden Jahren wieder aufgefunden worden und werden jetzt wieder zusammengetragen und katalogisiert. Erstmals hat hier wieder eine internationale Konferenz über jüdisches Leben in Wilna stattgefunden, und es gibt wieder eine Sonntagsschule, an der Jiddisch und Hebräisch gelehrt werden. In Vilnius kann man auch die Zeitung der Weißrussischen Volksfront bekommen, die hier ihren Gründungskongreß, der in Minsk verboten worden war, abgehalten hat. Und in den Kellergewölben der Altstadt beginnt sich zu etablieren, was es in sowjetischen Städten nicht gibt und wessen Abwesenheit Städte erst zu wahrhaft sowjetischen macht: Cafés. Seit kurzem leuchten nachts — angestrahlt hoch über der Stadt auf dem Schloßberg — wieder die drei kalkweißen Kreuze, die an die Christianisierung Litauens vor mehr als sechshundert Jahren erinnern.

Riga ist großartig-großstädtisch, im Vergleich zu Tallinn und Vilnius eine Stadt des 19. und 20. Jahrhunderts. Aber auch dort, im anders dimensionierten Stadtraum, lassen sich die Änderungen ablesen. Noch nicht an Straßenumbenennungen, die Stadt ist zudem zu sechzig Prozent russischsprachig. Wenn im Obersten Sowjet oder im Plenum des ZK wichtige Fragen debattiert werden, bleibt das Radio oder der Fernseher eingeschaltet. Die Alexander-Newski-Kathedrale wird, nachdem sie jahrzehntelang Museum für Wissenschaft und Atheismus gewesen war, an die Kirche zurückgegeben. Im Rigaer Dom, nach den Kriegszerstörungen wiederhergerichtet und als Konzertsaal gebraucht, finden zuweilen auch wieder Gottesdienste statt. Der Platz vor dem Dom, an gewöhnlichen Wochentagen ziemlich verlassen, ist neben dem Freiheitsdenkmal zentraler Versammlungsort in der ehemaligen hansischen Bürgerstadt. Auch dem Park Arkadia sind neue Funktionen in der Bildung von Öffentlichkeit zugewachsen. Im Gebäude des lettischen Kulturfonds, der ähnlich wie in anderen Republiken eine Art Schirmherr für alle möglichen Vereinigungen kultureller Art geworden ist, wird gerade eifrig renoviert. Im Museum für die roten Lettischen Schützen wird nun auch der lettischen Schützen, die gegen die Roten gekämpft haben, gedacht. Diskutiert wird über die Möglichkeit, den häßlichen Betonriegel des in den siebziger Jahren errichteten Museums — fast an der Stelle, wo einmal das Haus der Schwarzhäupter, eines der reichsten Renaissancegebäude des europäischen Nordens, gestanden hatte — abzureißen und die Altstadt an dieser Stelle wiederherzustellen. In den Hotels sieht man viele schwedische Touristen und japanische Geschäftsleute. In der ganzen Stadt läßt sich kein Buch über die Stadt auftreiben — außer im Valutaladen für Ausländer. Dafür kann man in Dutzenden von im Souterrain der großen Rigaer Mietshäuser eröffneten »Videosalons« den ganzen Tag über die komplette westeuropäische, amerikanische und kanadische Filmproduktion sehen. In den gewaltigen, in den dreißiger Jahren errichteten Markthallen jenseits des Bahnhofs gibt es ein für sowjetische Verhältnisse üppiges Angebot an Gemüse, Fleisch, Obst. In der Zentrale der Volksfront, mitten in der Altstadt, herrscht reges Kommen und Gehen: Pfadfinder, ehemalige Gulag-Häftlinge, routinierte Sekretäre und ein beredter Verantwortlicher für internationale Beziehungen. Der Veranstaltungskalender des neuen Rigas ist nicht minder eindrucksvoll als der des neuen Tallinns und des neuen Vilnius. Die Städte sind keine Durchgangs- und Transmissionspunkte mehr, sondern Zentren ihrer Republiken. Ihre geschichtliche Physiognomie tritt jetzt, da ihnen vitale und nicht mehr nur museale Bedeutungen zugewachsen sind, erst recht hervor.

### *Der baltische Weg im 20. Jahrhundert*

Das Leben in den drei Hauptstädten änderte sich rasch, nachdem man zunächst fast ungläubig auf das geblickt hatte, was in Moskau vor sich ging. Die Volksfronten sind noch keine zwei Jahre alt, aber sie bieten zu ihren

Kundgebungen Hunderttausende von Menschen auf. Die Manifestationen zu den Jahrestagen des Molotow-Ribbentrop-Paktes, die vor kurzem noch von der Polizei zerstreut worden waren, bringen am fünfzigsten Jahrestag eine fast millionenköpfige Menschenkette im großen Dreieck Tallinn, Riga, Vilnius auf die Beine, teilweise mit Unterstützung der Rundfunk- und Fernsehstationen der Republiken. Alles geschieht fast synchron und auf fast selbstverständliche Weise — wie bei einem Rennen, in dem bald das eine, bald das andere Pferd in Führung geht und das Feld zu einer sich beschleunigenden und doch abgestimmten Gangart findet. Die Daten dieser Beschleunigung, die den alten Zustand hinter sich läßt, sind überall die gleichen. Es sind die Daten von großer Symbolkraft einerseits: die Jahrestage der Unabhängigkeit der baltischen Republiken der Zwischenkriegszeit; der Tag, an dem mit den Unterschriften Molotows und Ribbentrops das Schicksal dieser Republiken besiegelt wurde; und jene düsteren Tage der Massendeportationen im Zuge der Okkupation des Jahres 1940 und in den ersten Nachkriegsjahren. Und es sind andererseits jene Tage, die den gegenwärtigen Weg zur Autonomie und Souveränität der baltischen Staaten bezeichnen: der Tag, an dem die jeweilige Landessprache zur Amts- und Staatssprache erklärt wurde; der Tag, an dem der Oberste Sowjet das neue Wahlgesetz verabschiedet hat; der Tag der Proklamierung der Souveränität und des Übergangs zu wirtschaftlicher Autonomie. Diese Gleichzeitigkeit im Erinnern und in der Aktion macht fast vergessen, daß »das Baltikum« ein eher unangemessener Hilfsbegriff ist, da er Republiken und Völker mit durchaus eigener Geschichte zusammenfaßt. Das Estnische wird wohl in Finnland verstanden, nicht aber in Litauen und Lettland. Vilnius ist eine rein litauische Stadt, während Riga zu sechzig Prozent Russisch spricht. Tallinn, das alte Reval, hat in seiner jahrhundertelangen Geschichte stets mehr über die Ostsee geblickt — nach Lübeck, Helsingfors, Petersburg —, während Vilnius, das alte Wilna, sich nach Krakau und Warschau orientierte. Die Silhouetten der Städte zeigen auf den ersten Blick, daß hier ganz verschiedene Kulturzusammenhänge prägend gewesen sind: in Vilnius mit seinem barocken Rausch das katholische Lateinertum, in Tallinn und Riga mit den Ordensschlössern, gotischen Kathedralen, Börsen, Bürger- und Gildenhäusern aber der Geist der Ritterorden, des Protestantismus und modernen Kaufmannstums. Ihre Stadtmuseen führen eine reiche Geschichte vor, die über Jahrhunderte von dänischen, preußischen, schwedischen, russischen, polnischen Herren geprägt worden ist. Erst das 20. Jahrhundert macht aus der differenten Geschichte Estlands, Livlands, Kurlands und Litauens die eine gemeinsame Geschichte — die der nur kurz geglückten und auf lange Zeit wieder verlorenen nationalen Unabhängigkeit. Es ist so, als hätten die Menschen in den drei Republiken in den letzten zwei Jahren im Zeitraffer noch einmal diese Geschichte durchlebt, angeführt von einer Intelligenz, deren Führungsrolle trotz Russifizierungsdrucks niemals angefochten war. Die Embleme und die Nationalhymnen der bürgerlichen Republiken sind zurückgekehrt. Überlebende Vertreter jener Parteien, die in den Parlamenten der Zwischenkriegszeit vertreten waren, kommen zu Wort. Man erinnert sich der in Europa damals als vorbildlich anerkannten Minderheitenpolitik und des großen Aufschwungs im Bildungswesen und in der Kultur. Die »starken Männer« wie Konstantin Päts in Estland und Karlis Ulmanis in Lettland sind bisher immer als Diktatoren beschimpft worden, nun, da das Jahrhundert ganz andere Diktatoren kennengelernt hat, spricht man nicht ohne Bewunderung von dem

Geschick, mit dem sie — freilich zeitweise autoritär, präsidialdiktatorisch — die auf schwachen Beinen stehenden parlamentarischen Republiken durch die wirtschaftliche Krise und die sozialen und ethnischen Spannungen der Zwischenkriegszeit gesteuert und das Land vor Putschversuchen von links und rechts gerettet haben. Die Bauten im Stil einer leicht monumentalisierten Sachlichkeit im Stadtbild von Tallinn und Riga bezeugen, daß in den zwanziger und dreißiger Jahren ein wirtschaftlicher und kultureller Aufbruch zu registrieren war, der bereits vor dem Ersten Weltkrieg eingesetzt hatte und nun unter erschwerten Bedingungen — der Staatsbildung, der Agrarreform, der Verdrängung einer kulturell und wirtschaftlich starken deutschen Minderheit — weitergeführt wurde. Was immer derzeit ausgestellt wird — lettisches Design, estnische Buchproduktion oder litauische Zeitungen der Zwischenkriegszeit —, es gibt einen Einblick in eine kraftvolle »baltische Moderne«, die in vielem an das erinnert, was im benachbarten Finnland geschah, dort aber fast unbeschädigt bis auf den heutigen Tag weitergeführt und weiterentwickelt werden konnte. Lebensformen und Lebensstandard im Baltikum vor 1939 und das Finnland von heute werden zu den Bezugspunkten einer Imagination, die denkt: So könnte es heute auch bei uns sein, wenn nicht alles ganz anders gekommen wäre.

Auch die klügste Politik der baltischen Staatsmänner hatte kaum eine Chance gegen Hitler und Stalin. Die Völker des Baltikums haben bis heute nicht nur das »Halt, stillgestanden!« der Deutschen, sondern auch das russische Kommando »Stoi!« im Ohr. Die Menschenlandschaft wurde um und um gepflügt — beginnend schon kurz nach Abschluß des Paktes und endend mit den Deportationen der späten vierziger Jahre. Und sie wandelte sich auf eher stille und doch dramatische Weise im Laufe der sechziger und siebziger Jahre durch die russische Immigration.

Die ersten Opfer waren die Deutschen, die schon im Herbst 1939 »repatriiert« wurden, obwohl ihre Heimat seit Jahrhunderten nicht das Reich, sondern das baltische *commonwealth* gewesen war. Es folgten die Zehntausende von sogenannten bürgerlichen und nationalistischen Elementen, die in den ersten Tagen nach dem »Anschluß« an die UdSSR und der faktischen Okkupation der baltischen Republiken im Juni/Juli 1940 deportiert wurden: in Tallinn unter Führung Shdanows, in Wilna unter der Dekanossows und in Riga unter Wyschinski. In Nacht-und-Nebel-Aktionen wurde Jagd gemacht auf die Intelligenz, die militärische, ökonomische und politische Elite Lettlands, Estlands und Litauens. Ein Jahr später folgte die Vernichtung der jüdischen Zentren des Baltikums durch die Sonderkommandos der Deutschen und die einheimischen Antisemiten. Als die Territorien der baltischen Republiken von der Sowjetarmee zurückerobert waren, folgte ein bis in die fünfziger Jahre sich hinziehender Partisanenkrieg, vor allem aber die Deportation Zehntausender von estnischen, lettischen und litauischen Bauern in den Jahren 1947 und 1949, um den Weg frei zu machen für eine »Kollektivierung«, die die leistungsfähigen Einzelhöfe in kurzer Zeit ruinierte. Es kamen die Pläne und Projekte einer Industrialisierung großen Stils. Schneisen des »Fortschritts« einer Imperialmacht überall in den kleinen baltischen Ländern: die Phosphorgruben im estnischen Kohtla-Järve, das Atomkraftwerk von Ingalina in Litauen, die Pläne zur Aufstauung der Daugava, des Stroms aller lettischen Legenden und Sagen; Großbetriebe einer Weltmacht, den kleinen Republiken übergestülpt, implantiert. Das Gleichgewicht einer Region, die berühmt war für ihre ebenso schöne wie herbe Landschaft, droht mancherorts umzukippen: In Ventspils ist die Luft zum Atmen knapp geworden, Jurmala, der Strand der Rigenser, mußte gesperrt werden, Estlands Grundwasser ist bedroht. Mit der forcierten und fremdbestimmten Industrialisierung kamen die Menschen, die sie trugen. Die Immigration aus dem Inneren der Sowjetunion hat mancherorts die Landesbevölkerung in die Minderheit gedrängt, so in Riga und Narva. Die fremde Sprache war zur herrschenden Sprache im eigenen Land geworden. Angst, ja Verzweiflung, von der Landkarte der lebendigen Sprachen und Kulturen getilgt zu werden, hatte viele Balten, vor allem die Letten und Esten, erfaßt.

*Autonomisierung, Einübung in Souveränität*

Aber es kam zu keiner verzweifelten Revolte und keinen Selbstmordkommandos, sondern zu einer Bewegung, die, sobald sie aus dem Larvenstadium der »singenden Revolution« herausgetreten war, eher einer Reformation glich: das ganze Land erfassend, konstruktiv, nicht nihilistisch, neue Werte und Lebensformen praktizierend, den herrschenden Apparat nicht stürzend, sondern durchsetzend und in ihren Sog ziehend, mit erfahrenen neuen Führern, die große Begabung im Taktischen besaßen. Die Bewegung ist stark, weil sie für etwas und nicht nur gegen etwas ist und weil sie bei dem, was sie vorhat, vorrangig mit den eigenen Kräften rechnet. Die Erinnerung an jene zwei Jahrzehnte Unabhängigkeit und Freiheit der baltischen Republiken — sie sind als einzige bisher nicht wieder auf die Karte Nachkriegs-Europas zurückgekehrt — sind weit mehr als Trauer um Verlorenes. Eher ist es der imaginäre Raum für Probehandeln; denn in dieser Geschichte war schon einmal Realität, was jetzt erst wieder aktuell zu werden beginnt: die

Souveränität. An diesem Punkt sind sich alle — verbal wenigstens — einig: die Volksfronten, die Kommunistischen Parteien und sogar die im Sinne des Moskauer Zentrums agierenden Interfronten. Und aller Streit geht einzig darum, was man im einzelnen darunter zu verstehen habe, wie sie realistischerweise zu erreichen sei. Die praktische Bewegung hat sich in einer Kette von Konfrontationen entwickelt und hat bisher trotz der Befürchtungen, daß Panzer rollen werden, immer wieder zu einem neuen Konsens geführt. Sie ist im praktischen Erproben der Autonomie weiter als jene, die den Fortschritt einzig in Prinzipienerklärungen und im ultimativen Jetzt oder Nie sehen. Die föderative Struktur der UdSSR ist, was lange bestritten oder ignoriert wurde, offen; die Entschiedenheit der Balten, sie zu nutzen, ist groß und ihre Findigkeit im Ausbau praktizierter Souveränität fast unerschöpflich. Wenn sie schon, so heißt es, keine eigenen Botschaften haben, dann möchten sie wenigstens in den Botschaften der UdSSR eigenständig vertreten sein. Solange sie keine eigenen Staatsbürgerschaften und keine eigene Währung haben, werden sie schon andere Formen finden, um wenigstens die eigene Bevölkerung mit den immer knappen Waren zu versorgen (mancherorts müssen beim Kauf die Pässe vorgezeigt werden). Wenn sie schon keine Armee haben, dann sollen zumindest die in den Republiken stationierten Truppen aus Einheimischen bestehen. Wenn es schon keine eigene nationale Tourismus-Organisation oder Fluggesellschaft gibt, so könnte es doch eine unter ökonomischen Gesichtspunkten längst überfällige Dezentralisierung von Intourist und Aeroflot geben, die auch im Interesse der Republiken ist. Das Nationale Olympische Komitee Litauens erscheint wie eine Kleinigkeit, und doch zeigt es, daß das lange für unmöglich Angesehene möglich werden kann. Wie überall in Ostmitteleuropa bildet sich eine neue »weiche Struktur« innerhalb der »harten«: mit eigenen Nachrichtenagenturen, eigenen Korrespondenten und eigenen Verbindungen, die längst nach Ungarn und Polen, zum Parlament in Straßburg, zur Auslandsgemeinde in Chicago oder zur Buchmesse in Frankfurt reichen, nicht zu reden von der starken baltischen Lobby in Moskau und der Achtung, die man den baltischen Deputierten dort entgegenbringt. Eine fieberhafte Suche hat eingesetzt, wie man aus der ab 1990 formell möglichen Wirtschaftsautonomie zu einer faktischen gelangen kann. Überall wird darüber nachgedacht, wie man von den bisher so symbolischen Städtepartnerschaften zu einer wirklichen Vernetzung um die Baltische See herum kommen könnte und wie sich aus so traditionsreichen Verbindungen wie denen zwischen Göttingen und Tartu (dem alten Dorpat) oder Tallinn und Kiel solche mit Zukunft machen ließen. In einer natürlichen Drift nach Norden und Westen stellen sich traditionelle Nachbarschaften wieder her, während die Distanz zu einem Zentrum größer wird, das sich so schwer daran gewöhnt, daß gute Nachbarschaften mehr wert sind als erzwungene Freundschaften.

### *Neuer Konsens, neue Konflikte*

Das Reden von der Souveränität, das so lange Sakrileg war, ist zum neuen Konsens geworden. Das bezeichnet eine Änderung in der Psychologie des Baltikums, die revolutionär anmutet und doch in größter Disziplin und Selbstkontrolle zustande kam, allen denkbaren Risiken ausgesetzt und doch nicht mehr umkehrbar ist. Doch was den einen das befreiende Wort ist, ist den anderen ein tiefer Schock. Die baltischen Völker, die sich dagegen wehren, Fremde im eigenen Land zu werden, treffen auf Immigranten, die längst selber aus Gästen zu Bürgern der Republiken geworden sind — durch Not vertrieben aus der Pskower oder Nowgoroder Gegend und den Unionsbetrieben, die Arbeit versprachen, folgend. Die neue Einheit, die aus der »Wiedergeburt« des lettischen, estnischen und litauischen Volkes und der Aktivierung der gesamten Gesellschaft erwachsen ist, hat eine neue Spaltung mit sich gebracht — vordergründig in Balten und russischsprachige Bevölkerung —, die jetzt schon tragische Folgen hat. Wenn russischsprachige Kinder nicht mehr in Tallinner Kindergärten gelitten werden, wenn klar ist, daß man nicht mehr in Tartu studieren kann, wenn die gemischten Ehen, die es dort häufig gibt, dem öffentlichen Druck nicht mehr gewachsen sind, wenn die Annoncen derer zunehmen, die Arbeit und Wohnung außerhalb der baltischen Republiken suchen, weil sie sich diskriminiert fühlen, dann zeigt dies: Eine neue Spaltung, die aus dem Zusammenspiel von großrussischem Chauvinismus und baltischem Nationalismus hervorgeht, ist bereits tief ins Alltagsleben der Menschen eingedrungen. Es geht hier nicht um den geringen Prozentsatz russischer Sowjetbürger, die als leitendes Personal kurzfristig dorthin verpflanzt werden, oder um die pensionierten Offiziere, die sich dafür entschieden haben, ihren Lebensabend im komfortableren und kultivierteren Estland zu verbringen, sondern um die Angst von Hunderttausenden von Arbeitern, die befürchten, zu Menschen zweiter Klasse, zu einer Art sowjetischer Gastarbeiter, degradiert zu werden. Die Zukunftsangst dieser Klasse von Menschen ist das Kapital der Chefs der großen Betriebe, die demagogisch zu Streiks aufrufen, die zuletzt die Belange der Arbeiter, vor allem aber ihre eigene Position und die Abwehr jeder Neuerung im Wirtschaftsleben sichern sollen. Die Esten, Letten und Litauer kommen um die Gewinnung dieser Hunderttausende von russischsprachigen Bürgern ihrer Länder nicht herum, wenn sie die wichtigste Stütze des alten zentralistischen und kolonialen Apparates erschüttern und ihre eigene Befreiung nicht mit der Diskriminierung ihrer Mitbürger erkaufen wollen. Wenn es eine Chance für die Rückgewinnung der Souveränität oder — was nur ein anderes Wort dafür ist — für eine Normalisierung der Beziehungen gibt, dann liegt sie vermutlich dort, wo sich der Modernisierungsbedarf des Imperiums und die Pionierrolle der Ostseerepubliken in diesem Projekt überschneiden; wo die Erneuerung der baltischen Gesellschaften sich berührt mit der Erneuerungsbewegung in anderen Teilen des Reichs, vor allem in Rußland selbst. Das wäre nicht das erste Mal in der Geschichte des Baltikums so. Es war schon einmal vorangegangen — in der Aufhebung der Leibeigenschaft, in der Industrialisierung Rigas und Revals, in der Bildung intellektueller und technischer Kader an seinen angesehenen Universitäten und Polytechnika. Bis heute ist für aufgeklärte Russen das Baltikum ein Unterpfand ihrer eigenen Zugehörigkeit zu Europa, und die Abkehr der Balten käme dem Einsturz dieser für Rußland lebenswichtigen Verbindung gleich — eine kulturelle Katastrophe.

Der Platz der Balten in einem Völkerbund, in dem sie einmal vertreten waren, ist vakant, doch im Bewußtsein der Europäer werden sie ihren angestammten Platz schon bald zurückgewonnen haben. Die Drift nach Norden und auf den Westen zu macht das Baltikum erst wieder zu dem, was es immer war und wieder sein könnte: eine Brücke zwischen Rußland und Europa.

*Sommer 1989*

# DAS WUNDER VON NISHNIJ

Man erzählt am Ende des 20. Jahrhunderts keine Märchen. Aber wenn es nicht anders geht, darf man eine Geschichte erzählen, die sich wie ein Märchen anhört. Sie lautet so:

Es war einmal eine Stadt. Sie hieß Nishnij Nowgorod und lag an der Wolga. Sie war reich wie kaum eine andere. Alljährlich versammelten sich zur Zeit des großen Jahrmarktes Hunderttausende von Menschen aus aller Herren Länder: aus Rußland und Persien, aus dem fernen Deutschland und aus China, aus England und Sibirien. Sie boten dort die besten Waren feil, die sie beibringen konnten, sie dankten Gott und freuten sich, wenn sie ein gutes Geschäft gemacht hatten. Der Ruhm von der Messe des heiligen Makari war nicht nur im Reich, sondern in ganz Europa und Asien verbreitet. Und wenn die Messe zu Ende war, ruhte sich die Stadt aus bis zum nächsten Jahr, bis pünktlich am 27. Juli der Festgottesdienst die Messe wieder eröffnete. Aber plötzlich geschah etwas Unbegreifliches. Der Jahrmarkt wurde geschlossen, die Stadt bekam einen anderen Namen, das Gebiet, in dem sie lag, wurde zur »Sperrzone« erklärt. Die Stadt verschwand von der Landkarte und immer mehr aus dem Gedächtnis der Leute. Kinder wuchsen heran, die in der Stadt, die nun Gorki hieß, geboren waren. Kein Fremder mehr ließ sich dort blicken. Und dann geschah es eines Tages, daß zuerst einige und dann immer mehr damit unzufrieden waren. Sie beschlossen, daß die Stadt wieder heißen solle, wie sie immer in ihrer über siebenhundert Jahre alten Geschichte geheißen hat; sie gründeten ein

Jahrmarktkomitee und veranstalteten einen »Prolog«, um zu sehen, was die Einwohner der Stadt davon hielten. Und es stellte sich heraus, daß sie alle wieder Bürger eines neuen Nishnij Nowgorods sein wollten. Sie gaben ihrer Stadt den Namen zurück, sie erklärten, daß jeder, der kommen wolle, herzlich willkommen sei, und sie stellten sich darauf ein, daß vielleicht schon bald die Messe von Nishnij wieder stattfinden kann ...

Ich war in Gorki, aber kaum zurückgekehrt, war daraus wieder Nishnij Nowgorod geworden. Heute vergehen Epochen zwischen zwei Zügen. Aber man muß die geschlossene Stadt von einst erfahren haben, um ermessen zu können, was ihre Öffnung jetzt bedeutet.

Der Fremde hatte die Stadt, von der auch er einen Traum hatte, mit eigenen Augen sehen wollen. Aber wie? Für die ewig mürrischen Damen des Reisebüros Intourist in Moskau existierte eine Stadt Nishnij Nowgorod nicht einmal in der Erinnerung, und Reisen nach Gorki vermittelten sie nicht, da die Stadt »geschlossen« war. Auf eine Ausnahmegenehmigung bestand wenig Aussicht, schon gar nicht, wenn man nicht in offizieller Mission unterwegs war oder keine Zeit für die entnervenden Genehmigungsprozeduren hatte. Es blieben also nur die Reise auf eigene Faust und der Nachtzug, der vielversprechend »Nishnij Nowgoroder« heißt und vom Jaroslawler Bahnhof in Moskau abfährt.

### *Gorki — geschlossene Stadt*

Der Reisende mit Nishnij im Kopf kam in Gorki an. Es lief alles so, wie es sich für eine geschlossene Stadt gehört. Der Zug hatte kaum angehalten, die Leute hatten noch nicht die Abteile verlassen, da schob sich auch schon die Zivilperson, die von einem Milizionär begleitet wurde, zielsicher auf den Reisenden zu.

Der KGB-Mann wußte, welche Platzkartennummer der Fremde hatte — Nummer 29. Er hatte es, was er auch gar nicht leugnete, dem Telephonat entnommen, das der Fremde mit Stas, dem jungen Redakteur vom *Nishnij Nowgoroder Blättchen,* einer neugegründeten Zeitung, vor einigen Tagen geführt hatte. Stas war ebenfalls zum Empfang gekommen. Zu zweit gingen sie also mit auf die Milizstation, wo gerade Schichtwechsel war. Es war noch alles, wie es immer gewesen war: an der Wand der Leitspruch der Tschekisten und das Profil Dzierżyńskis, Telephon- und Schaltanlagen von enormen Ausmaßen, untätig herumstehende Milizionäre, schlagende Türen, kalter Rauch, zwei blonde Jungen, die irgendwo aufgeschnappt worden waren, ein anderthalbstündiges Verhör, eine Strafe von fünfzig Rubeln, die Fahrkarte zurück nach Moskau und ein Hotelzimmer für tagsüber, sozusagen für den Hausarrest bis zur Abfahrt des Zuges. Das System der geschlossenen Stadt war noch intakt. Aber schon nicht mehr ganz. Miliz und KGB hatten ein schlechtes Gewissen, schämten sich für die Paragraphen, die sie in Pflichterfüllung zur Anwendung brachten. Sie wußten selber, daß man von Satelliten aus besser ihre Stadt einsehen konnte als aus der Perspektive eines Fußgängers, sie hörten es gern, wenn jemand von weit her von der »dritten Hauptstadt Rußlands« sprach, und sie glaubten selber daran, daß es bald wieder eine internationale Messe geben würde. Also ließen sie den Fremden, den sie unter Hausarrest gestellt hatten, laufen, wohin er wollte, und schickten später lediglich einen, wie sich herausstellte, stadtbekannten, Spitzel an den Zug, um die Abreise des unerlaubten Gastes zu überwachen. So blieb ein Tag in Gorki.

Eine »geschlossene« Stadt hört in gewisser Weise zu existieren auf. Sie kann eine Millionenstadt sein, aber sie kann mit ihrer Produktionskraft keine Reklame machen. Sie hat gewaltige Industrien, aber was sie herstellen, weiß die CIA besser als die eigenen Bürger. Ihre Universität kann groß sein, aber sie kann nicht Teil der internationalen Wissenschaft sein. Sie hat Bühnen, auf denen kein ausländischer Schauspieler, und Konzertsäle, in denen kein Sänger von außerhalb auftreten kann. Sie ist eine der schönsten Städte Rußlands, aber man darf keine Photos von ihr machen. Ihre Hotels sind für die wenigen Spezialisten im Spezialauftrag vorgesehen. Sie ist ein Verkehrsknotenpunkt mit Eisenbahn, Flug- und Flußhafen, aber er darf nicht von jedermann angesteuert werden. Eine solche Stadt wird zu einer stummen Produktionsstätte, wo nicht einmal die Meister und Arbeiter den Ertrag ihres Fleißes und ihrer Intelligenz genießen können. Sie wird zum idealen Verbannungsort, und wer hierhergerät, ist aus der Welt. Die Stadt der Verbannung Andrej Sacharows war selber eine verbannte Stadt.

In Nishnij ist alles zugleich passiert. Aus einem Marktplatz der Welt wurde die geschlossene Stadt, aus dem Knotenpunkt am Strom die verbotene Zone, aus der dritten Hauptstadt Rußlands ein militärisch-industrieller Komplex. So war es jedenfalls bis zum jüngsten Augenblick. Wir mußten, wenn wir uns informieren wollten, die Reiseberichte von Sigismund von Herberstein und Adam Olearius vornehmen. Wir waren, da wir keine Zeitungen aus der Stadt kaufen konnten, gezwungen, noch einmal Alexandre Dumas' *Russische Reise* zu lesen. Da wir keinen Zugang zu den Satellitenbildern hatten, mußten wir uns, wenn wir eine Vorstellung vom Grundriß der Stadt gewinnen wollten, mit Stadtplänen aus den Baedekern der vorrevolutionären Zeit begnügen. Es sind die Wegweiser in eine verwüstete, verschwundene Stadt, die sich anschickt, in die Zeit, aus der sie herausgefallen ist, zurückzukehren.

Früher kamen die Reisenden nicht mit dem Zug, sondern auf einem der rund tausend flach gebauten Raddampfer, die auf dem längsten Strom Europas verkehrten und ihn zur kürzesten Verbindung zwischen einem Ende des Reiches und dem anderen machten. Acht Gouvernements wurden durchquert. Ein Raum dreimal so groß wie Frankreich glitt an den Passagieren vorbei. Man befuhr eine Wasserstraße, der Hunderte Nebengewässer zuströmten, darunter selber schiffbare Flüsse mit bedeutenden Städten. Man konnte tagelang den Strom hinabfahren, ohne Langeweile zu haben. An den Passagieren glitten alte Städte vorbei, Illustrationen zur Entstehung des russischen Staates und der russischen Kultur: Twer, Rybinsk, Jaroslawl, Kostroma, Samara, Simbirsk. Über die Wolga führten die Wege ins tatarische Kasan und ins deutsche Sarepta. An der Entwicklung des Schiffsverkehrs und an den neu entstehenden Fabriken an den Ufern ließ sich das Tempo der Industrialisierung ablesen. Auf den Mittel- und Unterdecks der *Kawkas* oder *Merkur* hielten sich Menschen auf, deren Kaftane seltsam, deren Gesichtszüge unbekannt und deren Sprachen noch nie gehört waren. Man durchquerte auf dem Weg von Twer nach Astrachan eine Grenze, die in Wahrheit die Mitte des Reiches war, von Moskau und Petersburg ebensoweit entfernt wie von den Fabrikstädten des Urals und Sibiriens. Auf der rechten Seite das steil aufragende Bergufer, auf der linken Seite meilenweit Auen, die in den Monaten der Schneeschmelze überflutet waren. In den Hotels hingen die Fahrpläne aus, die infolge der sich ständig verändernden Wasserführung des Stromes flexibel sein mußten. Man mußte Rücksicht nehmen auf den Rhythmus des Stroms, wenn man vorankommen wollte. Der Strom ist vieles zugleich: Magistrale des Verkehrs, System der Entwässerung, Achse, die einen Lebensraum zusammenhält und überhaupt erst erschließt. Die Wolga ist alles, daher heißt sie »Mütterchen«, daher hat Wassili Rosanow sie den »russischen Nil« genannt, daher konnte ein Spielfilm aus der grausamsten Stalinzeit auch ein Klassiker und Kinoerfolg werden. Nishnij liegt im Schnittpunkt dieses Raums, dort, wo die Oka in die Wolga mündet — und Moskau liegt an einem Nebenfluß der Oka.

Die Fahrt heute mit dem Zug ist etwas ganz anderes. Sie ist eine Art Abstecher aus der Hauptstadt quer durchs Land, eine Fahrt ins Abseits. Man betritt die Stadt nicht an den Landungsbrücken am Fuße des hoch aufragenden Kremlbergs, sondern durch den in der ehemaligen Vorstadt gelegenen Bahnhof. Man fährt von Moskau aus bloß in die Mittelpunkte von Verwaltungseinheiten, nicht in die Städte eines einst zusammenhängenden Raums. Und diese ihrerseits — von Twer bis Astrachan — schauen nach Moskau, von dem sie abhängig sind, noch nicht auf sich selbst. Die Region scheint so fragmentiert wie der »russische Nil« selbst, dessen natürliche Strömung durch ein Dutzend gewaltiger Talsperren gebrochen, dessen ursprüngliche Gestalt sich durch die Aufstauung aufgelöst hat und dessen Wasser in allen Farben der Mendelejewschen Skala zu schillern begonnen haben. Schon die veränderte Anreise führt uns einer Geschichte auf die Spur. Es ist die Geschichte vom Zusammenbruch eines Raums, in dem Nishnij einmal ein Zentrum gewesen war.

### *Dritte Hauptstadt Rußlands*

Michail Dmitrijew, der Nishnij Nowgoroder Photograph, der auf der Pariser Weltausstellung mit einer

Goldmedaille ausgezeichnet worden war, hat das Bild seiner Stadt um die Jahrhundertwende festgehalten: eine Stadt auf dem Berg — im Land der Ebene; ein basarhaftes Menschengewühl — im Land, in dessen Weite sich die Menschen zu verlieren scheinen. Kein geschichtliches Beben konnte die mächtige Anhöhe am Zusammenfluß von Oka und Wolga, von der aus man einen großartigen Blick über den Strom hinweg in den am anderen Ufer beginnenden unendlichen Raum hat, verrücken. Es ist auch heute ein großartiges Panorama. Die Stadt besteht aus drei Teilen: der Oberstadt, die auf der durch tiefe Schluchten zerklüfteten Anhöhe errichtet ist, der Unterstadt, die sich am Ufer entlangzieht, und dem Stadtteil auf der linken Oka-Seite mit dem alten Messeplatz und den Fabrikanlagen in Kunawino. Es hat sich bis heute der Kontrast erhalten, den die weißen Bauten des Mariä-Verkündigungs- und des Höhlenklosters zu dem Grün, das die Anhöhe überzieht, bilden. Nishnij ist auf und in den Berg hinein gebaut. Die Mauern des Kreml mit ihren mächtigen dreizehn Ecktürmen hängen wie schwere Girlanden über dem Bergrücken. Die Stadt hat gerade Straßen nur dort, wo das Relief es zuläßt: auf dem Rücken der Anhöhe, wo sie radial vom zentralen Platz ausgehen, und am Ufer entlang. Ansonsten sind ihre Viertel verbunden durch serpentinenartig ansteigende Straßen und Gassen, Treppen und Brücken, eine doppelspurige Seilbahn und ein Wasserleitungssystem aus neogotischer Zeit, das einst, von einer Dampfmaschine betrieben, die Brunnen der Oberstadt sprudeln ließ. Mit ihren über vierzig Kirchen und Klöstern, ihren Palästen inmitten von Gärten und Parks hat sie Ähnlichkeit mit Kiew. Die Stadtpläne, die unter Katharina II. und Nikolai I. in Petersburg für Nishnij entworfen wurden, konnten hier nur mit Konzessionen an den Widerstand des zerklüfteten und irregulären Reliefs verwirklicht werden. Die hölzernen Villen, die man noch heute in der Stadt sehen kann, verraten mit ihren Erkern, Balkonen und Veranden, daß hier Individuen mehr zu sagen hatten als die staatlichen Bauреglements. An den Schnitzereien kann man sehen, daß die russische Tradition eine größere Rolle gespielt hat als das Stuckornament und die Provinz farbiger war als die Residenz. Petersburg war weit, Sibirien mit seinem offenen Raum aber nah. Nishnijs Bauten sind selbst dort anmutig, wo sie imposant sind. Sie können niemals in den Himmel wachsen, weil fast von jedem Punkt aus der Blick hinab in die Unterstadt oder auf die Wolga geht. Seine Kuppeln sind nur der Schmuck der Hügel, seine Plätze und Balustraden nur eine Art Plattform auf den Fluß zu. Und selbst der Kreml, eine der bedeutendsten Anlagen im Rußland des 16. Jahrhunderts, ist malerisch. Er fortifiziert nur eine Anhöhe, die die Natur selbst geschaffen hat.

Nishnij wurde im Jahre 1221 vom Teilfürstentum Wladimir-Susdal aus gegründet, in einer Zeit, als der Glanz der Kiewer Rus erloschen war und die russische Siedlung sich in den Nordosten verschoben hatte. Für seinen Gründer, den Großfürsten Juri Wsewolodowitsch, war das »Untere Nowgorod« — im Unterschied zu dem am Ilmensee — eine Grenzbastion im Kampf gegen die dort ansässigen heidnischen Mordwinen und Tataren. Im 14. Jahrhundert wurde Nishnij für knapp vierzig Jahre sogar Hauptstadt des Susdaler Fürstentums. Es wird mehrere Male gebrandschatzt; Iwan der Schreckliche macht die Stadt zum Stützpunkt in seinem Kampf gegen das Kasaner Chanat. Sigismund von Herberstein beschreibt die Stadt in seinem Reisebericht von 1525 schon als eine der größten russischen Städte. Anfang des 17. Jahrhunderts ist es ein Nishnij Nowgoroder Bürger namens Kusma Minin, der an der Spitze eines Heeres das von Litauern und Polen besetzte Moskau befreit, der »Zeit der Wirren« ein Ende bereitet. Auf den Gravuren des Berichts von Adam Olearius sind deutlich die Steinbauten zu erkennen, die der verläßlichste Hinweis auf den Reichtum einer russischen Stadt sind. Einige von ihnen wie das Haus des Bojaren Olissow haben sich erhalten, verdeckt von einem zehngeschossigen Wohnblock. Die Spasski-Kirche im Kreml mit dem Grab des Nationalhelden Minin indes mußte Anfang der dreißiger Jahre dem konstruktivistischen *Palast der Sowjets* weichen, auch die Blagoweschtschenski-Kirche im Zentrum der Stadt wurde geopfert.

Moskau ist das Herz, Petersburg der Kopf, Nishnij aber der Geldbeutel Rußlands, heißt ein alter Spruch. Jedenfalls gibt es wenig Staat in der Stadt, allenfalls die Infrastruktur der Gouvernementsstadt: das übliche klassizistische Gouverneursgebäude, den Kaufmannshof, das mächtige geistliche Seminar mit einer einst ausgezeichneten Bibliothek, die Post, viele Lyzeen und Pensionate, von denen eines dadurch zur Sehenswürdigkeit wurde, daß Ilja Uljanow, der Vater des berühmteren Wladimir Iljitsch, dort zeitweise Direktor war. Liebenswürdig mutet der Bau der alten Adelsversammlung an, der augenblicklich noch vom *Klub der Leichtindustrie* belegt ist. Eindrucksvoll sind Privathäuser, ob das des Bürgermeisters Pushnikow, in dem Peter der Große sich aufgehalten hat, oder die repräsentativen Palais der Stroganows und Golizyns direkt am Oka-Ufer.

Nishnijs Aufschwung kommt mit dem Jahre 1817, als die Messe des heiligen Makari, die bis dahin in einem Kloster rund achtzig Kilometer stromabwärts abgehalten wurde, nach Nishnij verlegt wird. Die Messe findet auf der Landzunge, die der Stadt gegenüber zwischen Oka und Wolga liegt, statt. Dort wächst auch das neue, das Nishnij der Fabriken. 1862 erreicht die Eisenbahn die Stadt, sie bekommt zwei Bahnhöfe. An den Ufern wachsen Anlegestellen, Lagerhallen, Getreidespeicher, in denen sich die Ernten des fruchtbaren Umlandes, und Eisenfabriken, in denen sich das neue Proletariat ansammelt. Wladimir Uljanow liest hier auf der Durchreise nach Petersburg erstmals seinen Vortrag *Die Schicksale des russischen Kapitalismus.* Nishnijs neuer Reichtum drückt sich nun aus in den Villen Rukawischnikows, von denen aus man freien Blick auf die Wolga hat, in den neogotischen Fassaden der Schiffahrtskontore am Ufer. Man kann sich die besten Architekten leisten. Ein Architekt aus Petersburg baut das städtische Theater. Die Brüder Wesnin liefern hier ihr Debüt ab — eine neoklassizistische Villa, in der heute das Kunstmuseum untergebracht ist. Das Gebäude der Staatsbank von 1913 in der alten Pokrowskaja-Straße mit seinen neorussischen Ornamenten und den Bilibinschen Fresken in der Schalterhalle zeugt vom Boom kurz vor dem Ende. Aus den Jugendstilvillen, die man überall in den Städten an der Wolga sehen kann, sind Pionierpaläste geworden. Wenn man sehen will, wie das bürgerliche Nishnij gelebt hat, als es noch existierte, muß man ins Gorki-Museum gehen. Dort hat man belassen oder zusammengetragen, was sonst in alle Winde verstreut wurde: die Thonetstühle, das Klavier der Marke Becker, Puderdosen und Flakons, »Warschauer Betten«, Messingschilder und die Jugendstiltapeten. Das ist der Raum, in dem *Nachtasyl* geschrieben wurde. Dort werden auch Bilder wach, für die es beim Gang durch die Stadt nur noch Anhaltspunkte gibt: Bilder von den Auftritten des Weltstars und Nationalhelden Fjodor Schaljapin, Konzerte Skrjabins auf den Wolgatourneen Kussewizkis.

Und doch ist es schwer, das Dmitrijewsche Panorama und die Stadt selbst wiederzuerkennen. Die Beziehung zwischen dem Strom und der Stadt hat sich verändert. Die Wolga ist aufgestaut, hat die Sandbänke überflutet und jene hohen Uferbefestigungen notwendig gemacht, die nun wie eine Festung gegen das Wasser gerichtet sind. Wo früher nur ein feiner Saum, ein kaum merklicher Übergang von der Stadt zu Lande zur Stadt auf dem Wasser, den Hunderten von Booten und Barken mit ihrem Mastenwald nämlich, zu sehen war, zieht sich jetzt eine mächtige Kaimauer hin. Es ist, als hätte sich die Stadt vom Strom zurückgezogen, dem sie doch alles verdankt, nicht nur die Überschwemmungen. Das andere ist die Leere. Man glaubt es beim Gang durch die Große Pokrowskaja, eine der alten Geschäftsstraßen mit ihren zwei- bis dreistöckigen Häusern und Läden, nicht, daß man sich inmitten einer Millionenstadt bewegt. Die Stadt ist anderswo, dort, wo die neuerrichtete Metro hingebaut wurde, während im Zentrum der alten Kaufmannsstadt selbst nur schön renovierte Fassaden und wenig Menschen zu sehen sind. Die Distanz zum Fluß und die Leere der Straßen besagen, daß irgendwann der Puls der Stadt angehalten worden ist. Am deutlichsten wird das dort, wo einst eine Stadt war, die einzig und allein für den Handel bestimmt war: auf dem ehemaligen Jahrmarktsgelände. Wir können es am besten vom Kreml aus sehen. Es ist heute eine fast leere Fläche, aus der nur zwei Gebäude herausragen: die monumentale Alexander Newski-Kathedrale, deren Spitze von eben neu aufgelegtem Kupfer glänzt, und das imposante alte Messegebäude im neorussischen Stil. Es sind die Denkmäler der verschwundenen Jahrmarktsstadt.

### *Der Jahrmarkt von Nishnij*

Die Ausländer von Herberstein bis Gautier, von Custine bis Dumas kamen bei der Beschreibung des auf der Messe herrschenden Treibens nie ohne Superlative aus. Für Custine ist es das »Rendezvous der beiden reichsten Welttheile«. Alexandre Dumas kennt gar »nur einen Vergleich für dieses Gewimmel von Menschen an den Flußufern, und zwar das Geschiebe in der Rue de Rivoli, wenn die guten Pariser nach einem Feuerwerk von der überfüllten Place de la Concorde in ihre Wohnungen zurückströmen«. Neun Monate lag der Platz verlassen und leer, vom 28. Juli bis zum 10. September aber wuchs dort eine Stadt, um vieles größer als Nishnij selbst. Zweihundert- bis dreihunderttausend Menschen bevölkerten dann das Gelände auf der Landzunge. Über die Oka wurde dann eine neunhundert Meter lange Pontonbrücke gebaut, über die sich der Verkehr wälzte. Die Barken und Schiffe auf Wolga und Oka lagen so dicht aneinander, daß Custine sich an chinesische Dschunkenstädte erinnert fühlt, die man trockenen Fußes durchqueren konnte. Aber es war auch wirklich eine Stadt in der Stadt. Jede Ware hatte ihren Standort, es gab Hotels und Nachtlager, eine effektive Messeorganisation, ein Theater und ein Opernhaus, eine Moschee, eine armenische, eine katholische und eine lutherische Kirche und den berühmten Zirkus Nikitin. 1817 war die Messe nach Nishnij verlegt worden, 1824 beauftragte die Krone die Franzosen Betancourt und Monferrand, den Messeplatz den modernen Erfordernissen entsprechend umzubauen. Die innere Messestadt mit dem Hauptgebäude und der Kleinen Isaakskathedrale ist von einem Umfassungskanal umgeben, in regelmäßigen Abständen sind die Hallen und Lagerhäuser angeordnet. Sie ist von einem System unterirdischer Tunnels, den sogenannten Messekatakomben, durchzogen, durch die allnächtlich der Unrat und Kot, den die ungeheure Menschenansammlung absonderte, fortgespült wurde. Im ganzen zählte man auf der Messe über fünftausend

Verkaufsstände und Läden an achtzig Plätzen und dreißig Straßen. Um 1900 liegt der Umsatz bei rund einer Milliarde Rubel. In Nishnij erzählte man sich immer, daß die Preise der Leipziger Herbstmesse schon auf dem Jahrmarkt von Nishnij gemacht würden. Es gab nichts, was es auf der Messe, die keine Ausstellungs-, sondern eine Verkaufsmesse war, nicht gab. In der Passage des Hauptgebäudes konzentrierten sich die Luxuswaren, europäische Mode, Pelze, Seidenwaren und Edelsteine. Es ist dies, wie Custine bemerkte, die »Bond Street der Levante und das Palais Royal der Steppen«. In der chinesischen Reihe gab es Tee. Persische Teppiche waren in der Karawanserei zu bestaunen. Rosinen und Mandeln, Pistazien und Walnüsse, Datteln und Tücher gab es in der persischen Reihe. An die hunderttausend Teeballen stapelten sich in Lindenbasthäusern am sibirischen Landungsplatz. In den Eisenschuppen auf der Sandinsel wird alles gehandelt, was aus Eisen ist — vom Nagel bis zum Damaszenersäbel. Tausende Pud von gedörrtem oder lebendem Fisch werden an wieder einem anderen Landungsplatz verkauft. Ein ganzes Areal ist dem Verkauf von Kirchenglocken, die dort auch aufgehängt sind, reserviert, und ein anderes dem Verkauf von Samowaren in allen erdenklichen Formen und Techniken. Aber das Chaos hat seine Form und sein Zeremoniell, von der Wasserweihe an der Oka und dem Hissen der Jahrmarktsfahne bis zu der komplizierten Prozedur der Preisfestsetzung für den Tee, der gleichsam als Leitwährung fungiert. Es gibt Rangordnungen, die über den Haufen geworfen werden können, wenn die Moskauer gegen die Nishnij Nowgoroder Kaufleute abends antreten, um herauszufinden, wer für die beste Sängerin wohl mehr zahlen kann.

Nicht geringer als das »merkantilistische Chaos« war das babylonische Sprachengewirr an diesem »Jüngsten

Tag der Kaufleute« (Custine). Tibetaner und Chinesen trafen auf Finnen, Kaufleute aus Buchara und Chiwa auf Kaufleute aus Paris und London, Griechen auf Russen, Mohammedaner auf Lutheraner, Juden auf Rechtgläubige. Jede Konfession hatte ihren Tempel. Und wenn der Tag zu Ende ging, begann das andere Leben in den Hunderten von Traktiren (Kneipen) von Kunawino. Die Messe zog Tausende an, die auch ihr Glück suchten: Komödianten, Zirkusleute, Harfenistinnen, Chansonetten, Wandermusikanten, Heerscharen von Bettlern und heiligen Narren, Zigeunerorchester und Bärenführer. An die viertausend Frauen kamen jedes Jahr eigens zur Messe nach Nishnij. Berüchtigt waren die Bäder in der Asiatischen Gasse. Berühmt waren die Illusionisten und Fakire, die Magier. Der berühmteste war aber E. Renard Kio mit seinen Nummern *Die Spinnenfrau* und *Das schwarze Kabinett.*

Doch die legendäre Messe genügte Nishnij nicht. 1896 kam zum ersten Mal auch die Allrussische Handels-, Industrie- und Kunstausstellung nach Nishnij. Ein Mann wie Finanzminister Sergej Witte hatte sich dafür eingesetzt. Auf dem Gelände des heutigen Parks des 1. Mai wurden an die 170 Pavillons errichtet, bedeutende Architekten wie A. N. Benois und A. N. Pomeranz und der spätere Erbauer des Moskauer Radioturms, W. Schuchow, sind dabei. Das Imperium zeigt auf der Ausstellung, die der Zar eröffnet hat, was es auf den Gebieten Maschinenbau und Landwirtschaft zu leisten vermag und welche Reichtümer es zu erschließen gedenkt. Vergessen scheinen angesichts der blinkenden Leiber von Turbinen und Lokomotiven die Bilder der zu Zehntausenden sterbenden Bauern, die wenige Jahre zuvor in den Hungersnöten der Wolgagouvernements umgekommen waren. Nishnij geht dem stürmischsten Abschnitt in seiner Geschichte entgegen.

Der Mythos des Jahrmarktes von Nishnij lebt nicht zuerst von den Umsätzen, die dort getätigt wurden, sondern davon, daß an einem bestimmten Ort für eine bestimmte Zeit sich die lebendige Energie eines ungeheuren Landes konzentrierte. Boris Kustodijews Jahrmarktszyklus lebt von den Farben und Gesichtern, die er hier erlebt hat. Das Land war weit und stumm, der Messeplatz wurde zu seinem Organ. Der Erforscher der russischen Sprache Wladimir Dahl mußte hier nur sein Ohr anlegen, als er an seinem berühmten Lexikon arbeitete. Und der Komponist Mili Balakirew hat gewiß hier den Ton gehört, der dann in die neue russische Musik eingegangen ist. Der Jahrmarkt von Nishnij fügt den Raum zusammen — zwanglos, allein durch die Attraktion, die er darstellt. Das ist in einem Reich, das von der Leibeigenschaft und der Bürokratie entstellt war, ungeheuerlich. Im babylonischen Gewirr findet es die Sprache. Auf dem Marktplatz von Nishnij bestaunte Rußland sich selbst und wunderte sich, wozu es in der Lage war, wenn es nur durfte. Wieder ist es Custine, dieser wunderbar genaue Beobachter, der in Nishnij die Formel findet für das, was er gesehen hat. »Nicht dadurch, daß sie begehrlich nach Außen blicken, gewinnen die Völker Ansprüche auf Dankbarkeit des Menschengeschlechtes, sondern wenn sie ihre Kräfte auf sich selbst wenden und ganz das werden, was sie in der geistigen und materiellen Civilisation werden können. Diese Art Verdienst ist der Propaganda des Schwerdtes so überlegen, wie die Tugend dem Ruhme.«

*Das Ende*

Wenn »der Nishnij Nowgoroder Jahrmarkt der Schlüssel zum Begreifen der wichtigsten Erscheinungen unseres Lebens, der Puls unseres Volksorganismus«

(N. Obrutschew) war, dann muß dies auch für die nachrevolutionären Kataklysmen gelten. Die Stadt der Kaufleute und Industriellen hatte im Bürgerkrieg keine Chance. Es folgte die grauenhafte Hungersnot von 1920–1922, das Ergebnis nicht irgendwelcher Dürren, sondern der Wirren und des Krieges gegen die Bauern. Fünf Millionen Menschen starben, die einst reichen Dörfer in den Wolga-Gouvernements wurden zu einem einzigen Leichenhaus, in dem sich Familien, vor Hunger dem Wahn verfallen, gegenseitig auffraßen. Die »Schuldigen« waren schnell gefunden. Auch die Kirchen gehörten dazu, und so verschwanden Abertausende von Ikonen, Gold- und Silbergegenständen, Ikonostasen, der ganze Reichtum einer Region, in den Raubzügen der Beschlagnahmungskommandos. 1929 war das Jahr der Kirchenschließungen und noch mehr der Kirchensprengungen. Nishnij verlor in diesem Jahr die meisten, darunter auch die bedeutendsten, seiner Kirchen. Was übrigblieb, war bis in die jüngste Zeit: Lagerschuppen, Druckerei, Toilette, die Kuppeln eingestürzt, die Zwiebelhauben abgebrochen oder von Rost zerfressen. Und nur mehr für kurze Zeit blieb der Jahrmarkt. Im Jahre 1922 ist er wiederum der Platz, auf dem die *membra disjecta* einer ruinierten Volkswirtschaft zueinanderfinden können. Die Jahre der Neuen Ökonomischen Politik verzeichnen einen ansteigenden Umsatz, in Nishnij begegnet sich wieder das zerrissene Land. Die Messe hat einen energischen Direktor in diesen Jahren einer kurzen Blüte, den Altrevolutionär und »roten Kaufmann« Sergej Malyschew. Doch er kämpft auf verlorenem Posten. In Moskau hat man Größeres vor: den »geplanten« und staatlichen Handel. Nishnij soll der Vorgeschichte angehören, man läßt die chinesischen Kaufleute nicht mehr ins Land. Am 16. März 1930 wird der Jahrmarkt von Nishnij — und der von Baku — per Verfügung des

»Rates für Arbeit und Verteidigung« in Moskau »in Anbetracht der Festigung des Planprinzips im Warenverkehr des Landes« liquidiert. Eine Photographie der frühen dreißiger Jahre zeigt eine Geisterstadt verlassener und verfallender Messestände und Hallen.

Aus der Stadt des Handels soll die Stadt der Arbeit, aus dem Marktplatz die Fabrikstadt werden. Die Stadt, die 1932 — also noch vor dem Tod des Schriftstellers — in Gorki umbenannt wird, erweitert ihre schon existierenden Fabriken, neue, wie die gigantische Automobilfabrik, werden in den dreißiger Jahren errichtet. Das Proletariat, das dazu nötig ist, stammt aus den Dörfern ringsum, die in die Kollektivierung hineingejagt werden. Die Stadt des Menschenverkehrs wird zur Festung der Arbeit, die ohne Terror nicht auskommt, und zur Geburtsstätte des »neuen Menschen«. Vollendet wird diese Transformation unter dem Druck von außen. Im Großen Vaterländischen Krieg wird Gorki zur Zufluchtsstätte der Evakuierten — allein 300000 Menschen aus Stalingrad — und zur Waffenschmiede. Es sind nicht zuletzt die legendären, in Gorki hergestellten T-34-Panzer, die die Deutschen in die Knie zwingen werden. Aber die Stadt hat, wie man weiß, sowenig wie das Land im ganzen die Früchte ihres Opfermutes ernten können. Aus der Waffenschmiede gegen Hitler wurde für Jahrzehnte die geschlossene Stadt. Aus dem Sieg, den die Stadt 1945 miterrungen hatte, wurde die Niederlage, aus der sie sich jetzt zu erheben beginnt.

### *Das Wunder*

Es ist alles bereit für die Wiedergeburt Nishnijs: der Ort, die Zeit, die Menschen. Der Ort wartet darauf, wieder in Besitz genommen zu werden, und mit ihm die Region, die aus dem Abseits heraus will. Die Zeit ist reif. Und überall finden sich die neuen Menschen, die dazu entschlossen sind.

Der Stadtsowjet, in dem die demokratischen Deputierten rund dreißig Prozent stellen, hat im Frühjahr den Antrag gestellt, die Stadt wieder in Nishnij Nowgorod umzubenennen und den Status der geschlossenen Stadt aufzuheben. Die Regierung der Russischen Republik hat dem jetzt entsprochen. Im Mai des Jahres fand zum ersten Mal wieder der Jahrmarkt statt, ausdrücklich als »Prolog« annonciert. Woher die neuen Menschen kommen, die jetzt alles bewegen — es wird später erforscht werden. Gewiß ist nur, daß selbst geschlossene Städte in geschlossenen Gesellschaften ihr Eigenleben geführt haben. Die »Affäre Pawlenko« Ende der sechziger Jahre, die Gründung informeller und doch illegaler Jugendklubs in den siebziger Jahren, das Zirkulieren von *samisdat*-Literatur, sogar das Hissen der russischen Trikolore auf dem Dmitrowskaja-Turm des Kreml — all das sind Hinweise für den versteckten Kampf des unabhängigen und freien Gedankens auch hier. Nicht zufällig formte sich die neue städtische Öffentlichkeit im Kampf gegen die Zerstörung der Stadt. 1987 waren es erst nur Jugendliche, die sich dem Abriß eines klassizistischen Gutshauses entgegenstellten, 1988, als ein Platz besetzt und zur Zeltstadt verwandelt wurde, waren auch Kriegsveteranen dabei, die sich unter die Baukräne stellten, um zu verhindern, daß für die Metro noch ein Stück altes Nishnij geopfert würde. Zur Maidemonstration 1989 gab es schon einen oppositionellen Block. Auf der Pokrowskaja verkaufen junge Anarchisten ihr *Schwarzes Banner*. Heute gibt es neue Zeitungen, alle auch sonst in Rußland vertretenen Parteigruppierungen, Aktivistengruppen gegen ein Atomkraftwerk in der Nähe, Gläubige aller Konfessionen, die ihre Gotteshäuser zurückfordern, und Zirkel, die sich systematisch mit der Geschichte der Stadt beschäftigen. Es scheint, alte Nishnijer Traditionen würden wieder lebendig, die Parallelen sind unübersehbar. Andrej Sacharow, der hier in seiner Wohnung am Gagarin-Prospekt Nr. 214 eingesperrt war, hatte Vorgänger in den Dekabristen, die hierher verbannt waren (und mit denen sich Dumas bei seinem Besuch in Nishnij auch treffen konnte). Es gab schon einmal eine Zeitung mit dem Namen *Nishnegorodski listok,* damals war einer ihrer Redakteure Wladimir Korolenko, der mit Hilfe der Zeitung die Solidaritätskampagne für die Opfer der Hungersnot der neunziger Jahre initiierte und noch mehr die Regierung bloßstellte. Heute hat er Nachfolger gefunden. Der Gerechtigkeitssinn des jungen Gorki beseelt auch die jungen Intellektuellen, selbst wenn sie mit seiner »Richtung« nichts zu tun haben wollen. Sogar die neue Arbeiterbewegung von Gorki scheint anzuknüpfen an die Tradition der alten Sormowo-Arbeiter. Ihre Klubs spielen eine wichtige Rolle in der Stadtöffentlichkeit, und ihr Sprecher, Semjon Bulatkin, gilt als einer der neuen *leader* — Pawel Wlassow aus Gorkis *Mutter* hat einen Nachfolger gefunden. Die wenigen Überlebenden alter Kaufmannsfamilien sind dabei, sich in einer Organisation zusammenzuschließen. Die Stadt kehrt vielleicht zurück in die Tourneepläne internationaler Künstler; jedenfalls gab Gidon Kremer unlängst hier ein Konzert.

Und schließlich der Jahrmarkt. Der »Prolog« im Mai hatte wohl zuerst symbolische Bedeutung, das ewige Warendefizit der Stadt konnte er nicht wegzaubern. Und doch passierte etwas, in dem man den neuen Anfang sehen kann. Es war der größte Festtag der Stadt seit Jahr und Tag. Um das Haupthaus des alten Jahrmarktsgeländes fanden sich Tausende ein, man schleppte an, was vielleicht von Interesse war oder Appetit machen konnte. Es traten Tanzensembles auf, es gab ein »Festival der Völkerschaften des Wolgagebietes«, Karussells begannen sich zu drehen, ein Wettbewerb »Stadt der Meister« wurde organisiert, man konnte zu einem Konzert auf einem Wolgadampfer oder zum abschließenden Feuerwerk gehen. Es hat sich ein Messekomitee konstitutiert. Sogar Firmen aus Polen, der DDR und Australien hatten teilgenommen. Verträge wurden geschlossen. Vielleicht sind im nächsten Jahr auch jene Firmen wieder dabei, die vor 1914 schon einmal dabeigewesen sind. Und natürlich durfte einer nicht fehlen, wenn der Jahrmarkt von Nishnij nach sechzig Jahren wieder seine Pforten öffnete: Mischa, der russische Tanzbär. Erst sein Comeback hat das Ende der alten Zeit besiegelt.

*Sommer 1990*

# DIE RÜCKKEHR DER STÄDTE

Der große Umbruch im östlichen und mittleren Europa hat einen Ort. Es ist der Hintergrund, der mit ins Bild kommt, wenn sich die Kameras auf die *dramatis personae* richten. Mit den Akteuren lernen wir auch den Schauplatz kennen, auf dem sie handeln: Plätze, Straßen, Silhouetten und die Namen, die dazu gehören. Wir wissen wieder, daß Tallinn das alte Reval ist, und gewinnen eine genauere Vorstellung davon, wo Riga und Wilna liegen. Wir kennen inzwischen auch den Ring, über den die Leipziger Montagsdemonstrationen zogen. Wir erkennen auf Anhieb den Wenzelsplatz mit dem Nationalmuseum, der Statue und den Menschen, die fröhlich und siegessicher darauf warten, daß der Bürgerpräsident auf den Balkon tritt. Wir stellen fest, daß es in Moskau außer dem Kreml, in dem regiert wird, auch noch Straßen und Plätze gibt, auf denen sich die Regierten zu Kundgebungen einfinden. Wir haben sogar die Interieurs des rumänischen Präsidentenpalastes und die Tunnelsysteme von Bukarest kennengelernt. Wir haben schließlich mitbekommen, was geschieht, wenn der große Vorhang, der Berlin von Berlin getrennt hat, hochgezogen wird. Wir mußten, wenn wir auf dem laufenden bleiben wollten, Geographie treiben und nachschlagen, warum Temesvár auch Timişoara oder Temeschburg heißt. Wir stellen fest: Es gibt noch andere Städte als die, die wir schon kennen, und es gibt einen Horizont, aus dem nicht nur die Städte, sondern wir selber herausgefallen waren. Vor allem aber lernten wir: Es gibt sie noch, es gibt sie wieder — die Stadt.

Sie ist etwas anderes als der Sitz einer Regierung, eines Militärbündnisses oder eines Zentralkomitees, sie ist nicht bloß ein Touristenort, ein Dienstleistungszentrum oder Industriestandort. Sie tritt in Erscheinung, wo der Sozialismus als staatliche Veranstaltung zu Ende geht und die alte *civitas* zu neuem Leben erwacht, wo das Stadtvolk aufhört, sich auf Datschen zu flüchten, und damit beginnt, sich die Stadt zurückzuerobern. Sie entsteht dort, wo die übergroßen Plätze nicht mehr vom Gleichklang der Marschkolonnen, vom Gedröhne der Paraden und dem »Sieg der Idee«, sondern vom Summen der großen Stadt erfüllt sind. Jenseits der »Heldenstädte« zeigt sich der eigentliche Held: die Stadt, die aufgehört hat, nur Objekt zu sein.

### *Verwandelte Stadt*

Alles ändert sich, alles hat sich geändert — ohne »großen Sprung vorwärts«, in einer natürlichen Bewegung, die dem längst Fälligen eigen ist. Mit der symbolischen Aktion oder der bloßen Umbenennung fängt es an. Die Städte werfen die Namen ab, die ihnen ungefragt dekretiert wurden, und so wird aus Kuibyschew wieder Samara, aus Gorki wieder Nishnij Nowgorod und aus Karl-Marx-Stadt wieder Chemnitz. Man erinnert sich der Straßennamen wieder, die älter sind als die politischen Konjunkturen, und so wird aus der Dzierżyński-Straße in Wilna wieder der Kalvarienberg. Man hat es einfach satt, daß landauf, landab auf jedem zentralen Platz die immer gleiche Statue des immer gleichen Mannes von weltgeschichtlicher Bedeutung steht, und denkt darüber nach, ob es nicht an der Zeit wäre, den kleinen Helden, die die Stadt selber hervorgebracht hat, ein Denkmal zu setzen.

Es ändert sich die Farbe. Von der vorher leeren Wand, an der das Auge keinen Widerstand gefunden hat, springt jetzt die Farbe der Freizeitgesellschaft, an der Fassade des Hotels Moskwa leuchten *The colours of Benetton.* Das Grau und die Leere, die uns immer so hilflos gemacht und doch auch Erholung verschafft hatten, lösen sich auf. Das ist das Ende unserer bisherigen Wahrnehmungsökonomie dort, das vertraute Zeichensystem der östlichen Welt bricht zusammen. Der Kampf um den Stadtraum und die Seele der Stadt hat begonnen — an Fassaden, Brandmauern, in Leuchtreklamen am bisher dunklen Himmel der östlichen Städte, auf den Inseratenseiten von schon unübersehbar vielen, sich fast täglich vermehrenden Zeitungen.

Es ändert sich der Ton. Die Stadt der geschlossenen Gesellschaft war stumm. Die neue Stadt ist laut. Zu hören sind unerhörte Sensationen. Allüberall gibt es Gerüchte. Im Gewirr der Stimmen hört man den unbedingten Willen zur Selbstunterscheidung. Es gibt nichts mehr, worüber man schweigen müßte. Natürlich ist mit Enthüllungen das beste Geschäft zu machen.

Es ändert sich der Rhythmus, der bald rasend schnell geht, bald völlig erlahmt. Die Neuigkeiten, die sich in den Zeitungen, im Fernsehen überschlagen, ziehen einem den Boden unter den Füßen fort, aber gleichzeitig verbringt man Stunden auf der Suche nach dem Allernotwendigsten und steht sich die Füße in den Leib. Der Puls der Stadt ist schwer und langsam wie in einer Agonie, er geht rasch wie bei fieberkranken und nervösen Leuten, die die rettende Krisis hinter sich bringen wollen.

Die Stadt der Agonie und der fieberhaften Suche nach einem Ausweg ist schmutzig und leuchtet doch in ungewohnten Farben. Die Stadt läßt sich gehen, weil sie der alten Disziplin überdrüssig geworden ist, sich die neue Verbindlichkeit aber noch nicht durchgesetzt hat. Die Stadt hört auf, sich für etwas zu schämen, wofür sie nichts kann. Sie ist nicht gleich, sondern reich und arm, sie ist resigniert und voller Kraft. Sie zeigt nun nicht nur ihre mehr oder minder regelmäßig getünchten Fassaden, sondern auch ihre Hinterhöfe, aus denen der Unrat quillt. Die neuen Markt- und Handelsplätze, die sich gebildet haben, sehen sich alle gleich, ob am Rigaer Bahnhof in Moskau, am alten Heumarkt von Petersburg, am Budapester Nordbahnhof oder am Potsdamer Platz in Berlin: abgelegene, wüste Flächen. Aber diese leeren Flächen sind zu Marktplätzen geworden dort, wo es keinen Markt mehr gab, und zum Ausgangspunkt einer Stadtwerdung innerhalb der Stadt. Man hält sie für ein Exotikum, wo sie doch lebenswichtig sind oder jedenfalls waren. Sie sind armselig, aber es gibt wenigstens das, was es in den pompösen Universalkaufhäusern und Delikatessengegeschäften nicht gab: Es weckt eine Vorstellung davon, was es »sonst noch so gibt« außer dem, was der Mensch unbedingt zum Leben braucht. Die Märkte erinnern an die Zeit des Naturalientausches, aber hier pendeln sich die wirklichen Wertrelationen ein, die die Planökonomen so lange ignoriert hatten, und hier zeigt sich, was eine Ökonomie leisten kann, wenn man die Menschen nur gewähren läßt. Hier laufen die alt-neuen Routen zusammen, die die Menschen auf eigene Faust wieder erschlossen haben, und hier findet sich ein Ausdruck für den Selbsterhaltungswillen, der dort aufkommt, wo alle Hoffnung auf Rettung von oben oder durch sonst irgendwen geschwunden ist. Das handeltreibende Volk hat überall in der Region Grenzen und Mauern lächerlich gemacht. Die Marktplätze, die man am Rande geduldet hatte, sind nun auf dem Weg zurück ins Zentrum. Manche Straßen in Warschau, Berlin oder Moskau erinnern an einen großen Basar. Der Markt rückt auf die Trottoire der Innenstädte, auf denen die Waren ausliegen, vor, und irgendwann wird das Geschäft sich wieder dort abspielen, wo es sich unter normalen Umständen abspielt: in den Kaufhäusern und Läden.

Der Kampf um den Stadtraum und die Räume in der Stadt ist im Gange. Auf der einen Seite eine Bürokratie, die den Stadtraum okkupiert hat, riesige Komplexe besetzt hält, auf der anderen Seite eine Öffentlichkeit, die zu groß und einflußreich geworden ist, als daß sie sich noch in den Küchen und Instituten, in denen sie groß geworden ist, einzwängen ließe. Die diskutierende Stadt braucht Räume, die schreibende Stadt braucht die Zeitungen und Druckereien, die neuen Leute an der Spitze der Stadtverwaltungen brauchen Gebäude, die neuen Unternehmen und internationalen Firmen brauchen Büros und Läden, die neuen Theatergruppen brauchen eine Bühne, einen Keller, eine Etage. Die Kooperatoren brauchen ein Haus, in dem sie ihr Restaurant eröffnen können. Und es sind Hotels und Pensionen nötig, die auch den Aufenthalt in der Stadt zu einer reibungslosen Angelegenheit werden lassen. Die Räume gibt es, aber sie sind in der Hand absterbender Institutionen, die dennoch nicht weichen wollen. Die Umverteilung des städtischen Raums, in dem sich das Gesicht der Stadt und der Lebensrhythmus ändern, in dem sich Zentrum und Peripherie verschieben, folgt natürlichen Linien, an deren Kreuzungspunkt die Wiederentstehung der *city,* die Rückeroberung des Zentrums und die Reorganisation aller übrigen Glieder der Stadt stehen. Es gibt keinen zuverlässigeren Regisseur in diesem zielstrebig-naturwüchsigen Vorgang als den *genius loci* der Stadt selbst. Der Körper der historischen Stadt war schon einmal vorbereitet auf all diese Lebensfunktionen, die ihm abhanden gekommen oder abgestorben sind. Man kann das als die Wiederaneignung des Stadtkörpers durch die Stadt oder als die Verlebendigung musealisierter und stillgelegter Areale bezeichnen. Alles steht bereit.

Das einst von dem Wiener Architekturbüro Fellner & Helmer errichtete Sparkassengebäude am Rathausplatz von Czernowitz beherbergt bis heute die städtische Parteiorganisation. Sie wird, nachdem sie auf ihre natürlichen Ausmaße geschrumpft ist, sicherlich einen bescheideneren Ort für ihr Büro finden und das Gebäude für seine alt-neue Bestimmung freigeben. Das monumentale Gottwald-Museum in der Prager Innenstadt, ebenfalls ein ehemaliges Bankgebäude, kann jetzt, nachdem der Strom organisierter Besucher längst versiegt ist, seiner ursprünglichen Bestimmung wieder zugeführt werden. Dasselbe gilt wahrscheinlich für die pompösen Bankgebäude in der Morskaja und am Newski-Prospekt in Leningrad. Leningrad braucht auch eine Börse. Sie steht bereit als weißer Tempel auf der Wassiljewski-Insel. Es muß nur ein anderer Raum für das Museum, das jetzt dort untergebracht ist, gefunden werden. Die geschlossene Gesellschaft hatte keinen großen Bedarf an Hotels und Pensionen. Die offene müßte nur jene wieder in Betrieb nehmen, die die geschlossene in Behördenunterkünfte und Studentenheime verwandelt hatte. Die bürokratische Stadt, in der die Stadt nur als Untermieter geduldet wird, geht verschwenderisch um mit dem verfügbaren Raum: Er kostet nichts, er bringt auch nichts. Aber die Verfügung über ihn ist Macht, und es wird zu keiner Umverteilung des verfügbaren Raums kommen, ohne die Ansprüche, die bisher einfach hingenommen wurden, in Frage zu stellen. Die ihren Lebensprozeß reorganisierende Stadt tut es.

Es gibt keinen Grund mehr, der Kommunistischen Partei gratis den weitläufigen Smolny, das »Hauptquartier der Oktoberrevolution«, zu überlassen, als wäre er deren Privateigentum, wo der Leningrader Stadtsowjet sinnvollere Nutzungen im Auge hat. Auch für das Lenin-Museum lassen sich sinnvollere Örtlichkeiten finden als gerade das alte Duma-Gebäude in der Moskauer Innenstadt.

Die Aktivierung der Stadt scheint das ganze Massiv der gebauten Stadt in Bewegung zu setzen. Die Menschen, die bisher atomisiert und für sich dahingelebt hatten, schaffen sich den Raum ihrer Verständigung. Aus den Fabrikklubs, die dazu bestimmt waren, die Freizeit »kulturvoll« zu vollbringen, werden Debattier- und Vortragsorte. Alte Palais, die irgendwelchen Organisationen gehören, die sie nie richtig nutzen konnten, können die Leute, die nun auch dabei sein wollen, nicht fassen. Aus den »Kultur- und Erholungsparks« mit dem stumm kreisenden Riesenrad und den lautlos dahingleitenden Tretbooten auf den Teichen werden die Ausgangspunkte von Demonstrationen, wie man sie seit Menschengedenken nicht gesehen hat. Alles strömt auf die Punkte zu, die bisher verschlossen oder den schwarzen, rasch dahinfliegenden Limousinen vorbehalten waren, auf jene inneren Bezirke der Stadt, in der die Stadt nichts zu sagen hatte. Die Bewegung, die überall den historischen Augenblick herbeigeführt hat, setzt sich spontan, aber mit einem Gespür für die Topographie der Stadt in Bewegung. Sie arbeitet sich vom Lushniki-Gelände bis zum Manegeplatz im Zentrum vor. Sie fühlt sich im Gewirr der Altstädte von Krakau oder Warschau zu Hause, während die Mächtigen für ihre Tanks immer freies Feld von der Größe eines Tienanmen brauchen. Sie verwandelt den Altstädter Ring oder den Wenzelsplatz in einen einzigen, festlich erhellten Raum, in dem Zehntausende Platz finden. Und selbst am Berliner Alexanderplatz gelingt für einen Augenblick, was niemand für möglich gehalten hat: daß aus einer weiten, leeren und unwirtlichen Fläche ein Raum wird, auf dem Menschen nicht verloren sind. Die Kirchen und Kathedralen, Synagogen und Moscheen fangen wieder zu »arbeiten« an, wo sie geschlossen und zu Lagerhallen, Laboratorien oder Atheismus-Museen umfunktioniert worden waren. Die Stadt bekommt in dem Augenblick, da sie wieder schnell zu leben beginnt, die Kuppeln und mystischen Räume der Selbstversenkung zurück, die ein Land braucht, wenn es den Glauben an die alleinseligmachende Lehre verloren hat. Und es gibt wieder Cafés. Die Zeit, da der einsame, vor sich hin sinnende, das Geschehen auf der Straße beobachtende und sich vielleicht Notizen machende Gast Verdacht erregen mußte, ist vorbei; die reflexive Zone des Cafés, diese nicht geringste Errungenschaft der europäischen Stadt, regeneriert sich, wo sie stillgelegt worden war.

Wie von selbst bilden sich die Plätze wieder heraus, die immer die geheimen Zentren gewesen sind. Man hat sie aufgelöst, planmäßig, wie es sich gehört. Und nun schießen all die planmäßig auseinandergelegten Funktionen plötzlich wieder zusammen: die günstige Lage und Überschaubarkeit des Platzes, auf dem man erfährt, was los ist, wo der Lautpegel etwas über die Stimmung im Lande und wo die Haltung der Miliz etwas darüber aussagt, daß sie sich mit der neuen Lage der Dinge schon abgefunden hat. Es sind die Plätze, wo die Stadt sich selbst begegnet, zu sich kommt, sich selbst zum Schauspiel wird, sich ein Bild von sich selber macht. Es sind die alten Plätze und Straßen: der Arbat und der Puschkin-Platz in Moskau, der Newski-Prospekt in Leningrad, der Freiheitsplatz in Tallinn, der Park vor der Lemberger Universität, der Graben am unteren Ende des Wenzelsplatzes, in Berlin vorerst noch der Platz an der Gedächtniskirche. Und es ist vielleicht nur eine Frage der Zeit, daß der Platz der Macht schlechthin, der Rote Platz nämlich, wieder zum städtischen Marktplatz wird. Es wird sein, wenn der Tote bestattet, die Nekropole entfernt und der Bann der Toten über das Leben der Metropole endgültig gebrochen ist. Aber auch der umgekehrte Vorgang wird stattfinden: die Musealisierung der Macht. Diese ist dann vollzogen, wenn aus der Lubjanka das Memorial für ihre Opfer geworden ist.

Die Stadt hört auf, nur stumm zu produzieren, sie produziert sich endlich selbst. Das entnervende Gerenne um das Notwendige hat nicht nachgelassen, im Gegenteil. Und trotzdem gibt es Momente, wo die stumme Bewegung inmitten des dichtesten Gedränges innehält und die Menschen aufblicken oder hinhören. Im Fußgängertunnel, in dem man Platzangst bekommen könnte, spielt eine Zigeunerkapelle, angefeuert von den Umstehenden, von denen alle Ermattung abgefallen ist. Etwas weiter spielt ein alter Mann auf seiner Ziehharmonika. Es klingt wie von weit her. Es ist unerhört, erschütternd, bewegend. Die Melodie sagt: Wir können nicht verloren sein, wenn sich nach so vielen trostlosen Jahren und inmitten der Hektik ein Musikant findet; wir können nicht so arm sein, wenn wir uns die Zeit nehmen, ihm zuzuhören; unser Leben ist häßlich, aber es liegt an uns, es schön zu machen und unsere Stadt in Ordnung zu bringen. Solche Momente gibt es überall inmitten der Agonie, und an ihnen hängt, ob die Stadt die Kraft findet, sich dem Sog der Zerstörung zu entziehen. Der Leningrader Bürgermeister wendet sich an seine Mitbürger mit »Wir Petersburger«. Er packt sie bei ihrer Ehre, er erinnert sie an die Tugend der alten Hauptstadt, die Höflichkeit, die selbst die grauenhafte Blockadezeit überdauert habe. Inmitten katastrophaler Situationen an Höflichkeit zu erinnern — einen besseren Beweis für die Zuversicht und Überlebenskraft der vom Verfall bedrohten Stadt gibt es nicht.

Erst jetzt, wo die Stadt sich wieder herausarbeitet aus der grauen Agglomeration, wird klar, was mit ihr geschehen war. Erst jetzt, wo das Leben an die Plätze, von denen es vertrieben oder ausgeschlossen war, zurückkehrt, wird uns das ganze Drama, in dem sie untergegangen ist, vor Augen geführt. Erst jetzt, wo klar wird, daß es außer der staatlichen Veranstaltung noch etwas anderes gibt, setzt das Bewußtsein wieder ein, daß es eine Stadt vor dem Staat gegeben hat. Jetzt, wo die Stadt wieder offen ist, begreift man erst, wie furchtbar das Leben in der geschlossenen Gesellschaft war. Jetzt, wo die Städte sich wieder nahe sind, wird die unendliche Ferne, die zwischen ihnen war, verspürt. Jetzt, wo alles so schnell geht, wird die geraubte Zeit, die qualvolle Verlangsamung der Zeit schmerzlich fühlbar. Jetzt, wo man in Paris die Monumente der Postmoderne von La Defense gesehen hat, entsinnt man sich der Moderne, an der man selbst einmal teilgehabt hat. Die Stadt, die genug hat von dem Versprechen der Zukunft und sich endlich in der Gegenwart einrichten will, entdeckt die Stadt, die es schon einmal gegeben hat. Es ist ein einziges *déjà vu,* von Riga bis Odessa, von Nishnij bis Prag.

Jede Stadt ist in diesem Jahrhundert auf ihre Weise das geworden, was sie jetzt ist. Das ist in Leningrad anders als in Budapest, in Prag anders als in Berlin. Die Geschichte ihres Verschwindens und ihrer Rückkehr zu erzählen hieße die Geschichte des europäischen Kriegs und Bürgerkriegs zu erzählen, in dem sie untergingen und aus dem sie nun, da er zu Ende geht, wieder auftauchen — verwundet und entstellt wie Ossip Zadkines Skulptur für das zerbombte Rotterdam. Die Zerstörungen des Krieges waren furchtbar, aber ließen sich da, wo — wie im verheerten Warschau oder Danzig —

der Wille und die Opferbereitschaft dazu bestanden, reparieren. Nicht reparierbar war die Zivilisation, die zivile Kultur, die die Städte der Vorkriegszeiten getragen hatte. Selbst aus physisch unversehrten Städten war die Seele gewichen. Es blieben Fassaden von Häusern, deren Besitzer deportiert und umgekommen waren. Der Blitzkrieg hat ebenso seine Spur hinterlassen wie das Jahrzehnte währende Werk der sozialen und kulturellen Nivellierung, der Klassenkrieg ebensosehr wie der Völkermord. Im Bildersturm des ideologischen Zeitalters haben die Städte, die zwischen die Fronten geraten waren, einige ihrer bedeutendsten Bauten verloren, einige ihr Gesicht. Die Leblosigkeit der Fassaden besagt, daß das Haus seinen Herrn verloren hat und daß die nachfolgenden Generationen mit ihm nichts anzufangen wußten. Die Traurigkeit und Öde der städtischen Zentren besagt, daß die vibrierende Kraft stillgelegt oder erloschen war. Die geschlossenen Läden verraten, daß ihre umsichtigen Besitzer verschwunden sind. Es ist jene Totheit, die entstehen mußte, wo alles Selbständige, das im Wege gestanden hatte, eliminiert und wegradiert wurde. Es ist jene Leere, die entsteht, wo ganze Klassen von Menschen mit all ihren Biographien, Talenten und Leidenschaften aus dem Leben herausgerissen, aus der Stadt fortgeführt und vernichtet worden sind. Wo immer wir hinblicken in den Städten des mittleren und östlichen Europas: Sie sind gezeichnet von den Kämpfen im Namen der Rasse oder der Klasse, im schlimmsten Falle im Namen beider. Wir haben Städte vor uns, die gerade dabei sind, sich vom Endsieg des Nationalismus und des Kommunismus wieder zu erholen.

Man muß die europäische Stadt vor 1914 oder vor 1938 nicht idealisieren. Sie war voll von sozialen und kulturellen Spannungen. Aber sie hat diese Widersprüche ausgehalten. Es existierten Formen der Öffentlichkeit, des Zeitungswesens, einer kosmopolitischen und autonomen Kultur, die in Bildungssystem und Wirtschaftstätigkeit seither nicht mehr erreicht worden sind. Entscheidend für ihre Bedeutung war nicht ihre Größe, sondern ihre spezifische soziale, ethnische und kulturelle Komplexität. Europäische Städte *par excellence* waren daher nicht nur die Haupt- und Residenzstädte, sondern nicht minder: Łódź und Lwów, Oradea und Czernowitz, Witebsk und Bratislava, Wilna und Ljubljana. Die Basis der städtischen Zivilkultur war unzweifelhaft das Bürgertum.

Diese Komplexität ist aufgelöst worden, vom Nationalismus und vom Kommunismus, ob nun durch eine militante Massenbewegung oder durch die militärische Aktion einer Großmacht. Mit jedem neuen Konflikt brach ein Stück aus dem Ensemble der Kräfte, von dem die Städte getragen wurden, heraus. Es gab im revolutionären Petrograd und Moskau keinen Platz mehr für die Industriellen, Kaufleute, Bankiers und Professoren, denen Rußland seinen Weg in die Moderne verdankte. Es gab in den von den Nazis besetzten Städten keinen Platz mehr für die Juden, ohne die die Modernisierung des östlichen Mitteleuropas nicht denkbar war. Und es gab für die Deutschen nach allem, was geschehen war, keine Bleibe mehr in den Städten, in denen sie seit jeher gelebt hatten. Überall, wo der Volks- und Klassenkampf sich ausbreitete, löste sich der über Jahrhunderte gewachsene Zusammenhalt der städtischen Zentren. Die Stadt, die aus dem Bürgerkrieg und seinen Enteignungen, Vertreibungen, Deportationen und Vernichtungsaktionen hervorgeht, ist dezimiert um ihre energischsten Kräfte. Im Bild von den *burshui,* die zum Schneegraben auf dem Newski abkommandiert, und von den alten Wiener Juden, die gezwungen wurden, die Trottoire ihrer Stadt zu reinigen, ist die Demütigung auch der Stadt durch ihre neuen Herren enthalten. Von den Kernen alteingesessener Ureinwohner bleibt in einer Zeit des Bevölkerungsaustausches in manchen Städten kaum etwas übrig. Die neuen Herren aber wußten mit den alten Zentren nicht viel anzufangen, für Jahrzehnte lebt die nachbürgerliche Stadt von der Substanz der bürgerlichen. Die neuen Herren strebten an den Rand, wo die Neustädte für die Werktätigen errichtet werden sollten. So geht durch alle Städte der östlichen Region heute eine Spaltung, die sich schwerer überwinden läßt als die Teilung durch die Berliner Mauer: die zwischen einem Zentrum, das der Musealisierung, der Verödung, ja dem Verfall anheimfiel, und Neustädten, in denen die neuen Generationen ihr besseres Leben haben sollten. An der Überwindung dieses Bruchs im Leben der Generationen und der Städte wird auch dann noch gearbeitet werden, wenn die politische Teilung schon zur Reminiszenz geworden ist.

Für lange schien es so, daß die Städte der Region zu Museen einer untergegangenen Kultur geworden waren, zum Schatten ihrer selbst, desurbanisiert und provinzialisiert, überwachsen von einer Kultur, die vor lauter Zukunft keine Geschichte mehr sah und in ihrer Expansion alle Kraft zur Form verloren hatte.

Das zivile Europa, das 1914 überrannt wurde, hatte in den nachfolgenden Jahrzehnten seine Städte verloren. Sie waren zeitweise in Schutthaufen verwandelt, und manche wünschten sie endgültig auf den »Abfallhaufen der Geschichte«. Wenn sie jetzt wiederkehren, kann das nur heißen: Sie haben sich auf wunderbare Weise regeneriert.

### *Das Wunder*

Das Unwahrscheinliche ist geschehen.

Es ist kein Zufall, daß es geschah. Städte waren auch

für den totalen Staat nicht total kontrollierbar. Die wenigen Überlebenden der Petersburger Kultur haben sich verbündet mit den Enkeln. Die *kommunalka,* in der die Achmatowa hausen mußte, wurde zum Resonanzboden, in dem Brodsky seine Stimme erprobt hat. In einer Stadt wie Moskau, die zwei Millionen Pensionäre beherbergt, finden sich noch immer genügend Leute, die ihren Kopf nicht verloren haben: Überlebende aus dem russischen Adel ebenso wie Reste der Komintern-Elite. Sie haben bessere Zeiten gesehen und gehen besseren entgegen. Der rote Faden der Traditionen ist nicht ganz gerissen, die *intelligenzija*-Dynastien sind nicht ganz verblutet. Es gab nicht überall »Fliegende Universitäten«, aber genug Menschen, die aus dem Leben ihrer Generation eine Philosophie des Jahrhunderts entwickeln konnten. Der Dschungel der Stadt bot noch Schutz für Zusammenhänge, die im Land draußen gerissen wären. Nicht zufällig ist die Verbannung aus der Stadt gleichbedeutend mit Verstummen gewesen. In der Tiefe der Stadt gab es die Küchen und Gemeinschaftswohnungen, die später einmal als die Überlebensorte der städtischen Restöffentlichkeit beschrieben werden. Die Gesellschaft wurde der Zukunft zugetrieben, doch das Gedächtnis fand eine Stütze an den Karyatiden, die nicht renoviert, aber auch nicht wegmodernisiert waren, und die Zuversicht, die ein Ausharren möglich macht, fand einen Halt am Widerstand, den die solide gebaute, schöne Stadt der Ausbreitung der Häßlichkeit entgegensetzte. Selbst eine Frist, die so lange dauert, daß sie mehrere Menschenleben umfaßt, kann das ältere Gedächtnis der Städte nicht auslöschen. Überall begehrt die Wahrheit der Steine gegen die kurzatmige Lüge auf; nichts dementiert den verordneten Optimismus so sehr wie der leerbleibende Platz, auf dem nur Schweigen und Furcht ist. Die Dissidenten arbeiteten mit einer Stadt im Rücken, die sie besser kannten als die berufsmäßigen und meist hergelaufenen Kontrolleure und Lauscher. Sie verstanden, weil sie auf dem Grund lebten, besser die Gesetze der Gravitation, denen die Stadt folgte, hatten ein besseres Gespür für die Kriechströme, die hin und her gingen. Hier waren die Zellen, die sich zum System verbanden, die Diaspora, die sich zum Netzwerk fügte, das Schneeballsystem, das alles ins Rollen brachte. Hier fanden sich die Atomisierten, die sich dann zur kritischen Masse vereinigten und nun das ganze Land hinter sich herziehen. Hier waren die Institute, deren Mitarbeiter nicht so schnell entlassen werden konnten, weil sie zu wichtig waren für den Staat. Hier wurde der Traum vom Ende des Ausnahme- und Belagerungszustandes, von der Erlösung aus der permanenten Flucht nach vorn und vom Eintritt in ein einigermaßen normales Leben so lange geträumt, bis die Macht ihren Schrecken verloren hatte. Hier wurde zuerst die Sprache wiedergefunden, die notwendig war, um sich aus der Abhängigkeit zu befreien.

Die Stunde der Stadt und mit ihr der Gesellschaft kam, als die kommunistischen Herrschaften am Ende ihres Lateins angelangt waren. Die tiefe Krise ist auch eine der herrschaftlichen Stadt: Sie hat nicht die Mittel, die Probleme zu lösen, die sie selber produziert. Die Bürokratie hat den Handel beseitigt und kann am Ende nicht einmal mehr die Verteilung der Lebensmittel und die Ernährung der Stadt gewährleisten. Sie hat die Selbstverwaltung zerstört und findet nun niemanden mehr, der die städtischen Agglomerationen bändigen könnte. Sie hat ihre wirtschaftliche Autonomie zerstört und den Ministerien ausgeliefert, die nicht an die Stadt, sondern an sich selber denken. So leben wir am Ende des Jahrhunderts in Hauptstädten, in denen es zeitweise keine Zigaretten und schon über

Jahrzehnte hinweg kein Telephonbuch gibt, die als Zentrum der Weltkultur gefeiert werden, während das Trinkwasser- und Kanalisationssystem vom Beginn des Jahrhunderts zu kollabieren droht. Es ging also nicht bloß um das Ende einer zu lange währenden Herrschaft, sondern um die Wiederherstellung der elementaren Lebensfähigkeit des gesellschaftlichen und städtischen Organismus.

Und so kommt es, daß fast simultan überall dasselbe vor sich geht: Nishnij wird endlich aus der Versenkung der »geschlossenen Stadt« auftauchen und seinen internationalen Jahrmarkt wieder durchführen. Tallinn wird wieder zur Nachbarstadt von Helsinki. In Moskau wird es wieder eine deutsche Siedlung geben und in Prag eine mitteleuropäische Universität, an der in Englisch gelehrt wird. Berlin wird seiner polnischen eine russische Kolonie hinzufügen. Leningrad wird zur offenen Stadt in einem offenen Land, nicht bloß ein Fenster in einen geschlossenen Raum. Man kann sich wieder in Budapest und Prag niederlassen, ohne aus der einen in die andere Welt überwechseln zu müssen. Man verliert keine Zeit mehr, wenn man sich »im Osten« aufhält — im Gegenteil. Der Tourismus ist jetzt nur noch ein Strom innerhalb einer Migration, die vorerst nach Westen, dann aber auch wieder nach Osten einsetzen wird. Aus dem Schauplatz, der uns in Atem hielt, ist der Bauplatz des neuen Europas geworden.

### *Das Netzwerk des zivilen Europas*

In den Städten, aber nicht nur dort, wird die Probe darauf gemacht, ob der Übergang zur neuen Normalität gelingt. Vor ihnen hatten sich schon die Nationen, die im System nicht aufgegangen waren, zurückgemeldet, und nach ihnen wird endlich auch das stumme, weite

Land, die Welt des östlichen Dorfes, die Stimme wiederfinden, um von einer anderen, nicht minder schrecklichen Zerstörung zu berichten. Aber vorerst sind die Städte die Laboratorien des Umbaus und Übergangs. Dort hat sich die Lage zugespitzt, und dort finden sich die Potenzen, die den Übergang kontrolliert bewerkstelligen können. Sie selber müssen sich dabei von Anomalien befreien, die von den ihnen gewährten Privilegien nur mühsam kaschiert wurden. Sie müssen das Kunststück fertigbringen, ihre Autonomie zurückzugewinnen, ohne die ihres Umlandes, das ihrer nicht minder bedarf, zu verletzen. Sie müssen zu einem Verband der Städte und Regionen kommen, wo bisher alles auf Kommando und Unterordnung, auf Zentralisierung und Monopol aufgebaut war. Sie müssen zum Raum des Wettbewerbs und der produktiven Differenz werden, ohne daß der Konsens der Bürger zerbricht. Ihre gemischte Gesellschaft muß der Garant sein, daß ein neuer Nationalismus keine Chance hat und daß aus der pompösen »Völkerverständigung« endlich die viel schwierigere Einübung in gute Nachbarschaft wird.

Überall wird derzeit experimentiert, überall werden neue Wege beschritten. Das monolithische Reich der Einheitspreise und Einheitswährung gliedert sich auf. Schon gibt es in Leningrad und Moskau eine Art Stadtwährung — in Form der Marken, die nur Einheimischen den Einkauf am Ort erlauben. Mit dem Wegfall der Grenze ändern sich die Nachbarschaften, und bald werden aus den neuen Zusammenhängen alt-neue Wirtschaftsregionen entstehen. Die Städte in erster Linie bekommen den Druck zu spüren, der frei wird, wenn es keine Grenze mehr gibt. So entstehen neue Karawansereien der ost-westlichen Migration. Die mit Flüchtlingen und Offiziersfamilien überfüllten Pionierlager Moskaus, die Berliner Bahnhöfe und der Flughafen von Tel Aviv sind ein ziemlich genaues

Barometer für die neue Völkerwanderung. Auf den Städten lastet der Druck der Erwartung — und der Verzweiflung, wenn sich kein Ausweg findet. Sie sollen standhalten, wo alles auseinanderfällt. Sie sollen die Nerven nicht verlieren, wo eine ganze Ökonomie vom Kopf auf die Füße umgestellt werden soll. Und wo, wenn nicht hier, kann es gelingen? Hier bilden sich die Fertigkeiten und der Takt, die man braucht, wenn man auf sich gestellt und ohne große Hoffnung auf Hilfe von oben und außen mit einer schier ausweglosen Situation fertig werden will. Es ist kein Zufall, daß es — wie in Leningrad und Moskau etwa — gerade die neuen Bürgermeister sind, denen man zutraut, die Wende, an deren Ende auch die Wiedergeburt ihrer Städte steht, vollziehen zu können.

Die Städte, das zeigen die in Leningrad und Prag, in Budapest und Berlin geführten Diskussionen, suchen nach einer neuen Rolle im veränderten Europa. Sie schicken sich an, die Arbeit wiederaufzunehmen, die in den Jahrzehnten des Kriegs und Bürgerkriegs unterbrochen war: die Arbeit an der Zivilisierung der Kräfte, die Europa überwältigt haben.

*Herbst 1990*

# DER ARCHIPEL

## *Berliner Zimmer*

Die Stadt ändert sich, das Berliner Zimmer bleibt — groß, dunkel, eine Höhle des Rückzugs. Der Tumult reicht nicht bis hierher. Gäste kommen jetzt, die früher selten waren. Viele von dort, wo einmal der Osten war, mit Geschenken, die noch in grobes, bedrucktes Packpapier eingerollt sind, mit Bündeln frischer Zeitungen. Hier kann man innehalten und legt im Kopf noch einmal die Zeit zurück, von der man überholt worden ist. Man läßt — aus sicherer Entfernung — die Bilder an sich heran, die das Fernsehen um uns herum aufschnappt und in die Wohnung bringt. Hier allein, wo man ausschalten kann, wenn man nicht mehr mitkommt oder nicht mehr mit will, ist man noch Herr der Bilder. Den Film anhalten, der zu schnell läuft, damit man etwas sehen kann. Hier kann man alles in der Schwebe lassen, was sonst nicht möglich ist. Hier gibt es keinen Handlungsdruck, und man kann kommentieren, was anderswo entschieden wird — zu rasch, zu langsam, je nachdem. Deswegen sind die Gespräche im Berliner Zimmer auch belanglos, sie sind nur für einen selbst, für die Ausbalancierung des Gemütszustandes von Überforderten. Im Berliner Zimmer kommt man zu sich und nimmt Abschied vom alten Berliner Zustand.

## *Zeitungslektüre — tabula rasa*

Die Zeitungen führen nur Protokoll, aber niemals vorher sind sie so begierig gelesen und studiert worden wie jetzt. Es gibt Weltgeschichte in Fortsetzung. Die

Zeitungen führen uns an Orte, die es vorher nicht gab. Auf ihren Seiten dokumentiert sich der große Ortswechsel. Die Namen, die immer wieder auftauchen, ergeben einen Horizont, der anders ist als der, mit dem man zuvor vertraut war. Die Reportagen sind Berichte von Reisen in eine zu Ende gehende Zeit. Wir wollen uns nur auf dem laufenden halten, aber was wir mitbekommen, ist: die Veränderung der Welt. Der Reporter, der dabei ist, ist die Hauptfigur, an der alles hängt. Was er in professionell trockenem Ton berichtet, beschämt die kühnsten Phantasien. Hier endlich zahlt sich aus, daß er der Profi für den Tag ist. Er arbeitet dort, wo es keine Geschichte und keine Zukunft gibt, sondern nur die Gegenwart. Sie ist unübersichtlich, unfertig. Er kann sich auf das Wissen derer, die danach alles besser wissen, nicht zurückziehen. Er geht das Risiko der offenen Situation ein. Zum ersten Mal erweist sich Gedächtnislosigkeit als Vorzug, und ein Weniger an Geschichte wirkt sich zugunsten der Gegenwart aus. Die Zeitungen, der Wirklichkeit auf der Spur, haben die Gedankenwelt der Bücher überholt. Die Bilderwelten, die sie produziert haben, sind das Rohmaterial für eine neue Gedankenwelt. Auf die Reorganisation des Raum-, Zeit- und Bildhorizonts folgt die Revision der Gedanken. Sie stellen, indem sie den Zusammenhang all dieser Fakten recherchieren, den neuen Zusammenhang her, der den alten sprengt. Die Zeitung des Jahrgangs 1989/90 ist das Medium der großen Revision. Mit dem Eintritt in die Gegenwart kommt das Vergessen. Sie ist die *tabula rasa,* auf der sich die Konturen der neuen Lage einzeichnen.

### *U-Bahn, neuer Stil*

Die U-Bahn-Stationen sind wieder geöffnet worden, Licht im Untergrund! Was niemand fertigbringt, die

Knappheit der Mittel und die Knappheit der Zeit schaffen es: eine Ästhetik, die der großen Stadt angemessen ist. Einfach, übersichtlich, lakonisch. Das ist das wirklich Neue an den neueröffneten Stationen Französische Straße, Friedrichstraße, Rosenthaler Platz und den vielen anderen. Binnen kürzester Zeit sind sie gesäubert, technisch wieder instand gesetzt worden. Die Säle unter der Erde sind geweißt und in Neon getaucht, die Metallstreben sind lackiert — blau, rot, grün, für jede Station eine andere Farbe. Die neuen Bahnhöfe verbinden nun nicht mehr bloß die Teile der Stadt, sie stellen den Anschluß her zur Linie und Farbe, zum einfachen Stil der einmal modernen Vorkriegsmetropole. Die Entrümpelung des Berliner Untergrunds ist eine Wohltat, wie eine Befreiung. Keine Automaten, die doch nicht funktionieren, keine Rolltreppchen, die sinnlos sind, kein Schummerlicht, keine Kacheln und keine Kunst am Bau. Wie weggewischt die verlogene Gemütlichkeit der West-Berliner U-Bahn-Stationen, die rasche Fortbewegung mit Wohnzimmer verwechselt. Die neue Knappheit macht der Ära der Übermöblierung ein Ende.

### *Aufstieg des Trödlers*

Der Trödler am Schlesischen Tor war ein Trödler wie alle im Osten der Weststadt. Jetzt hängt ein Schild aus: »Kaufe Gold«. Im Schaufenster stehen alte Photoapparate, Grammophone, Goethe-Ausgaben — so etwas hatte es in dieser Gegend früher nie gegeben. Mit der Öffnung der Mauer kam der Aufstieg des Trödlers. Sein Einzugsbereich und seine Kundschaft haben sich erweitert. Die Stelle, wo früher Straßen aufeinandertrafen, wird zur Kreuzung. Der Verkehr, der vorher sich selbst regulieren konnte, bedarf jetzt der Ampel, die ihn bändigt. Eine Kneipe nennt sich nun *Berlin*

*Mitte 1.* Die frischen Graffiti sind von vorgestern, und die Protestplakate an den Kreuzberger Hauswänden künden von Rückzugsgefechten. Durch die Straße, durch die die Sowjetarmee im Mai 45 gegen die Stadtmitte vorrückte, fahren jetzt die Angestellten der sowjetischen Botschaft und das Wachbataillon nach Hause, wenn sie Feierabend haben. Nichts hat sich an der Straße geändert, nur ihre Stelle im Stadtplan.

*LKW auf dem Kurfürstendamm*

Zum neuen Straßenbild von Berlin gehören LKW und ihre Farbe, die meist olivgrün, erdbraun, estrichblau oder irgendwie dunkel ist. Jedenfalls sind es nicht die Trucks, weißlackiert, mit blinkenden Metallfelgen, eindrucksvollen Scheinwerfern, jene kompakten Monster, denen man auf der Autobahn ausweicht, noch bevor sie sich genähert haben. Der Truck ist so kompakt wie die Existenz, die an ihm hängt. Sie ist ein ein und alles. Auf Trucks ist man stolz. Von ihnen ist hier nicht die Rede. Die LKW, die nun aus dem Umfeld von Berlin in die Innenstadt hineinfahren, sind Trabbis in Großformat, Kästen auf Rädern, ohne aerodynamische Raffinesse. Sie stammen aus einem Fuhrpark, der einmal der Allgemeinheit gehört hatte. Sie erinnern uns daran, daß es noch Arbeit gibt, die schwer ist, bei der man sich die Hände schmutzig macht.

*Lederbluse*

Lederblusen in allen Farben — blau, grün, schwarz, beige — haben eine ganze Generation gekleidet. Sie sind praktisch, aber viel mehr als das. Sie sind das Gegenteil zum Anzug und zum Mantel. Anzug und Mantel und Lederbluse haben eine verschiedene Genese. Die lederne Jacke war ein Signum der osteuropäischen Welt, so wie schlechte Zähne und zu breites oder zu enges Schuhwerk. Die Lederjacke war das Kleidungsstück derer, die, wenn sie schon nicht im Westen sein konnten, sich doch wenigstens »wie im Westen« kleiden wollten. Man war dann nicht mehr irgendwer, sondern jemand. Die Jacke als Weltanschauung und Statussymbol. Jetzt, wo sie alle haben können, verliert sie den Reiz der Distinktion. Sie wird zur neuen Uniform wie die Freizeitkleidung im Westen auch. Die Selbstunterscheidung tritt in ein neues Stadium. Kleider kann man schnell wechseln. Aber die Ungleichzeitigkeit bleibt.

*Leben mit der Schlange*

Vor Plus gibt es ein qualitativ neues Gedränge, mit allen Attributen, daß eine neue Zeit angebrochen ist: Man überlegt sich, wie man des Gedränges Herr wird. Die Angleichung der Lebensverhältnisse findet statt. Eine Kassiererin wird abgestellt, um die Tür zu bewachen. Sie tut es, wie man es bisher nur aus dem »Ostblock« kannte: Sie schließt die Tür ab, die Leute draußen warten, bis ein ganzer Schwung herausgekommen ist, und werden dann eingelassen. Nicht ganz so rationell wie im bisherigen Ostblock, der mehr Erfahrung im Schlangestehen und Schlangebewältigen hat: Dort geht es *peu à peu,* nicht in großen Schüben. Die Menschen gewöhnen sich an die Schlangen, solange es nicht allzu ernst geworden ist, sie stehen da und analysieren, sie machen sich noch Gedanken über das Phänomen, während die östliche Schlange ein unförmiges, gereiztes und böses Tier war. Hier hoffen alle, daß es eine Art Panne, kein Dauerzustand ist.

*Bierdosen — die Ordnung des Mülls*

Die Stadt wird neu markiert, Berlin bekommt ein neues Kolorit. Man findet überall Dosen, meist Coladosen, mehr aber noch Bierdosen der verschiedensten Marken. Sie quellen aus den überfüllten orangefarbenen oder estrichgrünen Abfalleimern. Das ist nicht so erstaunlich. Nachdenklich macht einen eher die Ordentlichkeit, mit der die Dosen plaziert werden. Sie liegen nicht einfach auf dem Bürgersteig. Sie sind abgestellt auf einem Sockel oder einer Zierleiste, man findet sie genau plaziert auf dem Rinnstein oder einem Transformatorenkasten, sie sind säuberlich aufgestellt in der Reihe, in der sie ausgetrunken wurden, neben der Parkbank, auf der sie geleert wurden. Sie sind kreisförmig um den Mast, an dem das Schild mit dem Busfahrplan aushängt, aufgestellt oder in der Ecke der Wartebude aus Rohrgestänge und Plexiglas.

Diese Art Ablagerung unterscheidet sich fundamental vom Müll, den West-Berlin immer schon gekannt hat. Sie sind das Gegenemblem. Das Zischen, das beim Aufsprengen der Blechkapsel entsteht, macht das banale Plopp beim Öffnen des Kronkorkens, der die bewährte DDR-Mehrwegflasche verschließt, vergessen. Es ist ein Geräusch, das das Ende der Gefängniszeit bedeutet. Man dreht die kompakte, silbrig schimmernde Dose in der Hand, läßt sie sogar reihum gehen. Es ist darin zweifellos etwas Erotisches. Die gefüllte Dose liegt schwer in der Hand wie eine Handgranate. Die verschämte Bewegung, die die Bierdose zur Seite befördert, deutet an, daß der Anschluß an die Umgangsformen der Freiheit sich rasch vollzieht. Die abgestellte Bierdose gehört zur Emblematik Berlins auf dem Weg zur Hauptstadt der Deutschen. Sie steht für Rauschlosigkeit, Sparsamkeit, Minderwertigkeitskomplex.

### *Wilde Zeiten: 20er, 90er Jahre*

Berlin hört endlich auf, von den Goldenen Zwanzigern zu phantasieren. Es braucht sie auch nicht mehr als

Beschwörungsformel und als Bekenntnis des Glaubens an sich selbst. Jetzt kann es mit der Zeit, in der andere »versagt« haben, selber fertig werden. Jetzt hat es endlich die Chance, der man immer nachgetrauert hat: das Leben in einer offenen Stadt. Die wilden Zeiten, die es nur imaginiert hat, sind jetzt da. Die Nostalgie legt sich. Die zahllosen Retrospektiven waren nur eine Art Propädeutikum für den Ernstfall, der wieder eingetreten ist: Im Berliner Osten gibt es Hunderttausende ohne Arbeit; die Arbeiterklasse, die es dort noch gibt, schlägt zurück; die Friedrichstraße liegt düster. Die Unwirklichkeit, die eintritt, wenn soziale Existenzen sich in Nichts auflösen, liegt über der Stadt. Korporationen lösen sich auf, Existenzen verflüchtigen sich, Institutionen sind zu Schemen geworden. Byzantinisten, Lektoren, Organisatoren — sie sind jetzt alles mögliche, nur nicht das, was sie waren. Eine gigantische Metamorphose. Es gibt wenig Arbeit, daher muß man nehmen, was es gibt. Die Stadt wird reich, weil sie von der neuen Armut profitiert: von der Verzweiflung der Flüchtlinge, von den Überlebenskünsten vieler Tausender. Die Regierung hält sich außerhalb der Hauptstadt auf — als ob sie darauf warte, bis die Zeiten sich beruhigt haben.

### *Helmstedt*

Helmstedt war ein Begriff, jetzt ist es nur noch ein Parkplatz mit einer Raststätte, die nur deshalb so groß ist, weil dieser Parkplatz eine Vorgeschichte hat. Wenn auch der Begriff sich aufgelöst hat, wird nichts geblieben sein von der Welt, die ihn einmal hervorgebracht, aufgeladen hat: mit der Dunkelheit des Zonenrands, mit den gleißenden Scheinwerfern der Lichtschranke zwischen Ost und West, mit der Nervosität der Transitreisenden. Ein Gefühl von dem, was Helmstedt war, hat sich weiter östlich erhalten, in Frankfurt/Słubice.

*Die Farbe der Waggons: Metallic*

Auf der Schiene geht das 20. Jahrhundert zu Ende. Die Veränderung der Farbe der Waggons ist wichtiger als die Beschleunigung des Tempos und die Herabsetzung der Distanzen durch die neuen Superschnellzüge. Die neue Farbe ist Metallic, dem Rumpf des Flugzeugs nachempfunden. Die Farbe der Waggons des 20. Jahrhunderts ist ein stumpfes Grün, bei Frachtzügen ein stumpfes Braun. Der metallische Glanz löscht eine ganze Geschichte, die metallfarbenen Züge haben keine Geschichte. Man fliegt durch Landschaften, die Landschaft — wahrnehmbare Häuser, Menschen, Bahnübergänge — verschwindet. Und man wird aus der Geschichte hinausgetragen. Die letzte sichtbare Verbindung zum Eisenbahnnetz des 20. Jahrhunderts wird gekappt: zur Farbe des plombierten Waggons, der Lenin der Russischen Revolution entgegenfuhr; zu den Deportationszügen aus Berlin, Amsterdam, Warschau und Prag; zu den Zügen, an denen die Kreideaufschriften »Orscha«, »Witebsk«, »Charkow« zeigten, wohin es ging. Wenn die letzten Waggons der Reichsbahn aus dem Verkehr gezogen sind, ist der Anhaltspunkt für die Karte, auf der wir uns bewegen, getilgt.

*Rollbahn*

Konvois mit Hilfsgütern sind unterwegs nach Minsk, Moskau und Leningrad. Die Lastkraftwagen durchfahren Polen in einem Tag. Sie werden an der Grenze »sonderabgefertigt«. Sie werden von Patrouillen eskortiert, so als müßten sie Überfälle von Wegelagerern oder Partisanen befürchten. Die Berichterstatter sitzen im Führerhaus. Die Kameraeinstellung hat es auf die bis an den Horizont reichende Gerade abgesehen und auf die Armut am Straßenrand. Man ist erstaunt über die »Freundlichkeit der Menschen«. Man versteht sich gut mit den Helfern. Und von der Reise bringt man Dias mit. Sie zeigen dieselbe »Rollbahn«, die auf den vergilbten Photographien der Landser zu sehen ist, dieselben Wegzeichen mit den denselben Städtenamen und den Entfernungen, die sich nicht geändert haben. Wenn die sechsspurige Autobahn von Berlin nach Moskau fertig sein wird, wird die Zeit der »Rollbahn« zu Ende sein.

## *Eisernes Zeitalter — Nowa Huta*

Auf Krakau liegt der Staub, der von Nowa Huta herüberweht. Wenn die Hochöfen und Schornsteine von Nowa Huta erloschen sind, wird es über Krakau wieder einen Himmel geben und eine Luft, die man atmen kann. Die junge Stadt macht der alten das Leben schwer.

Das 19. Jahrhundert hat in Osteuropa im 20. Jahrhundert auf seine Weise stattgefunden — nach Plan und mit gewaltig gesteigerten Giftemissionen. Es reicht von Eisenhüttenstadt bis nach Sztálinváros, von Dimitrowgrad bis Kriwoi Rog. Die Silhouette der Hochöfen ist so eindrucksvoll wie die von Manchester und Recklinghausen, nur noch düsterer, und die einen sind schon zum Industriemuseum umgerüstet, während die anderen noch Feuer und Rauch speien. Die Industrien des 20. Jahrhunderts brauchen keine »Helden der Arbeit« mehr. Ihre Geräusche sind so leise wie das Summen der Festplatte, ihre Gerüche so subtil wie ein Narkotikum. Sie werden nicht in »Zitadellen der Arbeit« betrieben, sondern in Landschaften, in denen die Neubauten wie weiße Würfel in der Sonne glänzen. Das ist auch eine Teilung, die zwischen Eisen-Europa und High-Tech-Europa.

### *Asphalt, Katzenkopfpflaster*

Jede Hemisphäre hat ihre Straßenoberfläche. Die eine ist glatt, die andere ist rauh. Auf der einen erzeugt die Bewegung kaum ein Geräusch, auf der anderen wird jede Bewegung zu einem eindrucksvollen Dröhnen. Hier gleitet man, dort holpert man darüber hinweg. Asphaltieren kann jeder, besonders spezielle Maschinen, Katzenkopfpflaster zu verlegen ist die Sache fast von Künstlern. Asphalt verführt die reiche Gesellschaft zur Verschwendung, Steinpflaster erziehen zur Ökonomie und zum Denken in Jahrhunderten. Im Asphalt bleibt keine Spur zurück, obwohl er so weich ist. Auf den gepflasterten Straßen und Plätzen hinterläßt die Zeit ihren Eindruck. Das Pflaster verformt sich, wird unter dem Druck der Belastung elastisch und weich. Es bilden sich Mulden und Risse. Die Straßenoberfläche ist die Haut, das sensibelste Organ, der Stadt. Wenn man wissen will, wie es um eine Stadt steht, muß man nur das Pflaster betrachten. Wenn man erfahren will, was mit ihr geschehen ist, muß man die Schrammen oder Eindrücke im Pflaster studieren. Asphalt ist beliebig erneuerbar, Asphalt hat kein Gedächtnis oder höchstens ein sehr kurzes, ein Nachkriegsgedächtnis.

### *Interrail*

Jung müßte man sein und nur das sehen, was man sieht. Es wäre so, wie es ist, und nicht so, wie man weiß, daß es auch gewesen ist. Man sähe im Leipziger Hauptbahnhof nur, daß es eine mächtige Bahnhofshalle ist, die in schlechtem Zustand ist — und nicht mehr. Man käme im Wilson-Bahnhof in Prag an und wüßte nicht, daß er einmal anders geheißen hatte. Man nimmt das Geschiebe und Gedränge, den Schmutz und die Hitze als Unkosten des Anders-Reisens in Kauf, wird aber nicht behelligt von anderen Bildern: vom Feldgrau der an die Ostfront Ausrückenden, von den Flüchtlingstrecks, die in den Bahnhöfen endeten, von den *displaced persons,* die davongekommen waren, von den Hamsterern, die auf dem Dach des Zuges noch einen Platz gefunden hatten.

### *Smolensker Friedhof im Vergleich*

Die Toten sind die Schutzlosesten unter den Schutzlosen. Sie können sich nicht mehr wehren. Sage mir, wie einer mit Friedhöfen umgeht, und ich sage dir, wie er es mit den jetzt Lebenden hält. Wenn Tote auf den »Abfallhaufen der Geschichte« geworfen werden können, wird irgendwann aus einem Friedhof eine Art Müllplatz. Friedhofspflege zeigt nicht bloß die Achtung vor den Toten, sondern die Selbstachtung der Lebenden. Der Smolensker Friedhof in Leningrad ist verwahrlost. Die Kontinuität der Generationen ist gerissen. Es gab kein Zwiegespräch zwischen Lebenden und Toten mehr, es beginnt erst wieder. Außerdem: Ein Friedhof ist ein störendes Gelände bei Großplanungen, irregulär, ein Überbleibsel der Geschichte, ein irrationales Relikt. Aber warum soll man sich um Friedhöfe der Vergangenheit kümmern, wo es nicht einmal Platz für die Toten der Gegenwart gab. Warum sich um die Grabstätten der wenigen kümmern, wo man mit dem Tod *en gros* zu tun hatte. Sogar die Erde verweigerte die Aufnahme der zu vielen Toten: So wurden sie in den Lagern des Nordens in Eis und Schnee gestapelt. Im Frühjahr dann begann die Erde zu stöhnen und von Leichengeruch zu dampfen. Sie spie die Toten wieder aus. Was die zerstörten Nekropolen Rußlands sind, erkennt man am besten aus der Ferne, vom Friedhof in irgendeiner italienischen Stadt, inmitten irgendeines Dorfes im Elsaß.

*Geographie der Flucht: Durres—Brindisi*

Die Flucht geht über das Meer, wenn kein anderer Weg bleibt. Fluchtbewegungen, die sich auf den letzten Punkt auf dem Festland, die Hafenstadt, zurückgezogen haben, bleibt nur das Schiff. Alle Flüchtlingsbewegungen folgen dieser elementaren Geographie der Flucht. Die Flucht aufs Schiff bricht die Brücken zurück ab. Man schlägt sich nicht irgendwie über eine lange grüne Grenze, sondern muß durch das Nadelöhr des Fallreeps oder der Gangway. Und auch die Ankunft von Flüchtlingen ist immer dieselbe: Man will sie nicht haben. Unscheinbare Hafenorte werden durch die Geschichte zu Geschichtsorten. Alle Bilder laufen noch einmal ab: Noworossisk und die Häfen der Krim im russischen Bürgerkrieg, Marseille und Lissabon als Fluchtpunkt der Naziopfer.

*Hauseingänge, Hotel Theodoriki in Leningrad*

Hauseingänge sind Intimbereiche der Gesellschaft. Wenn hier — wie in dem alten Petersburger Hotel — etwas kaputtgegangen ist, reicht eine Reparatur nicht aus. Der Schmutz in den Ecken, die splitternde Farbe an der Decke, der Uringeruch, die ewig brennende Glühlampe dort, wo eigentlich eine Leuchte notwendig wäre, die nicht reparierten Treppengeländer, die verbogenen Gitter des Lifts, vor allem aber die vom vielen Gehen abgeschliffenen und gerundeten Steinstufen — das ist eine wahre Enzyklopädie russischen Lebens im

20. Jahrhundert. Die Messingbeschläge sind dünn geworden wie Papier, das jeden Augenblick reißen könnte. Die Scheiben sind ersetzt, aber man kann das Blumenmuster von 1903 noch erkennen. Ein solches Treppenhaus hat Bombenangriffe, Hungerwinter, Einquartierungen, das Trappeln von Beschlagnahmungskommissionen und Umzüge von unzähligen Haushalten überstanden. Aber es hat kapituliert vor der Ohnmacht und Gleichgültigkeit seiner Bewohner.

*Subversives Ornament*

Das Neue meldet sich in der unverdächtigsten und harmlosesten Form: im Ornament, das ganz unverbindlich und unideologisch tut, in dem aber bereits der Abschied vom Alten steckt. Der Waffenstillstand im Kalten Krieg war noch nicht geschlossen, als in Budapest und Prag die ersten postmodernen Architekten auftauchten: Sie sind ideologisch indifferent und nehmen aus der Konkursmasse des Jahrhunderts, was sie bekommen können. Anders die Architektur der sechziger Jahre, die noch durch und durch revisionistisch ist und gegen die Pomp- und Machtarchitektur der Stalinzeit die Konstruktivisten der zwanziger Jahre zu Hilfe gerufen hatte. Jetzt kommt man mit bloßen Zitaten aus.

*UNO-City*

Die Wiener UNO-City ist eine der Städte der Welt, die einer Idee zuliebe gebaut worden sind: für die Verständigung. Die Verständigung ist in Zeiten des Ost-West-Dialogs zur Sache von Verständigungsspezialisten geworden. Je größer die Mißverständnisse und Dissonanzen, desto größer der Aufwand, sie zu überbrücken. Die Architektur ist überall dieselbe: Kongreßsäle,

Büros, *facilities* für die Presse. Bei der Architektur der UNO-City ist nicht klar, wer eigentlich der Träger der Kommunikation am Ende des 20. Jahrhunderts ist. Europa ist vollgestellt von solchen Verständigungspalästen. Es gibt keinen Raum für Elementarkommunikation mehr, keine Bälle und Tanzveranstaltungen, keine Liebschaften am Rande. Es gibt keinen Kosmopolitismus mehr, sondern nur noch internationale Konferenzen. Man wird sich für die Paläste etwas Neues einfallen lassen müssen, wenn es den Ost-West-Dialog nicht mehr gibt, weil es keinen Osten und keinen Westen mehr gibt.

### *Der Tod von Groß-Reval, 1914*

Von Elliel Saarinen, dem großen finnisch-amerikanischen Architekten, sind in Tallinn/Reval heute zwei Gebäude zu besichtigen — ein Bankgebäude und ein Arbeiterklub. Viel bedeutender aber ist, was er nicht hat bauen können — Groß-Reval. Es ist die Idee, wie eine alte historische Stadt inmitten des Vorkriegsbooms nicht nur gerettet, sondern weiterentwickelt werden kann zu einer nordischen Metropole. Die Planskizzen, die Saarinen zum internationalen Wettbewerb 1913 eingereicht hatte, zeigen einen reich gegliederten und erweiterungsfähigen Stadtkörper, der nicht mengenmäßig, sondern sozial strukturiert gedacht ist. 400000 Menschen hätte dieses alt-moderne Groß-Reval um 1940 beherbergen sollen. Es kam anders. Vom Genie Saarinens und vom Unglück Revals haben Helsinki und Chicago profitiert. Der Tod von Groß-Reval kam 1914 und ein zweites Mal 1940.

Wenn man sehen will, was geschieht, wenn es nicht ständig zu Katastrophen kommt, muß man die mittel- und osteuropäische Zone meiden. Man muß nach Helsinki, Stockholm oder Oslo gehen. Da zeigt sich, was Menschen, wenn man sie in Ruhe läßt, zuwege bringen können. Stein wird auf Stein gefügt, Haus neben Haus errichtet. Da gibt es Städte ohne Exzesse, Museen ohne weiße Flecken, Textbücher ohne Zäsuren und Umschreibungen, einen Wohlstand, der nach Arbeit und nicht nach Überhitzung oder Depression aussieht. Von den Rändern der nicht-mittel- und nicht-osteuropäischen Zone blickt man in den Krater, den der dreißigjährige Krieg in Europa hinterlassen hat.

*Das Opernhaus von Konstantinopel*

Man sieht dem Opernhaus von Stambul nicht mehr an, woraus es geboren wurde. Alles geht aus Geburtswehen hervor. Die Stambuler Oper gibt es, weil es das Alexandra-Theater in Petersburg und die Odessaer Oper nicht mehr gibt. Die Unternehmung von Stambul ist: Anlegestelle der Davongekommenen von 1917. Sie nahmen ihre Disziplin zusammen und tanzten, um dem Hungertod zu entkommen. So war es überall: Kurt Weill und Thomas Mann, Bertolt Brecht und Lotte Lenya, Theodor Adorno und Max Horkheimer. Sie hatten sich umstellen müssen. Mit ihrem zweiten Leben versorgten sie ihr Gastland in Übersee: mit Soziologie, Gedanken der Katastrophe, biographischer Erfahrung, mit den Fundamenten Europas.

*Brücken der Einheit*

Auf der Brücke der Einheit nach Potsdam wurden Spione oder solche, die dazu gemacht wurden, ausgetauscht. Die europäische Kooperation und Kollaboration hat selbst in den Zeiten größter Entfremdung und Verfeindung funktioniert. Solche Brücken hat es immer gegeben, sie sind die Brückenköpfe der ineinander verkrallten und aufeinander angewiesenen Feinde. Daß es solche Punkte gibt, gehört zu den Spielregeln, die nie außer Kraft gesetzt werden. Der Spion ist im ansonsten geteilten Europa der letzte Europäer. Er kennt den Eisernen Vorhang, den er intelligent unterschritten hat, von beiden Seiten. Über solche Brücken der Einheit wurden Geschäfte zum gegenseitigen Vorteil abgewickelt: Stalin lieferte vor dem Krieg Kommunisten und Juden an Hitler aus, die Alliierten übergaben nach dem Krieg die »Verratenen von Jalta« an die sowjetischen Behörden.

*Schlangen vor den Generalkonsulaten*

Wo etwas im Gange ist, sind auch Schlangen vor den Generalkonsulaten. Bis man dort steht, muß viel passiert sein: tiefe Beunruhigung derer, die am Weiterlebenkönnen in der angestammten Heimat zweifeln, die das Risiko des Neuanfangs geringer einschätzen als das Dableiben, die alles preisgeben, was man erarbeitet hat. Die Schlangen vor den Generalkonsulaten sind Barometer für den Druck, der noch nicht explodiert ist, und sie folgen dem Frontverlauf, der noch nicht manifest geworden ist. Wenn man wissen will, wie ruhig es in Europa ist, wie normal, dann muß man schauen, ob irgendwo Schlangen vor den Konsulaten sind und wie teuer die Ausreisepapiere gehandelt werden.

*Königsberg, Ushgorod: Tourismus der Nachgeborenen*

Der Gruppentourismus zu den Sehenswürdigkeiten nimmt ab, die Zahl der Einzelreisenden gen Osten nimmt zu. Das liegt nicht nur daran, daß man sich jetzt freier und unbürokratischer bewegen kann, sondern daran, daß man etwas anderes sehen will als die allbekannten Sehenswürdigkeiten. Man ist unterwegs mit Photos aus dem Familienalbum, mit Stadtplänen, die man geerbt hat. Man versucht, Fassaden zu identifizieren und Hausnummern zu verifizieren. Man besucht nicht eine Stadt, sondern sucht ein Haus in einer bestimmten Straße, in Ushgorod, in Königsberg. Deutsch-jüdischer Tourismus der Nachgeborenen. In ihren Reiserouten überkreuzen sich die Fluchtwege der Davongekommenen.

*OAS, Gewöhnung an Buchstaben*

Man kann sich an den Terror gewöhnen. Noch bevor ich richtig lesen konnte, wußte ich, daß es »OAS« gab. Es stand fast täglich in der Zeitung, in den Schlagzeilen. Die rätselhafte Abkürzung war verbunden mit Bombenexplosionen in Cafés und Schulen, mit der Sprengung von Eisenbahngleisen, mit Terror in Frankreich und Algerien, mit Generälen und Aufständischen. Die Schulzeit verging, die Abkürzung war nicht aus der Zeitung verschwunden. So kann man jahrelang mit einem Krieg leben, in dem es keine klaren Fronten, keine Entscheidung gibt. Aber die Erinnerung an die Wahrnehmung des Algerienkriegs ist nur ein Hinweis auf die mögliche Gewöhnung an einen anderen. Nur: Die Sowjetunion ist nicht Frankreich und nicht Algerien. Sie ist Frankreich *und* Algerien — vier-, fünf-, fünfzehnmal.

*Männerwohnheim in Wien, in Moskau*

Alle reden vom Ende der Utopie und schlagen auf einen Hund ein, der längst tot ist. Aber die neue Ausweglosigkeit, aus der die Utopie ihre Kraft bezieht, nimmt man kaum irgendwie ernst. Und von der Utopie der kleinen Leute spricht man nicht. Dabei gehört keine

Phantasie dazu, zu wissen, daß in der Zeit der zusammengebrochenen Welten, der maßlos enttäuschten Erwartungen und der ebenso maßlos gewachsenen Ansprüche des Alles oder Nichts irgendwo irgendwer darüber brütet, wann und woher der Messias wohl kommen wird. In den trostlosen Wohnheimen der sowjetischen Hauptstadt gibt es nicht nur Säufer, sondern Leute, die sich zu Höherem berufen fühlen. In den Kasernen müssen die einstigen Sieger mit ihrem Versailles fertig werden. Und je aberwitziger die Zustände sind, desto abenteuerlicher ist die ideologische Kascha gemischt. Was ist, wenn vielleicht jeder vierte oder dritte auf die Straße geworfen wird? In den Einbruchstellen der sowjetischen Welt werden Messiasse ausgebrütet, Wunderheiler mit übersinnlichen Fähigkeiten, mit der Gabe des Wortes für das, was sonst nur dumpf bleibt. Vielleicht beschäftigen sie sich gegenwärtig mit dem, was unter normalen Umständen nur eine anspruchsvolle Freizeitbeschäftigung ist: mit schwelgerischen Architekturskizzen im Stile Palladios.

### *Die Arbeiter von Bukarest*

Wenn das Fernsehen dabei ist, ist es so erbarmungslos wie die Menschen, die es zeigt. Vom Balkon über einer der Bukarester Hauptstraßen wird der Aufmarsch der Arbeiter, die aus den nördlichen Industriestädten in die Hauptstadt gekommen sind, gezeigt. Sie sind auf LKW in die Stadt gekommen, sie haben sich mit Eisenrohren, Gewehren, Messern, Keulen bewaffnet. Ihre LKW stehen wie Panzer inmitten der Menschenmenge. Sie ziehen durch die Straße. Sie treiben die Menschen nicht vor sich her, sie schlagen sie nicht in die Flucht, sie wollen nicht die Straße beherrschen. Die Bilder zeigen etwas anderes: Sie fangen die Menschen, sie halten sie fest, sie zerschlagen ihnen mit ihren Keulen die Wirbelsäule und die Schädeldecke. Das ist viel mehr als nur die Inszenierung der Securitate und Mordlust einzelner Bestien. Es läßt einem das Blut in den Adern gefrieren. Man wird auf den Boden der Realität zurückgeholt und weiß, womit man rechnen muß.

*Archive: europäische Datenerfassung*

Wir besichtigen die Zeit vor uns, blättern in persönlichen Papieren, in Kaderakten, in Denunziationsprotokollen, in Berichten von Geheimpolizisten, der Zusammenbruch der geschlossenen Gesellschaft spült alles Geheime nach oben, und die Lebenden stürzen sich darauf. In den Archiven der Geheimpolizei sind die Gesichter der kommenden Frauen und Männer registriert. Wer wissen will, wie alles in Europa geworden ist, muß in die Archive der Geheimpolizei gehen, des Organs, das am meisten weiß und manchmal auch am meisten versteht. Sie hat dafür gesorgt, daß Europa datenmäßig erfaßt ist, das freiheitliche ebenso wie das totalitäre. Was Europa auch war, ist niedergelegt in den Archiven des KGB und im Hoover Institute, im NS Documentation Center und in den Stasiakten.

*Fackelzug/Feuerwerk*

In der Nacht des 3. Oktober verwandelte sich der große Prospekt zwischen Forum Fridericianum und Brandenburger Tor in einen großen Raum. Es waren die Tausende von Menschen, die dem Raum seinen menschlichen Maßstab zurückgegeben hatten. Der Dom, nachts kaum weniger kolossal als bei Tage, wurde zu einem violett illuminierten Randphänomen. Die Kolonnaden des Alten Museums wurden zur Begrenzung des Volksfestes im Lustgarten. Der Palast der Republik wurde vor dem sonst menschenleeren, jetzt aber von Menschen erfüllten Platz belanglos. Die Figuren auf der Schloßbrücke waren angetreten, um den Menschen zuzuwinken. Diese zogen — untergehakt, schaulustig, Kinder auf der Schulter oder bloß jeder für sich — an den Fassaden vorbei, die sich zu ihrer Freude illuminiert hatten. Es war die geglückte Metamorphose des Raums, der bisher beherrscht war vom Widerschein der Scheiterhaufen der Bücherverbrennung am Opernplatz, den Filmaufnahmen vom Fackelzug durch die gewaltige dunkle Straße und dem Photo von der glühenden Kuppel des Reichstags mit den Rauchschwaden darüber. Alle gingen so über die Linden, ruhig und heiter, hinter sich das Licht des Fackelzugs, vor sich das am Himmel explodierende Feuerwerk.

### *Auf dem Bahnsteig von Kischinjow*

Es ist schon dunkel geworden. In der Dämmerung warten Menschen auf dem Bahnsteig 1 auf den Zug aus Leningrad mit Kurswagen nach Bukarest. Man kann die Reisenden leicht unterscheiden: Es sind Rumänen, die auf Verwandtenbesuch in Kischinjow waren; jetzt fahren sie mit Äpfeln, Konserven, Textilien in ihren Körben wieder über die nahe Grenze zurück. Die zweite Gruppe sind Juden aus Kischinjow, Belgorod, Shitomir und Odessa, die via Bukarest nach Israel reisen — auf Besuch oder für immer. Da taucht ein Mann auf, ein älterer Jude in Mantel und Hut. Er trägt in der Hand eine in Zellophan verpackte Lilie fast wie eine Kerze vor sich her. Er hat sie offensichtlich zum Abschied mitgebracht für jemanden, den er jetzt nicht finden kann. Eine Lilie vor dem schmutzigen Bahnhofskiosk, aufmerksame Augen in einem frischen Gesicht inmitten von Leuten, die alle müde sind von den Vorbereitungen zum Abschied, die Eleganz eines Herrn an diesem gottverlassenen Ort der sowjetischen Welt. Ein Überlebender, der auch jetzt nicht geht.

*Frühjahr 1991*

# ERSTVERÖFFENTLICHUNGEN

Kreuzberg — porta orientis: *Die Zeit* vom 20. September 1985.

Wilna — Horror einer schönen Stadt: *Südwestfunk/Sender Freies Berlin,* 1988.

Lemberg — Hauptstadt der europäischen Provinz: *Frankfurter Allgemeine Zeitung* vom 8. April 1989.

Czernowitz — City upon the Hill: *Die Bauwelt* vom 1. Dezember 1989.

Kasan — Rußlands Fenster nach Asien: *Frankfurter Allgemeine Zeitung* vom 18. Oktober 1984.

Newski-Prospekt — die Leningrader Zirkulation: *Frankfurter Allgemeine Zeitung* vom 24. September 1988.

Alltagszeit: *Kommune,* Nr. 2 und 3, 1988.

Kairos: *Lettre International,* Nr. 6, 1989.

Polenmarkt: *Frankfurter Allgemeine Zeitung* vom 28. Februar 1989.

9. November: *Frankfurter Allgemeine Zeitung* vom 11. November 1989.

Stadtwerdung in Mitteleuropa: *Lettre International,* Nr. 7, 1989.

Der dritte deutsche Zustand: *Frankfurter Allgemeine Zeitung* vom 17. Februar 1990.

Ende des Nachkriegs: *Frankfurter Allgemeine Zeitung* vom 7. Oktober 1989.

Rückkehr des Baltikums: *Frankfurter Allgemeine Zeitung* vom 25. November 1989.

Das Wunder von Nishnij: *Frankfurter Allgemeine Zeitung* vom 13. Oktober 1990.

Die Rückkehr der Städte: *Die Zeit* vom 19. Oktober 1990.

Die nicht aufgeführten Texte werden zum ersten Mal gedruckt.

INHALT

Das Wunder von Nishnij oder Die Rückkehr der Städte von Karl Schlögel ist im Juli 1991 als siebenundsiebenzigster Band der Anderen Bibliothek im Eichborn Verlag, Frankfurt am Main, erschienen.

Dieses Buch wurde in der Werkstatt von Franz Greno in Nördlingen aus der Korpus French Old Style Monotype gesetzt und auf einer Condor-Schnellpresse gedruckt. Das holz- und säurefreie mattgeglättete 100 g/qm Bücherpapier stammt aus der Papierfabrik Niefern. Den Einband besorgte die Buchbinderei G. Lachenmaier in Reutlingen.

1. bis 6. Tausend, Juli 1991. Einmalige, limitierte Ausgabe im Buchdruck vom Bleisatz.

ISBN 3-8218-4077-3. Printed in Germany.

Von jedem Buch der Anderen Bibliothek gibt es eine Vorzugsausgabe mit den Nummern 1–999.